普通高等教育“十三五”规划教材

新编现代教育技术理论教程

主　编　雷励华　沈丹丹

副主编　高　燕　姚湛春

中国水利水电出版社
www.waterpub.com.cn
·北京·

内 容 提 要

现代教育技术的蓬勃发展对中小学教师的专业发展提出了很多新的挑战。它要求广大中小学教师熟悉现代教育理论、掌握现代教育技术技能。在此背景下，作为培养未来教师的高等师范院校，必须加强培养以“现代教育技术”公共课教学为载体的师范生教育技术能力，切实提高新时代师范生的现代教育技术应用能力。

本书从师范院校培养师范生现代教育技术技能的实际需求出发，系统地介绍了教育技术基本理论、现代教育技术与教师专业发展、教师媒体素养、教学媒体与信息化学科工具、数字化学习资源的设计与开发、教学系统设计与评价、信息技术与课程整合，以及教育信息化促进教育模式、教学模式与学习方式变革等。为了易于学习，本书以培养师范生现代教育技术能力为主线，章节编排合理，知识讲解系统。

本书内容新颖、实践性强，可作为高等院校师范类学生现代教育技术公共课的教材，也可作为中小学教师提高教育技术能力的参考书。

本书配有免费电子教案，读者可以从中国水利水电出版社网站以及万水书苑下载，网址为：http://www.waterpub.com.cn/softdown/或 http://www.wsbookshow.com。

图书在版编目（CIP）数据

新编现代教育技术理论教程 / 雷励华，沈丹丹主编
. -- 北京 : 中国水利水电出版社，2018.8（2023.1 重印）
普通高等教育“十三五”规划教材
ISBN 978-7-5170-6673-6

Ⅰ. ①新… Ⅱ. ①雷… ②沈… Ⅲ. ①教育技术学－高等学校－教材 Ⅳ. ①G40-057

中国版本图书馆CIP数据核字(2018)第171270号

策划编辑：陈红华　　责任编辑：赵佳琦　　加工编辑：白　璐　　封面设计：李　佳

书　　名	普通高等教育“十三五”规划教材 新编现代教育技术理论教程 XINBIAN XIANDAI JIAOYU JISHU LILUN JIAOCHENG
作　　者	主　编　雷励华　沈丹丹 副主编　高　燕　姚湛春
出版发行	中国水利水电出版社 （北京市海淀区玉渊潭南路 1 号 D 座　100038） 网址：www.waterpub.com.cn E-mail：mchannel@263.net（答疑） sales@mwr.gov.cn 电话：（010）68545888（营销中心）、82562819（组稿）
经　　售	北京科水图书销售有限公司 电话：（010）68545874、63202643 全国各地新华书店和相关出版物销售网点
排　　版	北京万水电子信息有限公司
印　　刷	三河市德贤弘印务有限公司
规　　格	184mm×260mm　16 开本　17.25 印张　409 千字
版　　次	2018 年 8 月第 1 版　2023 年 1 月第 7 次印刷
印　　数	16001—18000 册
定　　价	35.00 元

前　　言

教师是学校教育的第一资源。再好的教育改革政策，都必须要通过教师的执行才能够实现其预设的目标；再好的现代教育技术手段，都必须要经过教师的有效使用，才能够体现出其应用的价值。因此教师专业发展受到人们的广泛关注。进入21世纪以来，以计算机及其网络为核心的现代信息技术在教育教学中的广泛应用深刻地改变了传统的教育模式、教学模式与学习方式。这同时也对教师的专业知识结构与能力结构提出了新的要求，即要求教师必须具备现代教育理念，必须掌握现代教育技术手段，只有这样的教师才能够胜任信息化时代的教育教学工作。师范生作为未来的教师，其在本科阶段所学习的知识与所掌握的技能，对其入职后的专业发展有着决定性的影响。因此要求师范生在校学习期间必须要学习现代教育技术这门课，必须要具备相应的现代教育技术知识与能力。为此，当前很多设有师范专业的高等院校从师范生未来专业发展的实际需要出发，都开设了现代教育技术这门课，旨在向师范生传播现代教育技术理论，培养师范生运用现代教育技术进行教学改革的意识和能力，培养能适应教育信息化发展、能设计有效教学并提高教学质量和效率、能实施素质教育的现代教师。而我们编写这本书的出发点是为高等师范院校加强师范生现代教育技术教学与培训提供一本实用的教材，为提高师范生的现代教育技术水平贡献一点力量。

本书为适应当前我国教育教学改革发展的需要，以及师范院校培养师范生教育技术能力的实际需要，力求在教学内容组织与安排上体现以下两个特征：

（1）新颖性。现代教育技术发展速度非常快，新技术与新手段层出不穷。本书根据这个特点以新颖性为标准来对教学内容进行取舍，删除了部分不实用或跟不上信息技术发展要求的内容，吸取了大量现代教育技术的最新研究成果和信息技术发展的最新动态。如删除了传统教材中“幻灯片”“胶片”与“投影仪”等内容，新增了“微课”“翻转课堂”“慕课（MOOC）”“TPACK知识框架”“移动学习”等内容。

（2）实践性。教师不仅要掌握现代教育技术，更要能够应用现代教育技术手段来促进课堂教学改革，培养21世纪所需的创新型人才。为此，本书在编写上着重突出其实践性特征，这主要体现在两个方面：第一，每个教学内容的安排基本上都是从师范生应用现代教育技术开展教学的视角出发，不仅让师范生达到“知道是什么”的层面，更要达到“知道如何做”的层面；第二，本书在第八章至第十章着重讲解教师如何应用现代教育技术来促进教育模式、教学模式和学习方式变革，以引导师范生掌握相关的知识与技能，在课堂教学中能够真正做到信息技术与教育教学深度融合。

本书共十章：第一章介绍教育技术的基本概念、教育技术的演变与发展趋势以及师范生学习现代教育技术的必要性；第二章介绍现代教育技术的理论基础，具体包括学习理论、教学理论、视听与传播理论、系统科学理论；第三章介绍现代教育技术与教师专业发展，具体包括教师专业发展的概念与内涵、教育信息化及其对教师专业素质结构的要求、教师教育技术能力、教师信息素养与信息化教学能力、教师TPACK知识框架与中小学教师信息技术应用能力；第四章介绍教学媒体、教师媒体素养与信息化教学工具，其中教学媒体部分包括听觉媒体、视觉媒体、视听觉媒体与交互媒体；第五章介绍数字化学习资源设计与开发，具体包括多媒体课件的设计与制作、网络课程的设计与开发、微课的设计与开发；第六章介绍教学系统的设计与评价，具体包括教学设计、微课教学设计与教学评价；第七章介绍信息技术与课程整合，具体包括信息技术与课程整合的概念、目标、核心领域、具体方式、层次与基本原则；第八章介绍信息化促进教育模式变革，具体介绍信息化教育、网络教育和慕课；第九章介绍信息化促进教学模式变革，具体介绍了基于问题的课堂教学模式、基于案例的课堂教学模式、基于项目的课堂教学模式、翻转课堂教学模式；第十章介绍信息化促进学习方式变革，具体介绍了网络学习、混合学习与移动学习。

本书编者都是长期从事教育技术教学与研究的教师，雷励华、沈丹丹任主编，高燕、姚湛春任副主编，具体分工如下：雷励华编写第三章、第七章至第十章，沈丹丹编写第二章和第四章，高燕编写第六章，姚湛春编写第一章和第五章，雷励华负责统稿和审定工作。汪莹老师参与了本书的规划，为本书的编写提出了很好的建议与意见。另外，本书在编写过程中还得到了岭南师范学院信息工程学院相关领导和老师的大力支持与帮助，在此一并表示感谢。

在本书编写过程中，我们参考和引用了不少国内外专家、学者的研究成果，有些研究成果没有注明出处，在此谨向各位作者致谢！许多领导、专家、同行也对本书的编写提出了宝贵的意见和建议，在此深表谢意！另外，由于现代教育技术内容涵盖广泛，发展速度很快，本书的内容虽然经过了多次讨论与修改，但由于编者能力水平有限，加之编写时间仓促，书中不足之处在所难免，恳请各位专家、教师与读者批评指正。

编　者

2018 年 5 月

目　　录

第一章　现代教育技术概述

【学习目标】

1. 理解教育技术、现代教育技术的概念。
2. 掌握教育技术、现代教育技术的研究内容。
3. 了解教育技术的产生、发展历史与发展趋势。
4. 理解现代教育技术的功能与作用。

教育技术学是教育科学群体中的一门新兴的综合性学科，是教育科学的技术学层次的二级学科。教育技术在教学中的应用，优化了教学过程，已经成为除了教师、学生、教材等传统教学过程基本要素之外的第四要素。随着现代教育理论和现代信息技术的发展，人们对教育技术的理论和认识在不断地深入，它的理论、概念和方法也在不断地得到完善。

第一节　教育技术基本概念

一、教育技术的定义

（一）技术与教育技术

1. 技术

“技术”一词，英语为 technology，它源于希腊语 techne 和 logos，意为艺术、技巧和言词、说话，技术为两者的结合。

技术有狭义和广义之分。狭义的技术泛指根据生产实践经验和自然科学原理而发展成的各种工艺操作方法与技能；广义的技术是为社会生产和人类物质文化生活需要服务的，供人类利用和改造自然的物质手段、智能手段和信息手段的总和。

技术是一个历史的范畴，随着社会的发展其内涵在不断地演变。在信息社会，技术是人类在生产活动、社会发展和科学实验过程中，为了达到预期的目的而根据客观规律对自然、社会进行认识、调控和改造的物质工具、方法技能和知识经验等的综合体。该定义包括两方面的内容，即有形的物质设备、工具手段和无形的、非物质的、观念形态的方法与技能。

2. 教育技术

教育技术是技术的子范畴，因此教育技术就是人类在教育教学活动过程中所运用的一切物质工具、方法技能和知识经验的综合体，它分为有形（物化形态）技术和无形（观念形态）技术两大类。有形技术主要是指在教育教学活动过程中所运用的物质工具，它往往通过黑板、粉笔等传统教具，或者幻灯、投影、电影、视听器材、计算机、网络、卫星等各种教育教学媒体表现出来。无形技术既包括在解决教育教学问题过程中所运用的技巧、策略、方法，又包括其中所蕴含的教学思想、理论等。有形技术是教育技术的依托，无形技术是教育技术的灵魂，这才是教育技术的真正内涵。

（二）教育技术 AECT 定义

1. 教育技术 AECT1994 定义

教育技术在其发展过程中进行过多次定义，目前仍在不断完善中。1994 年，美国教育传播与技术协会（the Association for Educational and Communications and Technology，AECT）出版了西尔斯（Seels）与里奇（Richey）合著的《教学技术：领域的定义和范畴》，书中提出了教育技术的定义，即 AECT1994 定义。

教育技术 AECT1994 定义英文原文：

Instructional technology is the theory and practice of design，development，utilization，management and evaluation of processes and resource for learning.

目前，国内一般将上述定义译为：教育技术是为了促进学习，对有关的过程和资源进行设计、开发、运用、管理和评价的理论与实践。

该定义包含以下内涵：

（1）一个目标，目标是为了促进学习，强调学习的结果，阐明学习是目的，而教是促进学的一种手段。

（2）两大对象，过程和资源是两个对象，过程是未达到特定结果的一系列操作或活动，资源是指支持学习的资源。

（3）五个范畴，设计、开发、利用、管理和评价是教育技术的五个基本领域，每个领域都有其独特的功能和范围。这五大范畴基本上可以涵盖教育技术（电化教育）的主要实践领域。从另一方面说，这五大范畴也可以视为教育技术学工作者的主要方法。

（4）两种性质，教育技术既是实践领域，又是理论领域。作为实践领域的教育技术就是我们通常所说的“电教”，是我们所从事的事业；作为理论领域的教育技术就是我们的“教育技术学”，是教育技术学的理论体系。

1994 年 AECT 对教育技术定义的基本结构如图 1-1 所示。

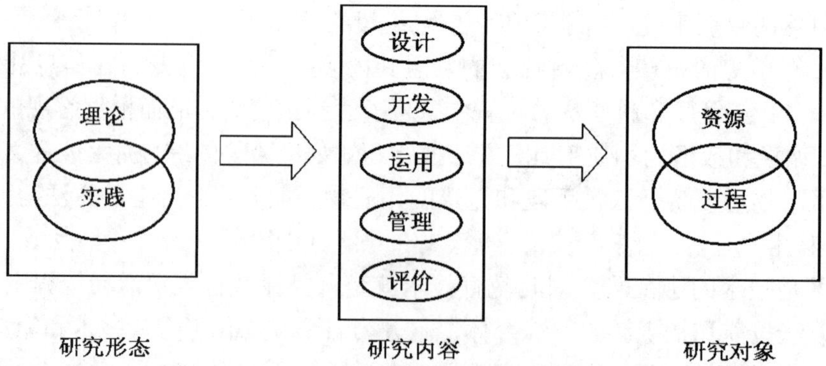

图 1-1 AECT 1994 定义的基本结构

2. 教育技术AECT2005定义

提出教育技术AECT2005定义的时代背景如下：

（1）时代提出了重新思考教育技术含义的要求。

（2）对于人类学习过程和知识本身性质的新的理解促使教育工作者对现行教学方法背后的一些基本概念进行重新思考。

（3）信息和通信技术（ICT）的进步和改变拓展了支持学习的方法。

（4）在AECT1994教学技术定义的基础上的修订定义和暂时性的定义，并将随着时间的发展而继续发展，超越硬件和软件，关注教育技术的有效性。

教育技术AECT2005定义英文原文：

Educational technology is the study and ethical practice of facilitating learning and improving performance by creating, using, and managing appropriate technological processes and resources.

当前，国内一般将上述定义译为：教育技术是通过创造、使用和管理合适的技术性的过程和资源，以促进学习和提高绩效的研究与符合伦理道德的实践。

新的定义表明：

（1）界定的概念名称是"教育技术"（Educational Technology），而不是"教学技术"（Instructional Technology）。

（2）教育技术有两大领域：研究（study）和符合道德规范的实践（ethical practice）。

（3）教育技术有双重目的：促进学习（facilitating learning）和改善绩效（improving performance）。由此看出，随着事业的发展，教育技术的目的已从"为了学习"（for learning）扩展到进一步"促进学习"而不是"控制或强迫学习"（facilitating rather than controlling or causing learning），扩展到学习之外的"绩效"的改善方面，扩展到对学校教育与企事业人员培训的双重考虑，扩展到教学效果、企业效益与教育投入（成本）等多种因素的整体评价。

（4）教育技术有三大范畴：创设（creating）、使用（using）、管理（managing）。

（5）教育技术有两大对象：过程和资源。在新定义中，"过程"和"资源"之前有一个限定词"appropriate technological"，表明是指"适当的技术性"的过程与资源，这与AECT 1994定义中的"学习过程"与"学习资源"有一定区别。

（6）教育技术的主要特征在于其技术性。表现为两方面：一是教育技术研究的重点是适当的技术性过程与技术性资源；二是技术实践的"符合道德规范性""技术工具与方法运用的先进性"和"技术使用效果的高绩效性"。

二、与教育技术相关的概念

（一）现代教育技术的定义

我国学者何克抗认为，现代教育技术是以计算机为核心的信息技术在教育、教学中的运用。我们认为，现代教育技术就是运用现代教育思想、理论和现代信息技术，通过对教与学过程和教与学资源的设计、开发、运用、管理和评价，以实现教学最优化的理论与实践。

根据定义可知，现代教育技术所要解决的问题是如何运用现代教育思想、理论和现代信息技术，对教与学的过程和资源进行综合实践，实现教学的优化，提高教育、教学效率和效益。

因此，它的前提是运用现代教育理论、思想和现代信息技术。它的对象是教与学的过程和资源。它的基本内容是设计、开发、运用、管理和评价。它的目标是实现教学优化。

现代教育技术的内涵包括一种手段、两种方法和三种技术。

1. 一种手段

一种手段是指在教学过程中应用的现代技术手段，即现代教学媒体。

2. 两种方法

两种方法是指运用现代教学媒体进行教学活动的工作方法，即媒传教学法；优化教学过程的系统方法，即教学设计。

3. 三种技术

三种技术是指现代媒体技术、现代媒传技术和教学设计技术。在实践教学工作中是否运用了现代教育技术，就是看是否运用了现代教学媒体、是否运用了媒传教学法，以及是否进行了教学设计。

（1）现代媒体技术。

现代媒体技术即教育教学中应用的现代技术手段，是一种硬技术。它包括幻灯、投影、录音、电影、电视、计算机、网络技术等。它由硬件和软件两部分构成，硬件主要是指各种教学设备，软件主要是指各种教学资源。

（2）现代媒传技术。

现代媒传技术即运用现代教育媒体进行教育、教学活动的工作方法，是一种软技术。它由单媒法和多媒法两种方法构成，单媒法是指在教学中运用某一种现代教学媒体进行教学的方法，多媒法是指在教学中运用某几种现代教学媒体优化组合教学的方法。

（3）教学设计技术。

教学设计技术即优化教学过程的系统方法，是一种应用广泛的软技术。其目的是科学地规划和安排教学全过程的各个环节与要素，以取得最佳的教学效果。进行教学设计，主要抓四个要素、解决三个问题。

四个要素是教学目标、教学资源、教学策略和教学评价，下面进行简要介绍。

教学目标是指通过教学过程使学生的思维情感和行为发生变化，是教学活动结果的特定意图或构想。教学目标可分为培养目标、课程目标、单元目标和课时目标。

教学资源是指支持教学活动的各种资源，分为人力资源和非人力资源。人力资源包括教师、学生、家长及社会人员；非人力资源包括各种教学媒体和图书资料、教学环境及辅导设施等。

教学策略是对完成特定教学目标而采用的教学活动的程序、方法、形式、策划和运用媒体等要素的总体考虑。

教学评价是以教学目标为依据，制订科学的标准，运用一切有效的技术手段，对教学活动的过程及其结果进行测量，并给予价值判断。

三个问题，首先，必须让学生学习什么，也就是解决目标问题，目的性要明确；其次，为达到目标需要使用什么教学资源和采用什么教学策略，也就是解决资源和策略方法问题；再次，如何评价教学结果，也就是解决效果的评价问题。

（二）视听教育

视听教育（Audio Visual Education）最早出现于美国，指的是依据教育理论，运用多种媒体，充分发挥视听感官的功能，有目的地传递教育教学信息，以实现最优化的教育活动。视听教育是一种新型的教育方式，它的目的就是为了改进教育、教学信息传递的过程，借助视听辅助媒体，使学生迅速获得信息。

（三）电化教育

电化教育是我国教育技术史上的一个重要的历史阶段。对我国整个教育技术的发展产生了积极的作用和广泛的影响。但电化教育和教育技术在概念的内涵方面有原则性的不同。现在，作为事业仍然采用“电化教育”的提法；作为学科则用“教育技术”的名称。两者的特点、功能以及分析、处理问题的方式是相同或相近的，都是利用新的科技成果去开发新的学习资源，并采用新的教与学的理论、方法去控制教学过程。但是从概念的涵盖面来看，教育技术的范围要比电化教育广泛得多。教育技术指的是所有的学习资源，包括与教育有关的一切可操作的要素；而电化教育所涉及的范围则主要是利用科技新成果发展起来的声、像教学媒体。由此，在处理问题的方法方面，教育技术主要采用系统的方法，它所考虑的是整个教育的大系统，即“教与学总体过程的系统方法”。在具体实施过程中，它能运用于教育系统的不同层次，可以是教育规划方面的宏观问题，也可以是课程开发层次的问题，还可以是具体的课堂教学过程中的问题。而电化教育虽然也用系统的方法来考虑、处理问题，但它的重点放在电子传播媒体的选择、组合和应用的小系统。当然，电化教育有时也涉及较大范围的问题，不过更多的情况是大、中系统的其他因素作为不变条件，而主要研究小系统的控制和变化效果。如此看来，电化教育是教育技术的一部分，是教育技术发展到一定阶段的产物，是注重现代媒体的开发和利用的阶段性的教育技术，是狭义的教育技术。

（四）信息化教育

信息化教育，就是在现代教育思想、理论的指导下，主要运用现代信息技术开发教育资源，优化教育过程，以培养和提高学生信息素养为重要目标的一种新的教育方式。

现代教育技术、视听教育、电化教育与信息化教育四者的目的和研究对象相同。它们的名称虽然不同，但实质是一样的，都是在现代教育思想、理论的指导下，运用现代信息技术，优化教育教学，提高教育教学的质量和效率，因此可以互相换用。

二、教育技术的研究内容

（一）国外教育技术的研究内容

按照教育技术的 AECT1994 定义，教育技术的研究内容是学习过程和学习资源的设计、开发、运用、管理和评价五个方面，每个方面都有其具体的内容，如图 1-2 所示。

1. 设计

设计是指运用系统科学方法和相关的学与教的理论，分析教学问题，确定教学目标，建立解决教学问题的策略方案，并对方案进行试行、评价和修正的过程。设计范畴包括教学系统设计、信息设计、教学策略和学习者特征设计四个子范畴。

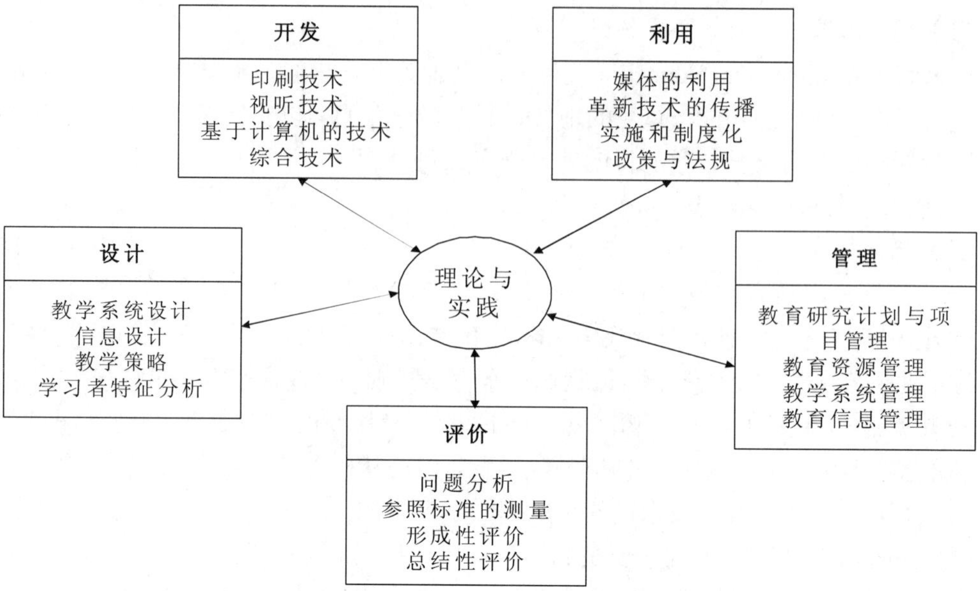

图 1-2　教育技术的五个研究范畴

教学系统设计是一个宏观层次上的设计，包括分析、设计、开发、实施和评价等步骤。信息设计主要是运用有关教与学原理来设计教学信息的传递和反馈形式。教学策略设计是对具体的教学内容、教学活动程序、方法、媒体等因素的总体考虑。学习者特征是指影响学习过程有效性的学习者经验背景的各个方面，包括智力因素、非智力因素以及社会文化背景等。

学习者特征分析为教学系统设计、信息设计、教学策略设计提供了依据和设计的起点。通过分析学习者特征，确定学习者的学习起点；在此基础上，确定具体的教学目标，进行教学内容、教学策略的设计，合理选择教学媒体和反馈方式，使每个学生都能成为成功的学习者。

2. 开发

开发是设计方案“产品化”的过程。以技术发展历程为依据，可以将开发范畴分为印刷技术、视听技术、基于计算机的技术和整合技术四个子范畴。

印刷技术是主要通过机械或照相印刷过程制作、发送教学材料的方法，例如文本、图像等。视听技术是通过使用机械或电子设备来制作或发送教学材料，来呈现听觉和视觉信息的方法，例如录像、幻灯、投影等。基于计算机的技术是指利用基于计算机的资源来制作和发送教学材料的方法，通常包括硬件和软件两部分。整合技术是指在计算机控制下的各种媒体形式的教学材料的制作和发送方法，例如多媒体教学平台。

3. 利用

利用是对新兴技术、各相关学科的最新研究成果和各种信息资源的利用和传播，并注意加以制度化、法规化，支持教育技术的不断革新。“利用”具体包括媒体利用、革新推广、实施并制度化、政策和法规四个子范畴。

媒体的利用是对学习资源的系统使用，需要根据教学设计方案进行决策。革新推广是为了使革新能被采纳而通过有计划的策略进行传播的过程。实施是组织中的个人对有关材料和革新成果的合理使用，而制度化是将革新成果整合到整个组织结构中。政策和法规是影响和规范教育技术推广和使用的强制性规则和行为。

4. 管理

管理是对所有学习资源和学习过程进行计划、组织、协调和监督，具体包括项目管理、资源管理、传送系统管理和信息管理四个子范畴。

项目管理是指计划、监督和控制教学设计和开发项目。资源管理指计划、监督和控制资源以支持系统和服务。传送系统管理包括计划、监督和控制教学材料分发的方法与向学习者呈现教学信息的媒体和使用的方法等。信息管理包括计划、监督和控制信息的存储、转换或处理，目的是为教与学提供资源。科学的管理是教育技术的实施以及教育过程、教育效果最优化的保证。

5. 评价

评价是对计划、产品、项目、过程、目标或课程的质量、有效性或价值的正式确定，包括问题分析、标准参照测量、形成性评价和总结性评价四个子范畴。

问题分析是评价的前端步骤，通过信息搜集和决策策略来确定问题的本质和范围，阐明目标和约束条件；标准参照测量是确定学习者对于预定内容的掌握程度；形成性评价是搜集达标方面的信息，并使用这些信息作为进一步发展的基础；总结性评价与形成性评价相对应，搜集达标方面的信息，并使用这些信息来作出利用方面的决策。

（二）我国教育技术的研究内容

基于我国教育技术的研究和实践的实际情况来看，教育技术的研究内容可以归纳为以下 7 个方面：

（1）学科基础理论的研究，如学科的性质、任务、概念、研究方法、与相关学科的关系等。

（2）视听教育的理论与技术，包括各种常规视听媒体的教育功能和组合应用技术研究，各种常规视听教材的设计、制作、评价、使用技术研究，以及运用视听教育各种模式优化教学过程、提高教学质量和教学效果的理论与实践研究。

（3）计算机辅助教育的理论与技术，包括计算机辅助教学和计算机管理教学，多媒体计算机教学软件的开发和教学系统的设计，计算机教育网络的建立和应用等。

（4）教学设计与教学评价的理论与技术，包括对各种学习理论、传播理论、系统方法论的应用研究，对采用现代媒体技术和信息技术进行教学的方法、原则、规律、心理现象的研究，各种现代科学测量评价技术的应用研究等。

（5）远程教学的理论与技术，包括其网络建设、教学目标、形式、特点、组织管理等。

（6）教育技术管理的理论与技术，包括硬件设备和软件资料的管理方法，以及学科有关的方针、政策、组织机构、专业设置等的研究。

（7）新媒体、新技术、新方法和新观念在教育教学中的应用研究。

综合国内外教育技术专家对教育技术的理解可以看出，教育技术的主要任务是：在系统科学方法论指导下，运用现代教育科学理论和先进的技术手段与方法，对教育教学中存在的问题进行分析，提出解决问题的策略和方法，实施并给予评价和修改，以实现教育教学的最优化，促进学习者的良好发展。

三、教育技术的功能与作用

（一）基本功能

1. 再现功能

在特定条件下，它不受时间、空间、微观、宏观的限制，根据教育、教学的需要，将所要讲授的教育内容在大与小、远与近、快与慢、零与整、虚与实之间互相转化。而且这种转化，可使教育教学的信息以各种不同的信息符号进行传播，从而使教育教学内容中涉及的事物、现象、过程全部再现于课堂，使学生能直观地感受。信息以图像的、声音的、文字的方式融合在一起，向学生提供多重刺激，使学生获得视听觉多种感觉通道的信息。

2. 交互功能

它能够不受时间与空间的限制，实现人机之间的双向交流，人人之间的远距离交互学习。

3. 扩充功能

教育技术能提供丰富的大容量多媒体信息源和网络信息，极大地丰富了教师和学生在教与学过程中的需求。各种电教媒体包括计算机网络和各种教学资源库上的信息更是无穷无尽。

4. 虚拟功能

由计算机仿真生成的虚拟现实世界，可以创造一种身临其境的真实感，使学习者不仅能感知而且能操作虚拟世界中的各种对象。

（二）基本作用

1. 提高教育质量

教育质量的高低，主要是看学生是否在德、智、体、美、劳等方面都得到了发展。

现代教育技术对学生进行思想品德教育，能促使学生良好思想品德的形成，有助于学生道德行为的培养，更有助于学生道德情感和意志的培养。各种形象直观的教学媒体能帮助学生认识生活、了解世界、明辨是非善恶、树立良好的道德行为和提高思想政治水平。

现代教育技术能促进学生知识能力的发展，提高其掌握知识和能力的质量。因为它生动形象、感染力强，易于激发学生的学习兴趣和内部动机，为学生提供有利条件。它不受时间、空间、微观、宏观的限制，直接表现各种事物和现象，使学生对所学内容易于理解，便于记忆。现代教育技术还有助于学生能力训练和智力发展。

2. 提高教学效率

教学效率的提高，是看在一定时间内要完成比原先更多的教学任务和学习任务。效率问题，主要是速度问题。现代教育技术能缩短教学时间，也就是能提高教学效率。

3. 扩大教育规模

现代教育技术能扩大教育规模，加速教育事业的发展。国家正在进行科教兴国战略，充分利用现代教育技术开展各种远程教育，扩大教育规模。如广播电视网（包括卫星电视、有线电视）、计算机教育科研网、邮电通信网等，开展多种形式的远程教育，向学校、社会与家庭传播各类教育课程。一个教师、一个教育信资源同时能为成千上万名学生授课；学生还可以通过各种计算机网络进行自主学习。许多学校在网上开办不同类型和层次的学历和非学历教育，如中央电大的远距离教育，北京大学、湖南大学的网上大学，国际间的网上大学，都在教育规模上得到了极大的扩展，这也是新世纪办学和教育的大趋势。

4. 促进教育改革

现代教育技术的发展，被人们公认为是中国教育改革与发展的制高点和突破口，它在教育上引起了多方面的变革，使得教学资源多媒体化、教学信息数字化、教学形式网络化、教育传播远程化。如在教育教学手段方面，将现代技术手段引进教育领域，使教育手段实现了多媒体化；在教育教学方法方面，媒传教学法的应用，使教育方法实现了多样化；在教育教学模式方面，现代教学媒体改变了原有教育过程的结构，形成了多种"人一机一人"的教育新模式；在教育教学观念方面，为教育的发展提供了新思路、新思想、新办法；在教育理论方面，由于手段、方法、模式、观念的改变与发展，使教育理论和理论研究得到更大的发展，促进了现代教育观、现代教学观、现代学校观、现代人才观的形成。

第二节　教育技术的演变与发展趋势

一、教育技术的演变

（一）国外教育技术的演变发展

国外教育技术是在视觉教育、视听教育、教育传播的基础上发展起来的，大致经历了下述四个发展阶段。

1. 视觉教育阶段（20 世纪初至 30 年代）

19 世纪末，科学技术的迅速发展和科技成果被引进教育领域，对教育技术的发展产生了深刻的影响。照相、幻灯、无声电影等新媒体相继应用于教学，向学生提供了生动的视觉形象，使教学获得了不同以往的良好效果。1906 年美国宾夕法尼亚州一家公司出版了《视觉教育》一书，介绍照片拍摄、制作与使用幻灯片，这是"视觉教育"一词的最早出现。随后，越来越多的教育工作者参与对新媒体应用的研究。1913 年，托马斯·爱迪生宣布："不久将在学校中废弃书本……有可能利用电影来教授人类知识的每一个分支。在未来的 10 年里，我们的学校将会得到彻底的改造"。10 年过去了，爱迪生预期的变化没有出现。然而，视觉教育活动却有了长足的发展。1923 年，美国教育协会建立了视觉教学分会（Department of Visual Instruction），视觉教育工作者开始发展他们自己的学说，并把夸美纽斯的直观教学论作为视觉教育的理论基础，1928 年出版了第一本关于视觉教育的教科书《学校中的视觉教育》，并断言"视觉经验对学习的影响比其他各种经验都强得多"。

1924 年，在美国心理学会的会议上，S.L.普莱西宣布他设计出了第一台可以教学、测验和记分的教学机器。它不仅能呈现视觉材料，还能针对学生的学习情况提供反馈信息，这是教学机器与音像媒体的重要区别。该教学机器用于个别化教学活动，于是产生了早期的个别化教学。

2. 视听教育阶段（20 世纪 30 ~ 50 年代）

20 世纪 30 年代后期，无线电广播、有声电影、录音机先后被用于教学，人们开始在文章中使用"视听教育"这个术语。1947 年美国教育协会视觉教学分会正式改名为视听教育分会。

1931 年 7 月，美国辛克斯公司在华盛顿做了一个电影教学的实验：在儿童看电影的前后，分别用5种测验表格考查他们的学习成绩，看电影后比看电影前的成绩平均增加了88分，学生增加知识量35%。美国哈佛大学在麻省3个城市中学所进行的实验也证明，用电影教学的学生比不用电影教学的学生成绩提高了20.5%。第二次世界大战期间，美国政府生产工业培训电影457部，为军队购买了5.5万部电影放映机，花费在影片上的投资达10亿美元，将教学电影用于作战人员和军工技术人员的培训并取得了显著成效，也提高了人们对战后学校教学使用视听媒体的兴趣和热情。

20世纪50年代电视的出现为视听教育提供了更好的技术手段，与电影相比，电视具有制作周期短、易于传播和复制等优点，被迅速应用到教育领域。从20世纪30年代到50年代，在美国掀起了一场视听教育运动。与此同时，关于视听教育理论的研究进一步推动了视听教育的发展，其中以戴尔的"经验之塔"理论最具代表性，被作为视听教育的主要理论依据。20世纪50年代中期，美国心理学家斯金纳根据行为主义学习理论设计了新一代的教学机器，被称为斯金纳程序教学机，并由试验阶段转入实用阶段，在大学和军队中得到应用。

3. 视听传播阶段（20世纪50~60年代）

20世纪60年代以后，教育电视的使用由试验进入实用阶段，程序教学机风靡一时。与此同时，由拉斯维尔等人在20世纪40年代创立的传播学开始影响教育领域，有学者将教学过程作为信息传播过程加以研究。上述背景推动了对教育传播的重视，提出了视听传播（Audiovisual Communications）的概念。1963年，美国视听教育协会对视听传播的概念进行了描述：视听传播是教育理论和实践的分支，主要研究控制学习过程的信息的设计和使用，它包括①关于直观和抽象的信息的各自独特的和相互联系的优缺点的研究，这些信息可用于任何目的的学习过程；②将教学环境中的人和设施产生的教育信息结构化和系统化。上述研究涉及计划、制作、选择、管理、运用各种部分和整个结构系统，其目标是有效地运用每一种传播方法和媒体来帮助发展学习者的全部潜能（Ely，1963）。

这时，比"视听媒体"概念更为广泛的"教学资源"概念崭露头角，人们逐渐将关注的焦点从原先的视听教育转向整体的教学传播过程、教学系统方面。

另一方面，美国IBM公司于1958年首次将电子计算机用于辅助教学，伊利诺斯大学于1960年研制出著名的PLATO教学系统，上述计算机辅助教学对个别化教学作出了重要贡献。

4. 教育技术阶段（20世纪70年代至今）

20世纪70年代中期，微型计算机问世，计算机教育应用进入新的阶段。1970年，美国教育传播和技术协会（AECT）成立，首次提出教育技术的概念并对其进行了定义。此后，AECT又在1972年、1977年两次对定义进行修改，并在原有的传播理论、行为主义学习理论的基础上，把系统理论作为教育技术的理论基础。随着多媒体计算机、网络技术、远程通信、激光视盘等媒体技术的发展，教育技术的实践进一步深入，使教育技术的内涵不断丰富。上述发展也推动了教育技术理论的研究，并把认知主义学习理论、建构主义学习理论作为其理论基础。1994年，AECT再次对教育技术进行定义，从而使之更加科学与完备。

（二）我国教育技术的演变发展

我国的教育技术萌芽于20世纪20年代，起步于30年代，改革开放后取得了长足发展。

1. 萌芽阶段

20 世纪 20 年代，受美国视听教育运动的影响，我国教育界也尝试利用电影、幻灯等媒体作为教学工具。主要运用幻灯、播音、电影等媒体进行社会教育和学校教育活动，由此揭开了中国电化教育发展的序幕。

1920 年，商务印书馆创办的国光电影公司拍摄无声教育影片《女子体育》与《盲童教育》；1922 年，商务印书馆出版了我国第一本教育技术专著《有声电影教育》（陈有松著）；1936 年，我国最早的教育技术刊物《现代教育技术》周刊在上海出版；1945 年，我国最早的教育技术系在苏州国立社会教育学院建立。

2. 我国教育技术的初步发展阶段

中华人民共和国成立以后，中国教育技术的发展翻开了新的一页。1949 年 11 月在文化部科技普及局成立了电化教育处，负责领导全国教育技术工作。

1949 年，北京人民广播电台和上海人民广播电台举办俄语讲座，后又改为俄语广播学校。每年参加学习的学员达 5000 人，到 1960 年，累计招生 19 万多人。1960 年起，上海、北京、沈阳、哈尔滨、广州等地相继开办电视大学，培养社会发展急需的人才，取得了一定的成绩。后来，还成立了一些专门的机构。在高等教育方面，北京师范大学、西北大学等许多高校开设了“电化教育”“视听教育”等课程。另外，一些高校开始尝试利用视听媒体辅助课堂教学，特别是在外语教学方面取得了较好的效果。在 1958 年前后，中国掀起了教育改革运动，推动了高等学校和中小学电化教育活动的开展。北京、上海、南京、沈阳等地相继成立了电化教育馆，负责开展中小学的教育技术活动，取得了很大成绩。

3. 我国教育技术的重新起步和迅速发展阶段

20 世纪 70 年代，受“文化大革命”的影响，我国的电化教育几乎没有什么发展。十一届三中全会以后，中国的教育技术重新起步。我国开展教育技术研究与实践已经有 80 余年的历史，但真正意义上的大发展，还是在改革开放后的 20 多年里。1993 年，原国家教委发布了“高师本科专业目录”，正式将“电化教育”专业改为“教育技术学”专业，我国的教育技术获得了长足发展，具体表现为以下几个方面：

（1）国家重视和政府支持。

1978 年春天，邓小平同志在全国教育工作会议上的讲话中指出：“要制订加速发展电视、广播等现代化教育手段的措施，这是多快好省发展教育事业的重要途径，必须引起充分的重视。”1983 年，邓小平同志给北京景山学校题词：“教育要面向现代化，面向世界，面向未来。”邓小平同志提出的这三个面向，从教育发展战略的高度充分肯定了教育技术的作用，奠定了教育技术作为实现教育现代化重要组成部分的思想和理论基础。1984 年，邓小平同志在上海视察中国福利会儿童计算机活动中心时指示：“计算机要从娃娃抓起。”1993 年 2 月 13 日，中共中央、国务院正式印发了《中国教育改革和发展纲要》，文件中明确提出：“积极发展广播电视教育和学校电化教学，推广运用现代化教学手段。要抓好教育卫星电视接收和播放网点的建设，到本世纪末，基本建成全国电教网络，覆盖大多数乡镇和边远地区”。

十一届三中全会以后，国家在政策以及资金方面给予教育技术大力支持。20 世纪 80 年代初期，国家拨款进口先进的视听教学设备，在学校建立计算机室、语音室等用于教学。1995

年，中国教育科研网开通，标志着中国的网络教育应用的开端。1998 年 5 月，教育部部长陈至立指出“教育技术是教育改革的制高点和突破口”；2000 年，教育部制订了在中小学普及信息技术教育和实施“校校通”工程的战略目标。至今，教育部已经投入了至少 3.6 亿元从事现代远程教育工程，涉及硬环境建设、资源建设、理论与实践相结合的相关问题研究。

（2）组织机构。

从 1979 年开始，教育部成立了电化教育局和中央电教馆，负责全国的电教管理工作和业务工作。现在，中央和各省市都建立了电化教育馆，各级各类学校建立了专业性的电化教育机构。1991 年，“电化教育教材委员会”成立；1993 年，更名为“教育部电化教育教学指导委员会”；2001 年 4 月，重组为“教育部高等学校教育技术学专业教学指导委员会”。2000 年 5 月，教育部高教司将全国高等学校文科 CAI 与试题库建设协作组、全国高等学校理科 CAI 与试题库建设协作组、全国高等学校工科 CAI 协作组、全国高等农林院校计算机教育研究协作组、全国高等医药院校计算机教育教学指导委员会改建为“全国高等学校教育技术协作委员会”，旨在加强统筹规划和宏观管理高等学校的教育技术活动。

（3）学术刊物。

主要有《中国电化教育》《电化教育研究》《中国远程教育》《开放教育研究》《现代远距离教育》《外语电化教学》等。其中，《中国电化教育》由中国电化教育杂志社主办，是一本面向教育工作研究人员和实际工作者的综合性杂志，属于中国教育类核心期刊；《电化教育研究》创刊于 1980 年 11 月，是一本理论性刊物，主要由电教理论探讨、网络教育、中小学电教研究等栏目构成。

（4）人才培养和学科建设。

1978 年全国有教育技术从业人员 1400 多人，据 1995 年的调查，我国已有教育技术机构 74849 个，专职从事教育技术工作的人员达 20 万人。从 1978 年开始，几所高等院校着手开设教育技术（电化教育）专业。1986 年，国务院学位委员会正式批准北京师范大学、河北大学、华南师范大学设立教育技术学硕士学位授予点，2004 年 5 月的统计，全国高等学校开办教育技术学专业共 140 所，其中 38 所高校具有教育技术学硕士学位授予权，6 所高校有博士学位授予权，从而形成了完整的、多层次的、多方向的教育技术专业人才培养体系。

二、教育技术的发展趋势

随着现代科学技术的发展和教育信息化建设步伐的加快，教育技术也将不断发展，其发展趋势主要体现在下述四个方面。

（一）教育技术作为交叉学科的特点将日益突出

教育技术是涉及教育、心理、信息技术等学科的一个交叉学科。教育技术需要技术，尤其是信息技术的支持。作为交叉学科，教育技术融合了多种思想和理论，它的理论基础包括教育理论、学习理论、传播学、系统理论等。在教育技术领域内，上述理论相互融合，以促进人的发展为目标而各尽其力。现在，教育技术研究不仅关注个别化学习，还对学生之间如何协同与合作进行系统的研究。此外，教育技术交叉学科的特性决定了其研究和实践主体的多元化，协作将成为教育技术发展的重要特色。包括教育、心理、教学设计、计算机技术、媒体理论等不同背景的专家和学者共同研究和实践，开放式的讨论与合作研究已成为教育技术学科的重要特色。

（二）教育技术将日益重视实践性和支持性研究

教育技术作为理论和实践并重的交叉学科，需要理论指导实践，在实践中进行理论研究。目前，教育技术研究最前沿的两个领域是信息技术与课程整合和网络教育，所有这些乃至终身教育体系的建立都强调对学习者学习的支持，即围绕如何促进学习展开所有工作。正因如此，人们将会越来越重视包括教师培训、教学资源建设、学习支持等在内的教育技术实践性和支持性研究。

（三）教育技术将日益关注技术环境下的学习心理研究

随着教育技术的发展，技术所支持的学习环境将真正体现出开放、共享、交互、协作等特点，因此，适应性学习和协作学习环境的创建将成为人们关注的重点。教育技术将更加关注技术环境下的学习心理研究，深入研究技术环境下人的学习行为特征、心理过程特征、影响学习者心理的因素，更加注重学习者内部情感等非智力因素，注重社会交互在学习中的作用。

（四）教育技术的手段将日益网络化、智能化、虚拟化

教育技术网络化的主要标志就是Internet应用的迅速发展。在信息社会中，Internet是进行知识获取和信息交流的强有力工具，它将改变人们的学习、工作和生活方式。基于Internet的远程教育目前正在发挥着越来越重要的作用。

人工智能是一门研究运用计算机模拟和延伸人脑功能的综合性学科。与一般的信息处理技术相比，人工智能技术在求解策略和处理手段上都有其独特的风格。人工智能的一些成果，以及智能计算机辅助教育系统目前已在教育教学领域得到应用。

虚拟现实是继多媒体广泛应用后出现的更高层次的计算机接口技术，其根本目标就是通过视、听、触等方式达到真实体验和交互，可以有效地被用在教学、展示、设计等方面。虚拟现实技术支持下的学习环境将成为人们进行思维和创造的助手，以及对已有概念进行深化和获取新概念的有力工具。

随着教育信息技术的发展，教育技术网络化、智能化、虚拟化的程度将日益提高，并对教学手段、教学方法和教学模式产生深远影响。

第三节　师范生学习现代教育技术的必要性

一、现代教育技术给教学过程带来的影响

信息时代对人才的培养提出了新的要求，新理念和新方法推动着教育迈入一个新的变革时代。我国在20世纪末适时地提出了素质教育工程，旨在运用现代教育思想和技术方法培养适合于21世纪发展需要的、具有优良综合素质的合格人才。教育改革对教师提出了新的挑战，今天的教育已不再是传统的教与学的单向输入，而是提倡以学生为主体的学习活动的开发与实施。现代教育活动更强调自主性、个性化、多元化，教师的角色也转变为学习资源的组织者、过程的设计者、行为的引导者。教育技术的发展是这场教育变革的重要特征之一，同时又对教

育改革的发展起着重要作用。师范院校的学生，作为未来的教师，掌握现代教育技术的基本理论和方法就必然成为其职业素质的重要要求之一。

教学过程由教师、学生、教学内容、教学媒体四个基本要素构成。教师通过教学媒体传输信息（教学内容），学生通过教学媒体接受信息（学习内容），四个要素之间有着相互影响和相互制约的关系。现代教育技术在教育教学中的运用，对教学过程中的教师、学生、教学内容、教学媒体四个要素都产生了深刻的影响。

（1）转变了教师的角色，使教师成为学生学习的指导者。

在传统教学中，强调教师的“主导作用”，“师者，传道、授业、解惑也”，教师扮演的是家长式的讲解者，相对于学生是知识的拥有者和传道者，是权威的象征，以教师为中心，忽视了学生学习主体作用的发挥，使学生成为消极被动地接受知识者。现代教育技术进入课堂教学后，教师的角色从其特征、职能等方面发生了变化，教师不再是学生获得知识的唯一信息源，教师的权威意识逐渐失落。教师的角色从单纯的讲授知识者转变成教学的设计者、学生活动的导演者、学生获得知识的引导者。学生在一定的社会文化背景下、一定的情景里，在教师的指导下，利用必要的学习资源，通过意义建构的方式获得知识、学会学习，主动地探索知识。当然，教师作为知识的传授者、教学过程的组织者和管理者，以及言传身教作为学生的榜样的角色得到了更好地发挥。同时，教师作为学生学习的指导者，应加强对学生学习方法的指导，使学生由消极的知识接受者逐渐转变为积极的知识探索者和能力的进取者。教师应根据课程计划和学生的需求设计制作供学生学习用的教学软件（课件）。此外，教师必须研究在现代教育技术影响下学生学习的特点和规律，构建新型的教学模式。

（2）转变了学生的地位，促进了学生主体性的发挥。

在传统教学中，学生依靠教师的组织、安排和要求进行学习，学生消极被动地听取教师的知识传授，始终处于接受知识灌输的被动地位，学生只有依靠教师的讲解才能掌握知识，依靠教师的考核才能知道自己的进步。现代教育技术进入课堂教学后，改变了学生对教师的依附状态，录音带、录像带、计算机软件、光盘、多媒体技术（如虚拟现实、超媒体技术）、网络等现代教学媒体以各自特有的优势为学生提供了多样化的外部刺激和丰富的学习资源，也为学生提供了多种参与机会，充分发挥了学生的主体作用，使学生有机会主动地参与、发现、探究知识。知识来源渠道拓宽，学习的时间、内容、进度可以自行掌握，使学生从被动学习转变为自主学习，提高了学生的注意力和学习兴趣，培养了学生的多方面能力，提高了学习效果。当然，学生的自我学习和自我教育必须在教师的指导下进行。现代教育技术进入课堂教学，教学系统由传统教学的“人—人”系统变为“人—机”或“人—机—人”系统，这种系统是师生双向参与、双向沟通、平等互助、共同受益的教学相长的关系，但教师对学生在人格精神方面的影响减少了，对学生的个性、情感、合作等品质的发展不利，因此在教育教学实践中必须加强心理健康教育和人文素质的教育。

（3）转变了教学媒体的作用，使教学媒体成为学生认知的工具。

在传统教学中，教学媒体是教师完成教学任务、传授知识的工具，现代教育技术进入课堂教学后，以计算机为核心的信息技术、通信技术、网络技术给课堂教学提供了新的手段，注入了新的活力，改变了传统的教学方法和教学模式。多媒体课件、电子作业系统、虚拟现实、电子出版物、超媒体技术、远距离教学、网上学校等现代教学媒体能根据教学内容、教学目标和学生认知水平情况的需要直接介入教学活动过程，以丰富多彩的表现手段具体形象地再现各种事物、现象、情景、过程，不受时间、空间、运动状态的限制，帮助学生充分感知知识、理解知识。同时，学生可以利用现代教育技术的高度交互性进行自主学习，挑选名师和专家的指导。但必须指出的是，任何一种教学媒体都有其优势和局限性，在不同的场合下各有自己存在的价值，在教学中各种媒体应该是相辅相成、互为补充的。

（4）转变教学内容的结构，重视培养学生的学习方法和学习能力。

教学内容的更新和发展总是随着社会进步和科技的发展而进行的，当前计算机网络技术和多媒体技术发展很快，以惊人的速度改变着人们的学习方式、工作方式和生活方式，信息技术已成为现代人必备的第四个工具性学科（前三个为语文、数学、外语），它是培养学生获取和加工信息的能力、保证学生主动学习和促进学生终生发展的工具性课程。阅读、写字、计算一直是基础教育的重要教学内容，现代信息技术使这些领域发生了质的变化，阅读从线性文本式走向多媒体电子读物，由抽象的文字扩展为图文并茂、声形并茂的阅读形式；书写从一笔一画地练习走向键盘输入、鼠标输入、扫描输入、语言输入等；高速计算是计算机的最原始功能，掌握计算机技术将能取代计算的技巧与方法。因此，现代教育技术进入课堂教学，将带来教学内容的变革，必须用现代科学技术的新知识充实和更新教学内容，注重培养学生应用计算机和通信的基本能力、信息搜索分析和筛选能力、网络环境下合作共事的能力、解决半结构问题的能力等。不仅传授课本知识，还要重视能力的训练和情操的培养，尤其重视学习方法和学习能力的培养。

二、信息社会教师需要具备现代教育技术能力

现代教育技术在教育中有重要的作用，要求教师必须掌握一定的教育技术技能。师范生只有在学校学好这门课，才能适应未来教育发展的需要，胜任教师工作。从教师主要从事学校教育的角度来看，师范生应把以下 3 个方面的内容作为学习教育技术的重点内容：

（1）现代教学设计理论与方法。

要在教与学、心理学、系统理论等知识的基础上深入了解和研究现代教学设计的思想，并学会用相关的设计方法来规划某一学科的教学活动。这其中包括目标分析、学习者分析、媒体选择、过程设计、评价方法等各个环节。只有掌握了教学设计，才能使教育技术真正体现出价值，才能避免盲目追求先进手段的形式化做法。

（2）以信息技术为核心的媒体使用技术。

作为 21 世纪的教师，不仅应具备基本的信息技术，同时还应掌握在教学中所能运用到的相关媒体技术，如常规设备的使用，图片、声音及其他素材的处理，影像动画的基本制作技能，以及以多媒体计算机为主的教学资源的开发和使用技术等，这方面也可以称为硬件设备的操作技术。只有掌握了扎实的硬件技术，才能真正实现教育技术的应用，否则只能是纸上谈兵。

（3）教学软件的开发制作技术。

教师的教育技术素质不仅包括在教学过程中熟练地使用各类媒体设备和对教学活动的设计能力，还应具备基本教学软件的开发能力。这里的教学软件是指各类承载教学信息的电子类

材料，包括多媒体课件、电视教学片、录音教材、幻灯片、投影片等。教师只有掌握了这些教学资源的开发技术，才能更科学地组织教学内容、设计教学模式，使教学活动更有效。而且教师参与或独立开发教学软件的过程也是教学系统设计工程的重要组成部分。所以对教学软件尤其是多媒体课件的开发能力的培养是学习现代教育技术的重要内容。

【思考与实践】

1．说说你对教育技术 AECT1994 定义、AECT2005 定义和现代教育技术定义的理解。
2．教育技术、现代教育技术的研究内容分别包括哪几个方面？
3．简述美国教育技术和我国现代教育技术的发展历程。
4．教育技术的发展趋势主要体现在哪几个方面？
5．现代教育技术与教育技术、视听教育、电化教育、信息化教育的关系是什么？
6．简述现代教育技术的功能与作用。
7．教育技术作为一门交叉学科，你认为在该课程的学习过程中应注意哪些问题？

第二章　现代教育技术理论基础

【学习目标】

1. 了解学习理论中四大流派的基本观点。
2. 了解教学理论中典型代表人物的基本思想。
3. 了解几种有代表性的传播理论。
4. 了解系统科学理论。

现代教育技术是一门综合性的应用学科，很多学科对它的形成和发展都起到了十分重要的作用，并被作为教育技术的基本理论基础，其中最主要的是学习理论、教学理论、试听教育理论、媒体传播理论和系统科学理论。

第一节　学习理论

学习理论是研究人类如何学习的理论，包括学习是怎样产生的，它经历了怎样的过程，它有哪些规律，如何才能进行有效的学习等问题。教育学家和教育心理学家围绕这些问题，从不同角度，运用不同的方式进行了各种研究，由此形成了不同的学习理论，比较具有代表性的是行为主义学习理论、认知主义学习理论、建构主义学习理论和人本主义学习理论四大流派。

一、行为主义学习理论

行为主义是 20 世纪 20 年代由美国心理学家华生（1978－1958）创始的一个心理学派，代表人物有桑代克、巴甫洛夫和斯金纳等。他们认为，只有直接观察到的东西才能成为科学研究的对象，主张用客观的方法去研究人的行为，极力反对人的心理和意识的内省研究。行为主义学习理论强调知识技能的学习靠条件反射和外在强化，学习就是形成刺激和反应的联结和联想。

（一）华生的“刺激—反应”论

华生认为学习是以一种刺激替代另一种刺激建立条件反射的过程，在他看来，人类出生时只有几个反射（如打喷嚏、膝跳反射）和情绪反应（如惧、爱、怒等），所有其他行为都是通过条件反射建立新“刺激－反应”（S-R）联结形成的，认为学习即“刺激－反应”之间联结的加强。华生曾经用条件反射的原理做了一个恐惧形成的实验，让一种动物和一种引起恐惧的刺激产生联系，结果小孩产生了对那种动物的恐惧。在形成条件反射以前，小孩接近兔子毫无害怕的表现；后来，兔子出现后，紧接着就出现一个使小孩害怕的响声；形成条件反应之后，单是兔子也能使小孩害怕；严重时，小孩会对任何有毛的东西感到害怕，如老鼠、制成标本的动物，甚至有胡子的人。

（二）桑代克的试误论

桑代克（1874－1949）是美国动物心理学实验的创始人之一，他最初研究学习问题是从各种动物实验开始的，其中最著名的就是饿猫打开迷箱的实验。箱内有某种开门的设施：一圈金属绳、一个把柄或一个旋钮，猫在迷箱中不断“试误”，直到碰巧抓到这种开门设施，门便打开，猫得以逃出并吃到箱子附近放置的鱼。桑代克记录下猫逃出迷箱所花的时间，然后又把它放进去，进行又一次尝试。桑代克发现随着实验次数的增多，猫从迷箱里逃出来所花的时间在不断减少。到最后，猫几乎是一被放进迷箱就去启动机关，即猫学会了开门这个动作。通过实验，桑代克认为，学习的实质在于形成“刺激－反应”联结；人和动物遵循同样的学习律；学习的过程是盲目的尝试与错误的渐进过程；学习遵循三条重要的学习原则：准备律、练习律和效果律。

（三）巴甫洛夫的经典条件反射论

俄国生物学家巴甫洛夫（1870－1932）是最早提出经典性条件反射的人。他在研究消化现象时，观察了狗的唾液分泌，即对食物的一种反应特征，以此来探讨人和动物的高级神经活动。他的实验过程是：把食物（无条件刺激）显示给狗，并测量其唾液分泌（反应）。在实验过程中，他观察到，如果随同食物反复给予铃响（条件刺激），狗就会逐渐学会在只有铃声而没有食物时同样会分泌唾液。巴甫洛夫将此现象称之为条件反射。这个实验对人类学习研究有很多启发，人类的学习行为有相当一部分可以用条件反射理论来解释。

（四）斯金纳的操作条件反射论

美国著名心理学家斯金纳（1904－1990）在 20 世纪 30 年代发明了一种“斯金纳箱”的学习装置，箱内装上一个操纵杆，操纵杆与另一个提供食丸的装置连接，把饥饿的白鼠置于箱内，白鼠偶然踏上操纵杆，供丸装置就会自动落下一粒食丸，白鼠经过几次尝试，会不断按压杠杆，直到吃饱为止。这时我们可以说，白鼠学会了按压杠杆以取得食物的反应，按压杠杆变成了取得食物的手段或者工具。所以，操作条件反射又称为工具条件反射。

斯金纳强调的是“反应－刺激”，他认为刺激就是强化，应把强化作为促进学习的主要手段。他关于学习的基本观点是：

（1）形成情境与反应的联系，使学习者在特定情境中能做出相应的反应行为。

（2）通过强化使学习者建立情境与反应的联系。

（3）采用连续接近法的强化程序的安排来促进学习。在斯金纳看来，强化是塑造行为和保持行为强度不可缺少的条件，而且立即强化优于延缓强化，部分强化优于连续强化。根据强化原则，他又提出了程序教学模式。斯金纳程序教学模式的做法是：将各门学科的知识按其内在逻辑联系分解为一系列前后衔接、逐渐加深的知识点或小问题，让学生按照知识点或小问题的顺序逐步学习，同时，每一步骤的学习都立即给予反馈。斯金纳程序教学的主要特点是：小步前进，积极反应，及时反馈，自定步调，低错误率。斯金纳的学习理论和程序教学模式在计算机个别化教学和计算机辅助教学中发挥了重要作用①。

---

① 李芳，叶谷平．新编现代教育技术学[M]．广州：广东高等教育出版社，2013:13．

二、认知主义学习理论

认知主义学习理论与行为主义学习理论相对立，源自于格式塔学派的认知主义学习论，代表人物有韦特海默、柯勒、考夫卡、托尔曼、布鲁纳、奥苏伯尔、加涅等。他们认为，学习就是面对当前的问题情境，在内心经过积极的组织，从而形成和发展认知结构的过程，强调刺激反应之间的联系是以意识为中介的，强调认知过程的重要性。

（一）格式塔学习理论

格式塔是德文“Gestalt”一词的译名，意为“完形”或“能动的主体”。格式塔学习理论诞生于德国，后来在美国得到进一步发展。自 1912 年由韦特海默提出后，在德国得到迅速发展。由于柯勒和考夫卡的访美以及他们的著作被翻译成英文，这种新的理论引起了美国心理学家的注意。

德国心理学家韦特海默通过对似动现象的知觉研究，提出了完形主义的观点，创立了格式塔心理学。所谓似动现象，是指先后出现的两个静止刺激，被个体知觉为刺激从前一个刺激的位置向后面一个刺激的位置运动的现象。韦特海默用速示器（一种短时呈现视觉刺激的仪器）通过两条细长的裂缝先后在幕布上投射两条光线，一条是垂直线，另一条则与这条垂直线成 20° 角或 30° 角。如果先后投射的这两条线时间间隔很长（如超过 200 毫秒），则被试看到的是两条先后出现的光线。如果两条线出现的时间间隔很短（如 30 毫秒），则被试看到的是两条同时出现的光线。可如果这两条线出现的时间间隔在某一范围时（如 60 毫秒），则被试看到的是光线从一处向另一处移动。韦特海默认为，似动自身是一种现象，是一个整体或完形，而不是若干不动的感觉元素的集合。他进而推论，心理现象的整体是不可分析为元素的，因为整体并不等于部分之和，整体是先于部分又决定各个部分的。这是韦特海默根据似动现象实验研究首次提出的完形主义观点，主张在教育中培养学生的创造性思维。

美籍德裔心理学家柯勒历时 7 年，以黑猩猩为对象进行了多次实验研究，1917 年撰写了《猩猩的智慧》一文，他发挥了格式塔理论，提出了顿悟说，其主要观点是：第一，学习是组织、构造一种完形，而不是刺激与反应的简单联结；第二，学习是顿悟，而不是通过尝试错误来实现的。顿悟说重视的是刺激和反应之间的组织作用，认为这种组织表现为知觉经验中旧的组织结构（格式塔）的豁然改组或新结构的顿悟。

美籍德裔心理学家考夫卡 1935 年在《格式塔心理学原理》一书中，提出了心理物理场论和同型论。在学习理论上，他认为，学习包括对心理环境的重新组织和重新构造，有机体对问题的解决是重建知觉场的过程。据此，他明确提出应把学习问题分为记忆问题与成就问题。他还认为，学习主要有顿悟和理解学习，而不是试误学习[①]。

（二）托尔曼的认知－目的论

美国心理学家托尔曼认为学习的结果不是 S（刺激）与 R（反应）的直接联结，主张把 S－R 公式改为 S－O－R 公式，中介变量 O 代表有机体的内部变化。托尔曼的学习理论有两大特点：第一，一切学习都是有目的的活动；第二，为达到学习目的，必须对学习条件进行认知。托尔

① 李芳，叶谷平．新编现代教育技术学[M]．广州：广东高等教育出版社，2013:14．

曼用“符号”来代表有机体对环境的认知，认为学习者在达到目的的过程中，学习的是能达到目的的符号及其符号所代表的意义，是形成一定的“认知地图”，这才是学习的实质。托尔曼的学习目的和学习认知概念，直接来自格式塔学派的完形说，吸取了完形派思想中某些积极成果，认为行为表现为整体的行为，这种有目的的整体性的行为是学习认知的结果。他在《动物和人的目的性行为》（1932）一书中指出，行为具有目的性、整体性和认知性。

（三）布鲁纳的认知结构学习理论

美国心理学家布鲁纳在20世纪60年代提出了“认知发现说”，他认为人的认知活动是按照一定阶段的顺序形成和发展的心理结构来进行的，这种心理结构就是知结构。学习者通过把新的信息和以前结构的心理框架联系起来，建构自己的知识。同时，他还认为，应该培养学生具有探索新情境，提出假设，推测关系，应用自己的能力解决新问题发现新事物的态度。因此，他提倡发现学习，主张教学应创造条件，让学生通过参与探究活动而发现基本原理或规则。除此之外，布鲁纳还提出了“知识结构论”和“学科结构论”。他认为要让学习者学习学科知识的基本结构，并按学习者不同发展阶段的特点进行学习。

布鲁纳的这些思想对于指导和改进教学有重要意义，但他的理论也存在着明显的不足。布鲁纳认知结构学习论过于强调学科的基本结构，这种学习对自然科学可能是有效的，但却不太适合于人文学科的学习；他所提倡的发现学习的确具有接受学习不可比拟的优点，但发现法的运用也受许多因素（如学生已有的知识经验等）的限制，因此过于强调发现是有失偏颇的[①]。

（四）奥苏伯尔的有意义接受学习理论

美国心理学家奥苏伯尔在教育心理学中最重要的一个贡献，是他对有意义学习的描述。他提出，有意义学习过程的实质就是符号所代表的新知识与学习者认知结构中已有的适当观念建立非人为的和实质性的联系。这一论断既给有意义学习下了明确的定义，又指出了划分机械学习与有意义学习的两条标准。奥苏伯尔将有意义学习分为表征学习、概念学习、命题学习和发现学习，认为不能把发现学习等同于意义学习，发现学习不一定是有意义的，接受学习在适当的条件下完全可以产生有意义的过程和结果。

奥苏伯尔认为，当学生把教学内容与自己的认知结构联系起来时，有意义学习便发生了。所谓认知结构，就是指学生现有知识的数量、清晰度和组织结构，它是由学生眼下能回想出的事实、概念、命题、理论等构成的。因此，要促进新教材的学习，首先要增强学生认知结构中与新教材有关的观念。

从教学的角度来看，研究认知结构，目的在于识别和控制影响有意义接受学习的变量，奥苏伯尔认为，下列3种变量是必须关注的：

（1）学生认知结构中能与新教材建立联系的有关观念是否可利用。如果可以利用这些观念，就为学习和记忆新教材提供必要的固定点（anchorage）。

（2）这些观念与要学习的新观念之间区别的程度如何，即要防止新旧观念的混淆，使新观念能够作为独立的实体保持下来。

（3）认知结构中起固定点作用的观念是否稳定、清晰。这不仅将影响到为新教材提供的

---

① 李克东．新编现代教育技术学[M]．上海：华东师范大学出版社，2011:11-12．

固定点的强度，也影响学生能否对新旧观念作出区别。有意义学习理论强调，在新知识的学习中，认知结构中的原有的适当观念起决定作用。这种原有的适当观念对新知识起固定作用，故称这种观念为起固定作用的观念（anchoring idea，或译为“固着观念”）。可见，学生是否具有起固定作用的观念，对学习是否有意义起重要作用。在奥苏伯尔看来，对教材进行机械学习的主要原因之一，就是在学生还没有具备固着观念之前，就要求他们学习新内容。由于学生认知结构中还没有可以同新教材建立联系的有关观念，因而使得教材也失去了潜在意义。

奥苏伯尔学习理论的核心是：学生能否习得新信息，主要取决于他们认知结构中已有的有关观念。有意义学习是通过新信息与学生认知结构中已有的有关观念的相互作用才得以发生的。这种相互作用的结果导致了新旧知识的意义的同化①。

（五）加涅的信息加工认知学习理论

美国心理学家加涅是信息加工认知学习理论的重要人物。信息加工学习理论把人的认知用计算机进行功能模拟，用信息加工的观点看待人的认知过程，认为人的认知过程是一个主动地寻找信息、接受信息，并在一定的信息结构中进行加工的过程。受此观点的影响，有越来越多的人接受了计算机模拟的思想，把学习过程作为一个信息加工的过程，并用计算机模拟来分析人的内部心理状态和过程。信息加工学习理论的观点多种多样，其中加涅的信息加工学习理论有较大的影响。加涅提出了学习过程的基本模式，如图 2-1 所示。

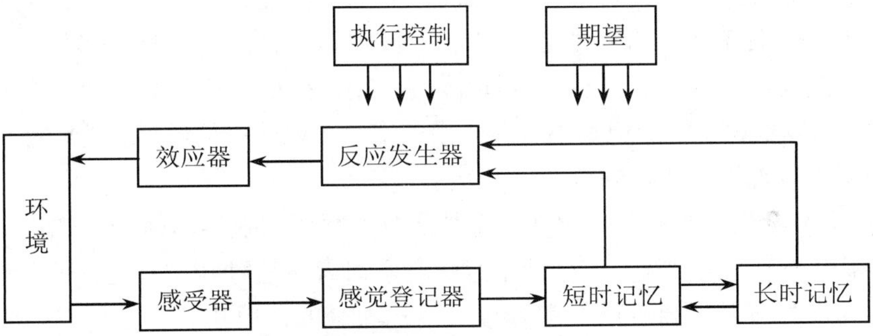

图 2-1　加涅的学习过程信息加工模式

这一模式表明，来自外界环境的刺激通过学生的感受器，以映象的形式输入到感觉登记器，对信息进行初步处理，如果受到注意则进入短时记忆，以语义的形式储存。经过复述、精细加工及组织编码等，则进入长时记忆。长时记忆中的信息也能回到短时记忆中，并到达反应发生器。反应发生器将信息转化成行动，也就是激起效应器的活动，产生影响着学习环境的作业活动。在这个模式中，执行控制和期望是两个重要的结构。执行控制即认知策略，执行控制过程决定哪些信息从感觉登记进入短时记忆，如何进行编码，采用何种提取策略等，是已有经验对当前学习过程的影响起调节作用；期望是指学生期望达到的目标，即学习动机，是动机系统对学习的影响，起定向作用。

加涅博采众家之长提出的信息加工认知学习理论，其最大的优点是注意应用，即把学习

① 陈琦，刘儒德．当代教育心理学[M]．北京：北京师范大学出版社，2002:85-91．

理论研究的结果运用于教学实践，加涅将其思想应用于教学设计，推动了教育技术的发展[①]。

三、建构主义学习理论

建构主义学习理论是认知主义学习理论的进一步发展，主要代表人物是美国教育心理学家皮亚杰和前苏联教育心理学家维果斯基。

皮亚杰的建构主义观点属于个人建构，他主要关注个体是如何建构认知经验（如知识理解、认知策略）和情感经验（学习信念、自我概念）的，强调意义的双向建构过程。其基本观点为学习是一个意义建构的过程，是一个通过新旧经验的相互作用而形成、丰富和调整自己认知结构的过程，从而形成新的认知模式。维果斯基的建构主义观点属于社会建构，是个人建构主义的进一步发展，他主要关注学习和知识建构的社会文化机制，特别强调活动和社会交往在人的高级心理机能发展中的突出作用。他认为，高级的心理机能来源于外部动作的内化，这种内化不仅通过教学，也通过日常生活、游戏和劳动等来实现。因此，知识的建构需要与他人磋商并达成一致来不断地加以调整和修正，并且不可避免地要受到当时社会文化因素的影响。

建构主义学习理论的基本观点主要体现在下述6个方面。

1. 建构主义的知识观

（1）知识不是对现实的纯粹客观的反映，任何一种传载知识的符号系统也不是绝对真实的表征。它只不过是人们对客观世界的一种解释、假设或假说，它不是问题的最终答案，它必将随着人们认识程度的深入而不断地变革、升华和改写，出现新的解释和假设。

（2）知识并不能绝对准确无误地概括世界的法则，提供对任何活动或问题解决都实用的方法，在具体的问题解决中，知识是不可能一用就准、一用就灵的，而是需要针对具体问题的情境对原有知识进行再加工和再创造。

（3）知识不可能以实体的形式存在于个体之外，尽管通过语言赋予了知识一定的外在形式，并且获得了较为普遍的认同，但这并不意味着学习者对这种知识有同样的理解。真正的理解只能是由学习者自身基于自己的经验背景而建构起来的，取决于特定情况下的学习活动过程。否则，就不叫理解，而是叫死记硬背，是被动的复制式的学习。

2. 建构主义的学习观

（1）学习不是由教师把知识简单地传递给学生，而是由学生自己建构知识的过程。学生不是简单地被动接收信息，而是主动地建构知识的意义，这种建构是无法由他人来代替的。

（2）学习不是被动接收信息刺激，而是主动地建构意义，是根据自己的经验背景，对外部信息进行主动的选择、加工和处理，从而获得自己的意义，外部信息本身没有什么意义，意义是学习者通过新旧知识经验间的反复的、双向的相互作用过程而建构成的。因此，学习不是像行为主义所描述的“刺激－反应”那样简单。

（3）学习意义的获得是每个学习者以自己原有的知识经验为基础，对新信息重新认识和编码，建构自己的理解。在这一过程中，学习者原有的知识经验因为新知识经验的进入而发生调整和改变。

---

① 李克东．新编现代教育技术学[M]．上海：华东师范大学出版社，2011:12-13．

（4）同化和顺应是学习者认知结构发生变化的两种途径或方式。同化是指学习者把外在的信息纳入已有的认知结构，以丰富和加强已有的思维倾向和行为模式；顺应是指学习者已有的认知结构与新的外在信息产生冲突，引发原有认知结构的调整或变化，从而建立新的认知结构。同化是认知结构的量变，而顺应则是认知结构的质变。同化－顺应－同化－顺应……循环往复，平衡－不平衡－平衡－不平衡……相互交替，人的认知水平的发展，就是这样的一个过程。这样看来，学习不是简单的信息积累，更重要的是新旧知识经验的冲突，以及由此而引发的认知结构的重组。学习过程不是简单的信息输入、存储和提取，是新旧知识经验之间的双向的相互作用过程，也就是学习者与学习环境之间互动的过程。

3. 建构主义的学生观

（1）建构主义强调，学习者并不是空着脑袋进入学习情境的。在日常生活和以往各种形式的学习中，他们已经形成了有关的知识经验，他们对任何事情都有自己的看法。即使是有些问题他们从来没有接触过，没有现成的经验可以借鉴，但是当问题呈现在他们面前时，他们还是会基于以往的经验，依靠他们的认知能力，形成对问题的解释，提出他们的假设。

（2）教学不能无视学习者的已有知识经验，简单强硬地从外部对学习者实施知识的“填灌”，而是应当把学习者原有的知识经验作为新知识的生长点，引导学习者从原有的知识经验中积累新的知识经验。教学不是知识的传递，而是知识的处理和转换。教师不是知识的呈现者，也不是知识权威的象征，应该重视学生自己对各种现象的理解，倾听他们时下的看法，思考他们这些想法的由来，并以此为据，引导学生丰富或调整自己的解释。

（3）教师与学生、学生与学生之间需要共同针对某些问题进行探索，并在探索的过程中相互交流和质疑，了解彼此的想法。由于经验背景的差异不可避免，学习者对问题的看法和理解经常是千差万别的。其实，在学生的共同体中，这些差异本身就是一种宝贵的现象资源。建构主义虽然非常重视个体的自我发展，但是他也不否认外部引导，亦即教师的影响作用①。

4. 师生角色的定位及其作用

（1）教师的角色是学生建构知识的忠实支持者。教师的作用从传统的传递知识的权威转变为学生学习的辅导者，成为学生学习的高级伙伴或合作者。教师应该给学生提供复杂的真实问题，他们不仅必须开发或发现这些问题，而且必须认识到复杂问题有多种答案，激励学生对问题解决的多重观点，这与创造性的教学活动宗旨是紧密相吻合的。教师必须创设一种良好的学习环境，学生在这种环境中可以通过实验、独立探究、合作学习等方式来展开他们的学习。教师必须保证学习活动和学习内容保持平衡。教师必须提供学生元认知工具和心理测量工具，培养学生评判性地认知加工策略，以及自己建构知识和理解的心理模式。教师应认识教学目标包括认知目标和情感目标。教学是逐步减少外部控制、增加学生自我控制学习的过程。

（2）教师要成为学生建构知识的积极帮助者和引导者，应当激发学生的学习兴趣，引发和保持学生的学习动机。通过创设符合教学内容要求的情景和提示新旧知识之间联系的线索，帮助学生建构当前所学知识的意义。为使学生的意义建构更为有效，教师应尽可能组织协作学习，展开讨论和交流，并对协作学习过程进行引导，使之朝有利于意义建构的方向发展。

---

① 柳长友等．教育心理学[M]．北京：北京师范大学出版社，2015:63-66．

（3）学生的角色是教学活动的积极参与者和知识的积极建构者。建构主义要求学生面对认知复杂的真实世界的情境，并在复杂的真实情境中完成任务，因而，学生需要采取一种新的学习风格、新的认识加工策略，形成自己是知识与理解的建构者的心理模式。建构主义教学比传统教学要求学生承担更多的管理自己学习的机会；教师应当注意使机会永远处于维果斯基提出的“学生最近发展区”，并为学生提供一定的辅导。

学生要用探索法和发现法去建构知识的意义。在建构意义的过程中要求学生主动去搜集和分析有关的信息资料，对所学的问题提出各种假设并努力加以验证。要善于把当前的学习内容尽量与自己已有的知识经验联系起来，并对这种联系加以认真思考。联系和思考是意义建构的关键，它最好的效果是与协商过程结合起来。

5. 学习环境

建构主义认为，学习者的知识是在一定情境下，借助于他人的帮助，如人与人之间的协作、交流、利用必要的信息等，通过意义的建构而获得的。理想的学习环境应当包括情境、协作、交流和意义建构四个部分。

（1）情境，学习环境中的情境必须有利于学习者对所学内容的意义建构。在教学设计中，创设有利于学习者建构意义的情境是最重要的环节或方面。

（2）协作，应该贯穿于整个学习活动过程中。教师与学生之间、学生与学生之间的协作，对学习资料的收集与分析、假设的提出与验证、学习进程的自我反馈和学习结果的评价以及意义的最终建构都有十分重要的作用。协作在一定的意义上是协商的意思，协商主要有自我协商和相互协商。自我协商是指自己和自己反复商量什么是比较合理的；相互协商是指学习小组内部之间的商榷、讨论和辩论。

（3）交流，是协作过程中最基本的方式或环节。比如学习小组成员之间必须通过交流来商讨如何完成规定的学习任务达到意义建构的目标，怎样更多地获得教师或他人的指导和帮助等。其实，协作学习的过程就是交流的过程，在这个过程中每个学习者的想法都为整个学习群体所共享。交流对于推进每个学习者的学习进程是至关重要的手段。

（4）意义建构，是教学过程的最终目标。其建构的意义是指事物的性质、规律以及事物之间的内在联系。在学习过程中帮助学生建构意义就是要帮助学生对当前学习的内容所反映事物的性质、规律以及该事物与其他事物之间的内在联系达到较深刻的理解。

6. 教学原则

（1）把所有的学习任务都置于为了能够更有效地适应事物的学习中。

（2）教学目标应该与学生的学习环境中的目标相符合，教师确定的问题应该使学生感到就是他们本人的问题。

（3）设计真实的任务。真实的活动是学习环境的重要的特征。就是应该在课堂教学中使用真实的任务和日常的活动或实践整合多重的内容或技能。

（4）设计能够反映学生在学习结束后就从事有效行动的复杂环境。

（5）给予学生解决问题的自主权。教师应该刺激学生的思维，激发他们自己解决问题。

（6）设计支持和激发学生思维的学习环境。

（7）鼓励学生在社会背景中检测自己的观点。

（8）支持学生对所学内容与学习过程的反思，发展学生的自我控制的技能，成为独立的学习者。

四、人本主义学习理论

人本主义心理学是1950—1960年在美国兴起的一种心理学思潮，其主要代表人物是马斯洛和罗杰斯。他们一方面反对行为主义把人看成动物或机器，不重视人类本身的特征；另一方面也批评认知心理学虽然重视人类的认知结构，但却忽视了人类情感。人本主义认为学习是个人潜能的充分发展，是人格的发展，是自我的发展，是人的自我实现的过程，强调无条件积极关注在个体成长过程中的重要作用。

人本主义学习理论强调人的自主性、整体性和独特性，认为学习是个人自主发起的，使个人整体投入其中并产生全面变化的活动，学生内在的思维和情感活动极为重要；个人对学习的投入不仅涉及认知方面，还涉及情感、行为和个性等方面；学习不单是对认知领域产生影响，而且对行为、态度和情感等多方面发生作用。人本主义学习理论强调人的潜能、个性与创造性的发展，强调自我实现、自我选择和追求健康人格的塑造。

人本主义学习理论反对传统的无意义的学习，倡导有意义的学习，并阐述了有意义学习的原则和条件。人本主义对学习的条件、过程和结果的基本观点如下：

（1）学习的条件。罗杰斯指出，学生要实现有意义的学习，必须依靠一定的条件，这个条件就是教师要营造一种自由、民主、和谐融洽，充满着关爱与真诚的学习氛围。教师要为学生提供学习的手段和条件，促进学生自由地成长。

（2）学习的过程。人本主义学习理论认为，学习的过程就是学生在一定条件下自我挖掘其潜能，进行自我实现的过程；认为人皆有天赋的学习潜力，自幼就表现出对环境的探索、对世间事物的好奇，而且都有实现自我的需要。

（3）学习的结果。关于学习的结果，人本主义心理学既反对行为主义关于形成一定刺激与反应联结的观点，也不同意发现学派关于构建发现结构的主张；而是认为学习的目的和结果是使学生成为一个完善的人、一个充分起作用的人，也就是使学生的整体人格得到发展[①]。

第二节　教学理论

教学理论是研究教学客观规律的科学，它既要研究教学的现象、问题，揭示教学的一般规律，也要研究利用和遵循规律解决教学实际问题的方法策略和技术，它既是描述性的理论，也是一种处方性和规范性的理论。教学理论的研究和发展为教育技术学提供了丰富的科学依据，是教育技术学的重要理论基础。

一、行为主义教学理论

行为主义者把刺激—反应当作行为的基本单位，学习就是环境刺激与行为反应之间联结

---

① 刘梅．现代教育技术应用[M]．北京：北京师范大学出版社，2016:37．

的加强，而教学的方法就在于如何安排外部环境，以对学生的学习行为产生有效的强化。这种学习理论的逻辑延伸，就是教学必须要形成塑造行为或者矫正行为的手段和方法；教师的职责就是要为学生创设一种刺激环境并尽可能在最大程度上强化学生的合适行为。行为主义理论在教学上的应用主要有程序教学、早期的脚手架辅助教学、个别化学习软件设计和视听教学方法等。

根据行为主义教学原理，教学的目的就是提供特定的刺激，以便引发学生特定的学习反应，因此教学目标制订得越具体越精确越好。例如，布卢姆将认知领域的教学目标划分为识记、领会、运用、分析、综合和评价，将情感领域的教学目标划分为接受或注意、反应、价值评价、组织和价值与价值体系的性格化等不同层次结构，由简单到复杂顺序排列，而且教学目标都是通过学生的外显行为来陈述。

斯金纳的程序教学理论是根据行为主义学习理论提出的，该理论认为有效的教学应遵循以下 5 条基本原则：

（1）积极反应原则。

在教学过程中，要让学生对学习内容和问题作出积极的反应，以积极的状态参与学习的过程，能自己动脑、自己动手去学习，否认“虽然没有表现出反应，但的确明白”的观点。

（2）小步子原则。

将教学的整体内容按内在联系分成许多片段知识，材料一步一步地呈现，步子由易到难排列，每步之间的难度很小，使学生循序渐进地学习，并且很容易就取得成功，建立自信。

（3）及时强化原则。

在教学中要做到及时强化，要求每个学生在作出反应后，能够尽快知道自己的反应是否正确。告知学生结果，也就是给予学生反应的及时强化。

（4）自定步调原则。

以学生为中心，学生根据自己的学习情况，确定学习的进度。这样，学生可按各自不同的思维方式、速率来处理问题而不受其他人的影响。同时，一次次的强化能够激发学生的学习兴趣，使他们稳步前进。

（5）低误率原则。

在教学过程中尽量使学生每次都作出正确的反应，使错误率降到最低，过多的错误会影响学生的情绪和学习的速度。少错误或无错误的学习可以增强学生学习的积极性，提高学习效率。

二、认知主义教学理论

认知主义学习理论运用于教学实践时，强调教学必须要根据学习者已有的心理结构，提供适当的问题情境，以使学生在解决问题的过程中掌握一般原理，并进一步把所学的知识应用于解决新的问题[①]。

（一）布鲁纳的“结构—发现”教学理论

布鲁纳根据学习理论提出了“结构－发现”教学理论，认为教学活动应该能最大限度地

① 刘梅．现代教育技术应用[M]．北京：北京师范大学出版社，2016:39-41．

促进学生主动形成认知结构，布鲁纳的教学思想主要体现在下述3个方面。

1. 掌握学科的基本结构

布鲁纳认为美国当时的中小学教学内容，由于受到杜威经验论的影响，片面强调具体事实和个人经验的重要性而忽视了理论知识的价值，因此不利于学生智力的发展。他主张提高教学内容的学术水平和抽象理论水平，让学生学习和掌握学科的基本结构。学科的基本结构，是指学科的基本概念、基本原理和法则的体系。布鲁纳认为，教学的最终目标是促进学生对学科结构的理解，掌握学科的基本结构。学科基本结构的教学原则主要有4个：

（1）动机原则。动机是一个起点，也是维持学习的基本动力。学生具备三种最基本的内在动机：好奇内驱力（求知欲）、胜任内驱力（成功欲）、互惠内驱力（人与人之间和睦相处）。教师如能激发学生的这些内在动机，便可有效地达到预定的学习目标。

（2）结构原则。任何结构都可以用动作、图像、符号三种表象形式来呈现。动作表象是借助动作进行学习，不需要言语的帮助；图像表象是借助图像进行学习，以感知材料为基础；符号表象是借助语言进行学习，经验一旦转化为语言，逻辑推导便能进行。

（3）程序原则。教材的难度与逻辑上的先后顺序，必须针对学生的心智发展水平及认知表征方式做适当的安排，以使学生的知识经验前后衔接，从而产生正向学习迁移。

（4）强化原则。教学规定合适的强化时间和步调是学习成功的重要一环。知道学习结果的时间应恰好在学生评估自己作业的那个时刻，使他们逐步具有自我矫正、检查和强化的能力，从而有效地学习。

2. 组织螺旋式课程

由于学科的结构有较高程度的抽象性和概括性，因此在组织学科结构为中心的课程时，也有相应的要求。“一门课程在他的教学进程中，应反复地回到这些基本概念，以这些基本概念为基础，直到学生掌握了与这些基本概念相适应的完全新式的体系为止。”具体说，就是打通中小学和大学同一学科的界限，组织循环往复达到较高水平的螺旋式课程，使学科内容围绕基本结构在范围上逐渐拓开，在难度上逐渐加深。例如，初中物理课程中讲授的杠杆原理，到高中物理课上概括为力矩的知识，到大学物理课上抽象为力的平衡知识。这样，同一个物理学知识可以转换成各种不同的形式教给不同认知水平不同年龄阶段的学生，这就是螺旋式课程设计的具体形式。

编制一个好的螺旋式的课程应从以下3个方面着手：

（1）课程内容的编排要系列化。

（2）使学科的知识结构与儿童的认知结构相统一。

（3）重视知识的形成过程①。

3. 提倡发现式教学

要掌握学科的基本结构，就应想方设法使学生参与知识结构的学习过程，这种方法即布鲁纳提倡的“发现法”，发现式教学的一般步骤是：

（1）设置问题情境。提出问题，带着问题观察具体事物。

---

① 张有录．大学现代教育技术教程[M]．北京：中国铁道出版社，2009:22．

（2）树立假设。问题讨论、材料改组、经验联系、提出假设。

（3）上升到概念或原理。

（4）转化为活的能力。

布鲁纳在教学上倡导的“发现法”，在科学实践中得到了广泛应用，主张引导学生通过自己的主动发现来学习，要把学习知识的过程和探索知识的过程统一起来，使学生通过体验所学概念原理的形成过程来发展学生的归纳、推理等思维能力，掌握探究思维的方法。其基本程序为：识别概念—形成概念—验证概念—分析思维策略。

（1）识别概念。向学生呈示资料，在诱导性问题的情境中提出具体的事实，引导学生凭借已有的经验通过比较不断产生假设和检验假设，也可由教师引导学生围绕假设展开讨论，使他们将所获得的片断知识从各种不同角度加以组合，逐步形成统一的认识结构，使假设得以确定。

（2）形成概念。也就是把不确切的假设再上升到精确概念的过程，把学生带有主观色彩的、不确切的、未分化的假说再上升到概念的高度。

（3）验证概念。教师提供各种事例要求学生辨认、证实或否定他们最初的假设，根据有无必要来决定是否修正他们对概念或属性的选择，通过应用培养他们的迁移能力。

（4）分析思维策略。学生分析他们获得概念所依据的策略，由学生叙述他们的思考过程，弄清楚并记住他们在这一过程中是如何思考的。

（二）加涅的九段教学理论

在信息加工理论的基础上，加涅提出了九段教学理论。加涅认为，促进学习涉及九个外部因素（教学事件），即引起注意、告知目标、激起回忆、呈现刺激、引导学习、诱发行为、提供反馈、评估行为和加强保持，见表 2-1。

表 2-1 外部教学事件与支持它们的内部心理过程①

外部教学事件	事件内容	内部心理过程
引起注意	呈现促动信息（标题和先行思考题），使学生集中注意力	警觉
告知目标	将整堂课的教学目标或各个知识点的教学目标告诉学生，使学生清楚学完本课后要能做什么，并明确具体学习要求	期待
激起回忆	复习以前课程内容或提供起点测试，引起学习兴趣，让学生感到有获得知识的需求	恢复工作记忆
呈现刺激	对于言语信息，呈现新信息；对于定义概念，呈现定义；对于规则使用，介绍对象间的相互关系；对于问题解决，呈现涉及应用规则的代表性问题	选择知觉
引导学习	对于言语信息，显示助记符或关联对象，或将新信息加框；对于定义概念，提供概念的正例和反例；对于规则使用，逐步地演示规则应用步骤；对于问题解决，让学习者尝试规则的各种可能用法	语义编码
诱发行为	呈现精心设计的问题（必须与目标相符），让学习者应答	接受与反应

① 姚巧红等．现代教育技程[M]．北京：科学出版社，2016:16-17．

续表

外部教学事件	事件内容	内部心理过程
提供反馈	常见的反馈形式有：确认学生反应的正误；强化信息（赞扬）或处罚信息（批评）；说明信息（讲清学生对或错的原因）。反馈信息的使用可因学习类型和学习对象而异	强化
评估行为	向学生提供一个小型测试，并按一定的标准判断其是否达到了“掌握”程度	暗示提取
加强保持	向学生提供操练与练习，或变化题型，或要求学生产生不同的解法。可以理论联系实际，举一反二，提高学生应用能力，促进学生知识迁移	概括

三、建构主义教学理论

与建构主义学习理论和建构主义学习环境相适应的教学模式为：“以学生为中心，在整个教学过程中由教师起组织者、指导者、帮助者和促进者的作用，利用情境、协作、会话等学习环境要素充分发挥学生的主动性、积极性和首创精神，最终达到使学生有效地实现对当前所学知识的意义建构的目的。”在这种模式中，学生是知识意义的主动建构者；教师是教学过程的组织者、指导者、意义建构的帮助者、促进者；教材所提供的知识不再是教师传授的内容，而是学生主动建构意义的对象；媒体也不再是帮助教师传授知识的手段、方法，而是用来创设情境、进行协作学习和会话交流，即作为学生主动学习、协作式探索的认知工具。

在建构主义的教学模式下，目前已开发出比较成熟的教学方法主要有下述几种。

（一）支架式教学（Scaffolding Instruction）

支架式教学被定义为：“支架式教学应当为学习者建构对知识的理解提供一种概念框架（Conceptual Framework）。这种框架中的概念是为发展学习者对问题的进一步理解所需要的，为此，事先要把复杂的学习任务加以分解，以便于把学习者的理解逐步引向深入。”

支架原本指建筑行业中使用的脚手架，在这里用来形象地描述一种教学方式：儿童被看作是一座建筑，儿童的“学”是在不断地、积极地建构着自身的过程；而教师的“教”则是一个必要的脚手架，支持儿童不断地建构自己，不断建造新的能力。支架式教学是以著名心理学家维果斯基的“最近发展区”理论为依据的。维果斯基认为，在测定儿童智力发展时，应至少确定儿童的两种发展水平：一种是儿童现有的发展水平，一种是潜在的发展水平，这两种水平之间的区域称为“最近发展区”。教学应从儿童潜在的发展水平开始，不断创造新的“最近发展区”。支架教学中的“支架”应根据学生的“最近发展区”来建立，通过支架作用不停地将学生的智力从一个水平引导到另一个更高的水平。

支架式教学由以下 5 个环节组成：

（1）搭脚手架：围绕当前学习主题，按“最近发展区”的要求建立概念框架。

（2）进入情境：将学生引入一定的问题情境。

（3）独立探索：让学生独立探索。探索内容包括确定与给定概念有关的各种属性，并将各种属性按其重要性大小顺序排列。探索开始时要先由教师启发引导，然后让学生自己去分析；

探索过程中教师要适时提示，帮助学生沿概念框架逐步攀升。

（4）协作学习：进行小组协商、讨论。讨论的结果有可能使原来确定的、与当前所学概念有关的属性增加或减少，各种属性的排列次序也可能有所调整，并使原来多种意见相互矛盾且态度纷呈的复杂局面逐渐变得明朗、一致起来。在共享集体思维成果的基础上达到对当前所学概念比较全面、正确的理解，即最终完成对所学知识的意义建构。

（5）效果评价：对学习效果的评价包括学生个人的自我评价和学习小组对个人的学习评价，评价内容包括自主学习能力、对小组协作学习所作出的贡献以及是否完成对所学知识的意义建构。

（二）抛锚式教学（Anchored Instruction）

这种教学要求建立在有感染力的真实事件或真实问题的基础上，确定这类真实事件或问题被形象地比喻为“抛锚”，因为一旦这类事件或问题被确定了，整个教学内容和教学进程也就被确定了（就像轮船被锚固定一样）。建构主义认为，学习者要想完成对所学知识的意义建构，即达到对该知识所反映事物的性质、规律以及该事物与其他事物之间联系的深刻理解，最好的办法是让学习者到现实世界的真实环境中去感受、去体验（即通过获取直接经验来学习），而不是仅仅聆听别人（例如教师）关于这种经验的介绍和讲解。由于抛锚式教学要以真实事例或问题为基础（“锚”），所以有时也被称为“实例式教学”“基于问题的教学”或“情境性教学”。

抛锚式教学主要由以下几个环节组成：

（1）创设情境：使学习能在和现实情况基本一致或相类似的情境中发生。

（2）确定问题：在上述情境下，选择出与当前学习主题密切相关的真实性事件或问题作为学习的中心内容。选出的事件或问题就是“锚”，这一环节的作用就是“抛锚”。

（3）自主学习：不是由教师直接告诉学生应当如何去解决面临的问题，而是由教师向学生提供解决该问题的有关线索，并特别注意发展学生的“自主学习”能力。

（4）协作学习：进行小组讨论、交流，通过不同观点的交锋，补充、修正、加深每个学生对当前问题的理解。

（5）效果评价：由于抛锚式教学的学习过程就是解决问题的过程，由该过程可以直接反映出学生的学习效果。因此对这种教学效果的评价不需要进行独立于教学过程的专门测验，只需在学习过程中随时观察并记录学生的表现即可。

（三）随机进入教学（Random Access Instruction）

由于事物的复杂性和问题的多面性，要做到对事物内在性质和事物之间相互联系的全面了解和掌握，即真正达到对所学知识的全面而深刻的意义建构是很困难的，往往从不同的角度考虑可以得出不同的理解。为此，在教学中就要注意对同一教学内容，要在不同的时间、不同的情境下，为不同的教学目的，用不同的方式加以呈现。换句话说，学习者可以随意通过不同途径、不同方式进入同样教学内容的学习，从而获得对同一事物或同一问题的多方面的认识与理解，这就是所谓“随机进入教学”。显然，学习者通过多次“进入”同一教学内容将能达到对该知识内容比较全面而深入的掌握。这种多次进入，绝不是像传统教学中那样，只是为巩固一般的知识、技能而实施的简单重复。这里的每次进入都有不同的学习目的，都有不同的问题侧重点。因此多次进入的结果，绝不仅仅是对同一知识内容的简单重复和巩固，而是使学习者获得对事物全貌的理解与认识上的飞跃。

随机进入教学主要包括以下 5 个环节：

（1）呈现基本情境：向学生呈现与当前学习主题的基本内容相关的情境。

（2）随机进入学习：取决于学生“随机进入”学习所选择的内容，而呈现与当前学习主题的不同侧面特性相关联的情境。在此过程中教师应注意发展学生的自主学习能力，使学生逐步学会自己学习。

（3）思维发展训练：由于随机进入学习的内容通常比较复杂，所研究的问题往往涉及许多方面，因此在这类学习中，教师还应特别注意发展学生的思维能力。

（4）小组协作学习：围绕呈现不同侧面的情境所获得的认识展开小组讨论。在讨论中，每个学生的观点在和其他学生以及教师一起建立的社会协商环境中受到考察、评论，同时每个学生也对别人的观点、看法进行思考并作出反应。

（5）学习效果评价：包括自我评价与小组评价，评价内容包括自主学习能力、对小组协作学习所作出的贡献以及是否完成对所学知识的意义建构①。

四、人本主义教学理论

罗杰斯将心理咨询的方法移植到教学中，提出了非指导性的教学模式。他极力批判传统教学将教师和书本置于教学活动核心位置的做法，认为这种方式只能使学生成为“奴隶”。在罗杰斯看来，教学活动应把学生放在居中的位置，把学生的“自我”看作教学的根本要求，所有的教学活动不仅要服从“自我”的需要，而且也要围绕着“自我”进行。基于此种认识，罗杰斯所提出的“非指导性教学”具有以下特点：在课堂中创造一种接受的气氛、围绕着发展个人的和小组的目标而进行、教师的角色不断变化。由此可见，非指导性教学并不是完全站在传统教学的对立面，只不过强调了传统教学忽略的而确实对学生的发展有利的方面，即应赋予学生更多的空间支配教学过程。非指导性教学模式改变了传统的师生关系，拓展了教学研究的视角②。

罗杰斯倡导过程哲学观，反对任何固定、僵化、一成不变的东西，他从未明确和系统地描述过非指导性教学的系统方法，但从其基本理论假设中可以发现“非指导性教学”的实施策略如下：

（1）教师应对自己坚信不疑，教师应当对学生的独立思考及自学能力充满信任。

（2）教师应同其他人共同担负起教学活动责任，课程计划、教学管理、经费预算、政策制订等都应是一个小组的共同责任。

（3）教师为学生提供学习资料。

（4）学生探索自己感兴趣的问题，在探索的过程中，每个人就自己的学习方法作出选择，并对这些选择所产生的结果负责，据此形成他们自己的学习计划。

（5）提供一种有利于学习的气氛，这是一种充满真诚、关心和理解的气氛。

---

① https://baike.so.com/doc/1145466-1211797.html。

② https://baike.so.com/doc/6963102-7185644.html。

（6）学生的重心集中在学习过程中的体验，学习内容虽然重要，但却是第二位的。

（7）强调自我训练，学生将训练看成是他们自己的责任。

（8）重视自我评价，小组成员或教师的反馈信息也会影响学生的自我评价。

第三节　视听与传播理论

一、视听教学理论

“看”和“听”是获取信息的主要途径，视听教学理论指出了各种视听教学媒体在教学中的地位与作用，是教育技术必须依据的理论基础。美国教育家戴尔 1946 年在《教学中的视听方法》一书中提出了“经验之塔”理论，至今影响深远。

（一）“经验之塔”理论

戴尔用“经验之塔”来描述人类获取知识的各种途径和方法。他认为，人们学习时由直接到间接、由具体到抽象获得知识比较容易。“经验之塔”用一个学习经验的三角形宝塔图来表示不同学习方式的学习效果。戴尔将人们获得的经验分为三大类：做的经验、观察的经验和抽象的经验，并将获得这三类经验的方法分为十种，如图 2-2 所示。

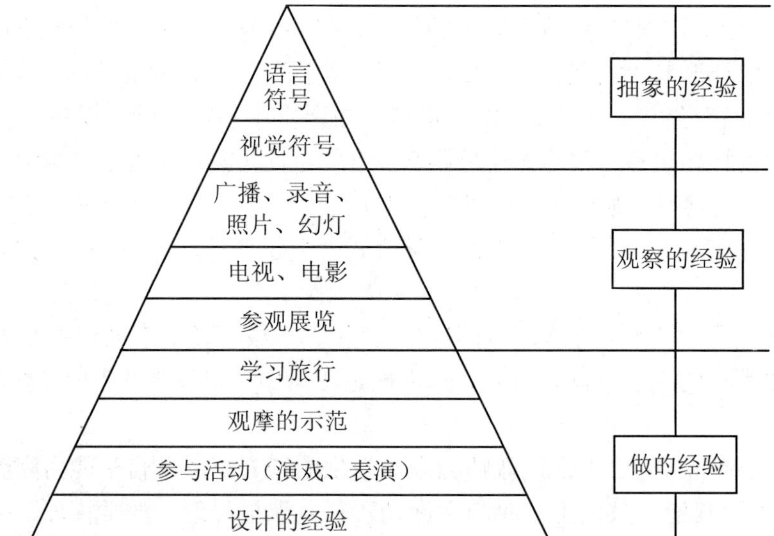

图 2-2　戴尔经验之塔

戴尔“经验之塔”理论符合由具体到抽象、由感性到理性、由个别到一般的认识规律，其要点概括为以下 5 点：

（1）最底层的经验最具体，越往上升，越趋于抽象。

（2）教育、教学应从具体经验入手，逐步过渡到抽象。

（3）教育、教学不能止于具体经验，而要向抽象和普遍发展，上升到理论，发展思维，形成概念。

（4）在学校中应用各种教学媒体，可以使学习更为具体。

（5）视听媒体，较语言和视觉符号更能为学生提供具体和易于理解的经验，并能冲破时空的限制，弥补其他直接经验方式的不足①。

（二）艾宾浩斯遗忘曲线

人的大脑是一个记忆的宝库，人脑经历过的事物、思考过的问题、体验过的情感和情绪、练习过的动作，都可以成为人们记忆的内容。例如，英文中单词、短语和句子，甚至文章内容的学习都是通过记忆完成的。

艾宾浩斯通过实验方法研究了记忆和学习的关系，提出著名的"艾宾浩斯（Ebbinghaus）"遗忘曲线，如图 2-3 所示，它的纵坐标代表记忆量百分数，横坐标代表天数。遗忘曲线表明了遗忘发展的一条规律：遗忘进程是不均衡的，在学习的最初遗忘很快，以后逐渐变慢，经过一定的时间，几乎就不再遗忘了。这就是遗忘发展的"先快后慢"。目前市面上的不少英语单词学习机普遍都是运用"艾宾浩斯"遗忘曲线来组织学习或复习。

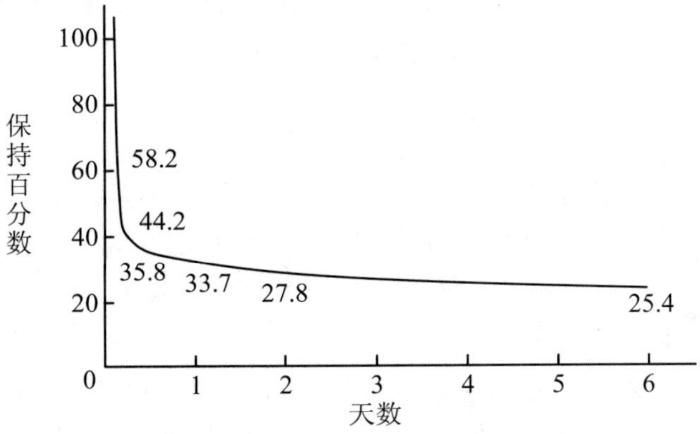

图 2-3　"艾宾浩斯"遗忘曲线

此外，心理学的研究把人类的记忆分成短时记忆和长时记忆两种。关于短时记忆，1956 年心理学家米勒提出短时记忆的容量为 7±2 个组块（组块是表达短期记忆容量的信息单位），以视觉形式编码的短时记忆可以保持 25～50ms，以听觉形式编码的短期记忆可以保持 2～3s。而长时记忆是经过多次的学习和复习在大脑中形成的记忆，其容量几乎是无限的。

这些心理学研究的结论可以给我们一些启示：

（1）在学习内容的组织上，为有效促进短时记忆的形成，教学知识点的安排应该在 7±2 个组块范围以内。

（2）为加强短时记忆向长时记忆的转换，应注意知识的编码和复习，以便保持和再现。

（三）视听结合的学习记忆

为促进知识的记忆，人们采用了许多方法，其中视听结合是有效的方法之一。

---

① http://jpkc.gdou.com/jyjs/Chapter/Study/500002.html?SessionID=10003。

心理学的研究表明，学习者获取同一学习内容时，通过视觉、听觉和视听觉并用获取的信息量以及信息的保持率是不同的，具体见表 2-2。

表 2-2 视觉、听觉和视听觉获取的信息量及保持率比较

保持率 视觉、听觉和视听觉获取的信息量	3 小时后所获知识的保持率	3 天后所获知识的保持率
单纯视觉	60%	15%
单纯听觉	70%	40%
视听觉并用	90%	75%

由表 2-2 中的数据可以得出结论：视听觉并用可以获得更多的信息量、更高的记忆保持率和更佳的学习效果。当然这里的视听结合学习是指有教育特征的影视或多媒体作品，而不是一般意义的视听学习，也就是说视听结合的学习内容或学习方式应该是通过有效教学设计后的教育资源，不是通常的多媒体游戏或影视作品。

上述的研究数据说明了恰当运用媒体对教育教学的促进作用，也对教育工作者提出了在设计制作教育资源或媒体时应该考虑其教育性、科学性、艺术性和适用性。

二、媒体传播理论

传播是自然界和人类社会普遍存在的信息传递过程。从某种意义上说，教育也是一种传播活动，是按确定的教学目标，通过教育媒体，将教学内容传递给教育对象的过程。下面主要介绍几种对现代教育技术具有重要意义的传播模式。

（一）拉斯维尔的传播模式

美国政治学家哈罗德·拉斯维尔提出了 5W 传播模式，阐述了传播行为的五个基本要素，即谁（who）、说什么（say what）、通过什么渠道（in which channel）、对谁说（to whom）、产生什么效果（with what effect），其传播模式如图 2-4 所示。

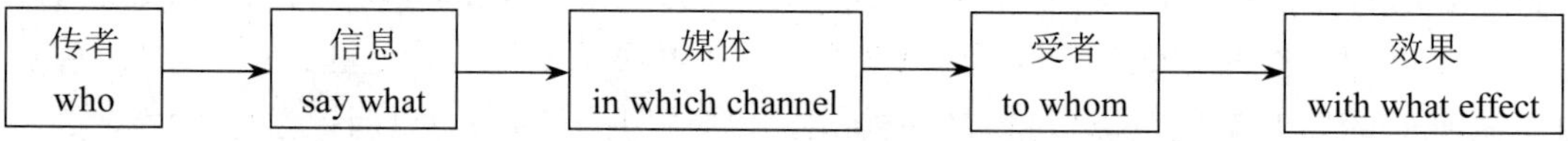

图 2-4 拉斯维尔 5W 传播模式

这个模式简明而清晰，是传播过程模式中的经典。后来的很多学者都对此进行过各种修订、补充和发展，但大都保留了它的本质特点。这一模式还奠定了传播学研究的五大基本内容，即控制分析、内容分析、媒介分析、受众分析、效果分析。

（1）控制分析：研究“谁”，也就是传播者，进而探讨传播行为的原动力。

（2）内容分析：研究“说什么”，也就是传播的信息内容以及怎样说的问题。

（3）媒介分析：研究传播通道，除了研究媒介的性能外，还有探讨媒介与传播对象的关系。

（4）受众（对象）分析：研究庞大、复杂的受播者，了解其一般和个别的兴趣与需要。

（5）效果分析：研究受者在接收信息后所产生的意见、态度与行为的改变等。

此模式虽然在大众传播中得到广泛使用，但它毕竟过于简单，具有明显的缺陷：忽视了社会制度对传播的影响，过高地估计了传播的效果；忽视了反馈的因素，未能揭示传播双向互动的性质；忽视了传播动机（why）对传播过程的影响；将传播和研究领域划分为 5 个部分，忽略了传播行为的复杂性和相互之间的关联，事实上，传播在不断进行，很难独立出一个具体和单一的传播行为。

（二）香农—韦弗的传播模式

香农－韦弗传播模式又称为传播的数学模式，由香农和韦弗于 1949 年提出。该模式原来是单向直线式模式，用于研究电报通信过程，后来加入反馈因素，用来解释人类信息的传播过程。香农－韦弗模型包含七个组成部分，如图 2-5 所示。

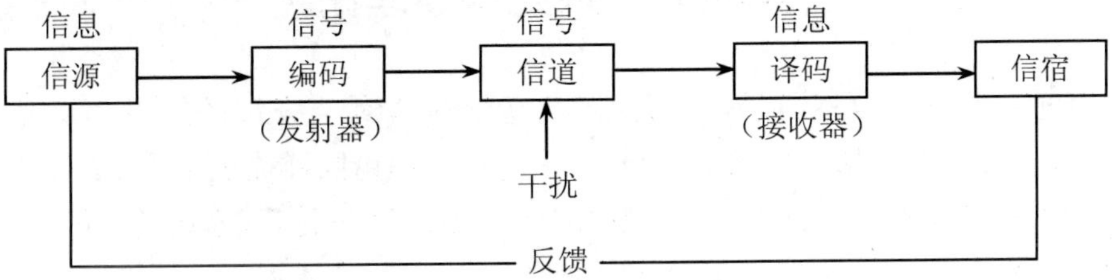

图 2-5　香农－韦弗传播模式

该模式中，从信息源（也称信源）选择准备发射出去的信息，这一信息经过发射器的编码将信息的符号转换为信号，信号通过一定的传递通道传送出去，在接收端由接收器接收信号，并将其转变为信息，最后由信宿（接收者）所接收利用。接收者在接收到信息后必然会产生某种反应，并通过各种形式给传播者“反馈”信息。另外，在传播过程中还存在有干扰信号。

（三）贝罗的传播模式

美国学者贝罗于 1960 年提出了 S-M-C-R 模式，S 代表信息源（Source），M 代表信息（Message），C 代表通道（Channel），R 代表接受者（Receiver）。贝罗的传播模式将传播过程分解为四个基本部分：信源、信息、通道和受传者，每一个基本部分都是由若干因素构成的，如图 2-6 所示。

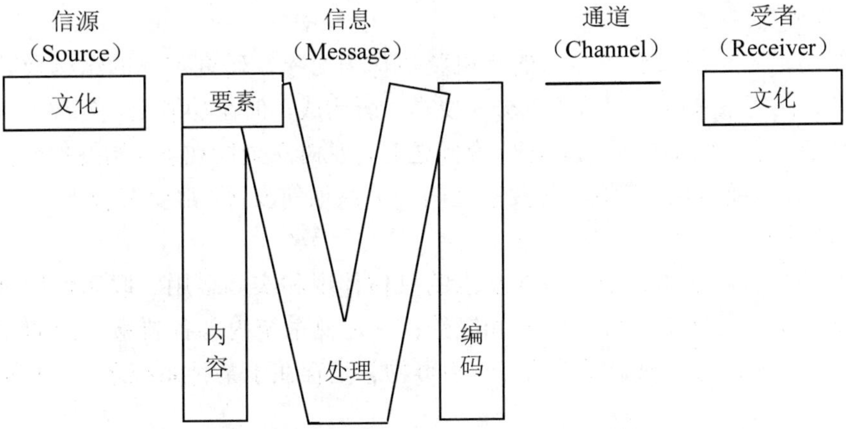

图 2-6　贝罗的传播模式

贝罗传播模式综合了哲学、心理学、语言学、人类学、大众传播学、行为科学等新理论，去解释在传播过程中的各个不同要素。该模式说明，信息传播可以通过不同的方式和渠道，最终效果不是由传播过程中某一部分决定的，而是由组成传播过程的信源、信息、通道和受者四部分以及他们之间的关系共同决定的，传播过程中每一组成部分又受其自身因素的制约。

依据贝罗的传播模式，在教育传播过程中，影响和决定教学信息传递效率和效果的因素是多方面的、复杂的，各因素之间既相互联系又相互制约。为了提高教育传播的效果，必须研究和考察各方面的因素。其中，影响传播过程的因素主要包括传播技术、态度、知识水平、社会系统和文化。

第四节　系统科学理论

系统科学理论是现代自然科学、社会科学、思维科学综合发展的结果，是现代科学研究共同的一般方法论。对研究教育技术问题来说，系统科学理论同样提供了重要的方法论和基础，是我们研究的重要指导思想和有力手段。系统科学理论有“三论”（系统论、信息论、控制论）和“新三论”（突变论、耗散结构论、协同论）①。

一、三论

“三论”使人们认识到促成社会发展的不仅是科学和技术，而且还有管理（控制）。没有管理，单有科学与技术不能生成社会财富，只有科学、技术、管理三者的结合才能生成财富。“三论”所提供的动态系统分析方法，为研究一切动态现象开辟了新的途径，对研究现代教育技术有重大意义。

（一）系统论

“系统”（system）一词是由希腊文 systema 演变而来，原意是指由部分组成的整体。系统是由若干相互联系、相互作用的要素组成，具有特定功能和运动规律的整体。系统论是研究系统的模式、原理和规律的科学。系统论方法就是从全局出发，对系统内外的各种联系和相互作用进行考察和分析，从而达到最佳的处理问题的科学方法。系统论方法有下述 5 个基本原则。

1. 整体性原则

这个原则是把各个要素联系组成的有机整体作为对象，研究整体的结构及其发展规律。这个原则强调，任何系统虽然由若干部分（要素）所构成，但在功能上，各部分功能的总和不等于整体的功能。这一原则要求人们在研究问题时，要树立全局观念，始终把研究对象看作一个有机整体。用什么要素构成整体，各要素之间的关系如何安排，都要有利于整体功能的发挥。

2. 联系性原则

联系性原则是辩证法的普遍联系的观点的具体体现和实际运用。联系性原则包含两方面的意思：一是说系统与外部环境的联系和制约；二是说系统内部各要素之间的相互联系和制约。系统、环境和要素是有密切联系的。一切事物总是存在于某种系统之中，从而作为该系统

---

① 李芳，叶谷平．新编现代教育技术学[M]．广州：广东高等教育出版社，2013:40-45．

的一个要素。一切事物又都自成系统，都有其内部结构。任何一个系统都是较高一级系统的要素（或子系统），同时任何一个系统的要素又是较低一级的系统。对于一个特定系统来说，其他系统则是该系统存在的外部环境。所以，系统、要素和环境三者是彼此联系和相互制约的有机统一的关系。

3. 有序性原则

系统的任何联系都是按等级和层次进行的、有条不紊的。系统的有序性可从时间顺序、空间结构、功能行为三方面去考察。从时间上看，系统中事件与事件、工作与工作之间在时间上是有前后次序的，人们总是在时间上先做完一件工作再接着做第二件工作。从空间上看，系统的结构也是有序的。系统的结构是系统内部各个要素的组织形式。系统的稳定联系构成的系统结构，形成一个纵横交错的立体网络模式，它既可按垂直方向描述，以区分系统的各种层次和等级；也可按水平方向描述，以掌握系统的同类组成部分之间的联系。我们可以循着元素之间的关系从一个元素到另一个元素，从元素走向层次，从层次走向系统。从功能行为上看，系统的功能行为也总是在时间和空间上有秩序地发生和表现的。功能是系统在一定环境下所发挥的作用。系统的结构决定系统的功能，不同的结构可以产生不同的功能。

有序性原则要求人们在研究和处理问题时，除对构成系统的要素加以注意和选择外，必须重视合理安排系统内部各要素排列组合的顺序和层次。

4. 动态原则

动态原则强调两个方面。一是系统的开放性，即任何系统都与环境之间存在着物质、能量和信息的流动。任何系统都不是绝对的、静止的和封闭的，它总是存在于特定的环境之中，与外界进行能量、物质、信息的交换，受到环境的影响，具有开放性，随环境的变化而发生变化。二是任何系统都是一个“活”的机体，是一个运动过程。元素之间，元素与系统之间存在着物质、能量、信息的流动。

这一原则要求我们研究和处理问题时，注意系统的运动状态，考察研究系统的各种运动过程。

5. 最优化原则

最优化的现象和趋势是复杂系统存在的一条规律。如生物物种的最优化在自然界是“自然选择”的结果（优胜劣汰，适者生存）。我们对系统研究的最终目的，是为了使系统发挥最优的功能。一个系统可能有多种组成方案，我们要确定最优目标，选择最优方案，使最优状态的系统达到最佳的效果。最优化之所以被提出，最优化之所以可能被实现，最根本的原因在于系统的复杂性和多样性。任何一个系统往往会有多种多样的具体存在形式。存在多，存在有差别，其中必有可比性，必有最优。因此，我们要用最优化的观点去探索系统最优化的规律和途径。

（二）控制论

控制论的创始人是美国数学家维纳，他于 1948 年出版了《控制论》一书，从此奠定了控制论的基础。控制论是研究系统控制和调节规律的科学。控制的核心是反馈，没有反馈不能实现控制。用控制论的原理来研究教育问题就形成了教育控制论。教育控制论通过教育反馈信息控制和调节教师、学生和媒体的行为，从而保证教学目标的实现。

教育系统是一个控制系统。在教育系统中产生和发出控制信号的人或机构叫做教育控制者，控制对象和与之相连的控制者一起构成了教育控制系统。在学校，教育控制系统是由学校管理部门（有关机构）和与其相联系的控制对象构成的。学校的校长、教务处、班主任（教师）所构成的管理系统（学校的各级管理机构）就是学校的控制系统。由教师与学生构成的教育系统，同时也是教育控制系统，因为由教师与学生构成的教育系统要实现其教育功能也要实行控制。

运用控制论的观点去考察教育控制系统的结构，可以帮助我们研究教育控制系统中各要素的功能，以及它们之间的关系，进而探索教育机构改革的最佳方案。

反馈控制法是控制论的基本方法。反馈就是把施控系统的信息作用于被控系统，再让产生的结果输送回来，并对信息的再输出发生影响的过程。反馈控制法就是通过反馈信息来调整下一步行动的控制，如图 2-7 所示。

图 2-7　反馈控制系统

教学过程就是一个反馈控制的过程。在教学中，教师把知识信息传递给学生，对学生来说，这是信息输入的过程，学生通过自己的感受器由传入神经通路把信息传到大脑，进行识别、交谈、处理和储存，将输入的信息内化为可以输出的信息，再由传出神经通路把信息传递到效应器，引起相应的活动，外化为反馈信息。此时，一方面，学生自己可以将反馈信息再反映到大脑，进行自我评价，实现自我调节，以改进学习方法，提高学习质量；另一方面，学生的这种反馈信息传递给教师，使教师得以检查自己的教学效果，发现问题，找出差距，从而进一步改革教学，调节传输的信息，提高教学质量。

（三）信息论

信息论的创始人是美国数学家香农，他于 1948 年发表了著名论文《通讯的数学理论》，从此奠定了信息论的基础。“信息”一词来源于拉丁文 information，原意是解释、陈述。在日常生活中，信息是指具有新内容、新知识、新情况的消息。从一般意义来说，信息是指系统（事物）运动的状态，它反映了系统的组织程度、有序程度、复杂程度等重要属性。通过信息输入、信息加工处理、信息输出和信息反馈等主要步骤构成一个有秩序的科学研究过程的信息流程（如图 2-8 所示），通过对信息流程的分析和处理来揭示研究对象的性质和规律。

教育研究的过程是一个信息传递和转换的过程。在教育研究过程中，信息的传递和转换通常分为三个阶段。

第一阶段是教育研究中的信息输入，也称收集资料阶段。

第二阶段是信息加工，也称对资料加工提出结论阶段。

第三阶段是教育研究中信息的输出和反馈，也称指导实践阶段。

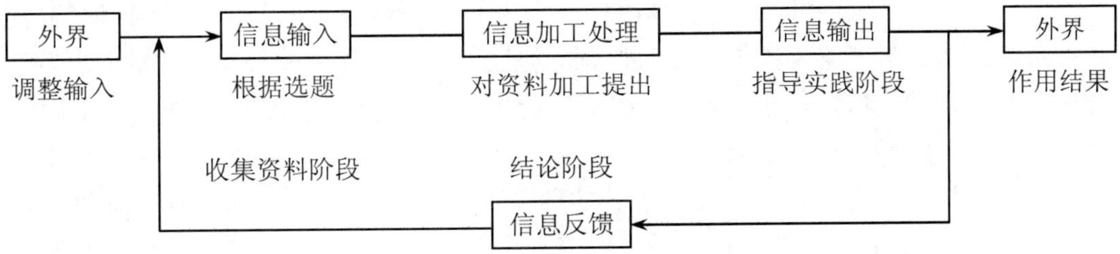

图 2-8　科学研究过程的信息流程

信息论方法应用于现代教育技术研究之中，显示了强大的威力和无比的优越性。

运用信息论方法可研究教育过程。教育内容就是教育者输入给受教育者的信息工作效率。

输入信息的方式就是教育方法。教育者在输入信息时，不但要考虑怎样才能使信息较容易为受教育者所接受，即受教育者容易感知、理解、记忆等，而且还必须考虑受教育者是怎样接受信息的，即受教育者的学习方法和学习能力的培养。所有感知、理解、记忆、学习方法与能力的培养等都属于信息加工活动。受教育者的回答、做作业以及在行为上的表现就是信息输出。受教育者这些输出的信息反馈给教育者，教育者对受教育者的反馈信息进行评价，然后根据反馈再调节自己的教育活动。像这样按信息流程来组织、分析、检查并不断改进教育教学，就可以不断提高教育质量。

二、新三论

（一）突变论

突变论（Catastrophe Theory）是 20 世纪 70 年代发展起来的一门新兴的数学分支学科，由法国数学家勒内·托姆创立。“突变”指的是突然变化，强调变化的间断性，从一种状态变过另一种状态，从一种质过渡到另一种质。突变论阐述系统在临界点的状态下如何发生非连续性突变现象，如自然现象、社会活动和人的行为如何在外界影响下引起系统突变的跳跃性的质变的规律。所谓突变论方法就是指用突变理论来揭示和解决各种事物的不连续的突变现象的一种方法。

在自然科学和社会生活中，常遇到一些不连续的突变现象，甚至在思维过程中也在突变、飞跃的现象。如果不对这些现象作出数学上的精确描述，则无法进一步深入揭示这些突变中的内在规律，在实践上则不能精确地预测、控制和利用突变的过程。托姆建立的突变理论，用数学语言清晰有力地阐明了事物质变过程中出现飞跃和渐变的原因。他考察由不超过四个自变量的函数决定的曲面，用局部微分同胚的方法考察奇点周围的性质，共得出七种基本的突变类型：折叠形、尖角形、燕尾形、蝴蝶形、双曲脐点形、椭圆脐点形和抛物脐点形，其中每一种类型都各有其基本的特征、特定的位势函数和反应方程式。

（二）耗散结构论

耗散结构是指物质的一种结构形态。耗散结构论（Theory of the Dissipative Structures）是研究耗散结构的性质、形式、稳定和演变的规律的科学。它研究一个系统从无序向有序转变的原理、条件和规律，阐明了一个远离平衡的开放系统，在和外界不断更换物质和能量的过程中如何通过涨落波动，使系统跃进到新的有序状态，即如何从一个质的状态向新质的状态发展。

耗散结构论是1969年由比利时的普利高津教授提出的，普利高津等人在长期的研究中发现，一个开放系统在达到远离平衡态的非线性区时，通过不断地与外界交换物质和能量，当外界条件的变化达到一定的阈值时，可以从原有的混沌无序的混乱状态转变成为一种在时间上、空间上或功能上的有序状态。

耗散结构理论为许多学科领域提供了新的理论和方法。如何把它引入教育技术研究领域，值得我们研究。例如，能否把教育技术系统看成一个耗散结构？因为一般系统形成耗散结构所应具备的条件在教育技术系统中也具备。例如，教育技术系统是一个开放系统，它与外界不断地进行物质、能量和信息的交换。教育技术系统也是一个非常复杂的非平衡系统，它包括各种因素及其复杂的非线性的相互作用。

（三）协同论

协同论（即协同学）是一门新兴的综合性学科，是1977年由德国物理学家哈肯教授创立的。协同论阐述本质不同的横断各系统（物质的、生物的、社会的）的联系及其运动现象中从无序向有序转变的一般规律。协同论的研究对象是各种远离平衡态的开放系统，探索这类系统从无序到有序、从低级有序到高级有序、从有序到混乱的演化规律。协同论揭示了非平衡开放系统各子系统之间的相互作用在外界影响下的变化，揭示了这种变化对系统宏观结构的影响，揭示了系统从一种状态变到另一种状态的条件、特点、机制、规律，揭示了宇宙间各种不同系统在这些方面的统一性、共同性、可类比性。协同论认为，凡是由若干子系统组成的远离平衡的开放系统，不论属于哪个领域，它们从无序到有序或从有序到无序的演化，都是子系统相互作用的结果，都可以用同样的理论方案和数学模型处理。总之，协同论探索系统要素之间的联合作用如何超出各自要素的模式，产生系统的宏观模式。它一开始就作为适用于物理、生物、社会及认识等系统的一般理论，为各种类型的系统从无序到有序的自组织转变建立了一套数学模型。

目前，由于“新三论”产生和发展的时间较短，许多问题的研究刚刚开始，甚至还未开始。因此，上面所阐述的“新三论”对教育技术研究的影响仅仅是一种尝试性的探索，或仅仅是作为一个问题提出来，有待进一步研究。

【思考与实践】

1. 简述学习理论和教学理论各流派的主要观点。
2. 简述戴尔“经验之塔”的基本观点。
3. 简述系统科学理论的基本观点，思考该理论对教育技术的指导意义。
4. 学习理论、教学理论、视听与传播理论、系统科学理论如何与现代教育技术整合？

第三章　现代教育技术与教师专业发展

【学习目标】

1. 掌握教师专业发展的基本概念及组成结构。
2. 掌握教育信息化的概念与特征，并理解教育信息化对教师专业发展的影响。
3. 掌握中小学教师教育技术能力的基本要求。
4. 理解教学信息素养的内涵与组成，熟悉信息素养的培养路径。
5. 理解教师 TPACK 知识框架的内涵与组成。
6. 掌握教师信息技术应用能力的基本要求。

第一节　教师专业发展概述

一、教师专业发展内涵

自从教师专业发展这一概念被提出以来，关于什么是教师专业发展的问题，国内外学者基于不同的研究视角对此做了大量的探讨，形成了各自不同的看法与理解，并给予了许多相同或相近的称呼，如教师专业化、教师职业发展、教师专业成长、教师发展、教师成长等。但从总体研究情况来看，研究者到目前为止还没有达成一个明确而一致的界定。

在国外，包括霍伊尔、佩里、哈格里夫斯、富拉恩、利特尔、伊文思等在内的众多研究者基于各自的立场就如何界定教师专业发展内涵的问题提出各自不同的论述，并形成一些具有影响力的观点。英国学者霍伊尔是较早对教师专业发展内涵进行界定的学者，他认为“教师专业发展是指在教学职业生涯的每一个发展环节中，教师必须掌握扎实的理论知识与良好的专业技能的发展过程”[①]。佩里从教师专业成长过程的视角进一步丰富与发展了教师专业发展的内涵，他认为“专业”这一词语具有多重的含义，不同的人可以对其表达不同的价值取向。“如果从中性意义来讲，教师专业发展可以理解为教师个人在专业生活中的成长，具体包括教师信心的增强、教学技能的提高、对所任教学科的专业基础知识不断更新拓展与深化以及对自己为何要在课堂上这样做的原因意识的强化。如果从最积极意义来讲，教师专业发展则包含着更丰富的内容，它表明了教师已经超出技能的范围而具备有艺术化的表现，教师已经成长为一个能把工作提升为专业，并能把专业知能转化为权威的人”[②]。哈格里夫斯与富拉恩认为教师发展

---

①Hoyle, E. Professionalization and deproferrionlization in Education.In Eric Hoyle&Jacquetta Megarry(Eds), World yearbook of education 1980: rofessional development of teachers. London: Kogan Page,1980.P.42.

② Perry,N.E.,Walton,C.,Calder,K. Teachers Developing Assessments of Early Literacy: A Community of Practice Project[J].Teacher Education and Special Education,1999(4):218.

主要体现在三个方面的发展，分别是知识与技能、自我理解和生态改变[①]。另外，哈格里夫斯在后来的研究中还指出“教师的发展是一种多维度的发展，除了专业知识与技能的技术维度以外，还应该包括道德、政治与情感方面维度”[②]。利特尔从促进教师专业发展的方式来理解教师专业发展的内涵，认为教师专业发展的研究存在着两种不同的路径。其中的一种是研究教师掌握教学复杂性的过程，这种研究的重点在于关注教师是如何对特定的教学方法与课程实施进行实施，同时也探究教师如何获得教育教学相关知识与实现自身专业成长，以及如何保持对教学及学生的热情。另外一种路径侧重于考察影响教师动机与学习机会的组织与职业条件[③]。戴在综合众多学者观点的基础上提出了一个颇具包容性的解释。他认为所有自然的学习经验与有意识组织的各种活动能够提高课堂的教学质量，进而直接或者间接地让个体、团体或学校获得利益，因此这些经验与活动都属于教师专业发展。他还认为，教师专业发展是一个极其复杂的过程。在这一过程中，具有变革力量的教师不仅仅是简单地接受专业知识与技能的容器，他们的学习和发展具有批判性，在与同事、学生共同度过的教学生活每一阶段当中，他们需要不断地进行学习、反思、变革与批判，需要不断更新与拓展专业知识、专业技能、专业道德、专业思想以及丰富专业情感等[④]。21 世纪初，伊文思提出教师专业发展主要包括功能与态度两方面的发展。态度方面的发展是教师在态度上的改善过程，具体包括智识性发展与动机性发展。而功能方面的发展是教师在专业表现上的改善过程，具体表现为教师的程序性发展与生产性发展[⑤]。

进入 21 世纪以来，随着国家对教师专业发展的日益重视，我国学者也开始对教师专业发展内涵展开了深入的研究与探讨。其中比较有代表性的研究包括罗清水、叶澜、卢乃桂、唐玉光、朱宁波、钟启泉、崔允漷等人。罗清水认为“教师专业发展乃是教师为提升专业水准与专业表现而经自我抉择所进行的各项活动与学习的历程，以其促进专业成长，改进教学效果，提高学习效能”[⑥]。叶澜认为“教师专业发展就是教师的专业成长或者教师的内在专业结构不断更新、演进和丰富的过程”[⑦]。卢乃桂提出“可以把教师专业发展理解为教师不断成长、不断接受新知识、提高专业能力的过程。教师专业发展不仅包括教师个体生涯中知识、技能的获得与情感的发展，还涉及学校、社会等更广阔情境的道德与政治因素”[⑧]。唐玉光从教师专业发展的整个过程出发，认为教师作为教育教学的专业人员，其专业发展需要经历一个由不成熟到相对成熟的漫长发展过程。在该过程中，教师专业发展的空间是无限的，教师专业发展的内涵

---

① Speck,M.& Knipe.C. Why Can't We Get it Right. Professional Development in Our Schools [M].Thousand OaksCalif. Corwin Press.2001.

② Hargreaves,A.Development and Desire: a Post modern Perspective [M]:In R.Guskey&M .Huberman (Eds.), Professional Development in Education:New Paradigms and Practices.New York:Teachers College Press. 1995:9-34

③ 叶澜，白益民，等．教师角色与教师发展新探[M]．北京：教育科学出版社，2001．

④ Day.C.Developing Teachers:the Challenges of Lifelong Learning[M].London:Falmer,1999: 4.

⑤ Evans,L. What is teacher Development?[J].Oxford Review of Education,2002.28(1): 123-137.

⑥ 罗清水．终生教育在国小教师专业发展中的意义[J]．研习资讯，1998（4）．

⑦ 叶澜．教师角色与教师发展新探[M]．北京：教育科学出版社，2001:313．

⑧ 卢乃桂，钟亚妮．国际视野中的教师专业发展[J]．比较教育研究，2006（2）:71-76．

是多层次、多领域与多维度的，既包括专业知识的积累、专业技能的成熟、专业能力的提升，同时还包括专业态度的转变与专业情感的升华①。朱宁波认为“教师个人在历经职前师资培育阶段、任教阶段和在职进修的整体过程中都必须持续地学习与研究，不断发展其专业内涵，逐渐达到专业成熟的境界”②。钟启泉提出，教师的专业成长贯穿于教师的职前培养与职后进修的全过程，而教师教育则是包含了职前与职后教育在内的一体化与专业化教育。由此可见，不管是从教师的内在要求还是对教师进行的外在培训，教师专业发展都可以被理解成是教师的内在专业结构与教师的专业素养不断更新与完善的动态发展过程③。崔允漷则认为“教师专业发展主要是指教师专业能力或者专业性的提升，教师专业发展活动指那些旨在提升教师专业能力的活动机会”④。朱旭东指出教师专业包含教会学生学习、育人与服务三个维度。

从国内外的相关研究来看，教师专业发展是一个内涵极其丰富的概念，国内外学者对于教师专业发展内涵的界定也是多种多样的。进一步的文献分析发现，当前国内外学者对于教师专业发展内涵的不同论述源自于他们不同的研究视角。这些研究视角归纳起来大致可以分为社会学与教育学两方面。社会学的研究视角把教师看作是一个群体，并把教师这一职业群体看作是社会中的一个阶层来研究，认为教师专业发展就是不断提高教师群体的专业化发展水平与优化教师群体的专业结构，以有效提升教师群体的专业地位来改善教师的社会声望与社会地位。由此可见，社会学研究视角特别强调教师群体的、外在的专业性的提升，与该研究视角相对应的专用术语有“教师专业化发展”“教师专业的发展”等。教育学的研究视角则从教师个体层面出发，认为教师专业发展就是教师个体不断更新专业知识与提升专业能力，进而促进教师由非专业人员向专业人员转变的过程。相对于社会学的研究视角，教育学研究视角更加强调教师个体的、内在的专业性的提高。与其相对应的术语有“教师的专业发展”“教师专业成长”等。但从研究的总体来看，教育学上的理解得到了更多人的认可，特别是在国内，即认为教师专业发展是指教师个体层面在专业情意、专业知识与专业能力等方面的提升。

本教材中所讨论的教师专业发展更侧重于教育学视角的理解，认为教师专业发展是指教师个体通过专业学习、职业培训以及教学实践等方式，实现其自身包括专业知识、专业能力与专业情意等在内的专业素质结构不断更新、演进与丰富的动态发展过程。该概念体现了教师专业发展的三个方面特征：第一，教师专业发展总是要依赖于一定的专业发展途径或方式，如职前的教师教育与职后的教师培训与教学实践；第二，教师专业发展指向促进教师专业素质结构的优化与提升；第三，教师专业发展总是要经历持续与动态的发展过程。

二、教师专业素质结构

教师专业素质结构要回答的是“教师专业发展应该要发展什么”的问题，即教师作为教育教学的专业人员应当具备哪些方面的专业素养。国内外学者在探究教师专业发展内涵的过程中也对教师专业素质结构给予较大的关注，强调要提高教师的内在专业素质，优化教师的专业

---

① 唐玉光．教师专业发展与教师教育[M]．合肥：安徽教育出版社，2008．
② 朱宁波．中小学教师专业发展的理论与实践[M]．长春：吉林人民出版社，2002:72．
③ 钟启泉．我国教师教育制度创新的课题[J]．北京大学教育评论，2008（3）:38．
④ 崔允漷．学校本位教师专业发展：框架及其意义[J]．教育发展研究，2011（18）:68．

结构。与教师专业发展内涵的两个分析视角相对应，有关教师专业素质结构的研究也主要集中在两个方面：一是关于教师专业特质的研究，重点研究教师这一专业群体所应具有的特征，以将教师专业与其他职业区分开来；另一研究则着眼于作为专业人员的教师个体应该具备的专业素质。目前大多数有关教师专业素质结构的研究都将研究的重点聚焦在了教师个体应该具备的专业素质结构上。国内部分学者在该研究领域的一些代表性观点见表 3-1。

表 3-1 国内部分有代表性的教师专业素质结构分类

研究者	教师专业素质结构
叶澜	专业理念、专业知识、专业能力、专业态度与动机、自我发展需要与意识
傅道春	职业知识、职业能力、教育理念
唐玉光	专业知识、专业技能、专业能力、专业态度、专业情意
林瑞钦	教育学科的知识、教育专业知能、教育专业精神
林崇德	职业理想、知识水平、教育观念、教学监控能力、教学行为和策略
李慕南	专业知识、专业能力、专业精神
李建辉	专业理念、专业知识、专业能力、专业规范
艾伦	学科知识、行为技能、人格技能
孟万金	专业理念、专业情怀、专业知能、专业规范
穆肃	专业意识与理念、专业知识、专业能力、自我专业发展意识
教育部师范教育司	专业情意、专业知识、专业技能

从表中可以看出，尽管国内学者对教师专业素质结构的划分持有不同的意见，但一般都有涉及专业理念、专业知识、专业能力和专业情意四个方面。由此可见，教师专业发展与这四个方面之间存在着密切的联系，教师专业发展既依靠专业理念、专业知识、专业能力与专业情意的发展，同时又反映了这四个方面的整体完善程度。其中的教师专业理念是教师在对教育工作本质特征认知与理解的基础上逐步形成的有关教育的观念与个人的理想信念，具体包括教师的教育观、学生观与教学活动观，以及教师对本学科、教学过程与学习过程的基本看法。专业理念在教师专业素质结构中处于高层地位，统领教师专业素质结构的其他组成部分，并对教师专业发展的路线选择形成重要的影响；教师所拥有的专业知识是教师专业素质结构中最重要的组成部分，对教师的教学与科研工作起着支撑作用。从认知心理学的角度来看，教师所进行的教学活动是一种认知活动，教师所具备的专业知识是教师开展这种认知活动的基础，教师的专业知识由本体性知识、实践性知识与条件性知识三类知识组成。本体性知识是指教师所任教学科的知识，实践性知识是教师教学经验的积累，具体指教师在面临实现有目的的行为中具备的课程情境知识以及与其相关联的知识，条件性知识是指教师开展教学必须具备的教育学与心理学知识，如有关学生身心发展方面的知识，有关教与学的知识以及有关学生学习评价知识等；教师所具备的专业能力是实现教师专业发展的支撑点，具体指教师在教育教学活动中顺利完成教育教学任务时所体现出来的个性心理特征。我国在 2011 年颁布的《中小学教师专业标准》中将教师专业能力分成教学设计、教学实施、班级管理与教育活动、教育教学评价、沟通与合

作以及反思与发展六个维度①；教师的专业情意是指教师在进行专业活动时所表现出来的对教育教学的情感或情趣，具体表现为教师在从事专业活动时的心理倾向。

另外，教师专业素质结构并不是多个内在专业要素的简单叠加，而是一个由多个内在专业因素相互综合而形成的有机整体，并且还一直处在不断革新的动态发展过程当中。在教育信息化的背景下，信息技术对教师的专业素质结构产生了两方面的影响：一是教师专业素质结构中出现了其他新的内容；二是信息技术与教师专业素质结构中原有的要素发生融合。上述影响促使信息技术内化到了教师专业素质结构当中，进而使得现有的教师专业素质结构中含有了技术的成分。下面介绍的教师 TPACK 知识框架与教师信息化教学能力是信息化时代教师专业素质结构中的核心组成部分，同时也是近年来国内外学术界讨论的焦点。

第二节　教育信息化及其对教师专业素质结构的要求

一、教育信息化概述

从文献分析情况来看，教育信息化的概念是在 20 世纪 90 年代伴随着美国信息高速公路的兴建而提出的。美国克林顿政府于 1993 年 9 月正式提出建设“国家信息基础设施”(National Information Infrastructure，NII)，俗称“信息高速公路”（Information Superhighway）的计划，其核心是发展以 Internet 为核心的综合化信息服务体系和推进信息技术（Information Technology，IT）在社会各领域的广泛应用，特别是把 IT 在教育中的应用作为实施面向 21 世纪教育改革的重要途径。美国的这一举动引起世界各国的积极反应，许多国家的政府相继制订了推进本国 IT 在教育中应用的计划。我国自 20 世纪 90 年代末开始，随着网络技术的迅速普及，整个社会的发展与信息技术的关系越来越密切，人们越来越关注信息技术对社会发展的影响，出现“社会信息化”的提法，联系到教育改革和发展，“教育信息化”的提法也出现了。当前，我国各级教育管理部门都非常重视教育信息化工作。

（一）教育信息化的概念

尽管教育信息化这一概念已在我国广泛使用，但对教育信息化的定义却是众说纷纭，难以统一，在目前国内学者提出的众多教育信息化定义中，主要以“过程说”居多。例如，李克东教授认为“教育信息化是指在教育与教学领域的各个方面，在先进的教育思想指导下，积极应用信息技术，深入开发广泛利用信息资源，培养适应信息社会要求的创新人才，加速实现教育现代化的系统工程”；祝智庭教授认为“教育信息化是指在教育领域全面深入地运用现代化信息技术来促进教育改革和教育发展的过程，其结果必然是形成一种全新的教育形态——信息化教育”；南国农教授认为“所谓教育信息化，是指在教育中普遍运用现代信息技术，开发教育资源，优化教育过程，以培养和提高学生的信息素养，促进教育现代化的过程”；黎加厚教授认为“教育信息化是以现代信息技术为基础的新的教育体系，包括教育观念、教育组织、教育内容、教育模式、教育技术、教育评价、教育环境等一系列的改革与变化”；黄荣怀教授认

① 刘义兵．教师专业能力训练的体系构建与教学探索[J]．教育研究，2013（8）:156-158．

为“教育信息化是在教育领域中全面深入地运用现代信息技术来促进教育改革与教育发展的过程”。

上述定义均从不同角度或多或少地涉及了教育信息化概念的主要内容，如强调了教育信息化是一个动态的不断发展的过程；界定了教育信息化的领域及范围；突出了教育信息化的原始动力和直接目的——现代信息技术的教育应用，实现教育现代化；体现了信息资源在教育信息化过程中的核心地位等。通过对国内已有教育信息化定义进行整合，并参照国家信息化定义，我们不妨对教育信息化重新作一界定：所谓教育信息化，是指在国家及教育部门的统一规划和组织下，在现代教育理论指导下，在教育系统的各个领域全面深入地应用现代信息技术，加速实现教育现代化的过程。

这个定义有五层含义：一是实现教育现代化离不开教育信息化，教育信息化要服务于教育现代化；二是国家及教育部门要统一规划、统一组织教育信息化建设；三是教育信息化建设要以现代教育思想为指导；四是教育系统的各个领域要广泛深入地应用现代信息技术；五是教育信息化是一个循序渐进、不断发展的过程。

（二）教育信息化的特征

教育信息化既有技术性，同时也有教育性。教育信息化的特征可以分别从技术层面和教育层面加以考察。

1. 教育信息化的技术性

从技术层面上看，教育信息化的基本特点是数字化、网络化、智能化和多媒体化。数字化使得教育信息技术系统的设备简单、性能可靠和标准统一；网络化使得信息资源可共享、活动时空少限制、人际合作易实现；智能化使得系统能够做到教学行为人性化、人机通信自然化、繁杂任务代理化；多媒体化使得媒体设备一体化、信息表征多元化、复杂现象虚拟化。

2. 教育信息化的教育性

从教育层面上看，教育信息化的基本特征是开放性、共享性、交互性与协作性。开放性使得教育社会化、终生化、学习生活化、自主化，当前教育已经从学校走向任何信息技术普及的地方，而学习的时候不受时间和地域的限制，通过网络和远程教育，并可以根据自己的需求、知识背景、个人喜好、学习风格和自己确定的目标来选择学习资源、学习方式、学习进度，设计解决问题的方案，评价自己的学习水平，找出自己的差距，拟定奋斗的目标；共享性是信息化的本质特征，它为教育教学提供了丰富的教学资源，大量的数据文件、档案资料、软件程序等丰富的教学资源形成了一个高度综合集成的资源库，取之不尽、用之不竭；交互性使得学习者可以向教师提问，可以与其他学习者交流，可以围绕当前学习主题进行相互讨论，形成各自的判断，表达自己对问题的理解，交流各自解决问题的不同思路，相互分享各自解决问题的过程和成果，甚至相互答疑分析和评价；协作性使教育者有更多与他人协作和研讨的时间和空间，使学习者通过网上合作、在计算机面前合作、与计算机合作，由计算机扮演同学角色，从而有更多的合作机会。

（三）教育信息化与教育改革的关系

信息技术对于教育变革有什么作用？我们可以从两方面来分析：一方面是由于信息技术在社会各领域的广泛应用带来了信息的多源性、可选性和易得性，学生可以轻易获得大量信息，这就使得教育者的权威被削弱，由此迫使教育者采取两种姿态，一是趋向于比较民主的教育模式，二是教育者本身也得利用信息来强化自己，这是一种在信息技术刺激下顺应教育变革的姿态；另一方面是出于对现行教育状态的不满而千方百计地寻求教育变革之路，其中有一种思路就是相信现代信息技术可以成为当代教育改革的强大支持力量，这是一种利用信息技术来谋求教育变革的姿态。当然，在多数情况下这两种姿态是互相交织的。

教育信息化的过程不能简单地认为是信息机器和信息技术的引入过程。教育信息化的过程是教育思想、教育观念转变的过程，是以信息的观点对教育系统进行分析和认识的过程，只有在这样的基础上指导信息技术的教育应用，才是我们所需要的教育信息化。

二、教育信息化对教师专业发展带来的机遇和挑战

以计算机及其网络为核心的信息技术具有传播速度快、覆盖面广、资源共享等方面的特征与优势，信息技术在教师专业发展领域内的广泛应用为教师专业发展提供了环境、方法、手段、方式与途径，成为教师专业发展领域中最具活跃性的影响因素。基于信息技术的支持，教师专业发展理念、组织形式等方面都发生了深刻变化，应用视频案例开展校本培训、网络研修与自主研修正在成为传统教师专业发展模式的重要补充。在信息技术支持下，教师的学习途径更加多元化，学习资源更加丰富，学习时间与节奏更加自主化。与此同时，信息技术成为教师的学习对象，教师必须要掌握适当的技术操作技能并具备适当的信息化教学能力才能开展教学。因此，信息技术在教育教学中的广泛应用要求教师要具备相应的知识与能力。教师必须不断更新专业知识并提高专业能力，才能适应信息社会的发展需求。

联合国科教文组织发布的报告《世界信息社会报告》指出“新技术对传统的教学方法与教学材料提出了新的挑战，教师与学习者都必须要重新思考如何获得所需知识。为了应付所有这些挑战，教师必须要接受新的技术，并采用适当的信息通信技术工具。与此同时，他们还必须要转变传统的学习模式”。哈格里夫斯等人认为，当前的教师正在使用他们以前从未经历过的教学方式进行教学，他们所教的对象是那些出生在信息化时代，并伴随着各种新技术的发展而成长起来的新一代的学生，即我们常说的“数字原居民”。这些新生代的学生相对于他们的长辈尤其是他们的老师或学校管理人员来说，通常更能够理解技术的革命给人们带来的挑战与机会。正是由于当前的教师没有经历过他们所教学生的那种经历，为了应对技术发展所带来的各种压力和挑战，他们需要学习新的学习内容、教学内容与技术工具。联合国教科文组织教师发展与高等教育司司长戴维•阿乔莱那认为“信息化改变了教育者和学习者的教与学的体验，正在改变传统学校的教育教学模式，特别是世界范围内兴起的开放教育资源运动正在掀起一场教育革命。因此教育信息化呼唤新时期教师角色的转换，教师需要充分利用信息化手段，努力提升自身的信息素养和专业素质，以适应信息化时代的发展需求”。美国教育机构“引领学习”执行主任斯蒂芬尼•赫希博士认为“当教师专业学习的领导者采用合适的技术手段的时候，他们可以提高学习的效率和获得学习机会的公平程度。新兴技术有助于教师获取信息、传递教学内容、减少教师孤独感以及增加对基于教师绩效和学生学习结果的专业发展的认同程度”。

第三节　教师教育技术能力

为了提高我国中小学教师教育技术能力水平，促进教师专业能力发展，国家教育部在2004年12月25日正式颁布了《中小学教师教育技术能力标准》（简称《标准》）。这是我国中小学教师的第一个专业能力标准。它的颁布与实施是我国教师教育领域的一个里程碑，将对我国教师教育的改革与发展产生深远影响。

《中小学教师教育技术能力标准》分别从意识与态度、知识与技能、应用与创新、社会责任四个方面对教学人员、管理人员和技术人员的教育技术能力提出具体要求。以教学人员的教育技术能力为例，其组成结构与基本内容如图3-1所示。

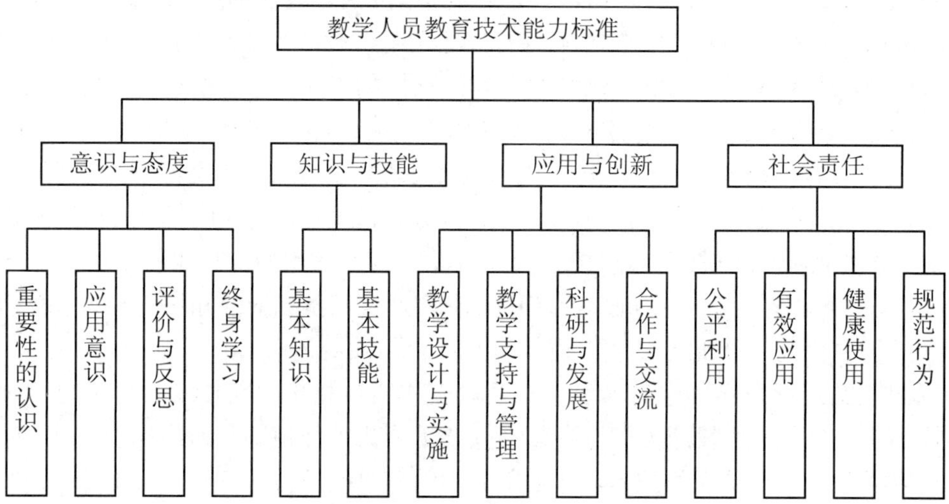

图3-1　教学人员教育技术能力标准体系结构

由于面向教学人员、管理人员和技术人员的三个标准的整体结构相同，所以下面将以面向“教学人员”的标准为例来解读标准的内容结构[①]。

1. 学习和应用教育技术的“意识与态度”

在实际应用的过程中体验现代教育技术的价值，在自我反思中实现教育技术方面的专业持续发展。“意识与态度”既是能力建设的原动力，也是培养反思和持续发展能力的长期动力，意识到教育技术的重要价值是教育技术能力建设这一系统的重要动力系统。

（1）重要性的认识。从宏观到微观、从国家到个体，全面认识教育技术的价值。《标准》在“重要性的认识”中，依次从“教育技术的国家价值”“教育技术的教师专业发展价值”“教育技术的人才培养价值”三个层次提出了要求，引导教师从宏观到微观分析教育技术的实际价值，并最终落实到教育的最终目标——人才培养上。旨在引导教师将国家人才培养的需要与教学对象的发展需求结合起来思考和分析教育技术的价值，形成关于教育技术价值的全方位、深

① 苗逢春.《中小学教师教育技术能力标准（试行）》：内容解读与实施建议[J]. 人民教育，2005（13）.

层次的理解，激发教师学习和应用教育技术的原动力。

（2）应用意识：从满足现有教学需求到促进教学改革、从关注教学到关注学习、从现有技术到技术发展——多维度、分层次理解教育技术的价值。《标准》将“应用意识”分解为“（一般）教学过程中的应用”“利用教育技术开展教学改革”“丰富学生学习”“关注新技术的学习和创新”，引导教师在各类教学实践中体验和分析教育技术的实践价值。同时，“应用意识”还暗含了“由关注利用教育技术满足现有教学需要到关注开展信息技术与课程整合、进行教学改革研究”“由关注教师利用教育技术开展教学到关注利用教育技术丰富学生的学习”“由关注应用现有技术到关注学习和应用新技术”三条线索，对不同发展水平的教师的教育技术能力提出了分层次要求，也有助于促进教育技术应用与教学方式改革的内在结合。

（3）评价与反思。将反思过程与反思结果相结合，通过反思促进应用实效。《标准》在“评价与反思”中要求教师形成对各类教学资源和教学过程中教育技术的应用过程及其应用实效的反思习惯，引导教师在实践的基础上反思，通过反思落实实效。

（4）终身学习。从“学习对象”和“学习工具”两个角度审视教育技术在教师的专业持续发展中的作用。教师的专业发展是一个持续学习的终身发展过程，教育技术既是教师专业持续发展过程中的“学习对象”，也是教师自我专业发展的有力工具。《标准》中有关于“终身学习”的规定，其目的在于实现教育技术在教师专业终身发展中的双重价值。

2. 理解和建构教育技术的“知识与技能”

教师结合已有知识和教学经验，建构面向实践的教育技术知识图式和富有认知灵活性的教育技术技能。教育技术知识是一种面向实践的知识领域，而其指向的实际教学过程极为复杂，各地以及不同的教学活动之间差异显著，面对的学生又具有极强的异质性。因此，教师应在自己已有知识和教学实践经验的基础上，理解教育技术方面的基本概念、理论和方法，形成合乎教育技术规律的知识图式。在此基础上，结合实际应用情景理解各种教育技术技能及其实际应用过程，逐步形成具有广泛迁移价值的、灵活变通的教育技术技能，以便有效应对复杂的教学实践和多样化的学习需求。

3. 从各类实际需要出发全方位、开放性地“应用”教育技术在实践中谋求“创新”与突破

“应用与创新”是教育技术能力的核心组成部分和集中体现。随着教师由“教书匠”向“终身发展的专家型教师”的转型，教师的教育技术应用也被赋予了更为丰富的内涵。在理解《标准》的“应用与创新”部分的相关规定时，应注意把握以下线索：

（1）课前与课中相结合。既包括课堂教学前的教学设计和教学准备阶段的教育技术应用，也包括教学实施和教学管理过程中的应用。

（2）教学与学习相结合。注意从单纯关注教学设计到关注学生学习需求的学习环境设计和学习资源的提供与管理。

（3）课堂教学与泛在学习（即任何人可以在任何地方、任何时间获取所需的任何信息的学习方式）相结合。从单纯地关注在课堂教学这一有限课时内和有限的空间内应用教育技术，到通过互联网等现代教育技术将教学拓展到课外、校外，甚至利用各类教育技术支持随时随地进行个性化学习和合作学习。

（4）教学与教研相结合。既包括各类教学活动中的教育应用，也包括教师校本教研和自

我研修中的应用。

（5）教师的自我研修与同行互助、专家引领相结合。充分利用教育技术加强与校内教师同行和教育管理人员的交流互助，统整各类资源；借助教育技术与异地的教师开展专业研讨和合作教研；通过教育技术寻求专家答疑和专业支持。

4. 内化并为学生示范应用教育技术的社会责任

面向每个学生公平有效地应用教育技术；引导学生健康、合法地应用现代信息技术。教育技术，尤其是信息技术在为教育、教学和学习带来诸多便利的同时，也带来了一系列的社会问题和各种各样的负面影响，需要教师在学习和应用教育技术时面向每个学生公平应用，并以身垂范，引导学生逐步形成健康、合法地应用现代信息技术的习惯。

（1）公平利用。公平配置、平等利用教育技术，努力缩小数字鸿沟。教育技术，尤其是现代信息技术的自然、自发应用必然在不同性别、不同家庭经济背景的学生之间产生数字鸿沟。教师在学校层面配置和组织学生使用教育技术时，应有意识地为女童、家庭贫困学生以及有各类学习障碍的学生创造平等使用技术的机会，有意识、有目的地缩小数字鸿沟。

（2）有效应用。面向所有学生，兼顾个体差异。在教学设计、教学实施、教学支持和教学管理等各个环节中规划和使用教育技术时，要充分考虑不同起点水平、不同学习能力、不同认知风格的学生，必要时要尽量创设分层次的个别化学习环境，为不同学生利用教育技术开展学习创设合适的条件，并为学生的个性发展留下空间。

（3）健康使用。引导学生理性认识现代技术，形成健康的使用习惯。注意结合教学中的教育应用实例，引导学生通过观察、体验、思考、讨论等方式，辩证认识现代技术的利弊，逐步形成适度应用现代技术的健康习惯，避免学生过分沉溺于互联网等现代技术；同时逐步养成识别和主动远离不健康信息、合理防范自身信息安全和人身安全的意识和能力。

（4）规范行为。在教学活动中加强法律法规的内化和行为指导。教师要结合教学活动中的教育技术应用，渗透相关法律法规的教育与讨论，促进学生的理解和内化；同时，要结合实际案例和具体活动指导学生以合乎规范的方式使用现代技术，通过行为指导和教师本身的示范逐步规范学生的行为。

中小学教师教育技术能力标准（试行）

（教师〔2004〕9号）

第一部分　教学人员教育技术能力标准

一、意识与态度

（一）重要性的认识

1. 能够认识到教育技术的有效应用对于推进教育信息化、促进教育改革和实施国家课程标准的重要作用。

2. 能够认识到教育技术能力是教师专业素质的必要组成部分。

3. 能够认识到教育技术的有效应用对于优化教学过程、培养创新型人才的重要作用。

（二）应用意识

1. 具有在教学中应用教育技术的意识。
2. 具有在教学中开展信息技术与课程整合、进行教学改革研究的意识。
3. 具有运用教育技术不断丰富学习资源的意识。
4. 具有关注新技术发展并尝试将新技术应用于教学的意识。

（三）评价与反思

1. 具有对教学资源的利用进行评价与反思的意识。
2. 具有对教学过程进行评价与反思的意识。
3. 具有对教学效果与效率进行评价与反思的意识。

（四）终身学习

1. 具有不断学习新知识和新技术以完善自身素质结构的意识与态度。
2. 具有利用教育技术进行终身学习以实现专业发展与个人发展的意识与态度。

二、知识与技能

（一）基本知识

1. 了解教育技术基本概念。
2. 理解教育技术的主要理论基础。
3. 掌握教育技术理论的基本内容。
4. 了解基本的教育技术研究方法。

（二）基本技能

1. 掌握信息检索、加工与利用的方法。
2. 掌握常见教学媒体选择与开发的方法。
3. 掌握教学系统设计的一般方法。
4. 掌握教学资源管理、教学过程管理和项目管理的方法。
5. 掌握教学媒体、教学资源、教学过程与教学效果的评价方法。

三、应用与创新

（一）教学设计与实施

1. 能够正确地描述教学目标、分析教学内容，并能根据学生特点和教学条件设计有效的教学活动。
2. 积极开展信息技术与课程的整合，探索信息技术与课程整合的有效途径。
3. 能为学生提供各种运用技术进行实践的机会，并进行有针对性的指导。
4. 能应用技术开展对学生的评价和对教学过程的评价。

（二）教学支持与管理

1. 能够收集、甄别、整合、应用与学科相关的教学资源以优化教学环境。
2. 能在教学中对教学资源进行有效管理。
3. 能在教学中对学习活动进行有效管理。
4. 能在教学中对教学过程进行有效管理。

（三）科研与发展

1. 能结合学科教学进行教育技术应用的研究。

2. 能针对学科教学中教育技术应用的效果进行研究。

3. 能充分利用信息技术学习业务知识，发展自身的业务能力。

（四）合作与交流

1. 能利用技术与学生就学习进行交流。

2. 能利用技术与家长就学生情况进行交流。

3. 能利用技术与同事在教学和科研方面广泛开展合作与交流。

4. 能利用技术与教育管理人员就教育管理工作进行沟通。

5. 能利用技术与技术人员在教学资源的设计、选择与开发等方面进行合作与交流。

6. 能利用技术与学科专家、教育技术专家就教育技术的应用进行交流与合作。

四、社会责任

（一）公平利用

努力使不同性别、不同经济状况的学生在学习资源的利用上享有均等的机会。

（二）有效应用

努力使不同背景、不同性格和能力的学生均能利用学习资源得到良好发展。

（三）健康使用

促进学生正确地使用学习资源，以营造良好的学习环境。

（四） 规范行为

能向学生示范并传授与技术利用有关的法律法规知识和伦理道德观念。

第四节　教师信息素养与信息化教学能力

一、教师信息素养

信息素养是信息社会人们赖以生存和发展不可缺少的重要素质，更是职业教师所应具备的重要素质之一。提高教师信息素养是信息时代对教师提出的要求，是教育信息化发展的重要保证，是学校教学改革的需要。因此，要重视教师信息素养的培养，探讨教师信息素养培养的方式和途径，并尽快建立起教师信息素养培养标准及其评价体系。

（一）信息素养的概念

“信息素养”这个术语最早是由美国信息产业协会主席 Paul Zurkowski 于 1974 年提出来的，他把信息素养定义为“人们在解决问题时利用信息的技术和技能”。1983 年，美国信息学家 Horton 认为教育部门应开设信息素养课程，以提高人们对电子邮件、数据分析以及图书馆网络的使用能力；1987 年，信息学专家 Patrieia Breivik 将信息素养概括为一种了解提供信息的系统，并能鉴别信息的价值，选择获取信息的最佳渠道，掌握获取和存储信息的基本技能，如数据库、电子表格软件、文字处理等技能；1989 年，美国图书馆协会会议曾将信息素养界定为四项能力，分别是确认、评估、查询和使用；1992 年，美国图书馆协会给信息素养下的定义是“信息素养是人能够判断确定何时需要信息，并且能够对信息进行检索、评价和有效利用的能力”；1992 年，Christina Doyle 进一步利用循环问卷的方法集合全美各地 136 位受访者的意见，将信息素养进一步定义为“有能力从各种不同的信息来源，获取、评估及使用信息”，并细分为以下 10 种能力：

（1）能辨识自己的信息需求。

（2）能了解完整的信息和智慧决策之间的关系。

（3）能有效地陈述信息问题，表达信息需求。

（4）知道有哪些可能有用的信息资源。

（5）能制订妥善的信息检索策略。

（6）能使用印刷方式及高科技方式存储的信息资源。

（7）能评估信息的相关及有用程度。

（8）组织信息使其有实用性。

（9）组合新信息成为自己原有知识的一部分。

（10）能将信息应用于批判性思考及解决问题。

各国的研究机构和各级各类学校纷纷围绕如何培养信息素养展开了实践探索和理论研究，并且制订了一系列有关信息素养的评价标准，如 1998 年美国图书馆协会和美国教育传播与技术协会提出了学生学习的九大标准，这一标准包含了信息技能、独立学习和社会责任三方面内容，进一步丰富与深化了信息素养的内涵与外延。

在国内，桑新民教授认为可以从以下三个层次六个方面确立培养信息素养的内在结构与目标体系：

（1）驾驭信息的能力：高效获取信息的能力；熟练、批判性地评价信息的能力；有效地吸收、存储、快速提取信息的能力；运用多媒体形式表达信息、创造性使用信息的能力。

（2）运用信息技术高效学习与交流的能力：将以上一整套驾驭信息的能力转化为自主、高效地学习与交流的能力。

（3）信息时代公民的人格教养：培养和提高信息时代公民的道德、情感，以及法律意识与社会责任。

综合各种观点和说法，我们可以对信息素养进行这样的表述：信息素养是个体能够认识到何时需要信息，并能够获取、检索、评估和有效地利用信息的综合能力。具体来说，它应包含四方面内容：一是认知，即信息处理、获取、传输和应用的基础知识；二是技能，即资料检索、计算机素养、研究、学习和定位等技能；三是理念，即能够意识到信息技术对自身发展的重要性与价值，能够主动应用信息技术解决学习、生活中的问题；四是道德，即能够具备与信息技术应用相关的法律意识与社会责任。

从信息论的角度来看，教育教学过程是对信息的获取、分析、加工、处理、传送和接受的过程，为了优化信息传送过程，提高信息传送效率，教师无论作为一个普通的社会人，还是作为传播科学知识和培养人才的职业角色，都应该要掌握信息技术并具备一定的信息素养。教师信息素养主要是指向教育教学实践的，它除了具备一般性信息素养的内涵外，又具有其职业的独特性。教师信息素养具体表现在以下 6 个方面：

（1）对信息、信息化、信息社会的特点有正确的理解；有强烈的信息意识及获取所需信息的欲望，对信息有较强的敏感度；关心教育信息化进程，积极投入计算机等信息技术的学习和教育信息化相关工作。

（2）认识到获取信息对教育与科研工作的重要性；为学习或教育教学工作等问题的解决能确认自己的信息需求，并灵活地通过多种渠道较迅速地获取有效信息。

（3）能准确、快速地从不同角度解读信息和批判性地评价信息；能将信息应用于批判性思考。

（4）能有效地吸收、存储、快速提取和发布信息；能较好地管理自己搜集到的或自己生成的信息。

（5）能对相关信息进行有效的整合，创造性地使用信息解决问题；能用尽可能好的方式表达、呈现（或存储）自己生成的新信息；能将以上一整套信息技术更好地运用于自己的课堂教学、继续学习和交流。

（6）遵守信息道德，维护信息安全。

（二）教师信息素养的结构

教师信息素养的以上一些表现又可以归结为信息意识情感、信息基本知识、信息处理能力和信息伦理道德 4 个方面。

1. 信息意识情感

教师的信息意识情感是教师对信息的敏感程度，特别是教师对有关教育教学的信息的敏感程度。具体表现在：能意识到信息在信息化社会中的重大作用，时刻感受到自己对信息的需求，知道什么样的信息能够促进教学，承认准确和完整的信息是自己制订明智的教学决策的基础，能迅速有效地发现并把握对自己的教学有价值的信息，有把这些有效的信息整合到所教课程的教学当中去的意识。

2. 信息伦理道德

信息伦理道德是指教师在获取、使用、生成和传递信息的过程中应遵循的道德要求。其信息行为应在不侵犯别人的合法权益、不危害社会、不违反道德规范的情况下发生。具体来说，教师作为信息的吸收者，可能会遇到许多良莠不齐的信息，对于那些有负面影响的信息应坚决加以抵制，做学生的榜样；作为信息的生成者，教师应选择那些有用的有正面影响的信息进行加工、合成，以生成有益于社会、有益于学生、也有益于自己的信息；作为信息的传递者，应把那些良莠不齐的信息先过滤再传递给学生，以保证学生的身心健康，同时还要指导学生学会选择、学会判断、学会评价信息的好坏。

3. 信息基本知识

信息知识是指教师对信息学理论的理解以及对信息源和信息工具知识的掌握。教师应具有一般的教育信息理论，掌握教育信息的特点、具体表现形式及传递信息的工具等知识。具体表现为：教师掌握不同的信息源在教学中的应用的知识，如教材、报刊杂志、录像录音、电视、广播、网络、计算机等；高效地使用诸如投影仪、录像机、录音机、计算机等电子教学媒体应用于教学的知识；熟悉图书馆资源的分类知识；掌握信息检索知识，掌握从网络中检索信息的方法；熟练掌握几种教学需要的软件，如汉字输入技术、Windows、PowerPoint、Word、Explorer、E-mail 等。与此同时，随着网络技术和教育国际化的发展，作为信息检索必备的知识，教师还需要掌握英语这门语言。

4. 信息处理能力

教师的信息能力是指教师的信息选择、判断、收集、批判、处理、生成及传递能力。教师的信息选择能力是指教师在浩如烟海的信息海洋里选择自己所需要的信息的能力；教师的信息收集能力是指教师根据自身需要通过各种方法收集必要的教学信息的能力；教师的信息批判能力是指教师客观地了解信息生成过程，并探讨信息的信度与效度的能力；教师的信息处理能力是指教师对所获得的信息素材进行加工、变换、控制、合成、保存的能力；教师的信息生成能力是指教师通过对诸多的信息的归纳，抽象出新的相关关系或因果关系，得出新的结论的能力；教师的信息传递力是指教师用一种明白易懂的方式表达自己的研究成果或传递教育信息的能力。信息能力是教师信息素养结构中最为重要的因素，教师作为信息的吸收者和传递者，其信息能力的好坏直接关系到教学效果和科研成果的好坏。

（三）教师信息素养的培养途径

教师信息素养的培养主要有职前培养和在职培训两种途径。

1. 职前培养

职前培养又主要包括在校学习和岗前培训两种方式。在校学习是指未来从事教育事业的师范院校在校学生通过学校开设的信息技术课程的学习来获取相关知识和技能，这是在校学生培养和提高信息素养的主要途径。但由于没有规范统一的要求和完善的评价标准，学生毕业以后所具备的信息技术、知识、技能和具有的信息素养能力参差不齐。因此，有必要开展高等教育信息素养能力标准的讨论，尽快建立起我国高等教育信息素养能力评价体系。教师岗前培训主要是指师范院校毕业的学生分配到有关学校后，在正式从事教学工作之前所进行的教师专业知识和技能的短期培训，其中包括信息技术等现代教育技术内容的培训。

2. 在职培训

在职培训是教师信息素养培养的主要途径和重要方式，应该作为我们研究和探讨的重点。目前在职教师信息素养和能力的培养主要有以下 4 种方式：

（1）专业进修。这种方式是指教师为了提高专业水平和学历层次，或者为了获得相应学位而参加的各种专业进修活动，包括各种自学考试、函授、远程教育等形式的专科、本科与专升本学历教育以及有关信息技术教育、教育技术等学科的研究生学位学习等。这种进修培训专业性强，所学知识比较系统全面，但对广大在职教师来说不具有普遍性。

（2）短期培训。这主要是指由各大专院校、地方教育管理部门或师资培训中心等组织的有计划、大范围、短期集中进行的信息技术应用培训活动。如由政府部门组织的骨干教师技能培训、中小学教师信息技术轮训等都属于这种形式。

（3）校本培训。这是指各个学校利用节假日等空暇时间自行组织的教师信息素养培训活动。这种培训方式的特点是，时间可长可短，次数可多可少，形式灵活多样，或专题讲座、或计算机知识培训、或教学观摩等；内容较有针对性，强调实用性，能有效地将信息技术与学科课程结合起来，使培训活动更具活力和效果。

（4）自发研修。这是指在职教师为了教学和科研需要，为了提高信息技术水平和信息素养能力而自发地学习相关知识、掌握相关技能和进行相关研究的活动，包括利用闲暇研读有关教育技术和信息技术教育方面的专业书刊、自行参加有关的专业培训或业务研讨会、利用信息网络资源自学、积极开展信息技术教研活动、发表教学成果等。

以上几种培养方式中，前三种都属于有组织、有计划的培训活动，对教师信息素养培养的影响和作用已得到人们的普遍肯定，而自发研修方式还未得到足够的认识。我们认为自发研修活动增强了教师提升信息素养的迫切感，并且能够在网络上得到知识、情感的支援，与专家、同行进行交流，特别有助于教师进行信息技术与课程整合的活动。因此，自发研修方式是最具生命力和活力的一种教师信息素养培养方式。

二、教师信息化教学能力

教师信息化教学能力是信息时代教师专业能力结构的重要组成部分，是制约信息技术与教育教学深度融合的关键因素。实施教师信息化教学能力发展研究，对于教师专业发展、教育信息化发展乃至整个教育系统的改革与发展都具有至关重要的现实意义。由于界定教师信息化教学能力的内涵是研究如何提升教师信息化教学能力的逻辑起点，国内众多研究者因此分别从不同的研究视角对教师信息化教学能力内涵的界定提出了各自不同的理解。

教师信息化教学能力是教师在信息化环境下开展教学时所展现出来的综合能力，因此很多研究者从更广的视角对其进行理解，认为教师信息化教学能力就是教师在信息化教学环境下的教学能力。胡小勇与祝智庭较早对教师信息化教学能力进行界定，他们认为教师信息化教学能力是信息化环境下教师职业的核心素养，是教师各种能力要素综合提升的结晶体，并指出教师信息化教学能力主要由传统的基本能力要素、信息素养与现代教育理念方法三部分组成①。彭立认为信息化教学环境中的教师只有具备信息素养、教学能力、科研能力以及终身学习能力等方面的素质能力，才能满足信息化教育教学对教师素质提出的要求②。陈丽与李芒以教育管理人员、教师与学生为研究对象，对网络时代教师新的能力结构进行了研究，研究的结果表明网络时代的教师应该具备以下几个方面的能力，分别是现代教育理念、系统化教学设计的能力、教学设施能力、教学研究能力、教学监控能力、信息素养和终身学习能力。其中的教学设施能力包括综合评价能力、教学内容和方法的“链接”能力、协作教学能力以及促进学习的能力，信息素养包括对信息技术的敏感性、应用信息的能力、教学媒体和功能的选择能力以及媒体的整合能力③。刘晓龙将师范生信息化教学能力分成6个方面，分别是工具应用能力、知识呈现能力、过程建模能力、网络学习能力、课程整合能力和教学评价能力④。王卫军则从技术、能力与信息三个层面对教师信息化教学能力进行分析，进而总结出了教师信息化教学能力的内涵，认为“教师信息化教学能力是以促进学生发展为目的，利用信息资源，从事教学活动、完

---

① 胡小勇，祝智庭. 信息化视野中的教师教育[J]. 中国电化教育，2003（6）:25-27.

② 彭立. 有效教学——信息化教学中的问题与对策[M]. 长春：东北师范大学出版社，2007.

③ 陈丽，李芒，陈青. 论网络时代教师新的能力结构[J]. 中国电化教育，2003（4）:65-68.

④ 刘晓龙. 师范生信息化教学能力实训支撑环境研究[D]. 长春：东北师范大学博士学位论文，2013.

成教学任务的综合能力”[①]。

类似于传统的教师教学能力，教师信息化教学能力是一个由多种能力组成的综合体。包括王卫军、顾小青、李天龙等研究者从能力构成的视角对教师信息化教学能力进行了描述性的界定。表 3-2 所示是部分国内研究者对教师信息化教学能力结构的界定。

表 3-2　国内部分研究者对教师信息化教学能力结构分类

研究者	教师信息化教学能力构成
王卫军	信息化教学迁移能力、信息化教学融合能力、信息化教学交往能力、信息化教学评价能力、信息化协作教学能力、促进学生信息化学习能力
顾小青	基本信息能力、信息化教学设计能力、信息化理念/职业道德/伦理及信息化教学实施能力
李天龙	信息技术与学科课程整合能力、信息化教学设计能力、信息化教学资源设计与开发能力、信息化教学实施能力、信息化教学评价能力、信息化教学监控能力
李娟，张家铭	信息化教学态度、信息化教学理念、信息化教学技能、信息化教学实施、信息化教学研发
方明建	信息化教学设计能力、信息技术与课程整合能力、信息化教学实施能力、信息化教学评价能力、信息化教学研究能力、信息化教学发展能力

综上所述，国内研究者当前主要从三个视角对教师信息化教学能力的概念进行界定，这为如何促进我国教师信息化教学能力发展的研究提供了坚定的理论基础。但由于教师教学能力自身的复杂性与抽象性，关于什么是教师信息化教学能力的问题，国内研究者还没有形成统一的认识。结合上述众多研究者的观点，我们可以将教师信息化教学能力界定为：教师为了优化教学效果与促进学生的发展而在现代教育理论指导下合理运用各种信息技术手段进行教学设计、教学实施、教学评价以及教学研究的综合能力。

教师信息化教学能力相对于传统的教师教学能力具有以下 7 个方面的特征：

（1）信息化教学能力是教师在信息化环境的教学实践活动中发展而来的。

（2）教师信息化教学能力发展是以学生的发展为最终目的，学生是教师信息化教学能力发展的直接受益者。

（3）信息化教学能力是教师在开展信息化教学时所体现出来的综合能力，是教师在信息化环境下开展教学所需具备的核心能力。

（4）信息化教学能力是反映信息时代教师职业特点与专业化程度的重要标志。

（5）信息化教学能力主要体现在信息化环境下教师从教学设计到教学实施，再到教学评价与研究的一系列教学活动环节中。

（6）教师信息化教学能力是由信息化教学设计能力、信息化教学实施能力、信息化教学评价能力与信息化教学研究能力等多个子能力构成的综合能力体系，其中的信息化教学设计能力是教师信息化教学能力的核心与关键。

（7）教师信息化教学能力发展是动态的过程。

---

① 王卫军．教师信息化教学能力发展策略研究[J]．电化教育研究，2012（5）:103-109．

第五节 教师 TPACK 知识框架

随着教育改革的不断深化，教师应该具备哪些方面的知识成为了教师教育及教师专业化发展研究的热点问题。斯坦福大学教授舒尔曼针对教师专业发展研究中过于关注教师的学科知识与教学法知识而忽视教师的学科教学法知识的现状，于 1986 年提出了学科教学法知识（Pedagogical Content Knowledge，PCK）框架，认为任何学科教师都应该具备三个方面的基本知识：一是学科知识，指教师如何组织与呈现能够直接传授给学生的学科知识，以及学生在某学科领域内可能会遇到的概念、误解与难点知识；二是教学法相关的知识，指教师在教学过程中能够解决学生需求的教学策略知识；三是学科教学法知识，指由学科知识与教学法知识相结合的知识①。PCK 框架在一定程度上表明了教师的专业属性在于教师具备整合学科专业知识和教学法知识的能力，这既是教师专业知识结构的核心，同时也是学科教师区别于其他学科教学专家或教育专家的主要特征。由此可见，PCK 框架的提出，强化了在不同学科教育研究中对教师专业素质的认识，为教师知识的研究提供了全新的研究范式。

进入 21 世纪以来，技术的快速发展对教育教学产生了巨大的影响，教师的教育教学活动相应地体现出了明显的技术融合特征。在这种发展背景下，基于 PCK 框架的教师知识结构已经无法适应信息时代对教师素质提出的要求。因此教师的知识结构必然会发生一定的改变，即教师需要将技术与学科教学有机结合，需要知道如何利用技术自身所具备的巨大优势来更好地实施教学。传统的 PCK 框架显然无法充分阐释教师在信息化环境下开展有效教学所必须具备的专业知识结构。信息化环境下的教师知识结构由此成为了众多研究者关注的焦点问题。来自美国密歇根州立大学的教授米什拉和科勒适应技术与教育教学深度融合的趋势，认为信息时代的教师不仅需要具备传统教学所要求的学科知识与教学法知识，还需要有技术知识。于是他们在舒尔曼所提的 PCK 框架的基础上增加了技术知识的要素，并于 2005 年提出了“整合技术的学科教学知识”（Technological Pedagogical and Content Knowledge，TPACK）理论框架，首次将技术知识纳入到了教师的知识结构当中。自此，国内外学术界在理论与实践层面开启了有关教师 TPACK 知识框架的全方位研究。依据他们的观点，TPACK 知识框架是将技术知识、学科内容知识与教学法知识三者相互融合而形成的一种综合性、复合型教师知识体系。在该教师知识体系当中，技术知识（TK）、学科内容知识（CK）与教学法知识（PK）是三种核心元素，包括学科教学知识（PCK）、整合技术的学科内容知识（TCK）、整合技术的教学法知识（TPK）以及整合技术的学科教学知识（TPACK）在内的四种复合要素是由三种核心元素相互融合而形成的②。此外，舒尔曼与科勒还认为，学科教师使用技术教学总是处在一定的境脉当中，教师除了需要深入理解这三种核心知识相互作用以外，还需要理解它们是如何与具体的境脉绑在一起的，因为境脉赋予了教师取得成功所需要的灵活性，因此境脉因素必须成为 TPACK 知识

① Shulman,L.S. Those who understand: Knowledge growth in teaching[J].Educational Researcher,1986,15(2):4-14.

② Koehler M J&Mishra P. Introducing TPACK in AACTE Committee on Innovation and Technology(Eds.), Handbook of Technological Pedagogical Content Knowledge (TPCK) for Educators. New York: Routledge,2008 (7) :21.

框架不可或缺的部分，具体如图 3-2 所示。

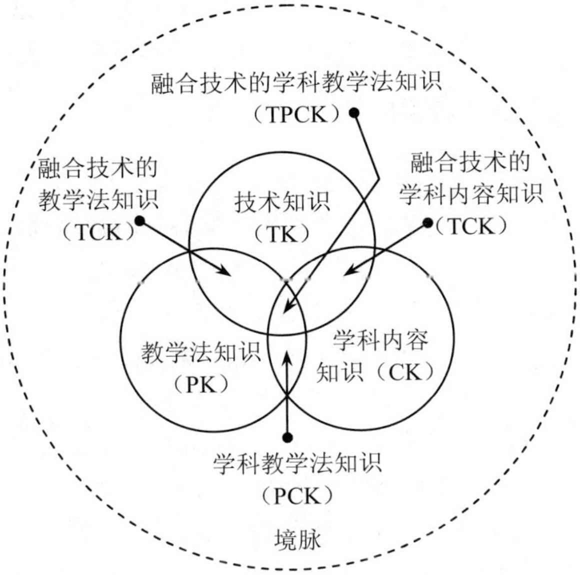

图 3-2　整合技术的学科教学知识框架图

在 TPACK 知识框架结构中，CK 是教师开展特定学科教学的前提，不仅包含具体的教与学的学科知识，还包括教师对所任教学科的学科结构以及学科之间关系的深刻理解；PK 是关于教学过程、方法与实践等方面的知识，具体包括教师的教学方法选择、教学计划制订、课堂管理策略以及学生的行为与学业评价等方面，PK 在 TPACK 框架中不具备学科内容针对性，是所有学科普遍适用的；TK 是 TPACK 框架中最具变化性的部分，具体包括工作与生活中有效应用技术的知识；PCK 是由学科知识与教学法知识相互综合而形成的，具体表现为教师针对特定教学内容选择适当的教学策略与方法的知识；TCK 是由技术知识与学科知识双向互动而产生的，具体表现为教师所具备的使用技术合理表征学科内容的知识；TPK 是由技术知识与一般教学法知识相互作用而产生的，具体包括教师理解能够完成某项特定教学任务的各种技术手段，并据此设计教学与完善教学策略；TPACK 是三种核心元素相互作用而产生的融技术知识、学科知识与教学法知识为一体的综合性知识，具体表征为教师能够依据真实教学情境的实际需要，综合考虑技术知识、学科知识与教学法知识而设计适当的教学方案。

第六节　中小学教师信息技术应用能力

信息技术应用能力是教育信息化时代教师必须具备的专业能力。教师的信息技术应用能力发展水平，是促进信息技术与教学深度融合，实现教育现代化的关键因素和必要前提。因此国际教育组织和各国政府对教师的信息技术应用能力十分重视，近几年来先后出台了各类策略和标准。我国《教育信息化十年规划（2011－2020）》提出，到 2020 年，应采取多种方法和手段帮助教师有效应用信息技术，更新教学观念，改进教学方法，提高教学质量，各级各类学校教师基本达到教育技术能力规定标准。2013 年 10 月教育部印发了《教育部关于实施全国中小学教师信息技术应用能力提升工程的意见》，并于 2013 年 11 月开始启动“全国中小学教师信息技术应用能力提升工程”。2014 年 5 月教育部正式颁布《中小学教师信息技术应用能力标准》《中小学教师信息技术应用能力课程标准》和《中小学教师信息技术应用能力测评指南》。

一、国外有关教师信息技术应用能力标准的研究

信息技术能力标准是衡量教师信息技术能力发展的准则，为教师在专业发展中提供明确的学习方向，可以帮助决策者和教师培训者利用标准规划教师培训课程。目前，世界各国逐渐重视教师信息化的发展，已经出现了一些评估教师信息技术能力的标准，其中最有影响力的当属联合国教科文组织建立的《教师信息和传播技术能力标准》①。

2011 年联合国教科文组织（United Nations Educational Scientific Cultural Organization，UNESCO）创建了教师 ICT 的国际标准，这个标准描述了教师运用 ICT 进行有效教学所应具备的能力，即《教师信息和传播技术能力标准》，提出教师发展的三个阶段，即技术素养、知识深化、知识创新，教师应该从理解教育中的 ICT、课程与评估、教学法、ICT、组织与管理、教师专业学习 6 个维度来进行工作。欧洲组织根据其教育发展现状简化了 UNESCO《教师信息和通信技术能力框架》，提出了符合本国特点的《eTQF 教师信息技术能力框架》，包括 4 个一级指标（ICT、教学法、课程与评估、教师专业发展）和 13 个二级指标。每个主题部分包含代表教师能力发展水平的四个阶段（如教师的技术能力发展水平的四个阶段是入门、基本工具、复杂工具、普适工具）。2012 年加纳连接项目——教师信息技术能力框架在联合国教科文组织教师信息和通信技术能力标准的基础上形成了一个二维表，在纵向上继续沿用联合国教科文组织教师信息和通信技术能力标准中的内容，包括理解教育中的 ICT、课程与评估、教学法、ICT、组织管理和教师专业发展 6 个一级指标，26 个二级指标；横向上表示教师达到的 ICT 能力逐步增强。综上所述，UNESCO 发布的教师信息技术能力框架具有一定的灵活性和推广性，有利于各国根据本国的发展现状和要求制订相应的规范和标准。

二、我国有关教师信息技术应用能力标准的制订

为全面提升中小学教师信息技术应用能力，解决农村中小学教师信息技术应用意识薄弱、技术能力不足的问题，促进广大中小学教师能够在教育教学中有效应用信息技术，更好地适应信息化社会，2013 年 10 月教育部发布关于教师的重要文件，号召教育界教师、专家等研究制订教师信息技术应用能力标准，建立信息技术应用能力标准体系。2014 年 5 月印发了《教育部办公厅关于印发〈中小学教师信息技术应用能力标准（试行）〉的通知》（以下简称《能力标准》）。

《能力标准》根据我国中小学校信息技术实际条件的不同、教师与学生信息技术应用情境的差异，对中小学教师在教育教学和专业发展过程中应用信息技术的能力提出了基本要求和发展性要求。其中，应用信息技术优化课堂教学的能力为基本要求，主要包括教师利用信息技术进行讲解、启发、示范、指导、评价等教学活动应具备的能力；应用信息技术转变学习方式

---

① 张屹，刘美娟，周平红，等．中小学教师信息技术应用能力的现状评估——基于《中小学教师信息技术应用能力标准（试行）》的分析[J]．中国电化教育，2014（8）．

的能力为发展性要求，主要针对教师在学生具备网络学习环境或相应设备的条件下，利用信息技术支持学生开展自主、合作、探究等学习活动所应具有的能力。另外，本标准还将教师两方面要求的信息技术应用能力区分为技术素养、计划与准备、组织与管理、评估与诊断、学习与发展5个维度。具体的能力指标体系见表3-3。

表3-3 中小学教师信息技术应用能力指标体系

维度	I. 应用信息技术优化课堂教学	II. 应用信息技术转变学习方式
技术素养	1. 理解信息技术对改进课堂教学的作用，具有主动运用信息技术优化课堂教学的意识	1. 了解信息时代对人才培养的新要求，具有主动探索和运用信息技术变革学生学习方式的意识
	2. 了解多媒体教学环境的类型与功能，熟练操作常用设备	2. 掌握互联网、移动设备及其他新技术的常用操作，了解其对教育教学的支持作用
	3. 了解与教学相关的通用软件及学科软件的功能及特点，并能熟练应用	3. 探索使用支持学生自主、合作、探究学习的网络教学平台等技术资源
	4. 通过多种途径获取数字教育资源，掌握加工、制作和管理数字教育资源的工具与方法	4. 利用技术手段整合多方资源，实现学校、家庭、社会相连接，拓展学生的学习空间
	5. 具备信息道德与信息安全意识，能够以身示范	5. 帮助学生树立信息道德与信息安全意识，培养学生良好的行为习惯
计划与准备	6. 依据课程标准、学习目标、学生特征和技术条件，选择适当的教学方法，找准运用信息技术解决教学问题的契合点	6. 依据课程标准、学习目标、学生特征和技术条件，选择适当的教学方法，确定运用信息技术培养学生综合能力的契合点
	7. 设计有效实现学习目标的信息化教学过程	7. 设计有助于学生进行自主、合作、探究学习的信息化教学过程与学习活动
	8. 根据教学需要，合理选择与使用技术资源	8. 合理选择与使用技术资源，为学生提供丰富的学习机会和个性化的学习体验
	9. 加工制作有效支持课堂教学的数字教育资源	9. 设计学习指导策略与方法，促进学生的合作、交流、探索、反思与创造
	10. 确保相关设备与技术资源在课堂教学环境中能正常使用	10. 确保学生便捷、安全地访问网络和利用资源
	11. 预见信息技术应用过程中可能出现的问题，制订应对方案	11. 预见学生在信息化环境中进行自主、合作、探究学习可能遇到的问题，制订应对方案
组织与管理	12. 利用技术支持，改进教学方式，有效实施课堂教学	12. 利用技术支持，转变学习方式，有效开展学生自主、合作、探究学习
	13. 让每个学生平等地接触技术资源，激发学生的学习兴趣，保持学生的学习注意力	13. 让学生在集体、小组和个别学习中平等获得技术资源和参与学习活动的机会
	14. 在信息化教学过程中，观察和收集学生的课堂反馈，对教学行为进行有效调整	14. 有效使用技术工具收集学生的学习反馈，对学习活动进行及时指导和适当干预
	15. 灵活处置课堂教学中因技术故障引发的意外状况	15. 灵活处置学生在信息化环境中开展学习活动发生的意外状况
	16. 鼓励学生参与教学过程，引导学生提升技术素养并发挥其技术优势	16. 支持学生积极探索使用新的技术资源，创造性地开展学习活动

续表

维度	Ⅰ. 应用信息技术优化课堂教学	Ⅱ. 应用信息技术转变学习方式
评估与诊断	17. 根据学习目标科学设计并实施信息化教学评价方案	17. 根据学习目标科学设计并实施信息化教学评价方案，并合理选取或加工利用评价工具
	18. 尝试利用技术工具收集学生的学习过程信息，并能整理与分析，发现教学问题，提出针对性的改进措施	18. 综合利用技术手段进行学情分析，为促进学生的个性化学习提供依据
	19. 尝试利用技术工具开展测验、练习等工作，提高评价工作效率	19. 引导学生利用评价工具开展自评与互评，做好过程性和终结性评价
	20. 尝试建立学生学习电子档案，为学生综合素质评价提供支持	20. 利用技术手段持续收集学生学习过程及结果的关键信息，建立学生学习电子档案，为学生综合素质评价提供支持
学习与发展	21. 理解信息技术对教师专业发展的作用，具备主动运用信息技术促进自我反思与发展的意识	
	22. 利用教师网络研修社区，积极参与技术支持的专业发展活动，养成网络学习的习惯，不断提升教育教学能力	
	23. 利用信息技术与专家和同行建立并保持业务联系，依托学习共同体，促进自身专业成长	
	24. 掌握专业发展所需的技术手段和方法，提升信息技术环境下的自主学习能力	
	25. 有效参与信息技术支持下的校本研修，实现学用结合	

【思考与实践】

1. 简述教师专业发展的内涵及组成结构。
2. 论述教育信息化发展从哪些方面对教师专业发展产生影响。
3. 简述教师信息素养的内涵，分析提高教师信息素养的途径。
4. 简述教师 TPACK 知识框架的内涵，思考如何优化自己的 TPACK 知识。
5. 作为一名师范生，谈谈如何提高自己的信息技术应用能力与信息化教学能力。

第四章　教学媒体、教师媒体素养和信息化教学工具

【学习目标】

1. 掌握各种教学媒体的特点及在教学中的应用。
2. 掌握摄影基本技巧并能正确运用。
3. 掌握摄像机的使用方法和技巧。
4. 理解媒体素养的含义和教师媒体素养的构成。
5. 理解教师媒体素养教育的实施策略。
6. 掌握信息化教学工具的概念、功能特点及分类。
7. 掌握知识可视化工具的特点及使用方法。
8. 了解信息化学科工具的作用。
9. 掌握常用社会性软件在教学中的应用方法。

第一节　现代教学媒体概述

现代教学媒体是指直接介入教学活动过程，能用来传递和再现教育信息的现代化设备（硬件），以及记录、存储信息的载体（软件），如幻灯片、投影仪、电影、电视、计算机、网络等。

一、教学媒体的概念

（一）媒体

媒体（Media）一词来源于拉丁语 Medium，音译为媒介，意为两者之间。它是指在信息传播过程中，从信息源到受信者之间承载并传递信息的载体或工具。媒体有两重含义：一是指承载信息的载体（承载信息的符号系统），即在信息传递时所使用的编码形式，如文字、图像、声音、动画、视频等；二是指存储和传递信息的实体，如印刷材料、挂图、投影片、录像带、计算机软件及其相关的播放、处理设备等。

习惯上把媒体分为硬件和软件两大类。硬件是指那些存储、传递信息的机器和设备，如照相机、幻灯机、投影仪、录音机、摄像机、电视机、电影放映机和计算机等。软件是指那些承载与传递信息的物体，如教科书、幻灯片、投影片、录像带、光盘和计算机软件等。媒体的教学应用研究一直是教育技术研究的重要内容之一，但受教育技术发展历史等诸多因素的影响，目前教育技术在媒体方面的研究仍然偏重硬件研究。媒体的硬件与软件是不可分离的统一体，只有配套使用，才能发挥媒体存储与传递信息的功能。

（二）教学媒体

媒体用于教与学活动的过程，以传递、存储教学信息为最终目的时被称为教学媒体。教学媒体用于教学信息从信息源到学习者之间的传递，它是教学资源的重要组成部分之一。事实上，许多新开发出来的媒体，并不是首先用于教学上，而是在军事、通信、娱乐、工业等部门使用一段时间后，才逐步引入到教学领域中。因此，一种媒体要发展成为教学媒体应具备以下两个基本要素：

（1）媒体用于存储与传递以教学为目的的信息时才能被称为教学媒体。以教学为目的的信息也就是教学信息，是由教学目标决定的。教学媒体区别于一般的媒体，在于它存储与传递的教学信息是为达到特定的教学目标服务，是为特定的对象——教师或学生所使用。

（2）媒体用于教与学活动的过程时才能发展为教学媒体。任何媒体都能用来存储与传递教学信息，如电影、电视以及计算机等媒体，但这些媒体诞生的初期并没有在教学活动中派上用场。因此，它们只是一般的传播媒体，不是教学媒体，只有当它们经过改进，符合教学要求并用于教学活动时，才能被称为教学媒体。

一般的媒体经过改进成为教学媒体，往往要经过复杂甚至漫长的过程。如广播电视从早期播放新闻、娱乐节目，到后来用于播放教学节目进行远程教学，历经了几十年时间。闭路电视最开始只用于工业，后来才引进到教育领域成为学校的闭路电视教育系统或微格教学系统进行教学技能训练。近年来迅速发展的计算机媒体与网络技术，首先也是用于军事与工商业，然后才逐步引进到教育领域中。一般的媒体要变为教学媒体，需要解决两大关键问题：一是硬件的改造，使之满足教学活动要求，方便教师和学生使用，并使硬件的价格降下来，能为教育部门广泛采用；二是软件的编制，使该媒体所存储与传递的信息是教学信息，并且编制的原则与方法符合教学活动要求。

二、教学媒体的发展

媒体的产生和发展与人类社会的产生和发展密切相关，人们在日常生活和劳动中必须借助各种媒体进行信息的交流与传播。在人类早期，个体之间的交流是利用一些信号、简单声音、姿态或手势。后来逐步出现了一些非口头语言，如鼓声、火光、图画及其他形式的非口头语言，接着出现了语言、文字以及其他现代媒体。一般来说，教科书媒体历史较长，而幻灯、投影、电影、广播、电视、计算机等媒体都不过一百来年，但它们对于信息的传播都起到了十分重要的作用，已成为人们生活、工作、学习和娱乐不可缺少的部分。随着人类社会的不断进步，可以把媒体的发展大致归结为四个阶段：语言媒体阶段、文字媒体阶段、印刷媒体阶段和电子传播媒体阶段。

（一）语言媒体阶段

人类由于社会劳动需要，创造了语言。集居在某一地区的部落群体，约定使用某种声音符号代表某种意义进行思想交流，这就是原始的语言。语言作为一种符号代表实物与现象，成为人类最早用于交流思想的传播媒体。

语言的产生标志着人类在交流方面，特别是记忆和传递知识以及表达复杂概念的能力方面有了巨大的进步，人们可以利用语言把自己学到的东西有效地传授给社会中的其他成员。在当时，人类的教育方式主要是口耳相传和模仿。

语言媒体具有如下主要功能：

（1）符号的功能。语言是实物、现象的符号。

（2）促进思维表达思想的功能。语言能用来概括并形成概念，从而促进了思维能力的发展，扩大了认识范围，提高了认识的能力。

（3）交流的功能。语言的产生就是为了交流信息，所以交流信息是语言最基本的功能。

语言媒体的发展在促进人类社会及教育发展中发挥着巨大的作用。即使有了多种多样媒体的今天，语言媒体仍具有不可替代的作用。语言是人类交际活动中最重要的一种传播媒体之一。

（二）文字媒体阶段

人类在交流和传播方面的第二大成就是文字媒体的产生。从语言的产生到文字的产生经历了几万年。文字是书写的符号，具有和语言同样的功能，并使语言得以保存。最早出现文字的时间大约是公元前 4000 年，古埃及的图画文字、中国的象形文字都是从古老的图画经验中演变出来的。手写、手抄形式的书本大约出现在 3000 年前。最早的文字主要是刻写在龟甲、兽骨、竹简、金石、锦帛、木板之类的物品上，书写很不方便也很昂贵。大约在公元前 2 世纪，中国人发明了造纸术。公元 105 年，蔡伦造出了第一批良纸。公元 7 世纪以后，中国造纸术开始传入日本、阿拉伯、欧洲等地。文字和纸的发明使人类更为方便地记载和传递信息，对继承人类文化遗产、促进社会进步起到了重要的作用。文字媒体的出现使书写与口头语言一样，成为重要的教育工具。人类除了能口耳相传，还可以利用书写文字来传递信息，从而引起了教育方式的一次重大变革。

（三）印刷媒体阶段

从文字的产生到印刷技术的出现，人类经历了几千年。在印刷术发明之前，文字的传播主要依靠手抄。手抄书费时费力，容易出错，效率极低。公元 6 世纪，中国人发明了雕版印刷术。公元 1041 年至 1048 年间，中国北宋的毕昇发明了活字印刷术，大大提高了印刷效率。公元 1456 年，德国人古腾堡发明了更为高效的金属活字印刷术。从此，书籍便成了一种重要的传播手段，印刷媒体的出现使得信息可以大量复制、存储并广泛传播，从而书籍大量出现并使大规模教学成为可能。17 世纪产生了班级授课制，各种类型的学校相继开办，引起了教育的又一次重大变革。学生不仅可以向教师学习，还可以从其他渠道学习，获取信息的途径大为拓宽了。

（四）电子传播媒体阶段

19 世纪末以来，科学技术发展十分迅速。人们把从电子技术新成果发展起来的各种新传播媒体称为电子传播媒体，如幻灯、投影、广播、录音、电视、电影、计算机等。电子传播媒体的发展大大提高了人类的传播能力与传播效率。

1844 年，塞缪尔·莫尔斯发明了电报，首次将电报讯号从华盛顿传到巴尔的摩。1876 年，贝尔发明了电话。1895 年，马可尼和波波夫分别成功地使用无线电收发报。

1894 年，爱迪生制成了一种放映影片用的“活动电影视镜”，法国的卢米埃尔兄弟对其进行重大改进，于同年研制成功电影放映机，1895 年 12 月卢米埃尔兄弟在巴黎第一次公映电影，开始了电影时代。最初的电影都是黑白的、无声的，后来才发展为有声电影、彩色电影。由于电影具有生动、形象、感染力强、极易普及等特点，很快被应用到教学系统中。

无线电技术是人类在20世纪第一个10年发明的。随后的20年间，世界各国相继建立无线电台，无线电广播很快成为世界普及的一种大众传播媒体。无线电广播的出现，使得语言信息能即时、迅速地传到很远的地方。因此，无线电广播不仅用于大众传媒，而且积极地进行教育传播。我国于1928年成立了中央广播电台，除播放新闻外，也播放一些教育类节目。

电视时代始于1936年的美国与法国。现在，电视已经成为一种影响最大的大众传媒之一。由于广播电视的发展，许多国家兴办了远距离教育。我国远程教育的发展是从1960年开始在上海、北京、哈尔滨相继举办电视大学，至今已有遍及全国的电视网络。1957 年苏联发射了第一颗人造地球卫星，之后全世界发射了许多卫星，扩大了广播、电视的覆盖范围，为全球性的教育传播展示了广阔的前景。

计算机的产生与发展，使信息的传播与利用、加工与处理进入了一个新阶段，也就是人们常说的“信息时代”。自1946年世界上第一台电子管计算机出现以来，计算机技术发展突飞猛进，不断更新换代，信息处理能力不断增强，应用领域不断扩大。多媒体化、网络化和智能化使计算机的发展进入了一个崭新的发展时期。网络的强大生命力在于其对信息的传播和资源的高度共享。从美国国防部网络 ARPAnet 发展起来的 Internet（因特网，又称国际互联网），是由分布在世界各地的大量计算机网络遵照共同的传输控制协议联接而成的。因特网的迅猛发展始于20世纪90年代，在经历20多年的发展后，现已成为一个全球性的网络。多媒体技术、计算机网络、电视、卫星等先进技术相结合，对教育传播、教学方式的改革带来了巨大的影响。

虽然，新的电子媒体具有很多优势，但它却不能代替传统媒体，不存在一种“超级媒体”或“万能媒体”。各种媒体都有自己的特点和功能，又有其局限性，在教学过程中应相互补充、取长补短。

三、教学媒体的分类

随着科学技术的进步，教学媒体的种类越来越多，性能也越来越强。由于出发点不同，对教学媒体的分类也不同，下面介绍几种常用的分类方法。

（一）根据媒体发展先后分类

（1）传统教学媒体。

传统教学媒体通常是指教科书、黑板、粉笔、挂图、模型、标本、实物以及实验演示装置等。另外，教师的语言、表情、手势、体态、板书、板画等也是传统教学中常用的教学媒体。这些媒体使用方便、历史悠久，是传递教学信息的重要媒体，在未来的教育教学活动中，仍将是不可或缺的工具。

（2）现代教学媒体。

现代教学媒体是指近一个世纪以来利用科技成果发展起来并被引入教学领域的电子传播媒体，在我国也称为电化教育媒体。主要包括幻灯、投影、广播、录音、录像、电影、电视、计算机等教学媒体，以及由它们组合而成的教学媒体系统，如语言实验室、多媒体综合教室、计算机网络教室、微格教室、闭路电视系统、校园网等。

（二）根据作用于人的感官分类

（1）听觉型媒体。呈现听觉信息的媒体，如口头语言、广播、录音等。

（2）视觉型媒体。呈现视觉信息的媒体，如教科书、板书、挂图、模型、标本、幻灯、投影等。

（3）视听型媒体。同时呈现视觉信息和听觉信息的媒体，如电影、电视等。

（4）相互作用型媒体（交互媒体）。使用者能与之交互的媒体，如程序教学机、计算机辅助教学课件等。

（三）根据媒体的物理性能分类

（1）光学投影类媒体。通过光学投影，把透明或不透明的图片、标本、实物投射到银幕上，呈现所需的教学信息。如幻灯机和幻灯片、投影机和投影片、电影机和电影片等。

（2）电声类媒体。将教学信息以声音形式存储和播放并在一定空间中传播。如无线电广播、扩音机、收音机、录音机、激光唱机等设备及其相应的软件。

（3）电视类媒体。主要特点是存储与传送活动的音像信息。如电视机、录像机、影碟机、录像带、VCD、DVD 光盘等。

（4）计算机类媒体。将模拟信号转化为数字信号进行处理的媒体。如多媒体计算机和计算机辅助教学软件等。

四、教学媒体的主要特性

1964 年，加拿大著名大众传播研究者麦克卢汉在《媒体通论：人体的延伸》一书中提出“媒体是人体的延伸”的观点。例如，印刷品是人眼的延伸；无线电是人耳的延伸；传声器是嘴巴的延伸；计算机是人脑的延伸等。各类媒体运用了不同的符号承载、传递信息，刺激受者不同的感官，使其所表现的教学功能与特性各不相同。下面具体阐述教学媒体的主要特性。

1. 表现力

表现力指教学媒体表现事物信息的能力，主要体现在空间、时间、运动、声音和颜色特征等方面。空间特征：指事物的形状、大小、距离、方位等；时间特征：指事物出现的先后顺序、持续时间、出现频率、节奏快慢等；运动特征：指事物的运动形式、空间位移、形状变换等；声音特征：指事物的声音与音效属性；颜色特征：指事物的颜色与色调属性。各类媒体表现事物的空间、时间、运动、声音和颜色特征的能力是不同的。电影与电视能够全面表现事物的空间、时间、运动、声音和颜色特征，具有极强的信息表现力。幻灯投影类媒体在表现事物空间与颜色特征方面有较强的能力，但在时间、运动、声音特征方面的能力不够。广播录音具有很强的时间、声音特征，而对于空间、颜色、运动特征的呈现，则是不具体的、抽象的。

2. 重现力

重现力指教学媒体不受时间、空间限制，重新使用记录、存储的信息内容的能力。不同媒体的重现力是不同的。实时的广播和电视转瞬即逝、难以重现；录音、录像与电影媒体能将记录存储的信息反复重放；幻灯、投影、计算机课件能根据教学与学习需要重现。

3. 传播力

传播力指教学媒体把信息同时传递到接受者的空间范围，有无限接触和有限接触之分。

广播、电视、计算机网络、有线电视系统能将信息传播到十分广阔的范围，而幻灯、投影、电影、录音、录像等只能在有限的教学场所播放。

4. 参与性

参与性指利用媒体教学时，学习者参与活动的机会，有行为参与和感情参与之分。模型、幻灯、投影等媒体为学习者提供自己动手操作的可能，使学习者可能随时中断使用而进行提问、思考、讨论等其他学习活动，行为参与的机会较多；无线电广播、录音、电影、电视、录像等媒体有较强的感染力，刺激学习者的情绪反应较为强烈，容易诱发学习者在感情上的参与；而多媒体计算机的交互性，使学习者能根据本人的需要去控制学习内容与进度，是一种行为与感情参与程度高的媒体。

5. 可控性

可控性指教学媒体受使用者操纵的难易程度，分为易控和难控两种。幻灯、投影、录音、录像、计算机都比较容易操纵，并适合用于个别化学习。对于广播和电视，使用者只能按电台播出的时间去视听，难以控制。表 4-1 列出了几种教学媒体的不同特性。

表 4-1 教学媒体特性一览表

教学特性 \ 媒体种类		教科书	板书	模型	广播	录音	幻灯	电影	电视	录像	计算机
表现力	空间特征			√			√	√	√	√	√
	时间特征	√	√		√	√		√	√	√	√
	运动特征							√	√	√	√
	声音特征				√	√		√	√	√	√
	颜色特征			√			√	√	√	√	√
重现力	即时重现		√			√				√	√
	事后重现	√		√		√	√	√		√	√
传播力	无限接触	√			√				√		√
	有限接触		√	√		√	√	√		√	√
参与性	感情参与				√	√		√	√	√	√
	行为参与	√	√	√			√				√
可控性	易控	√	√	√		√	√	√		√	√
	难控				√				√		

五、教学媒体的选择

（一）教学媒体的选择依据

教学媒体具有各自的特点和局限性，为了达到预期的教学目标，高效地完成既定的教学任务，在丰富多彩、功能各异的教学媒体中选择哪一种或哪几种媒体的组合才最为合适、最为有效呢？下面是选择教学媒体所要考虑的几个基本依据。

1. 依据教学目标

每个单元、每个课题、每个项目都有一定的教学目标，比如要使学生知道某个概念，或明白某种原理，或掌握某项技能等。为达到不同的教学目标常常需要使用不同的媒体去传输教学信息。以外语教学为例，让学生知道各种语法规则与使学生能就某个题材进行会话是两种不同的教学目标。前者往往采用教师讲解，辅以板书或投影材料，使学生在井井有条的内容安排中形成清晰的语法概念，后者往往采用角色扮演并辅以幻灯或录像资料，使学生在情景交融的沟通条件下掌握正确的言语技能。但假如是为了纠正学生的外语发音，则最好采用录音媒体。

2. 依据教学内容

不同学科的教学内容性质不同，适用的教学媒体会有所区别；同一学科内各章节内容不同，对教学媒体也有不同要求。如在语文课的散文教学中，可以借助录像等视听媒体向学生提供一定的情境，使学生有身临其境的感受，以唤起他们对课文中人物、景象和情节的想象，使之加深理解和体会。又如数学、物理等学科的概念、法则和公式都比较抽象，可以通过教师的严密推导来进行教学。而化学的物质结构可以借助模型来加以理解。

3. 依据教学对象

不同年龄阶段的学习者对事物的接受能力不一样，经验背景也不同，选用教学媒体必须考虑他们的年龄、心理特征及知识背景。比如，年龄小的学习者，抽象逻辑思维能力较差，注意力不容易持久集中，对他们可以较多地使用幻灯、电影和录像。幻灯片要生动形象、重点突出、色彩鲜艳，每节课使用的片数不宜过多；使用录像和电影也宜选用短片，动画镜头可以多一些。随着年龄的增长、学习经验的增加，学习者的抽象思维能力逐渐发展，注意力持续集中的时间延长，自我控制能力也在增强，为他们选用的教学媒体范围就可以广泛一些，传递的内容则增多了分析、综合、抽象、概括，增加了理性认识的份量。另外，在两种效果接近的媒体中进行选择时也可适当考虑学习者的习惯和爱好。

4. 依据教学条件

教学中能否选用某种媒体，还要考虑当时当地的具体条件，其中包括资源状况、经济能力、师生技能、使用环境、管理水平等因素。录像教学具有视听结合的优点，但符合特定课题需要的录像片不是随手可得的。语言实验室是一种很有效的外语教学媒体，但并非每个学校都有能力置备，因陋就简采用录音机代替也是可以的。使用计算机辅助教学前景被看好，但除了需要资金购买计算机外，还需要培训使用人员。若教室不具备遮光设备，连“价廉物美”的投影、幻灯都用不上。有的单位管理混乱，即使配备了现代化教学媒体，也不一定能很好地发挥作用。

总之，恰当地选择教学媒体，应首先考虑媒体的自身特点，了解各种媒体的优点和局限性，扬之长、避之短，对它们合理选择与综合应用，并从整个教学过程出发，考虑教学组织形式、教学活动等要素。

（二）教学媒体的选择原则

1. 最优决策原则（最小代价原理）

最优决策原则是指付出最小的代价而获得同样的教学效果。美国传播学家施拉姆提出的决定媒体选择概率的公式是选择媒体的最优决策的依据，如下：

$$\text{媒体选择的概率（P）}=\frac{\text{媒体产出的功效（V）}}{\text{需要付出的代价（C）}}$$

媒体的功效是指教学媒体在教学过程中为了达到预期的教学目标所起作用的大小程度，

也就是我们通常所说的媒体在教学中的使用目标，学生通过媒体能获得多少新的知识，是否获得能力培养的效果等因素。代价包括使用媒体所需要的费用（设备损耗、材料费用、人员开支等），以及所付出的努力程度（难易程度、花费时间等），也称为成本。公式表明，付出的代价越小，而功效越大，则媒体选择的概率越大。若多种媒体都能达到同样的教学效果，要选择编制和使用成本低、付出努力少的媒体。

2. 有效信息原则

从戴尔的“经验之塔”可以看出，各种教学媒体所体现的学习经验层次是不同的：有的属于具体的经验，有的属于替代的经验、间接的经验，有的则属于抽象的经验。因而，不同的教学内容应选择不同的教学媒体来体现。或者说，不同的教学媒体适合表现不同的教学内容。

学生的认知结构是逐步形成的，它不但与年龄有关，更与他们的知识、经验、思维的发展程度有关。因此，只有当选择的教学媒体所反映的信息与学生的认知结构以及教学内容有一定的重叠时，教学媒体才能有效地发挥作用。图 4-1 表明了有效信息原则。

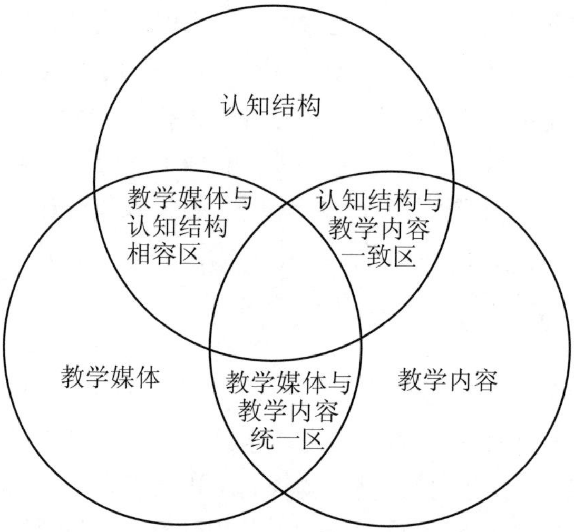

图 4-1　有效信息图

3. 优化组合原则

各种教学媒体都有各自的优点，也有各自的局限性，没有一种可以适合所有教学的“超级媒体”。各种教学媒体的有机组合将会扬长避短、优势互补，取得整体优化的教学效果。但是，媒体的组合要以取得最佳的教学效果为出发点，而不只是形式上的相加。

（三）教学媒体的选择程序

选择教学媒体的程序主要分为以下 3 个步骤：

（1）在确定教学目标和知识点的基础上，首先确定媒体使用目标。

（2）选择媒体的类型。

（3）选择媒体的内容。媒体的内容是指把教学信息转化为对学习者的感官产生有效刺激的符号。选择媒体内容可以通过选编、修改、新制三种途径进行。教学媒体的选择程序如图 4-2 所示。

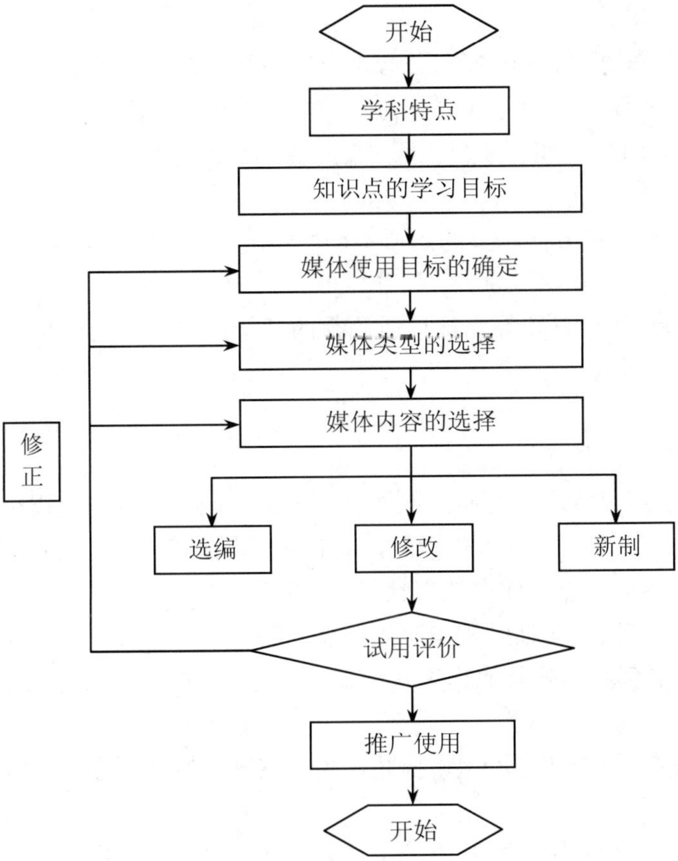

图 4-2　教学媒体的选择程序

第二节　听觉媒体及其教学应用

一、听觉概述

1. *声音和听觉*

声音是由物体机械振动产生的，正在发声的物体叫声源。声音以声波的形式传播。当一物体振动时，会激励它周围的媒质发生振动。若媒质具有压缩性，则在媒质的相互作用下，周围的媒质就产生了交替的压缩和膨胀，并且逐渐向外传播。因此，凡是具有弹性的物质，如气体、水、钢铁、混凝土等弹性物质，都能传播声波。另外，声波在不同的媒质中其传播速度是不同的，媒质密度越大，则传播速度越快，比如声音在海水里的传播速度要比在空气中的快。

听觉是指对发出的声音的感知能力。声波作用于听觉器官，使其感受细胞兴奋并引起听神经的冲动发放传入信息，经各级听觉中枢分析后引起的感觉。听觉是仅次于视觉的重要感觉通道，它在人的生活中起着重要的作用。通常，人耳能感受的声波频率范围是 20Hz～20000Hz，其中，对 1000Hz～3000Hz 最为敏感。声音有强弱之分，声能量有大小之别，那么，如何从物理上定量地描述声音呢？

（1）声压与声压级。

媒质中有声波传播时，媒质的各部分产生压缩与膨胀的周期性变化。压缩时压强增加，膨胀时压强减少。变化部分的压强，即总压强与静压强的差值称为声压。更具体地描述声波特性可以用瞬时声压、峰值声压和有效声压等，通常用仪器测得的声压均为方根值，即有效声压。

（2）声强与声强级。

单位时间内通过与指定方向垂直的媒质单位面积的声能量称为声强。

（3）声级。

声级是以指定的时间计权和频率计权所测得的某一给定声压的分贝数，所用的计权特性必须和数值一起标明。

（4）声音的传播特性。

1）声速：声速是声波传播的速度。

2）衰减特性：引起声音衰减的原因主要有两个：一是当声音向四周空间传播时，能量向四周均匀扩散；二是当声音在空气中传播时，由于空气媒质具有一定的黏滞性，媒质质点运动时会发生摩擦，使一部分声能变成热能消耗了。

3）反射与绕射：声波在传播过程中碰到坚硬的物体，一部分声波的传播方向改变，这就是反射现象。当声波遇到墙面或其他物体时，部分声波能够绕过障碍物的边缘前进，这种现象称为绕射。

4）声波的吸收：当声波穿过墙壁传播时，由于空气微粒遇到摩擦，墙壁所吸收的声能被转化为热能。

5）声谐波：声波在某一空间内产生一定量的谐波效果，即发生谐振，使某些频率的声音得到加强。

6）声波的干涉：声波的干涉是指一些频率相同的声波叠加后所发生的现象。

（5）声音信号的组成。

声波作用于人耳时，若频率为 20Hz～20000Hz，并有一定的强度，则人耳就能听到；低于 20Hz 的声波称为次声波；高于 20000Hz 的声波称为超声波。次声波和超声波是人们听不到的，人们通常所说的声音，是指频率为 20Hz～20000Hz 的声频波。

2. 人耳的听觉特性

听觉是人们对声音的主观反映，主要表现在响度、音调和音色三个方面，它不但与声音的振幅、频率、频谱有关，还与人的心理、生理因素有关。此外，人耳还可以分辨出声音的方向和到达时间差①。

（1）响度。

响度是人耳对声音强弱程度的主观感觉。它主要取决于声压或声强，而且和声音的频率、波形也有一定的关系。

（2）音调。

音调是人耳对声音调子高低的主观感觉。音调的高低主要取决于声音的频率，频率越高，

① 李芳，叶谷平．新编现代教育技术学[M]．广州：广东高等教育出版社，2013:59-61．

音调越高；频率越低，音调越低。

（3）音色。

音色是指声音的感觉特性。用于分辨不同发声体由于材料、结构差异所发出声音的不同。

（4）可听声范围。

具有正常听力的12～25岁青年能够觉察到的声音频率范围为16Hz～20000Hz，最佳的听觉范围是20Hz～20000Hz。

二、听觉型媒体

听觉型媒体是指根据教学目标，录制和传播各种人声、自然音响、音乐等听觉信息以及用来加工、存储、播放这些信息的设备[①]。

1. 常见听觉媒体设备

（1）传声器。

传声器就是我们平常所说的话筒、麦克风，它是将声音信号转换为电信号的能量转换器件，如图4-3所示。

图4-3 传声器（话筒）

选择传声器，应根据使用的场合和对声音质量的要求，结合各种传声器的特点，综合考虑选用。例如，高质量的录音和播音，要求音质好，应选用电容式传声器、铝带传声器或高级动圈式传声器；一般扩音时，选用普通动圈式即可；当讲话人位置不时移动或讲话人与扩音机距离较大，如卡拉OK演唱，应选用单方向性、灵敏度较低的传声器，以减小杂音干扰等。

（2）扬声器。

扬声器主要有两种类型，如图4-4所示。

图4-4 扬声器（音箱、耳机、喇叭）

1）直接辐射式：此类扬声器使用一种振动表面（振膜）将声音直接耦合到空气中，其应用范围很广，如音箱、耳机等。

① http://jpkc.gdou.com/jyjs/Chapter/Study/500003.html?SessionID=10009。

2）号筒辐射器：此类扬声器使用一个紧挨振膜的号筒将声音耦合到空气中。号筒式扬声器常常用于需要主音量或覆盖大范围的大型扩音系统中，它也被用作高频扬声器，所以又被称为高音喇叭。

（3）功率放大器。

功率放大器简称功放，俗称“扩音机”，是音响系统中最基本的设备，如图 4-5 所示。它的作用是把来自信号源（专业音响系统中则是来自调音台）的微弱电信号进行放大以驱动扬声器发出声音。一套良好的音响系统，功放的作用功不可没。

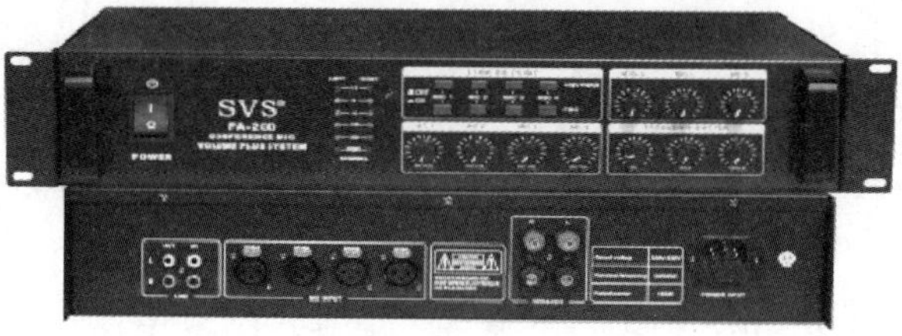

图 4-5　功率放大器

由于考虑功率、阻抗、失真、动态以及不同的使用范围和控制调节功能，不同的功放在内部的信号处理、线路设计和生产工艺上也各不相同。

2. 听觉媒体的教学功能

（1）可以扩大教学规模和范围。

在较大规模的教学环境中，广播、录音等设备的使用，能将声音放大，使每个学习者都清晰地听到教学内容。同时，听觉媒体也能打破教育时空的限制，使学习者足不出户就能听到优秀教师的演讲、优美的音乐等声音资料，把教学环境的范围无限延伸，从而扩大了教学信息的传播范围和教学规模。

（2）能提供标准的声音示范。

利用听觉媒体技术将声音进行记录，需要时播放标准录音，反复对比练习，最大限度地发挥学习者的模仿能力，从而提高教学质量。可以用于听力训练、语音训练、示范朗读、教唱欣赏、模拟音响等。

（3）适合个别化学习。

听觉媒体可以为个别化学习提供自学材料，学习者根据自己的需要和知识技能水平在课后选择适合自己的录音材料进行自学，充分发挥学习的自主性，满足个别教学的需要。另外，听觉媒体特别适合于视觉残疾或知识经验很少的人。

三、数字音频的采集与制作

1. 数字音频的采集

（1）声卡。

声卡也叫音频卡，如图 4-6 所示。声卡是多媒体技术中最基本的组成部分，是实现声波与数字信号相互转换的一种硬件。

图 4-6　声卡

声卡的基本功能是把来自话筒、光盘的原始声音信号加以转换，输出到耳机、扬声器、扩音机等声响设备，或通过音乐设备数字接口（MIDI）使乐器发出美妙的声音。

（2）数字音频的采集方式。

1）直接获取已有音频数据：如从网上下载，网上有许多声音素材网站，声音文件下载方法和其他文件下载方法相同，还有从多媒体光盘中查找的。常见的声音素材网站有笔秀网、音笑网、声音网等。

2）CD 抓轨：利用音频处理软件捕获、截取 CD 光盘音频数据，通常称为 CD 抓轨，“轨”指的是音轨。抓轨是多媒体术语，是抓取 CD 音轨并转换成 MP3、WAV 等音频格式的过程。与普通对音频进行编辑转换不同的是，在计算机上查看常见的 CD 光盘时，其包括的文件后缀为 CDA，仔细观察会发现，这些 CDA 的大小全部是 44.1KB，这些文件包含的其实不是音频信息，而是 CD 轨道信息，这些文件也是无法直接保存到计算机上的，而 CD 抓轨正是将 CD 轨道信息转换成普通音频，保存到计算机并尽量保持 CD 的音质的多媒体技术。

3）剥离视频中的声音：可选用“格式工厂”软件，“格式工厂”可以实现大多数视频、音频以及图像不同格式之间的相互转换。具有设置文件输出配置、增添数字水印等功能。

4）利用麦克风录制：先把麦克风接到计算机上，然后利用录音软件直接录制声音。常用的录音软件有 Windows 自带的录音机、Sound Forge、Adobe Audition 等。

2. 数字音频文件的常用格式

（1）WAV 格式。

WAV 格式是 Microsoft 公司的波形音频文件格式，扩展名为.wav。该格式记录声音的波形，被很多应用程序广泛支持。WAV 格式支持多种压缩算法、音频位数、采样频率和声道，利用该格式记录的声音音质可以和原声基本一致，但占用的存储空间很大，不便于交流和传播。

（2）MP3 格式。

MP3 是 MPEG（Moving Picture Experts Group）Audio Layer-3 的简称，是 MPEG1 的衍生编码方案，1993 年由德国 Fraunhofer IIS 研究院和汤姆生公司合作开发成功。MP3 格式可以做到 12:1 的惊人压缩比并保持基本可听的音质，具有占用空间小、传输速度快等特点。随着网络的普及，MP3 格式被广大用户所接受。

（3）MIDI 格式。

MIDI 是 Musical Instrument Digital Interface（乐器数字接口）的缩写，它是一种电子乐器（如电子琴、电子合成器）通用的音乐数据文件。MIDI 只能模拟乐器的发声，只能用来播放音乐，不能用来播放语音或带人声的歌曲。但 MIDI 文件非常小，一首乐曲只有十几 KB 的大小，如用 WAV 文件则要 20MB～30MB。所以 MIDI 文件常用作多媒体课件的背景音乐。

（4）WMA 格式

WMA 是 Windows Media Audio 的缩写，扩展名为.wma。其音质要强于 MP3 格式，更远胜于 RA 格式，是以减少数据流量但保持音质的方法来达到比 MP3 格式的压缩率更高的目的。WMA 格式的压缩率一般都可以达到 1:18 左右，适合在网络上在线播放。

（5）RealAudio 格式。

RealAudio 格式主要适用于网络上的在线音乐欣赏。现在 Real 的文件格式主要有 RA（RealAudio）、RM（RealMedia，RealAudio G2）和 RMX（RealAudio Secured）。这些格式的特点是可以随网络带宽的不同而改变声音的质量，在保证大多数人听到流畅声音的前提下，令带宽较富裕的听众获得较好的音质。

3. 数字音频的编辑

目前用于音频编辑的软件很多，常用的主要有 Sound Forge、Adobe Audition 等，编辑软件的详细使用方法参见配套实践教程。

四、听觉媒体在教学中的应用

由于听觉媒体具有可记录性、可再现性、可控制性和使用简便经济等特点，在教学中应用越来越广泛，已成为直观化、个别化教学的重要手段。

听觉媒体辅助教学一般应用于语言、音乐、语音教学或创设情境的教学场合中，常用的方式有：在课堂教学中穿插播放教学录音资料的录音教学、广播教学、语言教学系统的教学及让学生课后自我模仿练习、自我检查用的自学等。

听觉媒体辅助教学的主要功能如下：

（1）扩大教育规模和范围。

广播、录音等设备的使用，打破了教育时空的限制，人们足不出户就能听到优秀教师的演讲、优美的音乐、准确的外语朗读等声音资料，扩大了教育信息的传播范围和教学规模。

（2）提供标准典型的声音示范。

在语言、音乐等教学训练中，录音媒体可用于提供示范，如语言教学中语音、语调的示范，会话、朗读示范，音乐教学中演唱、演奏的示范，发声的比较和练习等。利用录音教材不失原始声音的特征，可多次反复播放标准录音，最大限度地训练学生的模仿能力。并且录音教材可将朗读、朗诵配以音乐，从而为教学创设情境，能播送各种文学和音乐作品，从而陶冶学生情操，提高其鉴赏能力。

（3）提供个别化学习的听觉自学材料。

学生的外语听说水平，可以在课后通过听录音自学来提高；声乐的发声训练也可通过反复听、录磁带来进行模仿等。录音为这些课程的个别化学习提供了可能。

第三节　视觉媒体及其教学应用

一、视频展示台

视频展示台又称实物演示仪、实物展示台、文字视频展示台，是一种通过自带摄像头摄取所要演示文字、图片、透明投影胶片、幻灯片、实物等的教学媒体资源。它可以任意放大和缩小所要展示的内容，因此被广泛应用于教学中，并且完全替代了传统的实物投影仪、胶片投影仪、幻灯机，是被应用较多的教学媒体①。

1. 视频展示台的组成

视频展示台的工作原理是自带摄像头将需要展示的内容进行光电变换，输出相应的视频信号，通过投影仪等显示设备展现内容。

视频展示台一般由摄像头、照明光源、实物放置台、控制面板、信号连接端口 5 个部分组成，其结构如图 4-7 所示。

图 4-7　视频展示台

（1）摄像头。是视频展示台最重要、最核心的部分，作用是将实物放置台上物体的影像转换成电信号，通过输出端口送到显示设备中，如投影电视。

（2）照明光源。通常有两种：一种是在机箱外的侧光源，主要用于照亮非透明的物体，如书刊、照片、实物等；另一种是在机箱内部也就是在载物台下方的透射光源，用于照射透明材料，如投影片、幻灯片、玻璃器皿等。这两种光源不能同时使用。

（3）实物放置台。也称载物台，用来放置文字图片和胶片等。

（4）控制面板。通过调节控制面板上的按键可以调节图像的大小、焦距的远近，以及亮度、色调等。

（5）信号连接端口。分输入、输出两部分。信号输出端有一组视频输出，输入端会因型号不同有所区别，有时还可以接入外部视频。

视频展示台常用于教育教学培训、电视会议、讨论会等各种场合，可演示文件、幻灯片、

① 张春苏，等．现代教育技术基础[M]．北京：科学出版社，2016:60-61．

课本、笔记、透明普通胶片、商品实物、零部件、三维物体、实验动作等，还可进行远距离摄像、现场书写等高级功能。

2. 视频展示台与设备的连接

视频展示台一般与多媒体投影机、大屏幕背投电视、普通电视机、液晶监视器、录像机、VCD机、DVD机、话筒等输出输入设备配套使用。计算机通过视频捕捉卡连接展示台，通过相关程序软件可将视频展台输出的视频信号输入计算机进行各种处理。视频展示台上的小液晶监视器让用户便于检查被投物图像，在展示过程中不用另外准备监视器，也不用看着屏幕放置被投物。视频展示台的画面定格也叫帧存储功能，是指视频展示台使用过程中，移去被投物，画面仍可保持而不消失，使展示内容从一个画面到另一个画面平滑过渡。有的展示台有存储功能时，展示台设备中内置存储器，一般可存储20幅以内的图片（一般为JPEG格式）。

3. 视频展示台的使用

视频展示台在教学中的应用方式主要有：用于实物的展示、演示实验等；用于书写和展示印刷资料和图片；展示各种透明胶片（正、负片均可），如幻灯片、投影片等。

二、交互式电子白板

交互式电子白板就是电子感应白板（硬件）与白板操作系统（软件）的有机集成。它融合了计算机技术、微电子技术与电子通信技术等，是计算机的一种输入输出设备，成为人（用户）与计算机进行交互的智能平台。简言之，交互式电子白板就是具有正常黑板的尺寸，在计算机软硬件支持下工作，既具有普通白板和多媒体计算机的功能，又可以实现普通白板与计算机、软硬件与教育资源、人机与人际多重交互的电子感应屏板[①]。

1. 交互式电子白板的系统组成

交互式电子白板由一个完整的系统在支撑，该系统就叫做交互式电子白板系统。它包括两部分：一是硬件系统，二是软件系统。其系统组成如图4-8所示。

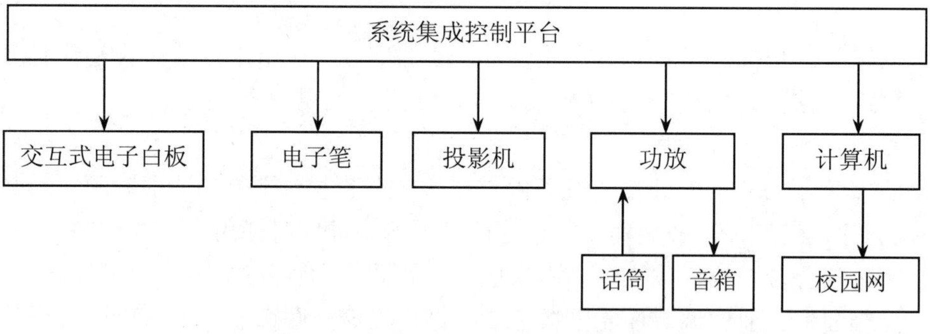

图4-8 交互式电子白板的系统组成

就硬件系统而言，它们由交互式电子白板、电子笔、投影机、计算机、音响和各种信号与控制连线组成，有的硬件系统可能还连有其他附属设备，如实物投影仪、打印机等。

交互式电子白板的软件系统简称白板操作系统（Active Studio），是存在于计算机中的一

① 刘梅．现代教育技术应用[M]．北京：北京师范大学出版社，2016:200-213．

个软件平台。它不仅支撑操作者与白板、计算机、投影仪之间的信息交换及存储，而且还自带一个强大的学科素材库和资源制作工具库，同时是一个兼容操作各种应用软件的智能操作平台。教师可以在白板上随意调用各种素材或应用软件教学，可以轻松实现书写、标注、几何画图、编辑表格和公式、打印、注释、保存等在计算机上利用键盘及鼠标可以实现的任何操作功能。白板集传统黑板、计算机、投影仪等多种功能于一身，使教师使用起来非常方便，同时能较大程度地解决教学难题和提高课堂教学效率。

2. 交互式电子白板的类型

交互式电子白板按原理可以分为电磁感应、电阻压感、红外技术、超声波、CCD 等几大类。每种技术都有不同的特点和优势，在市场上占有一定的份额。国际权威市场调查机构的分析报告中表明，在近些年的国际市场上，电磁感应技术和压力感应技术的交互式电子白板占据主导地位，其次是超声波及红外技术的交互式电子白板。

（1）电磁波技术。

电磁感应式白板采用射频（Radio Frequency）原理，用一支可以发射电磁波的笔，在白板水平和垂直两个方向排列着接收线圈膜。当笔靠近接收线圈膜时，线圈膜会感应到笔发射出的电磁波。离笔越近，线圈膜感应到的电动势越高。

优点：定位准确、精度高，可靠性高、寿命长，响应速度较快，书写过程中有压感，白板笔支持鼠标右键等功能，易于实现对计算机的操作。

缺点：必须使用专用笔，维修复杂，不易操作，对人体辐射较大，不适宜人们特别是妇女和儿童长期使用。

（2）压感技术。

使用压感输入方式的电子白板，相当于计算机的一个触摸屏，当教师用手指或笔触及屏幕上所显示的选项时，计算机会自动处理相应的操作。其实这种电子白板内部有两层压感膜，当白板表面某一点受到压力时，两层膜在这点上形成短路，电子白板的控制器检测出受压点的坐标值，经接口送入计算机。

优点：定位相对准确，无须专用笔。

缺点：耐用性差，怕划伤，反应速度较慢，无法做超大面积，白板笔不支持鼠标右键等功能，对计算机操作较困难。

（3）超声波技术。

在屏幕的两边放置两个按固定距离分布的超声波接收器，用于定位的笔是一个超声波发射器，当笔在屏幕的表面移动时，所发射的超声波沿屏幕表面被接收器检测到，由接收到超声波的时间可以换算笔与两个接收器的距离。由于存在瓶颈，该技术所占市场份额不高。

（4）红外线技术。

由密布在显示区四周的红外线接收和发射管构成水平和垂直方向的扫描网格，形成一个扫描平面网。当有物体阻挡住网格中的某对水平和垂直扫描线时，就可以通过被阻挡的水平和垂直方向的红外线位置确定物体的坐标。

优点：定位准确、精度较高，无须专用笔，使用寿命较长，响应速度较快。

缺点：无压感反应，受强光和灰尘的影响，白板笔不支持鼠标右键等功能，对计算机操作较困难。

（5）CCD 技术。

基本原理是 DVTT 技术（CCD 光扫描技术），显示区域的其中一边设置两个固定距离的 CCD 线阵探测器和红外发射器，另外三边设置可以反射光线的反射膜，分布在两个角的 CCD 分别检测遮挡区域反应在线阵 CCD 的对应区域，计算出物体在显示区域的位置。它是一种交叉点测试定位方式。

优点：定位准确、精度较高，无须专用笔，使用寿命较长，响应速度较快，维修简单，安全环保、无辐射，制作工艺比其他类型简单。

缺点：无压感反应。

3. 交互式电子白板在教学中的应用优势

交互式电子白板功能强大，具有书写和绘画、遮挡拉幕、随意拖放组合、照相缩放、回放、模式切换自由、智能绘图、随时库存另存等功能。在课堂教学中充分应用交互式电子白板，能有效调动学生的学习兴趣，提高课程教学质量。

（1）交互式电子白板使得在展示材料的过程中更容易控制，教师离开主控台同样可以控制演示材料的播放，这样可以保证课堂教学过程中教师的身体语言得到充分应用，而且也不会出现教师频繁返回主控台的情况，让学生无法将注意力集中到课堂听讲。

（2）交互式电子白板技术可以使数字化信息资源的引入更为灵活方便和多样化，而且可以在此基础上任意进行多媒体材料的编辑、展示及控制，随心所欲地展示数字化资源，使得以往多媒体投影教学时采用的课件和幻灯讲稿教学材料过度固化的问题得到解决。

（3）储存板书的内容。教师在白板上进行的各种写、画及插入的图片等都会被直接储存到硬盘或者各种移动储存设备中去，这样就可以作为教学资源另作他用，还可以以电子格式或者直接打印成纸质版发放给学生，帮助学生进行课后的复习。

（4）交互式电子白板技术的诞生，抛弃了以往单调色彩、只能通过手写和手绘来展示材料的黑板，使整个教学变得五彩纷呈，在保证像黑板一样自由板书的基础上，还可以对数字化的图片和视频进行展示和编辑，这样可以更好地吸引学生的注意力，确保抓住学生的学习兴趣。

（5）交互式电子白板的出现，让教师对计算机的操作更为透明，学生可以借助交互式电子白板清楚地看到教师对软件的操作过程，这样的教学方式对计算机软件应用教学有着相当好的效果。可以在计算机房建立交互式电子白板系统，加强对计算机的教学。

（6）交互式电子白板的存在，使得计算机在教学过程中的地位更加重要，白板系统与其他算机应用程序以及网络之间互补，引导师生逐渐开始借助计算机来对未来进行认知和探索，这样可以帮助学生构建全新的知识认知方式和问题解决的思维方式。

（7）由于使用交互式电子白板仍然可以像传统黑板一样自由板书，部分对计算机掌握不够熟练的教师稍加尝试就可应用白板的基本功能进行教学，可以解除其恐惧心理。

三、数码照相机

1. 数码照相机工作原理

数码照相机与传统照相机的相似点是都要通过光学镜头成像，不同点是传统照相机把影像记录在银盐感光胶片上，而数码照相机是把影像以数字信号的形式存储到存储介质上。数码照相机的成像过程是经过镜头的光线聚焦在光电耦合元件（CCD）上，CCD 将光信号转换成电信号，经过译码器加工转换成数字信号，数字信号经过压缩后转化为特定的图像格式，并以图像文件的形式存储在内置存储器中。

2. 数码照相机的基本结构

数码照相机的种类繁多，功能各异，但基本结构是相似的，主要由镜头、光圈、快门、取景装置、调焦装置、光电转化模块（CCD、CMOS）、中央控制系统、图形处理系统、储存器及接口、电源等组成。

（1）镜头。

1）镜头的焦距。

焦距是光学系统中衡量光的聚集或发散的度量方式，指平行光从透镜的光心到光聚集之焦点的距离。照相机中，镜头焦距是从镜片中心到底片或 CCD 等成像平面的距离，如图 4-9 所示。

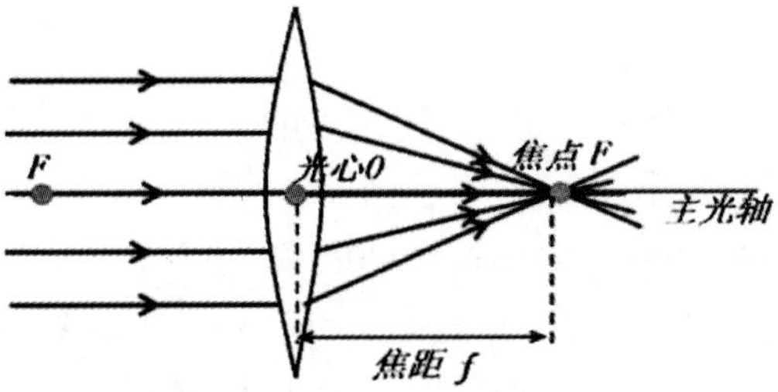

图 4-9　焦距

焦距的长度等于成像画幅的对角线的叫标准镜头。如 135 相机的画幅对角线是 58mm，135 相机的标准镜头是 58mm；而 120 相机的画幅对角线是 75mm，它的标准镜头是 75mm。长于标准镜头的叫长焦距镜头，短于标准镜头的叫短焦距镜头。

标准镜头拍出的景物的大小、比例、距离感与人眼直接看到的景物最接近。短焦距镜头（广角镜头）拍出的景物比标准镜头小而远，但可视范围广、视角大。长焦距镜头（望远镜头）可以把远处的景物变近、放大，但视角小。

焦距可变的镜头叫变焦距镜头，最短的焦距和最长的焦距之比叫变焦距镜头的变焦倍数。变焦倍数越大，在相同的拍摄距离下，景别变化越显著。从焦距角度来讲，具有广角的大变焦倍数的镜头最好，主要用于专业摄影，成本高价格也最贵。

2）镜头焦距的长短对成像的影响。

①影响被摄物体在成像画面中所占的比例。在距离不变的条件下，使用的镜头焦距越长，被摄物体成的像越大，影像放大倍率也越大，反之越小。

②影响成像视场角的大小。在拍摄距离不变的条件下，镜头焦距越长，视场角越小；镜头焦距越短，视场角越大。

③影响景深的大小。在其他拍摄条件不变的条件下，镜头的焦距越长，景深越小；镜头的焦距越短，景深越大。

（2）光圈。

光圈的作用是调节进光孔大小，进而控制曝光时到达传感器平面上光线照度的装置，它位于照相机的镜头内。旋转镜头的光圈调节环，即可改变进光孔径的大小，从而控制镜头的光通量。标示在镜头光圈调节环上的数值为光圈系数，其一般为 1.4、2、2.8、4、5.6、8、11、16、22。光圈系数通常记作 f 数值，如 f/11、f/8 等。光圈系数数值越大，所对应的实际光圈孔径越小，进光量越少；相反光圈系数越小，所对应的实际光圈孔径越大，进光量越多，如图 4-10 所示。相邻的光圈系数的进光量相差一倍。

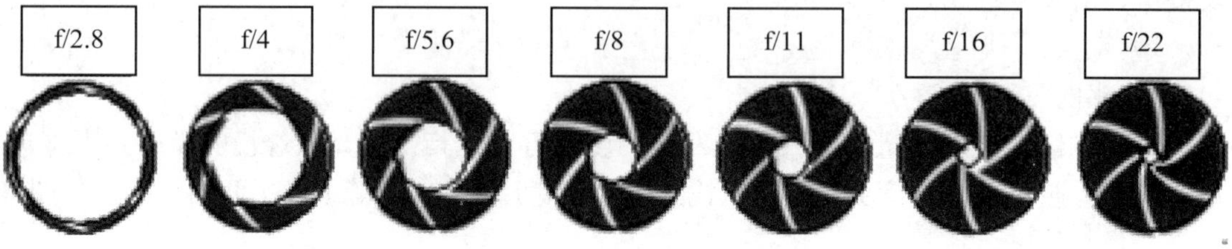

图 4-10　镜头的光圈

（3）快门。

快门是控制数码照相机内传感器曝光时间长短的计时装置。它与光圈配合，控制传感器曝光量的多少。快门开启时间的长短通常用快门速度来表示，如 1、2、4、8、15、30、60、125、250、500、1000、2000、4000、8000、10000 等，分别表示 1 秒、1/2 秒、1/4 秒、……、1/10000 秒。有些数码照相机除具有这些一般的速度挡位外，还有 AUTO 档和 B 挡，AUTO 挡是自动快门挡；B 挡是供长时间曝光使用的。当使用 B 挡时，按下快门按钮，即开启快门曝光；松开按钮，快门关闭，持续按下快门按钮时间的长短即为曝光时间。

（4）取景器。

数码照相机的取景器主要用于观察被摄景物、选取适合的拍摄范围并实施有效构图。数码照相机的取景器有多种类型，大体分为旁轴平视光学取景器、LCD 取景器（彩色液晶显示屏）、EVF 取景器（电子取景器）、SLRTTL 取景器（单镜头反光取景器）等几种。

（5）调焦。

调焦就是改变镜头组在被摄景物与成像平面之间的位置，以保证景物在传感器上成像清晰。调焦又称对焦、聚焦。数码照相机主要有以下几种调焦方式：免调焦式、手动调焦式、自动调焦式。

（6）景深。

摄影时，调焦对准被摄主体，在该主体前后一段距离的景物能形成清晰像的物空间深度称为景深。被调焦主体前方形成清晰像的物空间距离称为前景深，被调焦主体后方形成清晰像的范围称为后景深，如图 4-11 所示。

光圈、焦距、拍摄主体的距离是影响景深的重要因素。

1）光圈越大（光圈值 f 越小），景深越小；光圈越小（光圈值 f 越大），景深越大。

2）镜头焦距越长，景深越小，反之景深越大。

3）主体越近，景深越小；主体越远，景深越大。

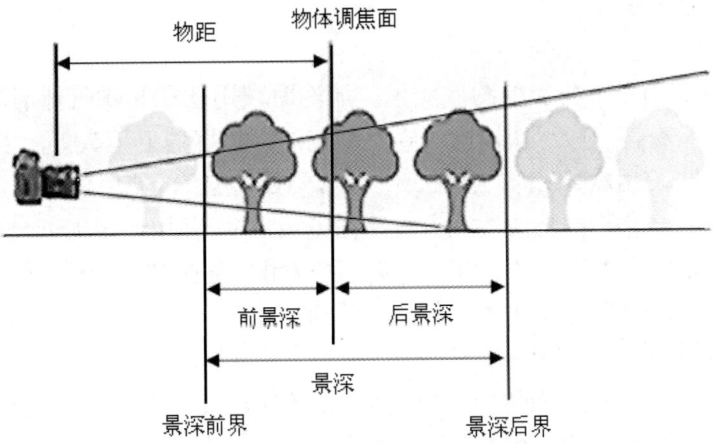

图 4-11　景深

3. 照相机的附件

照相机的附件有很多，常用的有滤光镜、近摄附加镜、三脚架、快门线等。

（1）滤光镜。

滤光镜又称滤色镜，它是装在镜头前端使用的一种辅助光学器件。滤光镜可以分成两类：一类是光学滤光镜，也称效果滤光镜，它只对影像进行处理，改变画面的几何状或构成等，而不改变画面的颜色，如柔光镜、梦幻镜、中灰密度镜和多影镜等；另一类是颜色滤光镜，它能改变画面的色彩构成、校正色温等，如带颜色的补色镜、渐变色镜等。

（2）近摄附加镜。

近摄附加镜是一种类似放大镜的镜片，有各种不同屈光度供用户选用，使用方法与普通滤光镜一样，直接旋接镜头前端，使聚焦距离缩短，从而达到放大的目的。这种方法适用于任何类型的照相机，还可以多片同时使用。

（3）三脚架。

三脚架是拍摄时为了避免照相机的震动，而用来固定照相机的。

（4）快门线。

快门线是用来开启快门的。在利用照相机的 B 挡或快门速度较慢时，需将照相机固定在三脚架上，并用快门线开启快门，才能避免照相机的震动。

4. 数码照相机的使用和维护

数码照相机的使用步骤一般是：首先根据拍摄的目的和条件配置相机，如安装存储卡，安装电池，准备好镜头、滤光镜和三脚架等；然后调整相机的设置，如测光模式、对焦模式、拍摄模式、是否使用闪光灯等；最后按下快门即可。

为了保持数码相机良好的工作状态，延长使用寿命，除了要注意防尘、防震、防高温、防潮等之外，还必须注意液晶显示屏、存储卡、电池的正确使用。

（1）数码照相机液晶显示屏的维护。

在使用、存放中，要注意不让彩色液晶显示屏表面受重物挤压，更要注意不要脱手将照相机掉到地上，以免摔坏液晶显示屏；彩色液晶显示屏表面脏了，只能用干净的软布轻轻擦拭，一般不能用有机溶剂清洗。

（2）数码照相机镜头的维护。

镜头上有少量灰尘并不会影响图像质量。清洗时，用软刷和吹气球清除尘埃。而指印对镜头的色料涂层非常有害，应尽快清除。在不使用时，最好盖上镜头盖，以减少清洗的次数。

清洗镜头时，先使用软刷和吹气球去除尘埃颗粒，然后再使用镜头清洗布。滴一小滴镜头清洗液在拭纸上（注意不要将清洗液直接滴在镜头上），并用专用棉纸轻轻擦拭镜头表面，然后用一块干净的棉纱布擦净镜头，直至镜头干净为止。务必使用棉纸，而且在擦洗时不要用力挤压，因为镜头表面覆有一层比较容易受损的涂层。

（3）数码照相机存储卡的维护。

1）向数码照相机装载或从数码照相机内取出存储卡，要在关闭数码照相机的情况下进行。当存储卡正在工作时，不要试图从数码照相机中取出存储卡。

2）不对存储卡施以重压，不弯曲存储卡，避免存储卡掉落或受撞击。

3）不将存储卡置于高湿度、高温和直射阳光下。

4）要避开静电和磁场存放存储卡。

5）避免触及存储卡的外露触点。

6）将存储卡远离液体和腐蚀性的材料。

7）存储卡上的信息要及时下载到计算机进行备份，以防数据丢失。

8）用数码照相机对存储卡进行格式化或删除存储卡上的影像时，要保证数码照相机内的电池有充足的电量。

（4）数码照相机电池的维护。

1）不要经常充电，每次把电用完了再充。

2）电池充满即可，若充满后继续充电会削弱电池性能。

3）长时间不用时，电池要充满电，从相机里面取出单独存放，放到干燥、阴凉的地方。

四、摄影艺术

1. 摄影构图的基本方法

在摄影中，有一些实用的构图方法，如井字形构图、三角形构图、曲线构图、圆形构图等，在拍摄时可以单独或组合使用这些构图方法，使拍摄的照片更加引人入胜。

（1）井字形构图。

井字形构图是指在取景时将画面上下左右三等分，这样在画面上形成一个虚拟的“井”字，画面上就会由于等分画面的横竖共四条直线交汇而形成四个交点。在拍摄时，将拍摄主体安排在某一个点上，这样可以发现画面会形成稳定和谐的构图，而将两个相关联的事物分别放在对称的点上，可以形成稳定均衡的画面效果。井字形构图有时也称为九宫格构图，属于黄金分割式的一种形式。

（2）三角形构图。

三角形构图是指画面上拍摄对象的形态类似于三角形。由于三角形的形态多样，所以三角形构图也可以分为多种不同的形式，如正三角形构图、倒三角形构图、斜三角形构图。正三角形构图给人以坚强、镇静、稳定的感觉，在需要表现一定的气氛时，正三角形是最恰当的形式之一；倒三角形构图给人极其不稳定的感觉，造成一种向下压迫的气势，视觉上形成刺激，并具有一定的动态，它的左右两边最好有些不同的变化，从而打破左右两边的绝对平衡，使画面免于呆板；斜三角形与正三角形构图相反，这种构图形式充分显示出生动活泼的趋势。

（3）垂直式构图。

垂直式构图是由垂直线条组成，能将被摄景物表现得巍峨高大、富有气势。

（4）斜线式构图。

斜线式构图是用斜线来表示物体运动、变化的一种构图形式，能使画面产生动感。其动感的程度与倾斜角度有关，角度越大，其前进的动感越强烈，但角度不能大于 45°，否则会产生下倾感。

（5）水平式构图。

水平式构图采用这种构图，常能给人以一种平静、舒坦的感觉，用于表现自然风光，则更能使景色显得辽阔、浩瀚。

（6）曲线式构图。

曲线式构图能使画面的优美感得到充分发挥，曲线式构图所包含的曲线有规则形曲线和不规则形曲线。曲线有时可象征着温柔、浪漫、优雅，会给人一种非常美的感觉。在摄影中曲线式构图的应用非常广泛，曲线式构图运用时一定要特别注意曲线的总体轴线的方向，其表现方法是多样的，可以运用对角式、S 式、横式、竖式等。

（7）圆形构图。

圆形构图是把主体安排在圆心中所形成的视觉中心。圆形构图可分外圆与内圆构图，外圆是自然形态的实体结构，内圆是空心结构如管道、钢管等，外圆是在（一般都是比较大的）实心圆物体形态上的构图，主要是利用主体安排在圆形中的变异效果来体现其表现形式的。

（8）框式构图。

框式构图一般多应用在前景构图中，如利用门、窗、山洞口、其他框架等作前景来表达主体、阐明环境。这种构图符合人的视觉经验，使人感觉到透过门和窗来观看影像，产生现实的空间感和透视效果。框式构图从框架的范围可以分为全框式构图和半框式构图两种形式，全框式构图是指前景是一个将拍摄主体的四周包围起来的框架，而半框式构图是指包围主体的前景有开放的缺口。

2. 摄影构图的基本要素

一般将构图诸元素分成主体、陪体、前景、背景和空白五个最基本的要素。构图处理的好坏，取决于画面主体表现得是否成功，以及主体与陪体、前景、背景、空白的相互关系处理是否得当。

（1）主体。

主体是画面中的主要表现对象，它既是画面的内容中心，又是画面的结构中心，还是吸引眼球的视觉中心。画面主体既可以是单一的对象，也可以是一组对象。突出表现主体的方法主要有直接表现和间接表现。

1）直接表现：直接表现是使主体在画面上占有很大的面积、突出的位置，使它鲜明突出，有利于细腻地表现主体特征和质感，达到开门见山、一目了然的效果。具体方法如下：

①把主体形象安排在最大的空间，例如一个人的正面标准相、一朵花等。

②把主体安排在画面的最近处，使之一目了然、鲜明突出。

③把主体形象安排在画面上观众视线集中的部位。

④利用各种对比突出主体，例如大小、明暗、虚实、色彩、动静等。

2）间接表现：间接表现的主体常常在画面上占的面积不大，有的甚至掩藏在画面的深处。但是它们仍然能使构成画面的中心吸引着人们的视线，发挥着表达主题思想的作用。具体方法如下：

①利用光线表现构图中的主体，使之显得亮度最高。

②使主体与背景在影调或色调上有适当的差异或形成鲜明对比。

③把主体放在画面中心，使其周围的其他物体更引人注目。

（2）陪体。

陪体是指在画面中与主体构成一定的情节，帮助表达主体特征和内涵的对象。陪体是与主体息息相关的事物，陪体在画面中主要有以下几方面作用：

①陪体对主体起到补充说明的作用。

②陪体可以渲染、烘托画面的主体形象。

③陪体对画面构图有均衡和美化作用。

（3）前景。

前景是位于被拍摄主体前面，靠近相机位置的对象。前景可以是树木、花草、门洞、人等，前景的安排在表现内容上有以下几方面作用：

①前景可用来加强画面的空间感和透视感。利用前景与远处的景物形成明显的形体大小对比和色调深浅的对比，以调动人们的视觉去感受画面的空间距离，在视觉效果上形成纵深轴线，加强画面的空间感和透视感。

②前景可渲染季节气氛和地方色彩。利用一些富有季节性和地方特征的花草树木作前景，使画面具有浓郁的生活气息。

③前景可以帮助主体表达主题。有时仅靠画面的主体很难说清画面的内涵，把具有说明性、提示性的对象放在前景位置，能帮助观众看懂画面内容。

④前景的运用可增加画面的装饰美。一些有规则排列的物体以及一些具有图案形状的物体作前景，使画面像装饰了一个精美的画框或花边，增加了美感，显得画面生动活泼。

⑤前景有均衡画面的作用。在画面的构图上发现空缺不均衡的时候，适当使用前景，使整个画面达到稳定、均衡。

⑥利用前景虚化突出主体。让前景物体发虚，通过虚实对比突出主体。

（4）背景。

背景是位于被拍摄主体的后面，用来衬托主体的景物，以强调主体是处在什么环境之中，背景对突出主体形象及丰富主体的内涵都起着重要作用。对于摄影画面的背景选择，应注意以下 3 个方面：

①抓特征。背景可交代地方特征、时代特征。如事件发生的时间、地点和时代气氛，以

加深观众对作品主题的理解，抓取其有时代特征的景物，使人们了解时代背景。

②力求简洁。背景的处理力求简洁。应去掉背景中可有可无或妨碍主体突出的景物，以使画面达到简洁精练。

③要有色调对比。背景要力求与主体形成影调上的对比（在彩色摄影中要有色调对比），使主体具有立体感、空间感和清晰的轮廓线条，加强视觉上的冲击力。

（5）空白。

空白是由单一色调的背景所组成，形成实体对象之间的空隙。单一色调的背景可以是天空、水面、草原、土地或者其他景物。空白虽然不是实体的对象，但在画面上同样是不可缺少的组成部分。一幅画面中既不能安排得过满，使人感到拥挤，透不过气来，也不能留得太多，否则会使人感到松散、空洞。下面具体分析空白部分的处理及其所起的作用。

1）画面上留有一定的空白是突出主体的需要。要使主体醒目、具有视觉冲击力，就要在它的周围留有一定的空白。如拍摄人物，为了避免头部、身体与树木、房屋、路灯及其他物体重叠，而将人物安排在单一色调的背景所形成的空白处。在主体周围留一定的空白是造型艺术的一种规律，因为人们对物体的欣赏是需要空间的，如果将一件精美的艺术品置于一堆杂乱的物体之中，就很难欣赏到它的美，只有在它周围留有一定的空间，精美的艺术品才会放出它的艺术光芒。

2）画面上的空白有助于创造画面的意境。一幅画面如果被实体对象塞得满满的，没有一点空白，就会给人一种压抑的感觉，画面上空白留得恰当，才会使人的视觉有回旋的余地，思路也有发生变化的可能。人们常说："画留三分空，生气随之发。"空白留取得当，会使画面生动活泼、空灵俊秀。空白处常洋溢着作者的感情，观众的思绪、作品的境界也能得到升华。

3）空白还是画面上组织各个对象之间呼应关系的条件。所谓呼应，总是由两个对象之间有一定距离构成的，如两个对象紧挨在一起，也就无所谓呼应。一切物体因使用情况不同、线条伸展方向不同、光线照射不同等，都会显出一定的方向性，有向背关系，要仔细观察物体的方向性，合理地安排空白距离，以组织其相互的呼应关系。

4）空白的留取与对象的运动有关。一般的规律是：正在运动的物体，如行进的人、奔驰的汽车等对象，前面要留有一些空白，这样才能使运动中的物体有伸展的余地，观众在心理上也觉得通畅，加深对物体运动的感受。总之，我们要善于灵活地、具有独创地运用空白。

5）画面上的空白与实物所占的面积大小要合乎一定的比例关系。要防止面积相等、对称，一般来说，画面上空白处的总面积大于实体对象所占的面积，画面才显得空灵、俊秀。如果实体对象所占的总面积大于空白处，画面重在写实，但如果两者在画面上的总面积相等，给人的感觉就显得呆板平庸。

3. 摄影构图的造型要素

（1）线条。

线条无处不在，每一种事物都具有它自身鲜明的线条特征，如河流、桥梁、树木等。在摄影中，善于发现并提炼这些线条去组织画面，可以有助于产生不同的画面效果，对主题起到深化作用。线条可以分为水平线条、垂直线条、斜线、曲线等形式。水平线条的特点是冷而静，垂直线条的特点是暖而静。一般来说，任何画面信息都有冷暖的气氛，这样在画面中相互平衡，才构成了丰富和趣味的画面。在摄影构图中，应用线条时应该根据不同线条的不同作用加以选择和利用。

（2）形状。

形状是指物体的边界线。选择具有代表性的物体的形状，真实地反映、表现物体的形状，对摄影创作十分重要。不同的形状具有不同的审美和象征意义，也会给人以不同的心理感受。例如，正方形、长方形、三角形、圆形、菱形、梯形等几何形状，均显得画面均衡、稳定、完美、居中，是较单纯、较优美的形状。

（3）影调。

影调是指画面的明暗层次、虚实对比及色彩的明暗关系。在黑白画面中，影调体现在它由白到黑的过渡层次和等级；在彩色画面中，影调则体现在一种颜色中光向影的过渡、明向暗的过渡。光影的明暗变化产生的层次会使画面具有一种音乐般的视觉节奏和韵律。画面的影调一般分低调画面、高调画面和中间调画面。如果画面整体影调偏重于深灰和黑色，或大面积的深色调与小面积的浅色调对比形成低调画面；如果画面整体影调偏重于浅色，或大面积的浅色调与小面积的深色调对比形成高调画面；如果黑白影调相间，柔和细腻的灰色为主时，就形成了中间调画面。

（4）色彩。

色彩在摄影作品中的作用是写实和抒情。写实是指反映自然界和环境的真实色彩及其变化规律，抒情是指反映审美个体的个人感觉和内心体会。在摄影中，色彩对渲染画面、表现气氛和传达某种信息起着极为重要的作用。摄影中色彩的利用，要按照艺术规律要求进行色彩的配置，要烘托气氛、突出主题。合理地配置色彩，达到以色传神、以色写意、以色抒情的目的。

1）利用色彩来平衡画面。在色谱中，靠近红色端的色彩比靠近紫色端的色彩更要吸引人，因此，用小面积的红色往往可以压住大面积的绿、蓝、黑色，使画面趋于平衡。

2）利用色彩的对比。常言说“红花虽好，绿叶不可少”，这说明了色彩对比对突出主体具有很大的作用。确实，红花只有在绿叶的衬托下才能更显其艳丽。一般情况下，在色相上处于对比色彩的物体都有相互烘托、陪衬的作用。

3）注意色彩和谐。在色彩轮上相邻的色彩如果放在一起，常给人一种和谐的感觉，如相似色调的构图能给人以宁静和悠闲之感。和谐色彩能引起人们感情共鸣的反应，并且可以控制照片的气氛。如使用色彩的和谐来显示海滩景色的广阔、清新；午后阳光使得整个画面都笼罩在金黄色光辉中，产生温暖、安详的气氛；火红的落日使人感觉温暖等。摄影时在画面选取色彩轮上彼此相邻的两种或三种色彩可以彼此相互和谐，因为它们的性质本来就很相似。例如，秋天的景色——黄、橙和褐。

在彩色摄影中，要在色彩运用中敢于取舍，善于对色彩提炼、概括和加工，将色彩处理得艳而不俗、雅而不凡，寓秀美于平淡之中，使摄影照片达到绘画着色的艺术效果。

（5）光线。

1）光的投射方向。

光线是摄影存在的基础，也是摄影创作的重要手段。一般把光线分为自然光和人工光。无论是哪种光线，根据光源光线的投射方向不同，一般分为顺光、侧光、逆光、顶光、脚光等，如图 4-12 所示。

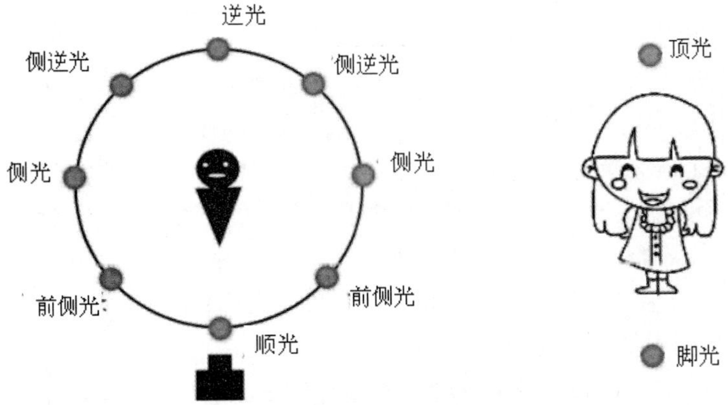

图 4-12　光线的方向

顺光，也称“正面光”，被摄物受到均匀照射，影调比较柔和，但造型效果均匀平淡，反差小，缺乏立体感、空间感，轮廓不明显，不宜表现凹凸感丰富的被摄物层次。

侧光，可分为正侧光（照相机镜头与照明光线成 90° 角）、前侧光（照相机镜头与照明光线成 45° 左右的角）。正侧光能使被摄物形成阴阳面，反差十分强烈，轮廓清晰。前侧光能使被摄物表面产生受光面与阴影面的差别，构成明暗变化，对被摄物的立体感有较好的表现力。

逆光，也叫背光，是指光源照射方向与摄像方向相对，处在被摄物背后的光线，可分为正逆光和侧逆光（照相机镜头与照明光线成 135° 角）。逆光能在被照物体周围边缘产生明亮清晰的轮廓，使物体与背景能分离开来，有利于增强画面的艺术表现力和画面的构图安排，从而显示出强烈的立体感和增强纵深感。

顶光，光源位于被摄物的上方，当光源的方向与水平方向的角度超过 60° 以上时，就成了顶光光源。顶光若用于表现人物，可突出和夸张人物的头发、前额、鼻尖、颧骨、眼眶部位，使人物面部成骷髅状，常用来丑化人物或烘托某种特定的气氛。

脚光，光源位于人物的脸部与胸部的下方，自下而上照射，能制造和渲染特定的环境和气氛，用于拍摄人物时，能使人物的下颌、鼻尖、颧骨下方较亮，灯光投影在人物脸部高出部位的上方，常用来表现反面人物。

2）光的造型。

根据光线在摄影时的造型作用，常见的光型有主光、辅助光、轮廓光、背景光等。

①主光：又称塑型光，是用来表现被摄景物形态的主要光线，是造型光中最重要的。主光一般位于被摄景物的前面，与照相机镜头轴线成 5° ～45° 水平角，高度与照相机镜头轴线成 5° ～45° 角。

②辅助光：是起辅助作用的光线，弥补主光在表现上的不足，使阴影部分产生细腻丰富的中间层次、色彩和质感。画面反差、影调就取决于辅助光与主光的搭配。辅助光的照度不能超过主光，也不能与之相同，一般主光与辅助光的光比约为 2:1。

③轮廓光：是从被摄物背后射来的光，又叫逆光或背光，使被摄主体产生明亮的边缘，增强画面的纵深感，主光与轮廓光的光比约为 1:1 或 1:2。

④背景光：照亮被摄物背景、布景、天幕的光，主要是消除被摄主体在背景中的投影，衬托背景的深度，使被摄对象在背景中得到鲜明的表现，有表现特定环境、时间或营造某种气氛和影调构图的作用。

4. 摄影角度的选择

摄影角度是影响构图的重要因素。摄影画面的结构布局在很大程度上是通过摄影角度的选择来完成的，围绕一个被摄景物，可以有不同的角度来表现，从而使观看者在视觉上产生不同的效果，形成不同的感情色彩。摄影角度的选择包括三个方面：摄影方向、摄影高度和摄影距离。

（1）摄影方向的选择。

摄影方向是指以拍摄对象为中心，在同一水平面上做圆周运动所形成的拍摄角度。一般可分为正面拍摄、斜侧面拍摄、正侧面拍摄、背面拍摄。

1）正面拍摄。正面拍摄是指照相机对着被摄对象正面的拍摄，它能表现被摄对象的全貌或局部，表现被摄对象的正面特征和对称结构等，通常能给人一种庄重和稳定的感觉。正面拍摄人物，能使人产生亲切感和真实感，缩短了观察者与画面人物的距离。但正面拍摄不利于表现被摄对象的立体感和透视感，画面显得呆板，也不利于表现动势和运动题材。

2）斜侧面拍摄。斜侧面拍摄是指照相机对着被摄对象正斜侧面的拍摄，它既能表现被摄对象的正面特征，又能表现被摄对象的侧面形态，有利于表现被摄对象的立体感和空间感，斜侧面方向拍摄既有利于安排主体和陪衬体，也有利于突出主次关系，是拍摄时运用最多的一种拍摄方向。

3）正侧面拍摄。正侧面拍摄是指照相机对着被摄对象正侧面的拍摄，它能表现被摄对象的侧面特征和外形轮廓，画面常具有方向性，但被摄对象的立体感较差。

4）背面拍摄。背面拍摄是指照相机对着被摄对象背面的拍摄，常用来表现被摄对象与背景的特殊关系，一般具有含蓄感。

（2）摄影高度的选择。

摄影高度是指改变照相机与被摄物水平线的高低所选择的拍摄角度，摄影高度的变化分为：平角度拍摄、仰角度拍摄、俯角度拍摄等。

1）平角度拍摄。是照相机与拍摄对象处于同一水平高度的拍摄方式，平角度拍摄的画面合乎或接近于人们平常的视觉习惯和观察景物的特点，特别是平摄人物活动场面，能使人感到亲切、平等和有真实感，是最常用的拍摄位置。在一些较为开阔的环境平角度拍摄时，容易把同一水平线上的前后物体相对地压缩在一起，使画面缺乏空间透视效果，不便于层次感的表现；有时也可能造成地平线将画面内容分离成上下两部分，使画面失去整体感。

2）仰角度拍摄。是照相机镜头低于拍摄对象，由下往上的拍摄方式，仰角度拍摄有利于突出被摄主体的高大气势，能将向上伸展的景物在画面上充分表现，表现出巍峨高大，也利于利用天空作为背景，减少背景物的干扰，突出拍摄对象。近距离仰角度拍摄的画面，容易产生下大上小的变形。

3）俯角度拍摄。是照相机镜头高于拍摄对象，由上往下的拍摄方式，适于表现广阔的地平面空间范围，充分表现拍摄对象的地理位置、空间距离和相互关系。俯角度拍摄就如同登高望远一样，由近至远的景物在画面上由下至上能充分展现出来，利于表现地平面上的景物层次、数量、地理位置等，能给人辽阔、深远的感受。俯角度拍摄适宜表现盛大、开阔的场面。俯角度拍摄人物时易于展示人物与环境的整体气氛，不适于表现人物的神情及人物之间的细致感情交流，同时俯角度拍摄人物可产生贬低藐视的效果。

（3）摄影距离的选择。

摄影距离是指照相机到被摄物体距离的远近。用定焦距镜头对同一被摄物体进行拍摄，改变摄影距离会使画面中被摄物体的大小发生变化，这种变化称为景别的变化。采用变焦距镜头在同一摄影距离上拍摄，通过改变镜头焦距的大小，也可获得不同的景别。景别通常分为以下几种，如图 4-13 所示。

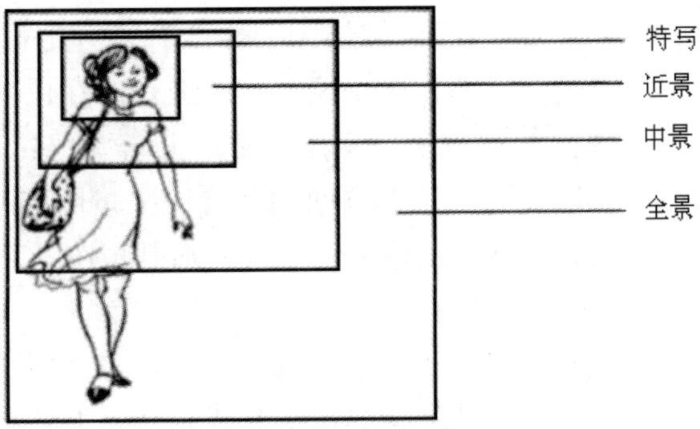

图 4-13　景别的划分

1）远景。远景是摄影距离最远的景别。它视野广阔、景深大，主要表现远距离的人物和周围广阔的自然环境和气氛，内容的中心往往不明显。远景以环境为主，可以没有人物，有人物也仅占很小的部分。它的作用是展示巨大的空间，介绍环境，展现事物的规模和气势。远景画面开阔、壮观、富有较强的抒情性。

2）全景。全景是用以表现人物全貌及其周围环境的画面。全景包括被摄对象的全貌和它周围的环境。与远景相比，全景有明显的作为内容中心、结构中心的主体。在全景画面中，无论人还是物体，其外部轮廓线条以及相互间的关系都能得到充分的展现，环境与人的关系更为密切。全景的作用是确定事物、人物的空间关系，展示环境特征，表现人与环境之间的关系、人与人之间的空间方位、人体的运动等。

3）中景。中景包括被摄对象的主要部分。在中景画面中，主要的人和物的形象及形状特征占主要成分。使用中景画面，可以清楚地看到人与人之间的关系和感情交流，也能看清人与物、物与物的相对位置关系。用中景拍摄人物时，多以表现人物膝部以上的画面，既能清晰地显示环境又能表现人的动作和大致表情。

4）近景。近景包括被摄对象更为主要的部分（如人物上半身以上的部分），用以细致地表现人物的精神和物体的形状特征与质感。使用近景拍摄人物时，常用来表现人物胸部以上的画面，可以清楚地表现人物心理活动的面部表情和细微动作，容易产生交流。

5）特写。特写是表现被摄对象某一局部（如人肩部以上及头部）的画面，它可以进行更细致的展示，揭示特定的含义。特写反映的内容比较单一，起到形象放大、内容深化、强化本质的作用。特写画面的构图比较单一集中，画面内容简洁，表现力强。

五、数字图像的处理

1. 分辨率

分辨率是数字图像的一个重要概念，是指在单位长度中所表达或获取像素数量的多少。图像分辨率使用的单位是 PPI（Pixel Per Inch），即每英寸所表达的像素数目，用于屏幕的显示领域。打印分辨率使用的单位是 DPI（Dot Per Inch），即每英寸所表达的打印点数，用于打印或印刷领域。

2. 数字图像的分类

（1）位图图像。

位图图像是由像素点组合而成的图像，将位图图像放大到一定程度就会发现它是由一个个小方格组成的，这些小方格就是我们所说的像素点。由于在保存位图时，计算机需要记录每个像素点的位置和颜色，所以位图的特点是像素点越多（分辨率越高），图像越清晰，文件也就越大；放大会产生锯齿；在表现色彩、色调方面的效果比矢量图优越。通常 Photoshop 和其他一些图像处理软件，如 Fireworks、Paint 等软件生成的都是位图。

（2）矢量图形。

矢量图形是由一系列数学公式表达的线条所构成的图形，在此类图形中构成图像的线条、颜色、位置、曲率、粗细等属性都由许多复杂的数学公式表达。矢量图形的优点是文件小，矢量图形的大小与分辨率和图像大小无关，只与图像的复杂程度有关；图像大小可以无限缩放，对图形进行缩放、旋转或变形操作时不会产生锯齿效果；可高分辨率印刷；缺点是色彩和色调变化不丰富。矢量图形主要适用于线型的标志设计、图案设计、文字设计、版式设计等。处理矢量图形的软件有 CorelDRAW、FreeHand 等。

3. 图像文件的常用格式

计算机上存储图像的文件格式多种多样，常见的格式有以下几种：

（1）PSD 格式。

PSD 格式是 Photoshop 的专用格式，它能保存图像数据的每一个细节，可以存储为 RGB 或 CMYK 颜色模式，还可以保存图像中各图层的效果和相互关系，各图层之间相互独立，便于对单独的图层进行修改和制作各种特效。唯一的缺点是存储的图像文件特别大。

（2）JPEG 格式。

JPEG 格式是最卓越的有损压缩格式。在文件压缩前，可选择所需图像的最终质量，能有效控制 JPEG 在压缩时的数据损失量。该格式的压缩比为 2:1～100:1，是一个适用范围很广的通用格式，目前在网页图片中使用较多。

（3）TGA 格式。

TGA 文件是由美国 Truevision 公司为其显示卡开发的一种图像文件格式，已被国际上的图形图像工业所接受。TGA 的结构比较简单，属于一种图形图像数据的通用格式，在多媒体领域有着很大影响，是计算机生成图像向电视图像转换的一种首选格式。

（4）BMP 格式。

BMP 格式是 Windows 操作系统中的标准图像文件格式，能够被多种 Windows 应用程序所支持。随着 Windows 操作系统的流行与丰富的 Windows 应用程序的开发，BMP 位图格式理所当然地被广泛应用。这种格式的特点是包含的图像信息较丰富，几乎不进行压缩，但由此导致了它最大的缺点，即占用磁盘空间过大。所以，目前 BMP 格式在单机上比较流行。

（5）GIF 格式

GIF 是英文 Graphics Interchange Format（图形交换格式）的缩写，是 20 世纪 80 年代，美国一家著名的在线信息服务机构针对当时网络传输带宽的限制开发出的一种图像格式，主要用于网络传输。GIF 格式的特点是压缩比高，磁盘空间占用较少，它能存储背景透明的图像形式，并且可以将多张图像存储成一个档案，形成动画效果。最大的不足是只能处理 256 种色彩的文件。

（6）PNG 格式。

PNG 格式汲取了 GIF 格式和 JPG 格式二者的优点：第一，存储形式丰富，兼有 GIF 格式和 JPG 格式的色彩模式；第二，PNG 格式采用无损压缩方式把图像文件压缩到极限以利于网络传输，但又能保留所有与图像品质有关的信息；第三，显示速度很快，只需下载 1/64 的图像信息就可以显示出低分辨率的预览图像；第四，PNG 格式同样支持透明图像的制作，这样可让图像和网页背景很和谐地融合在一起。PNG 格式的缺点是不支持动画效果，如果在这方面能有所加强，就可以完全替代 GIF 格式和 JPEG 格式了。Macromedia 公司的 Fireworks 软件的默认格式是 PNG。

（7）TIFF 格式。

TIFF（Tag Image File Format）格式是由 Aldus 和微软联合开发，最初是出于跨平台存储扫描图像的需要而设计的。它的特点是图像格式复杂、存储信息多。正因为它存储的图像细微层次的信息非常多，图像的质量也得以提高，故而非常有利于原稿的复制。该格式有压缩和非压缩两种形式。

（8）AI 格式。

AI 格式是一种矢量图形格式，由 Adobe 公司发布，适用于 Adobe Illustrator 软件的输出格式。它的优点是占用硬盘空间小、打开速度快。与 PSD 格式文件相同，AI 文件也是一种分层文件，用户可以对图形内的层进行操作，所不同的是 AI 格式文件是基于矢量输出，可在任何尺寸下按最高分辨率输出。与 AI 格式类似基于矢量输出的格式还有 EPS 格式、WMF 格式、CDR 格式等。

4. 图像素材的采集方法

图像素材的获取方法比较多，常见的有键盘捕获、抓图软件捕获、扫描仪扫描、相机拍摄等。

（1）屏幕捕获采集静态图像。

1）键盘捕获。

在 Windows 环境下，捕获当前屏幕上的图像只需要按下 Print Screen 键，捕获活动窗口的内容可按下 Alt+Print Screen 键，然后将捕获的内容粘贴到相应的文件中即可。

2）抓图软件捕获。

目前用于抓图的软件很多，如 Hyper Snap-DX 不仅能抓住标准桌面程序还能抓取 DirectX、

3Dfx Glide 游戏、视频或 DVD 屏幕图，能以 20 多种图形格式（BMP、GIF、JPEG、TIFF 等）保存并阅读图片，可以用热键或自动计时器从屏幕上抓图。功能还包括在所抓取的图像中显示鼠标轨迹，收集工具，有调色板功能并能设置分辨率，还能选择从 TWAIN 装置中（扫描仪和数码相机）抓图。

除此以外，Super Capture、红蜻蜓抓图精灵、Snagit、Ultar Snap 等都是功能较齐全的抓图软件。

3）在视频播放软件中捕获。

可以利用视频播放软件，直接从视频中获取图像，然后存为图像文件，如暴风影音等。

（2）利用电子设备采集图像。

1）数码照相机获取。

数码照相机是一种利用电子传感器把光学影像转换成电子数据的照相机，可分为单反相机、微单相机、卡片相机、长焦相机和家用相机等。

在利用数码照相机获取图像时，要保持正确的持机姿势。右手紧握相机一侧的握手位，食指轻触快门键以备随时拍摄；以左手手掌托住机身底部，用拇指和食指握住相机来稳定镜头；两手上臂紧贴身体，尽量保持自然下垂的状态并向身体靠拢。垂直握持相机拍摄时，一般左手在下，右手在上，要注意左臂紧贴身体。将相机带套在右手手腕上，握在虎口中绕两圈再拉紧，以拇指穿过带圈后再握紧相机，使相机和右手合二为一，这样不但可以减轻手的颤动，而且可以在不小心松手时将相机拉住，不至于掉到地上而摔坏。

2）扫描仪获取。

扫描仪是一种从印刷品、正片、负片或其他物体表面获得图像并对其进行数字化处理的计算机外部设备，如图 4-14 所示。利用扫描仪可以把图书、课本、挂图等传统的教学媒体资源转换成数字图像。扫描仪的种类繁多，根据扫描仪的扫描介质和用途的不同，目前市面上的扫描仪大体上分为平板式扫描仪、名片扫描仪、底片扫描仪、馈纸式扫描仪、文件扫描仪。除此之外还有手持式扫描仪、鼓式扫描仪、笔式扫描仪、实物扫描仪和 3D 扫描仪。

图 4-14　扫描仪

扫描仪是一种比较精密的设备，移动扫描仪前，应先锁住光学组件，扫描仪出现故障时不能随意拆卸。不要用有机溶液清洁扫描仪，以防损坏扫描仪的外壳及光学元件。使用时要正确安装扫描仪，正确摆放扫描对象，选择合适的分辨率、亮度和对比度。

5. 常用的图像处理软件

目前图像处理软件很多，并且各有特点，下面简单介绍几种较为常用的图像处理软件。

（1）Photoshop。

Photoshop 是 Adobe 公司推出的一款功能十分强大、使用范围广泛的平面图像处理软件。它主要对已有的位图图像进行编辑加工处理以及运用一些特殊效果，在表现图像中的阴影和色彩的细微变化方面具有很好的效果。目前 Photoshop 是众多平面设计师进行平面设计，图形、图像处理的首选软件。

（2）CorelDRAW。

CorelDRAW 是 Corel 公司出品的世界一流的平面矢量绘图软件，被专业设计人员广泛使用，它的集成环境（称为工作区）为平面设计提供了先进的手段和最方便的工具。在 CorelDRAW 系列的软件包中，包含了 CorelDRAW、Corel Photo-Paint 两大软件和一系列的附属工具软件，可以完成一幅作品从设计到构图、草稿、绘制、渲染的全部过程。CorelDRAW 是系列软件包中的核心软件，可以在其集成环境中集中完成平面矢量绘图。

（3）Illustrator。

Adobe Illustrator 和 CD 一样，也是平面矢量绘图软件，是出版、多媒体和网络图像的工业标准插画软件。Illustrator 将矢量插图、版面设计、位图编辑、图形编辑、绘图工具等多种元素合为一体，广泛地应用于广告平面设计、CI 策划、网页设计、插图创作、产品包装设计、商标设计等多个领域。

六、视觉媒体在教学中的应用

视觉媒体在教育技术发展历程中是使用最早的媒体，也是使用时间最长的一类媒体。利用投影片等视觉媒体进行辅助教学，能将复杂、真实、重要的图形、图片在课堂中直观形象地展现出来，有利于细致、长久地观察事物现象，对于突破教学中的重点、难点是非常有益的。

利用视觉媒体辅助教学常用的方式有以下两种：

（1）图示讲授法。

图示讲授法是利用投影片讲授教学内容，是最基本的一种教学形式，它可以代替黑板和挂图的部分作用。上课时，教师可以利用课前制作的投影片边讲解边放映，既可节约板书时间，又容易把问题讲清楚，便于学生接受。同时，在讲授过程中，还可以采用遮盖住投影片部分幅面的方法，根据教学需要逐步显示文字和图像，引导学生由局部到整体理解教材内容，掌握知识。

（2）实物、实验演示投影法。

实物、实验演示投影法是把实物、投影教具或实验演示器件等投影到银幕上，可以扩大演示物的可见度，便于教师演示讲解、学生观察。

第四节　视听觉媒体及其教学应用

一、电视基础知识

1. 电视系统的组成

电视系统通常由摄像、传输、显像等部分组成，它是根据人眼的视觉特性，实现传送图像和声音的技术。通过摄像机将景物随时间和空间变化的光信息变成电信号，将电信号进行一定的技术处理（如编码、调制等）后，经过某种传输方式（如地面射频传输、卫星广播、有线传输等）传送到接收端，在接收端将接收下来的电信号进行必要的处理和变换，最终还原成图像及声音。

2. 帧和帧速率

电视、电影以及网络流行的 Flash 动画其实都是由一系列连续的静态图像组成的，在单位时间内的这些静态图像就称为帧。由于人眼对运动物体具有视觉残像的生理特点，所以，当某段时间内一组内容连续变化的静态图像依次快速显示时，就会被“感觉”是一段连贯的动画了。

电视或显示器上每秒钟扫描的帧数即是帧速率（也称为“帧频”，单位为帧/秒）。帧速率的数值决定了播放的流畅程度。帧速率越高，动画效果越流畅，反之就会有阻塞、延迟的现象。在视频编辑中也常常利用这个特点，通过改变一段视频的帧速率来实现快动作与慢动作的表现效果。

3. 电视制式

由于世界上各个国家对电视影像制订的标准不同，其制式也有一定的区别。制式的区别主要表现在帧速率、分辨率、信号带宽等方面。现行的电视制式有以下 3 种：

（1）NTSC（National Television System Committee）。

NTSC 制式主要在美国、加拿大等大部分西半球国家以及日本、韩国等地被采用。

帧频：30；行/帧：525；亮度带宽：4；色度带宽：1.3（1），06（Q）；声音载波：4.5。

（2）PAL（Phase Alternation Line）。

PAL 制式主要在英国、中国、澳大利亚、新西兰等地被采用。

帧频：25；行/帧：625；亮度带宽：6.0；色度带宽：1.3（U），0.6（V）；产音载波：6.5。

（3）SECAM（Sequential Couleur Avec Memoire）。

SECAM 即顺序传送彩色信号与存储恢复彩色信号制式，主要在法国、东欧、中东等地被采用。

帧频：25；行/帧：625；亮度带宽：6.0；色度带宽：>1.0（U），>1.0（V）；声音载波：6.5。

二、摄像机

1. 摄像机的分类

（1）按图像质量分。

1）广播级摄像机。

广播级摄像机图像质量好，各项技术指标最好，工作性能稳定，在允许的工作范围内，图像质量变化很小，达到较低的失真甚至无失真程度，但价格较高。一般用于电视台和节目制作中心。

2）专业级摄像机。

专业级摄像机也称业务级摄像机，拍摄的图像质量低于广播级的，但其体积较小，重量较轻，价格相对较低廉。主要用于教育、文化宣传、工业、交通、医疗、企事业单位、军队等业务领域。

3）家用级摄像机。

家用级摄像机是一种家庭文化娱乐用的摄像机，其操作人员往往没有经过专业培训。家用级摄像机一般体积小，操作简单方便，自动化程度高，造型优美时尚，价格也便宜，但图像质量稍低。

（2）按使用场合分。

1）演播室用摄像机。

演播室用摄像机一般安装在带有滚轮且高度可调的支架上，支架上端有云台，用来固定摄像机。演播室用摄像机通常包含有尺寸较大的摄像器件和许多电子控制装置，它们装配有较大的镜头和寻像器，往往需要通过电缆把摄像机和摄像机控制器（CCU）、同步信号发生器、电源等一系列制作高质量的图像所必需的设备相连接。它们通常体积较大，质量重，图像清晰度最高，信噪比最大，图像质量最好，但价格也最昂贵。

2）便携式摄像机。

便携式摄像机的图像质量略低于演播室用摄像机，体积小，重量轻，便于携带，用三脚架或人体支撑即可拍摄。对非标照明情况有良好的适应性，在不同的气候条件下有良好的工作稳定性，自动化程度高，在实际操作中调整方便。

2. 摄像机的调整

（1）色温滤色片的选择。

肉眼直接观察光源时，所看到的颜色用色温来度量，当某一类光源与绝对黑体在某一特定温度下辐射的光具有相同的特性时，这个特定温度就被定义为该光源的色温（绝对黑体是全辐射体，它是对入射光既不反射也不透过，而且完全吸收的理想物体）。

大多数摄像机都是按照 3200K 色温设计的，为了使专业摄像机可以满足其他拍摄条件，在分光棱镜系统前设置了一系列可选择的色温校正滤色片，摄像时可根据光源的色温选择合适的色温滤色片。色温滤色片用来校正色温，它能将不同光源的色温变换为摄像机要求的 3200K，使拍摄的图像色彩真实，避免出现色彩偏差。家用摄像机一般没有滤色片，主要通过电路调整来适应不同的光源。

（2）黑白平衡的调整。

摄像机必须正确地重现黑白图像才能真实地重现彩色图像。因此，在正式拍摄之前，需要先进行黑平衡和白平衡的调整。

1）白平衡调整。

同一颜色的物体，在不同色温光源照明下，拍摄出来的图像可能会呈现不同的颜色，为了保证图像色彩的正确还原，必须进行白平衡调整。开始摄像之前，首先要进行白平衡调整。在色温滤色改变后或照明的色温条件改变时，也需要重新调整白平衡。

白平衡的调整包括粗调和细调两个过程。粗调指的是根据当时的光源情况选择适当的滤色片，是大范围内的调整；细调是真正的线路调整，它可以保证正确的色彩还原。

白平衡的调整步骤如下：

①根据光源情况选择合适的滤色片。

②将白色物体（测试卡或白纸、白墙、白布等）顺光放置在照明光线下。

③将摄像机镜头对准白色物体，通过变焦使其充满整个屏幕，聚焦与否均可。

④按下白平衡调整按钮数秒钟，白平衡自动调好，此时寻像器上会有白平衡调好的信息显示，如指示灯、图标或字符。

正确调整白平衡可以得到形象逼真、色彩还原正常的图像，但通过有意识地改变摄像机的白平衡使彩色失真也可以达到一定的艺术效果。如果希望拍摄偏红的暖色调画面，可以将调白平衡的白卡片上调入少许的补色——青色；如果想得到一个偏蓝的冷色调画面，可以使用偏黄的白卡片调白平衡。

2）黑平衡调整。

当摄像机拍摄图像的黑色不纯时，必须进行黑平衡的调整。调整黑平衡时，只要盖上镜头盖，按下自动黑平衡按钮数秒，就会自动调好，这时寻像器上会显示黑平衡调好的信息，调整值会被自动记忆，在相当长一段时间内可以不必重新调整。通常黑平衡调节会影响白平衡状态，所以调完黑平衡后应再调一次白平衡。一般家用级摄像机上没有黑平衡调整装置。

（3）光圈的调整。

为保证摄像机在不同光照强度下拍摄的画面均能达到正确曝光，应正确设置光圈，以控制镜头的通光量。光圈的调整分为自动光圈调整和手动光圈调整。

自动光圈调整是将光圈选择开关置于 A 的位置，摄像机能根据被摄体的平均亮度自动调整光圈的大小，使摄像机始终能获得正确的曝光量。一般来说，自动光圈调整适用于景物场面照度比较均匀的场合，而不适于在逆光条件或景物之间亮度差别较大的情况下使用。如被摄体在大面积明亮或暗淡的背景前，使用自动光圈调整会明显地造成主体物的曝光不足或过度，这时就必须采用手动光圈调整。

手动光圈调整是将光圈选择开关置于 M 的位置，根据需要手动调整光圈。如逆光拍摄的情况，在窗口前的人或物体，采用自动光圈则主体很黑，而采用手动光圈调整方式，可加大一挡光圈，提高人脸部的亮度。

（4）聚焦的调整。

摄像机的镜头一般都为变焦镜头。

1）前聚焦的调整。

常用的聚焦方法是特写对焦法，即选定拍摄范围之后，将画面主体推出成特写，转动聚焦环使图像变得清晰，然后再拉回到原来的画面构图。有时前聚焦调节清晰了，可当拉开后，景物又变得模糊了，这时就需要调整后聚焦。

2）后聚焦的调整。

后聚焦的调整步骤如下：

①将调焦卡放在离摄像机 3～5m 远的位置。

②松开后聚焦环紧固螺丝。

③先把镜头推成长焦，调整前聚焦环，使图像变得清晰。

④再把镜头拉开到最短焦距，调整后聚焦环，使图像呈最清晰状态。

反复调整 2～3 次，直到镜头在长焦和短焦时都清晰为止，最后锁定后聚焦环螺丝。

3. 摄像机的操作要领

摄像机的操作要领可以简单概括为：平、准、稳、匀、清。要真正掌握好这五个字，需要长期的训练。

（1）平。

平是指画面中的地平线一定要平，不能倾斜。拍摄时可利用画面中景物的垂直线，以人物或水平线条作为参考，做到水平线应与寻像器横边框平行，垂直线与竖边框平行。但并不是所有的画面都要求平，如广告、MTV或表示混乱状态的场面等，可以有意使画面倾斜。

（2）准。

准包括三层含义：构图准、聚焦准、色彩还原准。

构图准是指拍摄或制作的景物范围与所要求的范围应当一致。由于在寻像器中看到的景物范围比在监视器上所看到的要大，因此所拍摄的主要物体应放在寻像器的安全显示框内。

聚焦准指画面中的主体应该是清晰的。对于主体运动或距离远近的变化，有时需要跟焦点，即随主体的移动变化而变焦，以保持画面清晰。聚焦时要赶前不赶后。

色彩还原准指应根据光源的色温准确选择滤色片和调整白平衡，使画面颜色正常还原。

（3）稳。

稳是指拍摄的画面要保持稳定，不产生晃动，保持画面的稳定是摄像最基本也是最重要的要求。画面晃动会影响画面内容的表达，也容易造成观看者的视觉疲劳。画面不稳定的原因是摄像机的晃动，克服摄像机晃动的最好方法是使用三脚架，在没有三脚架或无法利用三脚架的情况下，利用手持、肩扛便携式摄像机进行拍摄时要注意持机技术，双脚要叉开站立，与肩同宽，双膝略微弯曲，重心要降低，呼吸要平稳；还可以有效利用身旁的依靠物，比如墙、树干等，这样所拍摄的画面才较为稳定。此外，多用广角镜头，少用长焦镜头，使所拍画面保持稳定。

（4）匀。

匀是指镜头的运动速度要均匀，避免因忽快忽慢而破坏画面节奏的连续性。在拍摄过程中，运动的速度不能时快时慢、断断续续。起幅、落幅时的加速和减速应缓慢、均匀，如开始动时，应是缓慢起动，为匀加速运动，到一定速度时保持匀速，至落幅时，要慢慢减速，为匀减速运动。推拉时控制好变焦杆，变焦过程中速度均匀。摇摄时要控制好把手，使转动的速度均匀。移、跟时，控制好移动工具作匀速运动。

（5）清。

清是指画面要清晰，或根据内容的需要模糊到所要求的程度，以表达某种气氛。造成画面不清晰的原因很多，如聚焦不准、镜头脏污、天气条件不合适、取景和构图不当等，拍摄时要尽量避免。

4. 摄像镜头的运动技巧

利用摄像机进行画面的拍摄有两种类型：一为固定画面的拍摄，二为运动画面的拍摄。固定画面拍摄是指摄像机机位不动、镜头光轴不变、镜头焦距固定的情况下拍摄的电视画面，但画面中的被摄对象仍然可以是活动的。运动画面的拍摄是指在一个镜头中，通过摄像机机位移动、镜头的焦距变化等获得变化的画面。运动画面拍摄所用的镜头运动技巧常见的有以下几种：

（1）推镜头。

推镜头是摄像机向被摄体推进，或者摄像机采用变焦距镜头由远至近推向被摄体而拍摄的连续画面。推镜头分为机位推和变焦推，在镜头运动过程中，景别范围由大变小，被摄主体的主要部分在画幅中逐渐变大，次要部分逐渐消失，从而将观众的注意力引至所要表现的部位。

推镜头的速度不同，表现力也不同。慢推使人感到循序渐进、由远及近、由弱到强，画面显得舒畅、冗长；快推则使人感到激进、急促、简练。

（2）拉镜头。

拉镜头是摄像机远离被摄体，或者摄像机采用变焦距镜头由近及远离开被摄体而拍摄的连续画面。拉镜头的画面显示效果是由局部到整体，景别范围由小到大，背景空间越来越大。拉镜头也可分为机位拉和变焦拉。

（3）摇镜头。

摇镜头是摄像机的机位不变，摄像机镜头改变拍摄方向。其方向可以是左右摇或上下摇，也可以是斜播或旋转摇。其目的是对被摄主体的各部位逐一展示，或展示空间环境、扩大视野，或巡视环境等。例如绵延不绝的群山、高耸入云的烟等，摇镜头都可以以其极大的视觉信息包容量而将它们完整地表现出来。

拍摄摇镜头要注意：摇镜头要有明确的目的和表现内容，否则会影响画面的观赏性，破坏观众的观赏情绪；摇镜头的速度要与运动物体的速度、画面情绪发展相对应。

（4）移镜头。

移镜头是指摄像机在移动中拍摄静止的或运动的景物。摄像机在移动中拍摄的内容不一定是单一主体，可以变换新的主体和环境。移的方式常有水平方向的横移、垂直方向的升降和沿弧线方向的环移等。

（5）跟镜头。

跟镜头是指摄像机镜头始终跟随着运动的物体，主体在画面中的位置和景别相对稳定，但背景却发生明显变化，从而展示主体与背景的关系。在拍摄过程中，一定要跟上、跟准被摄对象，不论被摄对象的运动速度多么快、多么复杂，摄像人员都应力求使其稳定于画面的某个位置上。

（6）甩镜头。

甩镜头是指快速地摇摄像机的镜头，使画面上的景物模糊不清，从而表现事物时间、空间的急剧变化，造成人们的心理紧迫感。

甩镜头可以没有起幅和落幅，由于拍摄速度比较快，且注重的是甩动的方向，而不是内容，所以它所拍摄的影像是难以明辨的。这种拍摄方法常用于处理具有因果关系的镜头或处理具有内在联系的镜头的连接。

5. 摄像机使用保管注意事项

（1）摄像机不能直接对准强光源，特别是不能直接对准太阳拍摄，防止 CCD 局部烧伤。

（2）镜头是摄像机中精密和重要的光学组件，其光学透镜表面带有镀膜，不能用手摸，上面的浮尘要用吹气球吹或用软刷刷掉，比较脏时应用镜头布沾镜头水擦拭。镜头组件不可随意拆卸。

（3）摄像机应避免在高温、潮湿、强磁场或粉尘较多、有腐蚀性气体的环境中使用。

（4）摄像机发生故障，不应乱拆乱卸乱调，以防故障扩大难以维修。

（5）摄像机使用完毕后，要断开电源，关闭光圈，盖好镜头盖，及时取出电池。

（6）长期不使用的摄像机最好装箱放置在常温干燥处，雨季时可定期通电驱潮。

三、非线性编辑

非线性编辑系统（Nonlinear Editing System，NLE）是以计算机硬盘作为记录媒体的介质，利用计算机、视/音频处理卡和视音频编辑软件构成对电视节目进行后期编辑和处理的系统。非线性编辑系统涉及计算机技术和电视技术两个领域，包括数字存储技术、计算机图形图像处理技术、网络技术、视频技术和音频技术等方面，是一种综合性的技术。

1. 非线性编辑系统的组成

典型的非线性编辑系统主要包括计算机主机及显示器、硬盘阵列箱、视/音频处理卡及接线盒、编辑软件、录像机、监视器、音箱等。此外还有一些扩展设备，如特技卡等。

（1）计算机平台及显示器。

在非线性编辑系统中，计算机是各种软/硬件资源的平台，视/音频信号的采集、编辑、特效处理和字幕添加等都是在计算机中完成的，所以计算机是非线性编辑系统的最基本组成部分。目前主流的非线性编辑系统计算机是苹果计算机和高档 PC 机。

由于编辑软件的窗口较多，所以最好选用较大的显示器，这样可以方便编辑。如果能配置双屏显卡，使编辑界面双屏显示，会使编辑工作更加便利。

（2）存储设备。

目前非线性编辑系统多采用硬盘作为视/音频数据的存储工具。视/音频数据量极其巨大，会占用大量的磁盘空间。所以在非线性编辑系统中，一般将视/音频数据存储到系统外部的磁盘阵列中。磁盘阵列是把若干硬盘驱动器按照一定要求组成一个整体。磁盘阵列由若干磁盘组成，提高了存储容量；由于磁盘阵列的多台磁盘驱动器并行工作，从而提高了数据的传输效率。磁盘阵列在非线性编辑系统中的应用大大提高了编辑效率。

（3）视/音频处理卡。

视/音频处理卡是非线性编辑系统的核心部件，它的输入输出接口及压缩方式决定了非线性编辑系统的视/音频质量。市场上视/音频处理卡的种类很多，差别也很大，价格从几万元到几十万元不等。

（4）编辑软件。

非线性编辑软件的操作界面和功能决定了非线性编辑系统对用户的吸引力。友好的操作界面会大大提高编辑工作的效率，所以编辑软件应该既保证界面整洁，又不能减少编辑的功能，形成良好的人机交互。

2. 非线性编辑软件的基本操作

在影视制作行业，有许多非线性编辑软件，如 Premiere、Video Studio、Edius 等，另外还有手机版的爱剪辑、小影等软件。具体操作方法请参考配套实践教程。

四、流媒体文件及其制作

流媒体（Streaming Media）是指采用流式传输的方式在Internet上播放的媒体格式，如音频、视频或多媒体文件。流媒体在播放前并不下载整个文件，只是将开始部分内容存入内存，在计算机中对数据包进行缓存并使媒体数据正确地输出。

1. 流媒体的特点

（1）启动延时大幅度缩短。

流媒体传输是将动画、视音频等多媒体文件经过特殊的压缩方式分成一个个压缩包，由视频服务器向用户计算机连续地、实时地传送信息。在采用流媒体传输方式的系统中，用户不必像常规视频文件播放那样等到整个文件全部下载完毕后，而是只需经过几秒的启动延时，即可在计算机上观看下载的动画、视音频等流媒体文件，流媒体文件的剩余部分将在后台的服务器内继续下载。

（2）对系统缓存容量的要求不高。

由于Internet是以数据包传输为基础进行断续的异步传输，数据被分解为许多数据包，动态变化的网络使各个数据包可能选择不同的路由进行传输，故到达用户计算机的时间延迟也就不同。所以，在客户端需要缓存系统来弥补延迟和抖动的影响，保证数据包传输顺序的正确，使媒体数据能连续输出，不会因网络暂时拥挤而使播放出现停顿。虽然流媒体也需要缓存，但对缓存的要求相对较低。

（3）媒体传输的实现有特定的实时传输协议。

采用RSVP、RTP、RTCP、RTSP等协议，更加适合动画、视音频流媒体在网络上实时传输。

2. 流媒体的传输格式

（1）RA/RM/RMVB——Real Video文件。

Real Video文件是Real Networks公司开发的一种流式视频文件格式，它包含在Real Networks公司所制订的音频视频压缩规范Real Media中，主要用来在低速率的广域网上实时传输活动视频影像，可以根据网络数据传输速率的不同而采用不同的压缩率，从而实现影像数据的实时传送和实时播放。

（2）MOV/QT——QuickTime文件。

QuickTime是Apple计算机公司开发的一种音频、视频文件格式，用于保存音频和视频信息，具有先进的音频和视频功能。QuickTime以其领先的多媒体技术和跨平台特性、较小的存储空间要求、技术细节的独立性以及系统的高度开放性得到业界的广泛认可，目前已成为数字媒体软件技术领域事实上的工业标准。

（3）ASF/WMV——Microsoft流媒体文件。

微软公司推出的Advanced Streaming Format（ASF，高级流格式）是一个在Internet上实时传播多媒体的技术标准，是微软为了和Real Networks公司竞争而开发出来的一种可以直接在网上观看视频节目的文件压缩格式。ASF的主要优点包括本地或网络回放、可扩充的媒体类型、部件下载、扩展性等。WMV也是一种独立于编码方式的在Internet上实时传播多媒体的技术标准。

3. 流媒体文件的制作软件

目前流媒体文件制作的编码工具主要有 Real Networks 公司的 Real Producer；微软公司的 Windows Media 编码器、Windows Media Author 等；Apple 公司的 Quick Time Pro 等。

五、视听媒体在教学中的应用

1. 主体式教学

视听媒体应用于教学实践，可在一门课程或课堂教学中作为主体手段运用，如组织学生利用各种开路或闭路教育电视系统播放或收视视听教材，并按照事先排定的授课时间表进行教学活动。这其中，教师作为教学工作的管理者，主要完成组织、辅导答疑、实验指导及批改作业等工作。

2. 补充式教学

视听媒体教学应用在常规学校教育或课堂教学中，主要以补充教学活动的形式来运用。教师在课堂讲解中，可适时插入一段视听媒体教材，以补充表现教师讲解中较难以其他形式表现的知识重点、难点，如学生平时缺乏感性认识的内容、短时间内难有结果的自然科学实验等，都可以通过采用视听媒体补充教育手段来完成，以提高教学效率与质量。

3. 示范式教学

示范式教学是指在教师指导下，利用视听教材为学生提供典型的示范，供学生观察仿效，如实验操作过程、生产流程、行为动作规范等方面，学生可通过接收视听信息来指导自己的学习。

4. 个别化教学

视听教材不仅提供了丰富的感知材料，而且还有教师在屏幕内外作分析与讲解。因此，学生可以根据自己的学习需要，利用视听教材自学，这比自学文字教材容易接受得多。这种学习模式十分方便灵活，能充分发挥学生学习的主动性和潜力，有利于因材施教。

第五节 交互媒体及其教学应用

交互媒体（Interactive Multimedia）主要是指通过传感器（感光传感器、音量传感器、压力传感器、湿度传感器、温度传感器、距离传感器、超声波传感器、倾斜传感器等）捕获外界物理信号，根据接口（USB、串口、火线接口、蓝牙、红外、射频等）通过一定的传输协议转化为计算机可以理解的数字或模拟信号，再通过特定的程序编译处理将捕获的信号结合其他综合素材，通过显示器或其他物理界面呈现给外界，经过信号的“输入－处理－输出”这一流程，人们实现了人与计算机间的交互，即交互媒体。

交互媒体是在传统媒体的基础上加入了交互功能，通过交互行为并以多种感官来呈现信息，受众不仅可以看得到、听得到，而且可以触摸到、感觉到、闻到，还可以与之相互作用，它带给人们的是一种全新的体验和崭新的媒介形式。

一、交互媒体的特征

1. 交互性

这是交互媒体区别于传统媒体最显著的特点之一。电视、电影、广播、报纸等传统媒体，受众只能被动接受，只有选择看与不看、听与不听的权利，无法介入内容的创建。

而交互媒体特有的交互性则是一种带有双向信息传递的方式，不仅可以向受众传达信息，同时允许受众向程序传递控制信息，这就是我们所说的交互性。它改变了用户只能被动接受的局面。最简单的交互通过键盘、鼠标即可实现与程序的交互，但是鼠标与键盘由于其自身局限性，不能给受众提供一个开放的交互体验，因此在交互设计中，我们更多地广泛应用各种无线全方位的输入设备，以达到给受众更好的交互体验的目的。

2. 多媒体性

交互媒体虽然不简单等于多媒体，但也是集合了声音、光线、影像、实物、触觉、虚拟现实等多种介质来进行综合性的展示。这一点上与传统多媒体有一定共同性，也可以理解为是多媒体技术的一个“增强版”。

3. 非线性

非线性也是交互媒体区别于传统媒体的另外一个显著特征。传统媒体从采集、编排到发布，整个流程是一种线性叙事方式；而由交互产生的交互媒体则不同，它的信息是实时传达的，并具有多种可能性，每个人产生的结果都是不同的，同一个人在不同时间也能产生出不同的交互效果。

4. 趣味性

趣味性是交互媒体的一个超强优势。交互媒体可以让受众以声音、动作，甚至以全身作为输入设备与机器和机器所产生的虚幻图像进行无障碍即时性交互，这在很大程度上激发了受众的强烈好奇心，并充分地调度了大家的积极性。

5. 适合个别化学习和协作学习

借助交互媒体，可以实现一对一、一对多或多对多的交流，从而有利于个别化学习和协作学习的开展。

二、交互媒体的应用

交互媒体一般建立在现代网络技术、数字技术、计算机技术等多项技术的基础上。常见的交互媒体有计算机、计算机网络、多媒体教学平台，以及开发的各种交互系统等，具体应用在以下几个方面：

（1）电子邮件。

电子邮件在网络学习中被用来传送个人信息。作为一种人际交流工具，允许学习者和教师进行一对一的交流。使用电子邮件，教师能与学习者进行交流，学习者之间也能进行交流。同样，利用电子邮件，教师或其他学习者可以获得反馈，从而辅助学习者的学习活动。一些远程课程也可以提供声音邮件系统，让学习者通过声音而不是文本邮件形式与他人进行交流。

（2）在线讨论组。

在线讨论组能让学习者与其他人就某个共同感兴趣的话题进行交谈。这种讨论环境包括新闻组和邮件列表。邮件列表实际上是一种较大的网上讨论组，它能向订阅了该邮件内容的用户发送电子邮件信息。新闻组与此类似，但新闻组局限于一次会议中，而不是给用户发送信息。换句话说，新闻组需要用户积极主动参与到讨论中来，而邮件列表只是被动地在个人账户上接收信息。电子公告牌（BBS）也能使所有学习者参与进来，不管在何时何地能够上网就行。

（3）在线资源。

学习者可以运用网页搜索引擎收集相关信息来辅助自己的学习活动。一些网站提供某种网络资源的集合，这种资源实质上是一些地址信息。这种在线资源绝不亚于任何一部印在纸上的百科全书。此外，电子杂志也为远程学习者提供了具有易得性和即时性的学习资源。

（4）在线课件。

大量的网络课程管理工具，如 Blackboard、WebCT、LearingSpace、TopClass、WebCourse 和 FirstClass 等，可以协助课程设计人员或教学人员创建复杂的网络学习环境，其中包括教学人员的管理、课程设计和学生评价等诸多方面。例如在 Blackboard 和 WebCT 在线课程设计环境中，所有与在线课件的交互活动都通过网络浏览器进行，二者都提供师生间的同步交互和异步交互。

第六节 其他媒体及其教学应用

除了以上媒体外，在互联网新技术背景下，出现了虚拟现实设备、增强现实设备和混合现实设备等基于新技术的媒体。

一、虚拟现实

虚拟现实（Virtual Reality，VR，又译作灵境、幻真）也称灵境技术或人工环境。虚拟现实是利用计算机模拟产生一个三维空间的虚拟世界，提供使用者关于视觉、听觉、触觉等感官的模拟，让使用者如同身临其境一般。因为 VR 是纯虚拟场景，所以 VR 装备更多的是用于用户与虚拟场景的互动交互，更多的使用是位置跟踪器、数据手套（5DT 之类的）、动捕系统、数据头盔等。

二、增强现实

增强现实（Augmented Reality，AR）是指通过计算机技术将虚拟的信息应用到真实世界，真实的环境和虚拟的物体实时地叠加到了同一个画面或空间同时存在。由于 AR 是现实场景和虚拟场景的结合，所以基本都需要摄像头，在摄像头拍摄的画面基础上，结合虚拟画面进行展示和互动。两个典型的 AR 系统是车载系统和智能手机系统，被讨论最多的 AR 设备是 Google Glass。

很多汽车在其车载系统中加入了 AR 应用，比如，GMC 在其挡风玻璃上投射虚拟图像，让驾驶者不需要低头查看仪表的显示资料，始终保持抬头的姿态，提高驾驶安全性。

智能手机上实际上有很多应用都属于 AR，比如一些 LBS（基于地理位置的服务）应用，当你打开应用，把手机摄像头对着某幢大厦时，手机屏幕上便会浮现这幢大厦的相关信息（名称、楼层等）。再比如，FaceU 能实时捕捉使用者的头部，把类似帽子、彩虹、兔子耳朵这些虚拟信息叠加于用户的头部。

Google Glass 是通过将眼镜上的微型投影仪把虚拟图像直接投射到我们的视网膜上，于是我们看到的就是叠加过虚拟图像的现实世界。

三、混合现实[①]

混合现实（Mix Reality，MR）包括增强现实和增强虚拟，如图 4-15 所示。增强现实（AR）是将虚拟信息加在真实环境中来增强真实环境。增强虚拟（AV）是将真实环境中的特性加在虚拟环境中，如手机中的赛车游戏与射击游戏，通过重力感应来调整方向和方位，那么就是通过重力传感器、陀螺仪等设备将真实世界中的重力、磁力等特性加到了虚拟世界中。

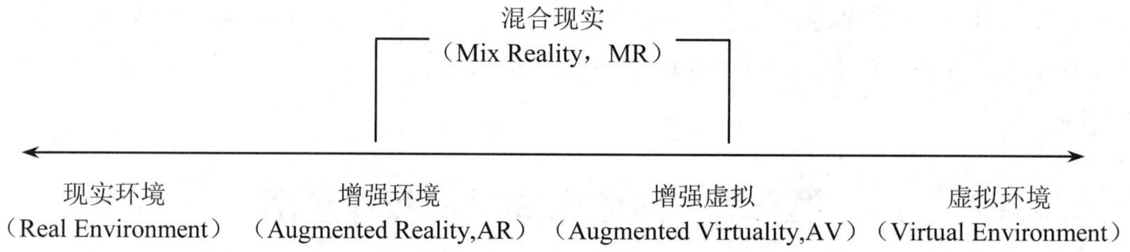

图 4-15　现实一虚拟区间图

从概念上来讲，AR 和 MR 并没有明显的分界线，但从所应用的技术和显示效果上来看，还是稍稍有所不同的，主要体现在以下两个方面：

（1）虚拟物体的相对位置是否随设备的移动而移动。如果是，就是 AR 设备；如果不是，就是 MR 设备。

如，戴上 AR 设备 Google Glass，它在使用者的左前方投射出一个“天气面板”，不管使用者怎样在屋子中走动或者转动头部，“天气面板”一直都在使用者的左前方，它与使用者（或 Google Glass）的相对位置是不变的，使用者走到哪里，就把它带到哪里。

而 MR 设备 Hololens 也会在屋子墙壁上投射出一个“天气面板”，但不同之处在于，不管使用者怎样在屋子中走动或者转动头部，“天气面板”始终都在那面墙上，它不会由于使用者的移动而移动（这里主要涉及空间感知定位技术，即实时定位与地图构建，作用是让设备实时获取周围的环境信息，精确地将虚拟物体放在正确的位置，所以无论用户的位置怎么变动，虚拟物体的位置都可以固定在房间中的同一个位置）。

（2）在理想状态下（数字光场没有信息损失），虚拟物体与真实物体是否能被区分。

AR 设备创造的虚拟物体可以明显看出是虚拟的，比如 FaceU 在使用者脸上打出的虚拟物

① http://tech.163.com/16/0418/07/BKTV0UM200094P0U.html。

品、Google Glass 投射出的随使用者而动的虚拟信息；而 Magic Leap，使用者看到的虚拟物体和真实物体几乎是无法区分的（这里主要涉及数字光场技术，AR 设备使用二维显示屏呈现虚拟信息，因此真假很容易分辨；而 MR 设备直接向视网膜投射整个四维光场，所以用户从 Magic Leap 看到的物体和看真实的物体，从数学上是没有什么区别的，是没有信息损失的）。

第七节　教师媒体素养

一、媒体素养的含义

媒体素养是指人们依据所掌握的媒体知识，采用适当的策略和方法，对媒体信息进行批判性的选择、理解、质疑、评价、创造与交流信息的能力。媒体素养包括媒体知识、媒体意识、媒体方法和媒体能力等。

（1）媒体知识：是指关于媒体的基础知识以及如何使用媒体的知识。

（2）媒体意识：是指使用媒体信息技术解决实际问题的意识以及对媒体信息的批判意识。

（3）媒体方法：是指对媒体信息进行选择、理解和批判性的评价以及创造与交流信息所采用的策略和方法。

（4）媒体能力：是指对媒体信息进行批判性选择、理解、质疑、评价、创造与交流的能力以及建设性地利用媒体来发展自我的能力。

总之，媒体知识是媒体素养的基础，媒体意识是关于媒体素养动力方面的内容，媒体方法是指应对媒体的技巧和策略，媒体能力是媒体素养的核心。

实际上，媒体素养是对传统读、写、算能力概念的一种延伸，是指信息时代人们在具备读、写、算能力的同时，还应具有批判性地观看、收听并解读影视、广播、网络、报纸、杂志、广告等媒介所传输的各种信息的能力，当然还包括使用宽泛的信息技术来制作各种媒体信息的能力。媒体素养是一个全新的素质概念，是信息时代终身学习者所必备的基本素质之一。

二、教师媒体素养的构成

教师媒体素养的构成不仅包括操作使用媒体及选择、搜集、加工和处理媒体信息的能力，更重要的还应包括合理使用媒体辅助教学，与学生进行有效的交互的能力。概括而言，教师媒体素养主要由下述几个方面构成。

（一）掌握和运用媒体、适应新媒体的能力

随着媒体类型的不断增加，教学媒体在教学中的便利性和有效性吸引了很多教师关注。无论是教师构建教学资源，实施教学并与学生进行远程交流，还是学生利用学习资源自主学习，或与教师互动，都离不开教学媒体的中介，教师只有掌握媒体技术才能顺利使用教学媒体来开展教学活动。因此，教师必须要善用媒体、精通多种学习工具，要真正听懂广播教育节目，会看电视教育节目，会利用多媒体和网络来寻找真正需要的信息，并能将这些信息很好地加以应用，服务于自身的学习和教学过程。

另外，由于新媒体、新工具不断出现并在教学中得到广泛应用，因而要求教师及时熟悉、

精通这些媒体和工具是有必要的。再者，如今的多媒体技术、流媒体技术和网络技术，其功能不断地提升和丰富，技术的难度和复杂度也有所增加，对教师的终身学习的意识与能力提出了更高的要求，因而也需要教师不断学习新知识和新技术，以得心应手地应用教学媒体开展教学。

（二）利用媒体进行师生信息交互的能力

教师要有效地进行教学，不仅应具备熟练的媒体操作能力，而且还应具备利用媒体进行交互的能力。只有这样，教师才能有效地与学生进行交流，利用各种可能的情感激发并维持学生的学习动机，帮助学生理解复杂的、难以理解的学习内容。此外，只有通过师生交互，教师才能及时掌握学生的学习状况，这样既能对个别学生进行个别指导，又能及时调整、改进教学过程。信息化环境下，日益丰富的网络资源和不断出现的各种新媒体，为教师与学生的沟通搭建桥梁。在各种媒体中，同步交流媒体有电话、网络、视频、QQ、微信等；异步交流媒体有BBS、留言板、E-mail 等。通过各种媒体，师生间可以方便地交流互动，拉近了教师与学生的距离，改善了学生的学习方式，有助于学生的学习。

（三）运用媒体解决教学难题的能力

信息化时代，教师在遇到教学难题时，应有主动运用媒体解决问题的意识，要善于运用各种媒体的特性，寻找到解决教学难题的办法，从而顺利地解决问题。例如，对于抽象的教学内容，可借助教学媒体生动形象的特点，利用图、文、声、像等将教学内容形象、生动、鲜明地表现出来，使学生获得较多的感性认识，有利于学生掌握难以理解的教学内容。再如，借助于教学媒体表现力强的特点，教师可依据教学的需要将教学内容用多种媒体表现出来，化静为动，化难为易，化远为近，化虚为实，从而使看不清、看不到的东西变得触手可及，充分调动学生多种感官的协调作用，使学生主动参与到活动中，从而达到事半功倍的教学效果。

（四）运用丰富的教学资源进行教学设计的能力

信息环境下的教学资源类型极其丰富，包括文字印刷媒体资源、音像媒体资源、网络媒体资源和计算机辅助媒体资源等，形成了多种媒体学习资源并存的局面。丰富的多种媒体教学资源，一方面为教师和学生的学习带来便利，而另一方面又容易导致教学活动的随意性，使教师把握教学的难度增大。此外，信息化环境下师生的角色发生了巨大的变化，学生变成了教学活动的主体，教师则成为教学活动的组织者和学生的学习伙伴，教师不再是知识的唯一来源，学生可以自由地搜集大量的媒体信息，选择符合自己学习需要的信息。因此，信息时代要求教师应转变教学设计的理念，具备善于运用丰富教学资源进行教学设计的能力，应能根据学习者的认知特点、认知水平、认知风格，运用丰富的教学资源，让他们获得学习经验，充分发挥他们学习的主动性和自主性。

（五）开发多媒体学习资源的能力

以计算机与网络媒体为载体的学习资源往往采用非线性组织，其好处是学习者可以任意选择学习资源来开展自主学习，自我掌握学习的进度、深度和广度。网络的海量存储和各种媒体的数据化，使学习资源的开发与传播出现多媒体化特征，而学习资源以声音、图像、二维和三维动画以及活动影像的方式呈现给学生，能提供多感官的信息刺激，提高学生的学习效果。学习资源多媒体化和组织超文本化，要求教师具备相应的多媒体学习资源的设计和开发能力，能设计和开发出更多更好的多媒体学习资源，增加学生的学习兴趣，提高学生的学习效果。换言之，教师应能利用多媒体技术，将各种媒体素材组合成便于学习者学习的多媒体课件、网络课程等富有信息时代特色的新型学习资源。

三、教师媒体素养教育的实施策略

（一）为教师媒体素养教育制订相关政策

政策干预是推动我国教师媒体素养教育的上层路线。各级教育行政机构应认识到教师媒体素养教育的重要性和必要性，认识到正确获取、判断和使用信息已经成为信息社会人们谋生的重要手段，是人的全面发展中不可或缺的一个重要因素。在此基础上，制订一些权威的政策性文件和有关规范，为教师媒体素养教育的实施提供保障和指导。通过制订明确的教师媒体素养教育政策，保证经费投入，为教师媒体素养教育提供各种保障，使教师能不断提高自身媒体素养，并善于将媒体素养融入到课程教学中。

（二）重视师范生的媒体素养教育

大学生迫切需要正确认识媒体、合理使用媒体、借助媒体进行高效学习等方面的指导。当然，师范生也不例外。作为未来教师的师范生只有通过媒体素养教育，才能树立正确的媒体价值观，掌握必要的媒体技能。因此，有必要在大学开设媒体素养教育的相关必修或选修课程，利用本校或借用其他高校的媒体教育方面的师资力量，启动和推广大学生特别是师范生的媒体素养教育，讲解媒体的历史发展、特点、功能、传播技巧等理论知识，帮助学生系统地了解媒体的相关知识、学会判断媒体的信息、认识媒体的操控力量，从而形成应对媒体的素养。通过媒体素养教育，师范生至少应能做到：了解媒体的基础知识以及如何利用媒体；能判断媒体信息的意义和价值；掌握创造和传播信息的知识和技巧；了解如何利用大众传媒来发展自己。

另外，在对大学师范生的课程教学中，教师可通过采取研究性学习、小组协作学习等多种教学策略，将媒体素养的培养贯穿于学习的每个阶段，如研究性学习的导入阶段、主体探究阶段、学习成果汇报阶段、修改和完善阶段、评价阶段，使学生在完成学习任务的同时提高媒体素养。

（三）为教师开设媒体素养教育培训课程

信息时代，学生接触媒体的时间不断增多，受到大众媒体的影响也越来越大。但他们缺乏足够的媒体知识，缺少对媒体的批判意识和对不良信息的免疫力。因此，开展学生媒体素养教育势在必行，但由于许多教师本身也没有接受过媒体素养的专门培训，因此师资滞后问题成为开展学生媒体素养教育的瓶颈。通过为教师开设媒体素养教育培训课程，使教师掌握媒体素养教育的知识与技能、过程与方法，培养有知识、经验和责任感的媒体素养教育师资队伍，为开展学生媒体素养教育提供人员保障。教师媒体素养教育培训课程的目标应包括：

（1）认知领域的目标，包括要求识记媒体、媒体素养、媒体素养教育等基本概念；熟悉各种媒体的基本特征；掌握媒体的制作方法、传播策略和流程。

（2）情感领域的目标，包括能树立积极主动的心态面对媒体社会；能够选择性地注意媒体信息并从美学的角度进行审视；能构建自主的价值评判体系。

（3）动作技能领域的目标，包括具有将课程中所学知识运用于实践分析的能力；具备亲手设计、制作、传播媒体产品的能力；掌握利用现有资源开展媒体素养整合教学的方法和技能。相应地，教师媒体素养教育培训课程的内容主要包括两个方面：一是媒体素养的基础知识和技能；二是实施媒体素养教育的方法。

（四）构建教师信息化交流平台及媒体资源库

通过利用 QQ、微信、Blog 等工具，为教师搭建媒体学习交流平台营造一种良好的学习氛围，促进教师之间的交流与合作，使教师在与他人交流的过程中培养创造和传播媒体信息的能力。此外，通过交流平台，媒体专家和研究人员都可参与到教师媒体素养教育的活动中，从而可以从多方面、多渠道帮助教师提高媒体素养。另外，通过在网络学习平台中构建系统化的媒体资源库，将所有的资源按照媒体类型进行分类，并提供资源搜索功能，方便教师获得视频、音频、文字等多种媒体的学习资源，满足开展教师媒体素养教育的需求。同时，还可鼓励教师参与媒体制作或开展各种媒体作品大赛，将优秀的媒体作品上传到资源库，实现资源共享。教师在媒体制作的过程中，不仅能很好地理解媒体信息的制作与传播过程，而且还培养了他们在面对媒体信息时的选择能力、理解能力、质疑能力、评价能力、创造和生产能力。

（五）在高校增设媒体素养教育专业

国外开展媒体素养教育主要有两种方式：一种是单独开设媒体素养教育课程；二是将媒体素养教育融合于各个学科中，如英语、艺术学科。我国目前在中小学校还没有将媒体素养教育作为一门独立的课程来开设，但随着中小学媒体素养教育日益受到社会各界的关注，这种情况或许会有所改变。为了更好地培养中小学媒体素养教育的教师，建议在我国高校增设媒体素养教育专业，该专业主要为中小学校培养媒体素养教育的专门人才，以提高中小学媒体素养教育师资队伍的专业水平。在此基础上，进一步培养媒体素养教育专业的研究生，他们将从事这一学科领域的研究，指导中小学媒体素养教育的教师开展教学研究活动，从而提高中小学学生媒体素养的教学质量。

（六）加强教师媒体素养教育的课题研究

目前，我国媒体素养教育无论是理论研究还是教育实践都明显滞后，必须加快发展，在立足国内媒体素养教育现状的基础上，既要借鉴国外的成功经验，又要结合国情，开展媒体素养教育本土化的理论研究与实践活动。当前，许多国家都以重大课题项目强力推动媒体素养教育发展，如加拿大的 The Jesuit Communication Project 旨在提升整个加拿大学校的媒体素养教育，欧盟重大项目 E-learning programme 的子项目 Media Literacy Project 每年都开展十几个专项研究。2004 年，我国开启了教育部哲学社会科学研究重大课题攻关项目年度招标课题“媒介素质教育理论与实践研究”；2008 年，启动了全国教育科学“十一五”规划教育部青年专项课题“媒体素养教育融入学校教育的策略研究”，这些课题的研究对推进媒体素养教育研究的发展都有积极作用。因此，我们有必要加强教师媒体素养教育的课题研究，既要注重理论研究，形成适合中国国情的教师媒体素养教育理论，又要积极开展教育实践，形成多层次、多形式、多渠道的实践活动，促进教师媒体素养教育理论与实践的发展[①]。

① 李芳，叶谷平．新编现代教育技术学[M]．广州：广东高等教育出版社，2013:46-57.

第八节 信息化教学工具

一、信息化教学工具概述[①]

信息技术已成为拓展人类能力的创造性工具，信息时代的教育教学活动需要各种信息工具的介入与支持。信息工具为教学实践的情境创设、深度互动、合作建构、协同创作等提供了基础，有效地运用各种信息化教学工具，可以帮助教师降低教学难度，激发学生的学习兴趣，提高教学质量。

（一）信息化教学工具的概念

信息化教学工具是教师和学生为了与学习环境要素进行有效互动而使用的手段，为学习活动有效进行而参与到学习活动中并具有一定认知功能的计算机软件。

信息化教学工具可分为学科教学工具软件、学习工具软件，是为了都助学生理解、分析、建构知识而设计的各种学习支架、建模工具、仿真模拟软件等。与一般的课件不同，信息化教学工具一般不直接表现教学内容、教学策略，而为教学活动提供功能性的支持。常见的信息化教学工具有知识建构工具、信息检索工具、协作交流工具、情境探究工具、虚拟实验工具、统计评价工具等。

（二）信息化教学工具的功能特点及分类

信息化教学工具的有效应用能够改进课程教学效果，尤其是在促进学生高阶思维能力发展和有意义学习方面具有非常积极的作用。

1. 信息化教学工具的功能特点

（1）方便快捷，具有较强的针对性。信息化教学工具是针对某一学科、某一方面知识甚至是某一知识点而设计的，具有体积小、针对性强等特点，使用方便快捷。

（2）生动形象，具有较强的趣味性。信息化教学工具界面设计美观、声图并茂，能为学生的学习创造良好的情境，有助于激发学生的学习兴趣，使学生更容易进入学习状态。

（3）交互性强，支持知识建构。具有很强的交互性，能够让学生充分地参与整个学习过程的自我控制和安排，并帮助学生实现知识建构。

2. 信息化教学工具的分类

信息化教学工具的种类有很多，下面从教学功能的角度介绍几类常见的信息化教学工具。

（1）知识建构工具。

建构主义认为学生对知识的掌握不是由教师传授或灌输的，而是通过同化、顺应、平衡，在学习伙伴间的交流、对话、协商和讨论过程中，运用意义建构的方式获得的。在信息化环境下，有助于学生知识建构的工具平台非常多，如概念图工具可以培养学生的信息组织、意义建构能力；“作图”“作曲”工具可以培养学生创作作品的能力；信息“集成”工具可以培养学生的信息组织、表达能力与品质；网页开发工具有利于培养学生对信息的甄别、获取和组织能力。

---

① 柯清超．现代教育技术应用[M]．北京：高等教育出版社，2016:77-79.

（2）信息检索工具。

信息化社会中，学生能否占有信息、如何占有信息、占有信息的及时程度如何，直接影响其学习的效果。学生发现所需信息是学生获取及加工信息的基础与前提。在信息化学习环境下，信息的数量和复杂性正以惊人的速度增长，学生需要借助信息检索工具获取信息和处理信息，如万维网、智能的信息搜索引擎。

（3）协作交流工具。

新的学习理论都强调学习的社会性。随着网络通信技术的发展，各种基于网络和计算机的同步和异步交流工具在学校中得到广泛运用，特别是 Web 2.0 工具的涌现和不断发展，为协作学习提供了强有力的支持。利用这些强大的 Web 2.0 工具，学生可以在个人自主学习的基础上，通过参与对话、讨论、协商等不同形式的协作学习活动，进一步完善和深化对研究问题的意义建构，从浏览者转变为主动参与者，培养独立思考能力、求异思维、创新能力和团队合作精神。

（4）情境探究工具。

一定的社会行为总是离不开行为发生所依赖的情境。情境探究工具可为学生提供质疑的空间，把问题引向纵深，引导学生在问题情境中进行探究、发现，有助于加强学生对学习内容的理解，提高学生的学习能力。

（5）虚拟实验工具。

科学类学科的一个重要特点就是以实验为基础，很多概念的形成和规则的确立都是以具体的实验为基础的。在科学课程教学中，可通过虚拟实验工具营造三维的、逼真的实验情境，把具体的现象和抽象的概念联系起来，让学生在虚拟实验环境中实际操作、观察现象、读取数据、科学分析，培养学生的科学研究态度和能力，帮助学生掌握科学探索的方法与途径。

（6）统计评价工具。

数字化学习资源提供各种类型的试题库，学生通过使用一些随机出现的、不同等级的测试题目，利用 SPSS 统计分析软件和学习反应信息分析系统，借助统计图表或 S-P 表，可进行学习水平的自我评价。

二、知识可视化工具

知识可视化是一个在数据可视化、信息可视化的基础上发展起来的新兴研究领域，其实质是应用视觉表征手段将人们的个体知识以图解的手段表示出来，形成能够直接作用于人的感官的知识外在表现形式，从而促进知识的传播和创新。下述介绍常用的知识可视化工具。

（一）概念图

概念图（Concept Map）是康乃尔大学的诺瓦克博士根据奥苏贝尔的有意义学习理论提出的一种教学技术。根据诺瓦克博士的定义，概念图是用来组织和表征知识的工具。它通常将某一主题的有关概念置于圆圈或方框之中，然后用连线将相关的概念和命题连接，连线上标明两个概念之间的意义关系。这种知识可视化方法最大的优点在于将知识的体系结构（概念及其概念之间的关系）一目了然地表达了出来，还突出表现了知识体系的层次结构。另外，概念图还是很好的结构化知识评估工具。

概念图在教学应用中的作用越来越突出，主要表现在以下几个方面：

（1）以概念图为知识可视化的表征工具：概念图以简洁明了的图式呈现复杂的知识结构，有助于师生在零散孤立的概念节点间，以及新旧知识间建立联系，做到融会贯通，深化对概念的理解，进而形成全面系统的认知结构，促进知识的意义建构和意义教学。

（2）以概念图为高阶思维的发展工具：绘制概念图有助于高阶思维的发展，概念图在引导学生识记知识的基础上，更关注学生对所学内容的理解与反思，以及对知识的创造性建构，突出思维训练和能力培养；概念图还能够教给学生一些有关大脑机制和知识组织的知识，有助于学生进行意义学习和记忆。

（3）以概念图为合作交流的工具：概念图可以作为合作交流的工具，用来支持头脑风暴，并把许多瞬间即逝的灵感和知识元素构建成清晰的知识网络，引导思维不断延伸。用概念图软件制作的概念图，既易于修改，又易于扩展，富有表现力，还能突破时空的限制，利于促进学生之间的深度交流与分享，营造合作的学习氛围。

（4）以概念图为促进教学的评价工具：概念图有利于教师根据形成性评价结果，及时完善自己的教学设计，从而更有针对性地进行教学。概念图作为一种新的教学评价工具，还能引导学生从系统化、结构化、整体性等角度来关注新旧知识点及其相互联系，促进学生进行意义学习。

（5）以概念图为一体化教学设计与课件开发的工具：教师用概念图可以将教学理论、教学经验、教学内容、教学环节和教学资源等以可视化的图式表现出来，这有利于教师更清晰、有效地组织教学。这种用概念图制作的图式化教学设计可以转换成多媒体教学课件，从而实现教学设计与教学资源的有机整合①。

常见的概念图工具有 Inspiration、CmapTools 等。Inspiration 是由 Inspiration 公司开发的一款服务于广大教师日常教学和中小学生学习的概念图软件，具有界面简单、操作直观、容易上手等特点。该软件提供了一千多种常用的图片，能够基本满足各学科需要。CmapTools 则是美国西佛罗里达大学人类和机器认知研究所开发的一种共享概念图软件。

（二）思维导图

思维导图（Mind Map）最初是 20 世纪 60 年代英国人托尼・巴赞创造的一种笔记方法。托尼・巴赞认为：传统的草拟和笔记方法有埋没关键词、不易记忆、浪费时间和不能有效地刺激大脑四大不利之处，而简洁、效率和积极的个人参与对成功的笔记有至关重要的作用。在草拟和笔记的办法成效越来越小的情况下，需要一种可以不断增多回报的办法，这种办法就是思维导图。尽管思维导图的初始目的只是为了改进笔记方法，它的作用和威力还是在日后的研究和应用中不断显现了出来，被广泛应用于个人、家庭、教育和企业。

托尼・巴赞认为思维导图是对发散性思维的表达，因此也是人类思维的自然功能。他认为思维导图是一种非常有用的图形技术，是打开大脑潜能的万能钥匙，可以应用于生活的各个方面，其改进后的学习能力和清晰的思维方式会改善人的行为表现。

① 柯清超．现代教育技术应用[M]．北京：高等教育出版社，2016:79-90．

思维导图在教学应用中发挥着重要作用，具体表现在以下几个方面：

（1）作为选择、呈现教学内容的工具：可以帮助教师选择、深入分析教学内容，使教学内容更加全面，知识结构更加合理。教学内容的呈现与传递是教学过程中的关键环节，教师借助思维导图可以制作出结构清晰、形象生动、图文并茂的知识表征图形；可以在备课时厘清自己的构思，令教学过程更具有组织性，教学思路更加清晰。

（2）作为促进知识结构化的工具：促进学生知识结构化，使学生更容易记住关键知识、概念之间的联系与区别。在总结或复习时，灵活使用思维导图可以帮助学生巩固知识。

（3）作为发散、创新思维能力培养的工具：运用思维导图的放射性思考方法，除了加速资料的累积外，还可以将数据依据关联性分层分类管理，使各种信息的储存、管理及应用更加系统化，从而提高大脑运作效率。

（4）作为促进学生意义学习的工具：利用思维导图可以把隐性知识显性化，以图直观地呈现知识，使学生看到知识、概念之间的关系，在新知识与旧知识之间建立联系，通过同化和顺应过程实现认知结构的发展。

（5）作为学习评价的工具：教师通过学生绘制的思维导图可以了解学生对知识的意义建构，诊断学生是否有误解的概念，了解学生思维活动的情况，进而分析影响教学效果的因素并提出改善措施。

常见的思维导图工具有 MindManager、XMind、FreeMind、MindMapper、iMindMap 等。MindManager 为用户提供了大量的模板，界面直观、操作简单，初学者容易上手，设计好的思维导图能够以 Word、PowerPoint、PDF、html 等多种格式输出。

（三）认知地图

认知地图（Cognitive Maps）也被称为因果图（Causal Maps），是由 Ackerman & Eden 提出的，它将“想法”（ideas）作为节点，并将其相互连接起来。想法不同于概念（concepts），它们大多是句子或段落。认知地图是以个体建构理论（Personal Construct Theory）为基础提出的，其中的“想法”都是通过带箭头的连接线连起来，但连接线上没有连接词，连接线的隐含意思是“因果关系”或“导致”，而且没有层次的限制。认知地图用来帮助人们规划工作，促进小组的决策。

（四）语义网络

在心理学中，语义网络（Semantic Networks）被定义为词语或概念的语义相似性或相关程度。然而，Fisher（1990 年）将其定义为节点和连接组成的网络，有连接词但不严格限制在层次结构上。这样，语义网络更像概念图，而不像主流心理学和计算机科学中定义的那样。与概念图一样，语义网络以概念和有意义的、不受限的连接词为基础，形成基本的实例或命题。Fisher（2000 年）认为语义网络可以被看成多维的，而非二维的。语义网络可以非常大，包含成百上千的相互关联的概念。由于它非常大，使用者在某一时刻只能看到其中的一个部分，也就是与中心概念直接关联的概念[①]。

---

① 赵国庆，黄荣怀，陆志坚．知识可视化的理论与方法[J]．开放教育研究，2005（1）:23-27.

三、信息化学科工具

信息化学科工具具有鲜明的学科特点、明确的针对性，有助于解决学科教学的重难点问题，便于学生理解复杂的学科知识概念体系，提高课堂教学效率。

（一）教学评价工具

教学评价是指依据一定的教学目标，借助一定的技术与工具，采用相应的评价方法，对教学过程及其结果进行测量，并作出的价值判断，是教育教学过程中的一个重要环节。教学评价对教学有导向、激励、诊断、调控等作用，它有助于引导评价对象朝理想目标前进，激发学生的主观能动性，支持教学问题的发现、分析与诊断，促进教学相长；还有助于循环修正教学，促进及时有效的调控。

教学评价工具软件有 Free QuizMaker、SPSS、电子档案袋等。Free QuizMaker 是一款免费的、操作简单的测验创建工具，借助它便可以在几分钟内创建出具有交互功能的测验、考试和评估测试。SPSS 是目前国际上流行的统计分析软件，具有强大的数据管理和分析能力，可以帮助教师进行科学有效的教学评价。电子档案是以数字化的形式记录的学生学习档案，是对教育教学过程进行真实评价，关注评价发展性、反思性功能的一种有效的质性评价方式。

（二）虚拟实验与探究学习工具

运用基于计算机的虚拟实验与探究学习工具，如虚拟实验室、模拟仿真工具、游戏化学习工具等开展教育教学活动是近些年非常流行的一种教学方式，目的是通过计算机的模拟环境使学生能够接触到知识的整个形成过程。在此过程中，学生在教师的帮助和指引下进行自主学习，自己动手、自己动脑，这能有效地培养学生独立思考的能力。针对不同的学科，虚拟实验与探究学习的工具有很多，如虚拟实验工具 PhET。

PhET（Physics Education Technology，物理教育技术）来源于诺贝尔物理学奖得主卡尔·威曼在美国科罗拉多州大学里发起的物理学教育技术（PhET）计划。PhET 官方网站（http://phet.colorado.edu）目前提供了一系列应用 Java、Flash 等技术开发的仿真互动虚拟实验工具供用户免费下载，涵盖了物理、化学、生物、地理、数学等学科。这些虚拟实验工具以其逼真、准确、交互性强的特点，将信息技术与课程实验教学高度整合，为弥补传统实验教学的不足提供了广阔的空间。

四、社会性软件在教学中的应用

社会性软件（Social Software）是构建于信息技术与互联网络之上的应用软件，在功能上能够反映和促进真实的社会关系的发展和交往活动的形成，使得人的活动与软件的功能融为一体。社会性软件的定义很多，而且还都在不断的发展演变过程之中。但每一种不同的描述基本包括以下几个基本认识：

（1）它是基于计算机和通信网络技术的。

（2）人们能借助它进行社交活动。

（3）人们可以通过使用它建立、维系和拓展社会网络。

社会性软件有很多，常见的有 QQ、微信、E-mail、BBS、Blog、Wiki 等。

（一）QQ、微信等即时通讯软件

QQ、微信等即时通讯软件作为使用频率最高的网络软件已经突破了作为技术工具的极限，被认为是现代交流方式的象征，并构建起一种新的社会关系。这些软件是迄今为止对人类社会生活和学习改变最为深刻的一种网络形态，可以使得 E-learning 中的师生之间或学生之间的协作学习实现异地同步交流并及时反馈。

（二）E-mail、BBS 等异步通讯工具

E-mail、BBS 等异步通讯工具是以网络和计算机为核心的现代信息技术导入 E-learning 中的，使课堂教学的结束成为另一种学习活动的开始。学生们利用 E-mail 提交作业或提出问题，教师和学生可同时在 BBS 中对问题或疑惑展开探讨并最终达到学习目的。网络环境下的同步和异步的相互结合可帮助学习者进行协作学习，通过这些交互、合作与沟通，学生可以看到问题的不同侧面和解决途径，从而培养学生思考问题和解决问题的能力。

（三）博客（Blog）的教学应用（个人出版和聚合工具）

Blog 是个人更新的网页日志，是个人将自己的想法表达出来，或者是一群人根据某个特定主题或共同目标进行合作。Blog 能够反映出作者之间的社会网络关系，是一种典型的个人出版和聚合类型的社会性软件。

Blog 与传统网站不同，Blog 的特点是：互动性更强；内容更口语化；使用快速发布软件创作，不需要技术经验，也不必有专家或 IT 技术人员支持；快速把更新内容传递给相关读者——而不需要通过电子邮件的形式。

随着教育信息化实践的深入，很多教师和学生都会采用 Blog 作为学习和个人知识管理的工具。Blog 的个性化共享提高了 E-learning 学习成员个体的自觉性和整体的合作性，它以时间为序的组织方式体现了 E-learning 学习者学习的过程，记录了学习者学习和思考的过程，便于学习者对自己学习的过程进行反思、总结以及提炼出成果，便于师生之间和学生之间的交流与相互评价；它的个性化收藏夹可帮助学习者对网络中获取的资源进行有效的知识管理。

Blog 的教育应用体现在：第一，是一个简单易用的新型工具；第二，是一个知识管理工具；第三，是一个建构不受时空局限的学习型组织；第四，是一个课程网站；第五，是一个档案式的评价工具。

（四）Wiki 协作共创知识库及平台

Wiki 是一种超文本系统，支持面向社群的协作式写作，同时也包括一组支持这种写作的辅助工具。与 Blog 不同的是，Wiki 是一种基于共创的网站，可以有多人维护，每个人都可以发表自己的意见或者对共同的主题进行扩展或探讨，对建构内容丰富的知识库和创新型的知识平台也非常有效，能有效地提高组织中的个人基于 E-Learning 的学习能力，体现网络环境下人们对分享知识和共创知识的追求。

Wiki 的特点：使用方便、有组织、开放性。

Wiki 系统在教育应用中的主要定位是作为教学工具，成为教师和学生之间简单而迅捷的通信接口。

【思考与实践】

1. 根据自身实际情况，简述你是如何应用各种视听觉媒体进行学习的。
2. 简述摄影角度的选择对拍摄效果的影响。
3. 摄像机在使用前要进行哪些调整？
4. 摄像机拍摄的基本操作要领和镜头的运动技巧有哪些？
5. 简述教师媒体素养教育的实施策略。
6. 根据本章内容，应用知识可视化工具设计合理的教学过程并整合相关资源。

第五章　数字化学习资源的设计与开发

【学习目标】

1. 理解数字化学习资源的内涵及特点。
2. 理解多媒体课件的概念、教学功能与基本类型。
3. 掌握多媒体课件的设计制作要求。
4. 掌握多媒体课件的基本制作过程。
5. 理解网络课程的概念。
6. 了解网络课程制作的相关技术及方法。
7. 理解微课的概念、结构与特征。
8. 掌握微课设计与制作的方法。

第一节　数字化学习资源概述

一、数字化学习资源的内涵

随着计算机和网络在教育教学中广泛而深入地应用，数字化学习资源开始影响我们的学习和生活。数字化学习资源是在信息技术发展的前提下对学习资源的延展和提升，是指经过数字化处理、依据学习者特征进行编辑的，可在多媒体计算机上或网络环境下运行的供学习者自主、合作学习的，且可实现共享的多媒体材料。按其呈现方式的不同，大致可以分为数字视频、数字音频、多媒体软件、CD-ROM、网站、电子邮件、在线学习管理系统、计算机模拟、在线讨论、数据文件、数据库等。

二、数字化学习资源的特点

数字化学习资源具有以下显著特征：

（1）多样性：信息内容以超文本结构、多媒体集成等多种形式呈现，极大地丰富了信息内容的表现力。

（2）共享性：网络环境下实现信息资源远程共享。

（3）互动性：数字化学习资源的双向传递及反馈功能使得学习者之间、学习者与学习内容之间、学习者与教师之间的互动更为便捷和有效。

（4）扩展性：对学习资源允许在其基础上进行横向和纵向的精加工，以满足不同学习者的学习需要和同一学习者不同时期的学习需要。

（5）再生性：在学习者的参与下，利用信息技术对知识的整合和再创造。

第二节　多媒体课件设计与制作

随着现代教育技术的发展，多媒体课件也越来越多地为广大教师所采用。运用多媒体课件进行辅助教学，彻底改变了传统的教学方式由一支粉笔、一块黑板、一本教材的模式，变成了一支粉笔、一块黑板、一本教材、一台计算机、一个课件的模式。

一、多媒体课件概述

（一）多媒体课件的概念

多媒体课件是计算机辅助教学的核心。课件一词来源于英文 Courseware，《英汉词典》上的解释是："一种教学软件，专门用于教育和训练的计算机程序，经常被称作课件，而不叫软件。"它是一种根据教学目标设计的，表现特定的教学内容，反映一定教学策略的计算机教学程序。也可以认为"课件是一种教学系统，它应包括教学中的各种信息及处理。广义地讲，凡是具备一定教学功能的教学软件都可称之为课件"。由于课件集合了与教学内容相关的各种媒体，也可以认为是一种课程组件。关于"教学软件"（Introductional Software）的概念，人们的认识有所不同。一种观点认为，教学软件就是课件，凡是能够在教学中应用的各类软件都可称之为教学软件。另一种观点认为，教学软件不全都是课件，教学软件是一个泛指的概念，它包含了在教学中应用的工具软件和直接作用于教学的课件。如果把教学软件等同于课件，在概念上容易引起混乱，因为与教学内容无直接关系的工具软件不是专为教学而设计制作的，它具有通用性。

早期的课件往往把教学内容部分与反映教学策略和程序的部分紧密地结合在一起，是一种封闭式的程序产品，或称为教学程序。后来，课件编制工作逐渐转向以写作系统为开发平台，课件制作者主要关心教学内容的组织和媒体化工作，而无须关心编程问题，课件产品变为开放式，即课件的学习材料库与教学控制程序可以单独存在。这时的课件可被看作结构化的学习材料。

可以认为，所谓课件就是依据教学大纲，将教学内容利用通用程序设计语言或写作语言编写成可自动运行的课程软件。毫无疑问课件属于教学软件，它与课程内容有着直接的联系。依此类推，所谓多媒体课件是根据教学大纲的要求和教学的需要，经过严格的教学设计，并以多种媒体的表现方式和超文本结构制作而成的课程软件。课件的容量可大可小，一个大的课件可以是一门完整的课程内容，可运行几十课时；小的课件只运行几十分钟，甚至更少的时间，这类课件在国外称为"堂件"（Lessonware）。

（二）多媒体课件的类型

多媒体课件可以从不同的角度分为不同的类型。

1. 根据运行环境分类

根据运行环境通常可分为单机版和网络版两类。

（1）单机版。单机版是指在单台计算机上运行的多媒体课件。

（2）网络版。网络版是指采用 Web 等技术开发，用于在网上运行的多媒体课件。

2. 根据使用对象分类

根据使用对象可分为助学型、助教型和教学结合型 3 种。

（1）助学型（学生自主学习型）。助学型多媒体课件主要使用者是学生。此类多媒体课件主要充分考虑学生使用的有效性，具有完整的知识结构，能反映一定的教学过程和教学策略，提供相应的形成性练习，供学生进行学习评价，并设计友好的界面方便学习者进行人机交互活动。利用个别化交互学习型多媒体教学软件系统，学生可以在个别化的教学环境下进行自主学习。

（2）助教型。助教型多媒体课件主要是辅助教师教学，以提高教师教学效率和效果为目的，课件可以辅助教师更好地完成课堂教学任务。

（3）教学结合型。教学结合型多媒体课件是兼顾教师教与学生学两者使用的课件。

3. 根据多媒体课件的作用与内容分类

根据多媒体课件的内容与作用可分为课堂演示型、学生自主学习型、模拟实验型、训练复习型、教学游戏型和资料工具型。

（1）课堂演示型。这种类型的多媒体课件一般来说是为了解决某一学科的教学重点与教学难点而开发的，注重对学生的启发、提示，反映问题解决的全过程，主要用于呈现教学内容（如教师上课的提纲、教学内容等）和课堂教学演示。通常是在多媒体教室通过投影屏幕展示给学生的，因此课件要直观、文字清晰，尺寸比例要大，而且按照教学思路逐步深入地展开教学内容。此类课件通常由学科教师本人完成，目前使用 PowerPoint 工具开发的较多。

（2）学生自主学习型。这种类型的多媒体课件具有完整的知识结构，能反映一定的教学过程和教学策略，提供相应的形成性练习供学生进行学习评价，并设计友好的界面让学习者进行人机交互活动。这种课件利用软件工程的设计思想，从某种意义上也可以称之为多媒体教学软件。例如，市面上出现较多的“跟我学××”“手把手教你使用××软件”等较多使用这种形式。

（3）模拟实验型。这种类型的多媒体课件借助计算机仿真技术，模拟某种真实的情景，提供可修改参数的指标项，当学生输入不同的参数时，及时给出相应的实验结果供学生进行模拟实验或探究学习。例如，网上的“金龙化学实验室”“抛物线运动”等。

（4）训练复习型。这种类型的多媒体课件主要是通过提出问题的形式来训练、强化学生某方面的知识和能力。课件的内容在安排上要分为不同的等级，逐级上升，根据每级目标设计题目的难易程度，使用者可以选定训练等级进行学习。这种类型的课件通常应用在习题测试、英语单词记忆等方面。五笔输入法训练使用的 WT 等也属于这种类型。

（5）教学游戏型。这种类型的多媒体课件与一般的游戏软件不同，它是基于学科的知识内容，寓教于乐，通过游戏的形式，教会学生掌握学科的知识并提高学习能力，引发学生的学习兴趣，是一种非常有前景的多媒体课件，常见的有单词学习等，例如“金山打字”中的游戏。

（6）资料工具型。资料工具型教学软件包括各种电子工具书、电子字典，以及各类图形库、动画库、声音库等，这种类型的教学软件只提供某种教学功能或某类教学资料，并不反映具体的教学过程。例如，“十万个为什么？”“金山词霸”等。

二、多媒体课件的教学功能

1. 图文声像并茂，优化学习环境

多媒体课件图文并茂、内容丰富多彩，能够更好地构建学生的学习环境，方便学生学习。同时多媒体课件对教学内容全方位的阐述，更能激发学生的学习兴趣，充分发挥学生的主动性，真正体现学生的认知主体的作用。

2. 友好的交互环境，调动学生积极参与

多媒体课件由文本、图形（图像）、动画、声音、视频等多种媒体信息组成，所以给学生提供的外部刺激不是单一的刺激，而是多种感官的综合刺激，这种刺激能引起学生的学习兴趣和提高学生的学习积极性。

3. 丰富的信息资源，扩大学生知识面

多媒体课件提供大量的多媒体信息和资料，创设了丰富有效的教学情境，不仅利于学生对知识的获取和保持，而且大大扩展了学生的知识面。

4. 超文本结构组织信息，提供多种学习路径

超文本是按照人的联想思维方式非线性地组织管理信息的一种先进技术。由于超文本结构信息组织的联想性和非线性符合人类的认知规律，所以便于学生进行联想思维。另外，由于超文本信息结构的动态性，学生可以按照自己的目的和认知特点重新组织信息，按照不同的学习路径进行学习。

三、多媒体课件的设计

（一）多媒体课件的设计原则

教学是一门艺术，它对培养学生各方面的能力起着重要的作用。随着社会的不断进步，为了达到学科教学的最佳效果，教师在课堂教学中使用多媒体课件。在教学中进行多媒体课件的设计时，首先必须明确，我们要设计什么课件、为什么要这么设计。由于多媒体课件是为教学服务的，所以在设计时必须要遵循以下原则：

（1）科学性原则。

科学性是多媒体课件设计的首要原则。因为课件应根据教学设计的要求，经过图形、动画、音乐、文字等处理，以一种生动的形式展现在学生的面前，使学生可以在多媒体课件所设计的情景之中通过一番思维上的探索，找到新知识与已有知识的结合点，从而完成新一层次知识的建构。所以，我们在设计课件时，首先要考虑课件的科学性。也就是说，多媒体课件设计不能出现科学性错误，不能把错误的观点、概念和原理传授给学生，课件作为固定的易于普遍推广的教学工具，一旦出现科学性错误，造成的损失就不仅仅是教师的个人失误，它的负面影响是很难弥补的。

（2）辅助性原则。

虽然多媒体课件对教学工作有独特的应用价值，它能在较短的时间内用视觉、听觉、形象激发学生的思维，提高课堂教学效率，但对教学而言，它仅仅是教学手段而不是目的。我们始终要明确的一个设计原则是，多媒体课件只能起到辅助教学的作用，不管计算机发展到什么

水平，它始终不能取代教师的作用。所以在设计课件时应注意多样化，但是再好的教师、再好的教学方法，也不可能面对所有的学生。目前，有的教师过分依赖教学课件，对所有应该板书的内容不板书，而是一味地照“屏”宣科，这就违背了教学规律。

为了使教师把课教活，学生学得主动，越来越多的教师加入到制作课件的行列。教师自己动手制作教学课件的过程本身就是一个重新整理和备课的过程，多媒体课件不仅可以使所教知识的呈现更加生动活泼、形象直观、富有吸引力，而且还能从不同的角度体现出教师独到的设计意图。在多媒体课件设计的过程中，一定要注意理顺技术与教学的关系，不但要考虑它的视觉效果，还应该结合学科教学的特点，考虑它对学生的启示作用，切忌华而不实。只有这样，多媒体课件在教学中才能起到积极的作用。

（3）交互性原则。

交互性是多媒体课件的关键特性，它向使用者提供更加有效的控制和使用信息的手段，同时也为应用开辟了更加广阔的领域。交互性也是多媒体课件的一大特点和优势。多媒体课件从本质上来说，就是对信息进行数字化处理和交互式处理。人机之间缺少“友好”的交互，严格来说还称不上多媒体课件。多媒体课件的交互性表现在以下 3 个方面：

1）多媒体课件的优越性就在于检索方便、一目了然。无论你需要课件的哪一部分内容，只要一按鼠标，计算机就会把需要的内容迅速地呈现到你的面前，这为教师上课提供了极大的方便。如美术欣赏课教学时，鼠标一点，某个画家的代表作及其生平介绍就会展现在你的眼前，不但可以窥见作品的全貌，也可以放大局部进行观察，还可以全面地对系列作品进行逐帧观赏。学生虽身在课堂，却能打破时间、空间、地域的界限，驰骋中外，跨越古今，在艺术作品的长廊中漫步，在想象的空间里飞翔，审美教育寓于潜移默化之中。

2）控制速度，演示分明。实际过程发生在瞬间，但在教学中为了讲清原理，必须分解动作。多媒体课件能够完全地适宜于不同的教师与学生，既可以放慢演示速度，也可以加快演示速度，操作鼠标或键盘就可以分解动作或连续运行。上课时，资料通过传输设备输送到银幕上（或大屏幕上），伴随着图像、文字、声音的出现，学生的注意力一下子被吸引了，思绪也随着画面的演示速度快慢而变化。电子课件能够充分发挥多媒体的优势，按照学生的认识规律，用图像、声音、动画、文字全方位地对学生的视觉、听觉形成良性刺激，使学生能够生动活泼地学习。

3）分步提示，人机对话。学生采用多媒体课件自学或解答某些难题时，计算机能分步提示，按照不同的学习进度渐进，引导和指导学生学习。多年来我们一直强调课件的交互性，但这种交互性一直是针对教师的，总是想办法让教师在上课的时候好操作，却忽略了作为学习主体的学生使用课件的交互性。一般情况下，课件是由教师操作使用的，而学生只能被动地按照教师的教课顺序去看、去理解。不同的学生对知识点的理解程度是不同的，教师不可能在每一个地方都做详细的演示。因此，不少学生就很想课后自己使用课件去了解需要的内容。现在，课件在网上共享，学生就可以在课余时间从网上调出课件进行学习。将课件放在网上对学生而言，可以改变目前课件服务的主体过多倾向于教师的弊病，实现课件在教与学上的统一。我们在设计课件的交互性能时，除了要考虑教师操作的方便外，不要忘了学生也是课件的使用者，要充分考虑学生上机操作，实行人机对话，使学生在课堂上的位置从被动变为主动，真正成为学习的主人。

（4）艺术性原则。

优秀的多媒体课件都是思想性和艺术性的和谐统一。制作多媒体课件无疑是一种艺术创作，需要美术设计、绘画、音乐、计算机等多方面的知识和技能。多媒体课件除了对画面的要求较高外，对音乐的配置也十分讲究。一般来说，背景音乐以舒缓抒情、节奏平稳的旋律为宜，而且音乐的配置应根据内容来选择。如中国古代艺术作品欣赏，则应选择中国古典音乐或者中国民乐作为背景音乐；如果是西方艺术作品欣赏，则采用西方的音乐。此外，画面的呈现和消失方式也应富有艺术性，要想方设法把课件制作得精美、富有吸引力和艺术感染力。一般情况下，采用二维动画用于教学已经能产生预期的效果。当然，能够采用三维动画立体感更强，如片头可采用3D动画制作，视觉效果会更好，但不宜过分提倡和强调。优秀的多媒体课件应集科学性、艺术性、趣味性于一体，能充分调动学生的各种感官。富有艺术性的多媒体课件可循环利用，并具有收藏价值。

（5）交流性原则。

一般来说，每个教师对自己创作的多媒体课件都是敝帚自珍。如果不能做到使大部分教师和学生愉快地接纳，其应用价值就非常有限了。教师们在课余时间里花了大量的精力做了很多的课件，但往往是上完课或者评过奖之后就被束之高阁了，使很多优秀的课件“养在深闺人未识”，或被放在那儿“孤芳自赏”，限制了课件的交流和使用，这也是教学资源的一种浪费。现在各个学校陆续建立了校园网，这给多媒体课件的高效使用创造了良好的条件。如果能把课件放到网上共享，这对老师和学生都大有裨益。课件的使用率越高，就说明课件制作得越好，无形中也给课件提供了宣传的机会，使课件接受教学实践和社会的检验，既避免了相同内容重复制作又充分调动了教师使用课件的积极性，省时又省力。当然，别人的课件只能借鉴使用，我们不能一味的“拿来主义”，还要根据自身的特点和学生的实际情况进行一定程度的修改，使其更好地为自己的教育教学服务。

（二）多媒体课件的教学设计

多媒体课件的教学设计，就是要应用系统观点和方法，按照教学目标和教学对象的特点，合理地选择和设计教学过程、媒体信息的有机组合，形成优化的教学系统结构。它包括以下基本工作：教学目标与教学内容的确定、学习者特征的分析、媒体信息的选择、知识结构的设计、诊断评价的设计等。

（三）多媒体课件的系统设计

多媒体课件的系统设计包括软件结构与功能的设计、屏幕界面的设计、导航策略的设计、交互界面的设计、教学策略的设计等内容。

多媒体课件的软件结构是教学软件中各部分教学内容的相互关系及呈现的形式，它反映了教学软件的主要框架及其教学的功能。课件结构与功能的设计一般包括媒体结构的设计、总体风格的设计、主要模块的划分、屏数的确定、各屏之间的关系等内容。

屏幕界面设计一般包括屏幕版面、颜色搭配、字体形象和修饰美化等内容。多媒体课件屏幕画面除了追求屏幕的美观、形象、生动之外，还要求屏幕呈现的内容具有较强的教学性。要合理安排多媒体课件屏幕中的各种教学信息、帮助信息和可以进行交互作用的对象的位置及其大小。

交互是计算机与学习者之间进行的信息交换。多媒体课件中使用者存在着丰富的心理世界和社会需要，是一个个活的、时刻处于成长变化之中的个体。多媒体课件中的人机交互方式设计要求考虑视觉和听觉的模式识别问题，考虑人的感知、表象、记忆、思考和情绪等心理活动。目前多媒体创作工具提供的常见交互方式有：①按钮；②菜单；③热字、热区；④条件判断；⑤文本输入；⑥移动物体、目标区域；⑦限定时间；⑧限定次数；⑨按键等。

由于多媒体课件信息量大、关联度高、跳转较多，往往不知道自己身在何处、怎么来的、应去哪里，常常造成混乱的情况。为此设计多媒体课件时，需要认真考虑向学习者提供逻辑严密、结构清晰的“导航”。

（四）多媒体课件的结构设计

1. 课件结构的概念

课件结构是课件中各教学信息的逻辑化和程序化关系及教学控制策略的组合，一般由两个部分组成：一是教学信息单元之间的逻辑关系或先后顺序，它受知识体系内在关系的制约；二是教学控制策略，这受学习者认知规律的制约。知识系统的逻辑关系与学习的认知策略之间往往相互影响，只有根据教学任务和需求，将知识信息的呈现顺序与学习者的认知规律结合起来，才能组成相应的课件结构。课件结构可以根据教学的需要被设计成各种各样。它们体现着特定的教学思想、学习理论、教学任务和教学内容。任何课件都要根据教与学的需要来组织信息内容的呈现顺序以及教与学的控制策略。因此可以认为，在教与学的控制策略制约下，信息单元之间形成的特定关系便是课件结构（请参考“小猴子下山”课件范例进行理解）。

2. 与课件结构有关的几个概念

（1）超文本（Hypertext）。超文本实际上是指超文本结构，它是相对于早期课件内容线性链接而言的一种结构。超文本结构就是在一页（屏）文字中插入一些“链”（Link）指向其他页（屏）的文字内容，这些“链”之间链接的若干页（屏）之间便形成一个网状的信息组织结构。

（2）超媒体（Hypermedia）。超媒体是指在超文本结构的基础上又能用图形、图像、音频和视频等媒体元素来呈现信息的技术方式。初期的超文本虽实现了信息节点间的网状链接，但仍以文字为主，随着多媒体技术的发展，在计算机上实现了多媒体方式的信息处理和表达，故有人将此称为超媒体。

（3）节点（Node）。节点是指课件中表达信息的一个单位。节点中表达信息的媒体可以是文本、图形、图像、音频、视频，甚至可以是一段计算机程序。

（4）链（Link）。链是指一个信息节点到另一个信息节点之间的连接。这种连接常被看成超文本结构的本质。若是单从技术层面上讲，课件结构就是节点之间“链”的组合。

3. 多媒体课件的结构

从不同的角度来观察，多媒体课件有不同的结构特征。下面就从课件的总体结构、内容结构、信息结构和控制结构 4 个角度来分析多媒体课件的结构。

（1）多媒体课件的总体结构。下面将对课件的外在表现的结构加以说明。从总体上看，多媒体课件很像一本书或一部带有交互性的电影，它是由一页一页或一幅一幅的画面组成，在多媒体课件中我们将其称为一帧一帧的框面。根据这些帧的表现顺序，分为封面、扉页、菜单、内容、说明（帮助）、封底 6 个部分。

1）封面：运行课件时出现的第一幅框面，一般呈现了制作单位的名称或课件的总名称。常以几秒钟的视频动画形式表现。

2）扉页：封面后的下一个框面，常呈现课件的名称。一般由一个框面组成。

3）菜单：就像一本书的目录，供学习者选择学习内容之用。可以有多处菜单存在。

4）内容：这是课件的主要框面部分，呈现教学内容。

5）说明（帮助）：为了帮助使用者使用课件，课件中应该设计一些提供如何使用课件的帮助信息的框面。

6）封底：是制作课件的人员名单框面。

一个完整的多媒体课件通常应该由上述 6 部分框面组成。

（2）多媒体课件的内容结构。多媒体课件是教学内容与教学处理策略两大类信息的有机结合。具体地讲，课件内容应该包括：向学习者展示的各种教学信息；用于对学习过程进行诊断、评价、处理和学习引导的各种信息；为了提高学习积极性，创造学习动机，用于强化刺激学习和学习评价的信息；用于更新学习数据、实现学习过程控制的教学策略和学习过程的控制信息。

课件内容的常规结构形式是由引入、指导和练习 3 部分构成。

（3）多媒体课件的信息结构。多媒体课件是用于传递信息的工具，在多媒体课件中表现教学信息主要使用 5 种符号：文本、图形/图像、声音、动画、视频。

（4）多媒体课件的控制结构。我们可以将当前多媒体课件中较常采用的内容控制结构方式归纳为如下几种：

1）线性结构：学生按顺序地接受信息。从上一帧到下一帧，是一个事先设置好的序列。

2）树状结构：学生是沿着一个树状分支形式展开学习活动，该树状结构由教学内容的自然逻辑关系形成。

3）网状结构：也就是超文本结构，学生的学习活动是在内容单元间自由航行，没有预置路径的约束。

4）复合结构：学生的学习活动可以在一定范围内自由地航行，但同时又受主流信息的线性引导和分层逻辑组织的影响。

四、多媒体课件的开发

（一）多媒体课件开发流程

一个高质量课件的开发是一个复杂的系统工程，需要开发小组中的全体人员通力合作，因此需要对开发过程的各个步骤和任务做出具体的规定以作为行动的指南。由于不同的课件开发人员对开发的理解程度、文化背景、兴趣爱好等方面存在差异，导致了各种不同的多媒体课件开发模型的出现。一般来说，多媒体课件开发要经过以下几个阶段：环境分析、教学设计、脚本设计、软件编写、评价与修改。

1. 环境分析

多媒体课件的环境分析主要包括课件目标分析、课件使用对象分析和开发成本估算等任务。教学目标不仅包括该学科领域以及教学内容的范围，而且应对教学提出具体要求。例如学习新概念、巩固已经学过的知识、训练求解某种问题的能力、要求掌握的程度及检查方法等。

课件使用对象分析，即分析学习者在从事新的学习或进行练习时，其原有知识水平或原有的心理发展水平对新的学习内容的适合性。该项分析通常涉及以下 3 个方面：①学习者的一般特点，包括年龄、性别、文化程度、工作经历、学习动机、文化背景等；②学习者对学习内容的态度以及已经具备的相关基础知识与技能；③学习者使用计算机的技能。开发多媒体课件的成本估算通常也是不可缺少的。在这里，开发的总费用一般包括开发组成员的劳务费用，各种参考资料费，磁盘、打印纸等各类消耗材料费，软件维护费等。

2. 教学设计

教学设计是课件开发过程中最能体现教师教学经验和教师个性的部分，也是教学思想最直接和具体的表现。该阶段的主要任务包括分析教学内容、划分教学单元、选择适当的教学模式等。

教学内容分析指的是根据前述确定的教学目标，具体划分出教学内容的范围，揭示教学内容各部分之间的联系。根据教学内容将课程教材按段落和时间分成若干课，亦即课时分配。因为在多媒体教学过程中不再考虑黑板书写及教师思考等时间，所以多媒体教学每节课的课时应比传统的课堂教学课时短一些。然后，把每课内容按单纯的教学目的划分成若干相对独立的小块，一个小块就是一个教学单元。教学单元划分的依据就是教学大纲，应当仔细分析教材和参考书，把教学目标逐步演化成一系列的教学单元，并根据教学内容的难易程度和知识体系情况选择控制教学单元前进的策略，即确定课件的结构方式。

多媒体课件的教学设计要特别强调建构主义学习理论的应用，以学生为中心，把学生看成是认知的主体，是知识意义的主动建构者；教师只对学生的意义建构起帮助和促进作用，并不要求教师直接向学生传授和灌输知识。在建构主义学习环境下，教师和学生的地位、作用与传统教学相比已发生了很大的变化。相应地，教学设计理论与传统教学相比也有很大不同，对于课件设计开发者来说，应充分注意这一点。多媒体课件的制作必须遵循教学设计的基本规律，强调运用系统方法，以教学理论和学习理论为其设计的理论基础，按照教学设计的一般步骤，具体分析学习需要、学习内容、学生特征，阐明学习目标，并对其设计成果进行有效的评价，修正和完善课件的不足之处。多媒体课件是为优化教学过程、满足教学需要、提高教学效果和效率而设计开发的，为了达到这一目的，多媒体课件的编制就必须符合相应的要求。

3. 脚本设计

脚本是在教学设计的基础上所做出的计算机与学生交互过程方案设计的详细报告，是下一阶段进行软件编写的直接蓝本，是课件设计与实现的重要依据。因此，脚本设计阶段也是课件开发过程中由面向教学策略的设计到面向计算机软件实现的过渡阶段。从脚本所描述的内容来看，多媒体课件的脚本可分为文字脚本和制作脚本两种。前者是由教师按照教学要求对课件所要表达的内容进行的文字描述；后者则犹如影视制作中的分镜头脚本，是在文字脚本的基础上改写而成的能体现软件结构和教学功能，并作为软件编制的直接依据的一种具体描述。换言之，一般认为，文字脚本是多媒体课件“教什么”“如何教”和“学什么”“如何学”的文字描述，它包括教学目标的分析、教学策略的制订、媒体的选择等内容。

制作脚本是在文字脚本的基础上依据教育科学理论和教学设计思想，进行课件交互式界面以及媒体表现方式的设计，将文字脚本进一步改变成适合于计算机实现的形式。

脚本的描述并无规定格式，但所包含的内容是基本一致的，即在脚本中应注明计算机屏幕上要显示的内容（包括文字、动画、图像和影像等）、音响系统中所发出的声音，以及这些内容输出的具体顺序与方式。

在多媒体课件的脚本设计中，计算机屏幕布局的合理与否在一定程度上反映了课件的质量。在脚本设计中，通常都将屏幕划分为若干功能区，使得同一个课件中各种类型的信息都有相对固定的位置，以避免学生每次都需要花时间在屏幕上寻找而无法集中精力学习教学内容。

4. 软件编写

该阶段的任务是将教学设计阶段所确定的教学策略，以及脚本设计阶段所得出的制作脚本，用某种计算机语言或多媒体软件工具加以实现。为了提高效率，应该尽量收集、利用现有的多媒体素材，根据课件内容需要进行编辑加工。在多媒体素材采集、编辑完成后，即可用多媒体创作（编辑）工具进行集成。

若所制作课件的结构或处理流程十分复杂，或者准备作为商品化软件发行，则可采用计算机高级语言，如 Visual Basic、C++语言等进行编程。课件程序编写完成后应当进行仔细的调试，调试的目的是为了找出程序中隐含的各种可能错误并加以排除，其中包括教学内容上和计算机程序编写上的各种错误。

一个完整的课件，除了在程序中包含联机帮助功能外，还必须提供相关的文档，如学生手册、教师手册、技术手册等。因此，在课件程序编写和调试结束后，还必须编写相应的文档。

5. 评价与修改

当课件初步制作完成后，先要在小范围内试用，放在教与学的实践活动中进行检验，如果发现问题，要及时进行修改、完善。并且要以教学目标为标准进行评价，评价时可采用专家评价与教学实践检验相结合的方法。

经过对前面各项工作的反复执行，确定了多媒体课件的具体内容之后，就可以将多媒体课件拷贝成产品并出版、推广使用。

（二）多媒体课件开发常用的软件

制作课件实际上就像承建项目，开发一个知识点的课件，就像承建一个小项目；开发一门课程的课件，相当于承建一个中等项目。课件的开发与制作是一个系统工程，需要多方面的工作，目前多媒体课件开发与制作常用的软件分别从以下几个方面进行阐述：

（1）课件素材制作与处理常用软件。

文字处理软件：Word、WPS。

图形图像处理软件：Photoshop、PhotoStyler、CorelDRAW。

动画处理软件：3DS MAX、GIF Animator、Adobe Flash、Cool 3D。

音频处理软件：GoldWave、Adobe Audition、Adobe Premiere。

视频处理软件：Adobe Premiere、会声会影、屏幕录像。

（2）课件集成常用软件。

Microsoft PowerPoint 软件：主要用于制作演示型课件，也是目前最方便、最快速、最常用的课件制作软件。

Authorware 软件：美国 Macromedia 公司开发的多媒体模块软件，目前已经不再开发新版本。

Adobe Flash 软件：Flash 是目前最流行的课件制作软件，它制作的课件具有体积小、动画表现力强、交互性强等特点。

StreamAuthor 串流大师软件：串流大师是一套针对企业培训需求所推出的多媒体课件制作工具软件，是目前制作三分屏流媒体课件的常用软件。

Dreamweaver 软件：主要用于网页开发，可以用来开发网络版的多媒体课件。

几何画板软件：几何画板是一个通用的数学、物理教学环境，提供丰富而方便的创造功能，使用户可以随心所欲地编写出自己需要的教学课件。

第三节　网络课程的设计与开发

一、网络课程概述

（一）网络课程的概念

网络课程是通过网络表现的某门学科的教学内容及实施的教学活动的总和，它包括两个组成部分：按一定的教学目标、教学策略组织起来的教学内容和网络教学支撑环境，其中网络教学支撑环境特指支持网络教学的软件工具、教学资源以及在网络教学平台上实施的教学活动。

网络课程是通过对教材的内容进行教学设计，同时以网页形式制作、整合各类教学资源，并添加各类教学辅助系统的教学软件，它可以在网页浏览器中运行，不受时间、地点的限制。因此，网络课程中既要激发学生的学习兴趣和提供丰富的学习内容，又要便于教师通过网络进行讲授和从事相关的教学活动（如网上辅导、答疑和提交作业等），因此网络课程既是一个以学生为主体的远程课外辅助学习系统，又是一个可供教师使用的课堂多媒体演示系统，同时还可以利用其远程教学的优势为继续教育服务。

（二）网络课程的作用

（1）辅助教师教学。用于向学生演示和表达知识，辅助教师进行知识的传授。

（2）辅助学生学习。用于帮助学生巩固知识，引导学生积极思考，帮助学生发现和探索知识，所以网络课程中除了有网络讲义、课件之外，还应尽量提供教学实施过程中所需的一些环节内容。

（3）资源库。用于提供教师备课以及学生学习时的相关参考资料。因此在网络课程中要求具备大量的学科素材，并提供准确、方便和快捷的检索机制。

二、网络课程设计

（一）网络课程的设计原则

（1）交互性。教学软件要有良好的交互性，及时对学生的学习活动作出相应的反馈。表现的知识应该是可操纵的，而不是教材与教室的电子搬家。

（2）界面友好。软件界面要美观，符合学生的视觉心理；设有导航栏目，操作要简单，不需要大量的预备技能；提示信息要详细、准确和恰当。

（3）创新能力培养。知识创新和信息获取的能力是当代素质教育的核心，教育软件应采取多种教学策略，使学生在学习过程中进行积极的思考，从而在培养学生的创新能力和增强文化素养方面发挥作用。

（4）科学性。教学软件中所要表达的知识要具有科学性，措辞要准确，行文要流畅，符合知识的内在逻辑体系和学生的认知结构。

（5）协作性。协作学习有利于高级认知能力以及合作精神的培养，网络为教学软件中的协作学习提供了理想环境，因此要发挥这一优势，提供协作学习和协同工作的工具。

（6）教学设计。重视教学设计，注意分析学生的特征、教学目标和教学内容的结构，设计符合学生认知心理的知识表现形式，设计能够促进构建知识的学习策略。

（二）网络课程的结构设计

网络课程是通过网络表现的某门学科的教学内容及实施的教学活动的总和，可以分为按一定的教学目标、教学策略组织起来的教学内容和网络教学支持环境这两个组成部分。从教学的各个环节来看，网络课程应该包括课堂教学环节、实践教学环节、作业与测试环节；从网络课程的使用角色上来看，网络课程应该包括教师教学平台、学生学习平台、教学管理平台；从网络课程的具体内容及功能来看，网络课程包括课程介绍、教学大纲、教学实施方案、教学进度、知识讲解、实例演示、素材下载、新闻发布、课程论坛、练习测试、考试模拟和系统管理等，把课程的具体内容、功能与相关的教学的各个环节结合起来，符合不同角色的使用要求和特点，搭建网络课程的教学平台，这便是网络课程体系结构分析要实现的目标。

（1）知识讲解。该模块以课程讲义、多媒体演示文稿的形式表现课堂内容，同时可以加入一些视频、动画，形成一个集文字、图片、视频动画、声音于一体的多媒体教程。学生可以通过浏览网站中的知识讲解模块，复习课堂教学的内容或是针对自己的兴趣和学习的进度自主地选择内容进行学习。该模块要求按照教学设计要求把相关知识放在网上，要有较好的导航系统，方便学生学习。

（2）练习测试。学生在网络课程中还可以通过练习测试模块进行自我测试，巩固已经学过的知识，发现薄弱环节。把对应课程各个章节的练习题存放在后台数据库中，可以按章节显示相关习题，可以网上做答，提交后可以反馈测试情况并提供参考答案及解题过程。

（3）模拟考试。该模块提供课程综合测试卷，有固定试卷和随机试卷两类，组成固定试卷的试题和供随机抽题组卷的试题分别存放在后台数据库中。采用 ADO 技术来实现与数据库的动态交互，从而完成固定试卷的随机抽取和随机试卷的随机抽题组卷，用户完成试卷后，系统将自动为用户评分并记入用户的成绩单（后台数据库），系统还自动生成一份附有正确答案的分析报告供用户查看。

（4）资源库。可以把该门课程相关的一些图片、文字、视频资源放在网络课程中供学生使用，同时应该可以提供一个资源管理的后台程序，供管理员添加、删除资源。

（5）答疑系统。该部分做成课程论坛的形式，当学生遇到疑难问题时，可以通过课程论坛和其他同学或老师进行讨论，从而得到问题的解答。可以在答疑系统中把类似的问题设立为同一个主题。而对于教师来说，可以根据学生们提出的问题，及时发现教学中存在的不足，并做相应的调整与改进，教师辅导答疑时，不用再受时间空间的限制，只要查看网络课程中的课程论坛，就可以了解学生的疑难问题，然后进行解答。

（6）新闻发布。该部分发布一些课程方面的通知信息，可以实现各条新闻按日期顺序的分页排列显示，也可以发布、删除、修改新闻。

（7）教学评价。该部分把实际使用的教学评价卡做成电子评价卡，可以让学生在网上对课程情况进行评价，并具有简单的统计分析功能，同时可以搜集一些教学反馈信息。

（8）系统管理。该项实现对整个网站后台数据库进行维护的功能，其中包括对学生用户和网络管理员的增加和删除，对新闻发布和练习测试中各大题库内容的增加、删除和修改，对课程论坛的历史留言和不良留言的删除等工作。主要采用 Web 和 ASP 技术相结合的方法来实现网络课程的远程数据维护。网站管理员通过密码登录管理员页面后，直接以填写和提交网页表单的形式来增加和编辑有关的数据信息，系统自动对相应数据库进行增加或编辑，并直接反映在前台的内容发布上，既简单快捷，又安全可靠。

（9）教师信箱。在该模块中，学生可以对教师的教学情况进行留言，教师可以进行回复，学生的留言可以通过审核显示出来，也可以不显示。

（10）在线讨论。该部分做成简单的网上聊天室的形式，师生可以在线实时进行交流。

（11）知识查询。网络课程中有很多知识，可以针对某一个具体的知识点进行查询，并把查询的结果以链接的形式反馈出来。

（12）笔记本。在学习过程中，学生可以把相关知识点添加到电子笔记本中，供以后复习使用。

三、网络课程开发

在网络课程的设计与开发中会涉及很多开发技术和开发工具，合理地选用开发技术和工具对提高网络课程的开发速度有很大帮助。基于网络的课程涉及的技术有很多，如基于网络的课程学习导航讨论区（实时和非实时两种）、电子邮件，以及通过网络音频数据流或传统电话传输的声音、图像、视频片段等。然而，并不是所有的技术都包括在课程设计中，只有选择适当的技术才能达到优化网络课程设计的目的。

（一）开发技术

1. Java 及脚本语言

利用 FrontPage、Dreamweaver 等可以制作内容丰富、富有动感的页面，这两个软件支持多种图像、声音、动画格式。使用 JavaScript、VBScript 脚本语言可以创建动态的网络课程。

Java 的一个重要特性是平台无关，支持多线程的程序设计。利用 Java 编写出来的程序可以从一种平台移植到另一种平台而不需要修改。由于 CGI 编程过于繁琐，促使 Java 编程迅速发展。

2. ASP 技术

ASP 是一种服务器端的脚本编写环境。在服务器端运行 ASP 脚本语言并连接到后台数据库，把动态查询生成的网页传送到客户端浏览器。ASP 中通过设置变量可以实现对数据的存储、检索和操作。通过调用函数、定义过程执行特定的任务。

3. 数据库服务

数据库服务是网络教学的后台基础，用以实现高性能的数据库管理。Access、SQL、Oracle 都可以建立数据库，通过与 ODBC 建立连接，实现对数据库的读写操作。网上答疑、讨论系统通过数据库记录学生的问题、教师的解答；网上自测系统通过 ASP 与数据库连接实现发试卷、提交试卷、智能评卷、统计等功能；学生档案系统数据库中存储学生的个人信息，管理人员能对其进行各种操作，学生使用自己的密码可以更改个人信息或进入系统的其他服务。

4. 数据库连接技术

数据库连接技术是服务器与网页之间的接口程序，通过数据库连接技术实现了 HTML 文件同数据库的关联。它是学习者访问数据库的桥梁，学习者根据数据库所提供的应用程序编程接口实现对数据库文件的读取。目前，数据库连接技术主要有 CGI 编程和微软开发的 ODBC、DAO、RDO、ADO 等技术解决方案。

5. 虚拟现实技术

虚拟现实技术是一种崭新的信息技术，它通过各种虚拟技术，让人们有身临其境的感觉。虚拟现实技术一词是由英语 Virtual Reality 一词翻译过来的。目前开发出来的虚拟现实技术设备在视觉方面有头盔式立体显示器等；在视听方面有三维音响输出设备等；在力觉、触觉、运动感方面有数据手套、数据衣以及一些语音识别、眼球运动检测等装置。可以预料未来还会开发出味觉、嗅觉系统等。利用虚拟现实技术可以虚拟真实的校园情境，使学习者如同进入真正的学校，进行提问、答疑、考试、实时教学和交流。学习者也可以运用虚拟现实技术做一些危险的试验，如爆炸、燃烧等试验。

（二）开发工具

1. Macromedia Dreamweaver

Dreamweaver 是 Macromedia 公司出品的一款“所见即所得”的网页编辑工具。它是一个相当大的应用程序，具有许多专为网站开发和维护而设计的高级开发功能。有了该软件，设计人员能够很快地完成页面的排版布局，源代码生成器可以自动生成 HTML 代码并允许直接修改 HTML 代码。如图 5-1 所示是 Dreamweaver 的主界面。第一次启动 Dreamweaver，选择 HTML，进入主界面。

2. FrontPage

FrontPage 是 Microsoft 公司 Office 套装中用于制作网页的工具，使用它可以做出常用的网页，在短时间内可以熟悉它的用法和功能，是网页制作者学习的初级制作工具。FrontPage XP 中包含了以下视图：网页视图、文件夹视图、报表视图、导航视图、超链接视图和任务视图。FrontPage 的主界面如图 5-2 所示。

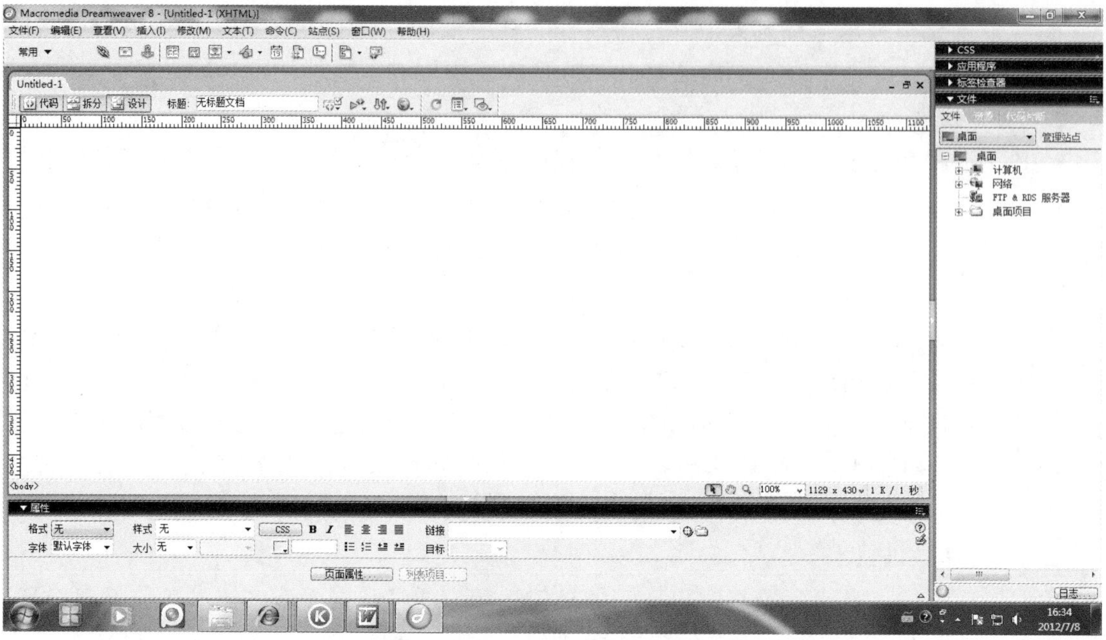

图 5-1 Dreamweaver 的主界面

图 5-2 FrontPage 的主界面

FrontPage 是微软公司进军 Web 界的力作。它不仅可以作为网页编辑器，更能管理站点，是一个将编辑、管理和出版集成在一起的 Web 工具箱。FrontPage 的特点是简单易用，它拥有良好的用户界面和亲切的 Office 风格，并采用所见即所得的方式，从而使网页制作就如同用 Word 排版一样容易。它的主题式样更能让用户轻松创建出界面统一的 Web 站点，就像有一个资深美工为用户特别设计过一样。它支持 Java Applet、JavaScript、ActiveX、VBScript，也有直接写<from>和<frame>的功能。微软还称它支持最新的 DHTML（动态 HTML）和 CCS（级联表单）。如果你不愿记过多的 HTML 代码或使用繁琐的 JavaScript 却又想拥有一个专业级的网页的话，FrontPage 将是最好的选择。

3．HTML

HTML 是 HyperText Markup Language（超文本标记语言）的缩写，它定义了页面的显示方式，可以在页面中嵌入超文本的链接、图像与其他多媒体元素、Java 小程序等。HTML 是一种与设备及操作系统无关的语言，这保证了信息跨平台的传播。

组成 HTML 的文档都是 ASCII 文档，所以创建 HTML 文件十分简单，只需一个普通的字符编辑器即可。如 Windows 中的记事本、写字板都可以使用。也可以采用专用的 HTML 编辑工具，如 CoffeeHTML、Homesite、HTMLedit Pro 等工具，它们的特点是能够自动检查 HTML 文档中的语法错误并协助改正。

HTML 只不过是组合成一个文本文件的一系列标记。HTML 标记通常是英文词汇的全称（如块引用：blockquote）或缩略语（如 p 代表 Paragraph），但它们与一般文本有区别，因为它们放在单书名号里。故 Paragraph 标记是<p>，块引用标记是<blockquote>。有些标记说明页面的格式（例如<p>开始一个新段落），有些则说明这些词如何显示（例如<b>使文字变粗）。

关于标记需要记住的是，它们是成对出现的。每当使用一个标签，如<blockquote>时，必须以另一个标签</blockquote>将它关闭。注意 blockquote 前的斜杠，那就是关闭标签与打开标签的区别。

基本 HTML 页面以<html>标签开始，以</html>结束。在它们之间，整个页面有两部分，即标题和正文。

标题词夹在<head>和</head>标签之间，这个词语在打开页面时出现在屏幕底部最小化的窗口中。正文则夹在<body>和</body>之间，即所有页面的内容所在。页面上显示的任何东西都包含在这两个标签之中。下面是一个一般网页的结构。

```
<html>
    <head>
        <title>
            标题
        </title>
    </head>
    <body>
        页面内容
    </body>
</html>
```

下面建立一个简单的范例。

第一步：建立一个新的文本文件，输入以下内容：

```
<html>
    <head>
        <TITLE>最简单的 HTML 测试例子</TITLE>
    </head>
```

```
    <body>
        <H1>标题一</H1>
        我建立的第一个 HTML 的例子.
        这是第一段. <P>
        这是第二段. <P>
    </body>
</html>
```

第二步：用浏览器将它打开，你会看见自己制作的最简单的页面。

如果使用比较复杂的文字处理器，如 Word，则应该用“纯文本”或“普通文本”来保存，将它命名为 myPage.html。注意，可以随便起一个名字，但是要用英文。

四、网络课程建设平台简介

1. Blackboard 网络教学管理平台介绍

Blackboard 在线教学管理平台是目前市场上唯一支持百万级用户的教学平台，拥有美国近 50%的市场份额。全球有超过 2800 所大学及其他教育机构在使用 Blackboard 产品，其中包括著名的普林斯顿大学、哈佛大学、斯坦福大学、西北大学、杜克大学等。

Blackboard 学习系统的研发工作投入了数千万美元，目前该系统已经发展到第三代，并且仍然在持续投资完善产品，以提升产品功能满足用户不断增长的需求：测评并提高学员学习效果，提高教师工作效率，实现基于课堂、网络辅助的教与学活动，实现远程教育，支持终身继续教育，发挥网络优势，通过采用混合课程，完美结合面授学习与在线学习优势，利用信息化技术提高教学机构竞争力，提高报考率，利用一个平台框架，集成课程与学习管理功能，集成教学机构学生信息、安全性及认证协议，提供管理教学机构数字化资源和教学内容的平台框架。

Blackboard 系统登录平台有 3 种身份：系统管理员、教师和学生。

（1）系统管理员：个性化定制平台界面风格、功能；可根据学校的实际情况设定、添加和管理用户；统计并管理整个平台的使用情况；为其他 IT 系统提供服务和接口。

（2）教师：管理教学、组织教学内容、编辑课件、在线考试、审批作业、组织在线答疑、统计分析学生学习情况等。

（3）学生：选修课程、安排学习计划、查看课程内容、提交作业、参加在线测试、查看学习成绩、协作学习和交流、参与学校社团交流等。

2. Moodle 开放课程管理平台介绍

Moodle 是澳大利亚教师 Martin Dougiamas 基于建构主义教育理论而开发的课程管理系统，是一个免费的开放源代码的软件，目前在各国已被广泛应用。Moodle 这个词是 Modular Object-Oriented Dynamic Learning Environment（模块化面向对象的动态学习环境）的缩写。Moodle 是一个用来建设基于 Internet 的课程和网站的软件包。Moodle 平台依据社会建构主义的教学思想，即教育者（老师）和学习者（学生）都是平等的主体，在教学活动中，他们相互协作，并根据自己已有的经验共同建构知识。

Moodle 平台界面简单、精巧。使用者可以根据需要随时调整界面，增减内容。课程列表显示了服务器上每门课程的描述,包括是否允许访客使用,访问者可以对课程进行分类和搜索,按自己的需要学习课程。

Moodle 平台还具有兼容性和易用性。可以几乎在任何支持 PHP 的平台上安装，安装过程简单，只需要一个数据库（并且可以共享）。它具有全面的数据库抽象层，几乎支持所有的主流数据库。利用 Moodle，现今主要的媒体文件都可以进行传送，这使可以利用的资源极大地丰富。在对媒体资源进行编辑时，利用的是所见即所得的编辑器，这使得使用者无须经过专业培训，就能掌握 Moodle 的基本操作与编辑。Moodle 注重全面的安全性，所有的表单都被检查，数据都被校验，cookie 是被加密的。用户注册时，通过电子邮件进行首次登录，且同一个邮件地址不能在同一门课程中进行重复注册，所有这些都使得 Moodle 的安全性得到了加强。目前，Moodle 项目仍然在不断的开发与完善中。

Moodle 的主要功能如下：

（1）课程管理。教师可以全面控制课程的所有设置，如论坛、测验、资源、投票、问卷调查、作业、聊天和专题讨论等。

（2）作业模块。可以指定作业的截止日期和最高分。学生可以上传作业（文件格式不限）到服务器——上传时间也被记录。也可以允许迟交作业，但教师可以清晰地看到迟交了多久，可以在一个页面、一个表单内为整个班级的每份作业评分（打分和评价）。教师的反馈会显示在每个学生的作业页面中，并且有 E-mail 通知。

（3）聊天模块。支持平滑的、同步的文本交互聊天窗口，包含个人图片，支持 URL、笑脸、嵌入 HTML 和图片等，所有的谈话都被记录下来供日后查看，并且也可以允许学生查看。

（4）投票模块。有点像选举投票，可以用来为某件事表决，或从每名学生处得到反馈（例如支持率调查），可以让教师直观地在表格里看到学生的选择，还可以选择是否允许学生看到更新的结果图。

（5）论坛模块。有多种类型的论坛供选择，例如教师专用、课程新闻、全面开放和每用户一话题。每个帖子都带有作者的照片，图片附件内嵌显示，可以以嵌套、列表和树状方式浏览话题，也可以让旧帖在前或新帖在前。每个人都可以订阅指定论坛，这样帖子会以 E-mail 方式发送。教师也可以强迫每人订阅。教师可以设定论坛为不可回复（例如只用来发公告的论坛），教师可以轻松地在论坛间移动话题，如果论坛允许评级，那么可以限制有效时间段。

（6）测验模块。教师可以定义题库，在不同的测验里反复使用，题目可以分门别类地保存，易于使用，并且可以“公布”这些分类，供同一网站的其他课程使用。题目自动评分，并且如果题目更改，可以重新评分，可以为测验指定开放时间，根据教师的设置，测验可以被尝试多次，并能显示反馈和/或正确答案，题目和答案可以乱序（随机）显示。

（7）资源模块。支持显示任何电子文档如 Word、PowerPoint、Flash、视频和声音等，可以上传文件并在服务器上进行管理，或者使用 Web 表单动态建立（文本或 HTML），可以连接到 Web 上的外部资源，也可以无缝地将其包含到课程界面里，可以用链接将数据传递给外部的 Web 应用。

（8）问卷调查模块。内置的问卷调查（COLLES、ATTLS）作为分析在线课程的工具已经被证明有效，随时可以查看在线问卷的报告，包括很多图形。数据可以以 Excel 电子表格或

CSV 文本文件的格式下载。问卷界面可防止未完成的调查。将学生的回答和班级的平均情况进行比较，再作为反馈提供给学生。

（9）互动评价（Workshop）。学生可以对教师给定的范例作品文档进行公平的评价，教师对学生的评价进行管理并打分。支持各种可用的评分级别，教师可以提供示例文档供学生练习打分，有很多非常灵活的选项。

第四节　微课的设计与制作

一、微课概述

（一）微课的概念

微课（Micro-lecture），顾名思义，是指微小的课，它时间短、内容少，可以在点滴的时间碎片中用于学习一个知识点、解决一个问题、掌握一项技能等。微课中的课，可以理解为讲课，也可以理解为课程，所以微课又称微课程。

早在 1993 年，美国北爱荷华大学的 LeRoy A.McGrew 就在化学教育中首次提出了 60 秒课程（60-Second Course）的设计思想，它将概念、讲解和举例浓缩到这么短的时间内，用于有机化学知识的普及。1995 年，英国纳皮尔大学的 T. P. Kee 在化学教育中提出了一分钟演讲（One Minute Lecture），让学生将演讲精炼到一分钟，并同时具备良好的逻辑和一定数量的例子，以便快速掌握众多学科知识的核心概念。这些早期的微课理念缘于当时网络与通信技术没有传播与普及。

到了 2008 年，美国墨西哥州圣胡安学院的 David Penrose 综合了以往短小课程设计的思想，明确提出了微课（Micro-lecture）的理念。David Penrose 认为，微课是将教学内容与教学目标紧密联系起来，提炼课程中的核心概念，将这些核心概念看作知识脉冲（Knowledge Burst），为学习者提供一个知识发现和自主学习的网络平台，使学生在短时间内学习课程的核心概念和相关知识，并提出了建设微课的五个步骤：提炼微课讲授的核心概念；撰写 15～30 秒钟的简介和总结，提供核心概念的背景材料；录制 1～3 分钟长度的教学录音或视频；设计课后作业和思考、探讨的问题；将教学视频和课后作业上传至微课管理系统。自此，利用时间碎片学习微小知识单元的这种微课教学理念，在网络通信发达、智能终端设备（智能手机、PDA）基本普及的情况下，通过移动学习或在线学习得以实现与传播。随即，美国的萨尔曼 • 可汗创立的可汗学院，利用录屏技术建立了 3000 多门可汗在线图书馆的微型教学视频，包括数学、历史、金融、物理、化学、生物、天文等科目的内容，采用一整套新型组织管理模式，更适合网络课程学习者的需求，成功地为世界各地的网络学习者提供免费的高品质学习服务。

（二）微课的组成

微课的核心组成内容是课堂教学视频（课例片段），同时还包含与该教学主题相关的教学设计、素材课件、教学反思、练习测试及学生反馈、教师点评等辅助性教学资源，它们以一定的组织关系和呈现方式共同“营造”了一个半结构化、主题式的资源单元应用“小环境”。因此，“微课”既有别于传统单一资源类型的教学课例、教学课件、教学设计、教学反思等教学资源，又是在其基础上继承和发展起来的一种新型教学资源。

（三）微课的特点

“微课”是针对传统单一资源类型的局限性而发展起来的一种新教学资源建设和应用模式，其主要特点如下：

（1）主题突出，指向明确。“微课”主要是为了解决课堂教学中某个学科知识点（如教学中的重点、难点、疑点内容）教学，或是反映课堂某个教学环节、教学主题的教与学活动，相对于传统课堂所要完成复杂众多的教学内容、达成多个教学目标而言，“微课”的教学目标相对单一，教学内容更加精简，教学主题更加突出，教学指向（包括资源设计指向、教学活动指向等）更加明确，其设计与制作都是围绕某个教学主题而展开的。

（2）资源多样，情境真实。“微课”是以课堂教学视频为核心，并“统整”了课堂教学设计（包括教案或学案）、教学素材和课件、教师教学反思、学生反馈评价及学科教师互动点评等多种资源，它们共同构成了一个主题鲜明、类型多样、结构紧凑的“主题单元资源包”，营造了一个与具体教学活动紧密结合、真实情境化的“微教学资源环境”。教师和学生在这种具体的、典型案例化的教与学情境中能达到“隐性知识”“默会知识”等高阶思维能力的培养并实现教学观念、技能、风格的模仿、迁移和提升，从而快速提高教师的课堂教学水平、促进教师的专业成长，也有助于提升学生的学习兴趣和学习成绩。

（3）“短小精悍”，使用方便。“微课”视频的时间较短，一般为 5～8 分钟（最长不宜超过 10 分钟），因而更符合视觉驻留规律和中小学生的认知特点。“微课”的资源容量也较小，其视频格式一般为支持网络在线播放的流媒体格式（如 rm、wmv、flv 等），加上与教学主题配套的教学设计（“微教案”）、教学课件（“微课件”）、教学反思及专家点评等资源也只有几十兆。用户既可以流畅地在线观看“微课”课例，查看教案课件和教师点评信息，非常适合于教师的课例观摩、评课、反思和研究，也可灵活方便地将其下载保存到各种多媒体数码终端设备（如笔记本电脑、手机、MP4 等）上实现移动远程听课和个性化学习。

（4）半结构化，易于扩充。“微课”既不是多种类型资源的简单堆砌，也不同于以往的“教学资源包”概念。它是以网页的方式将某个知识点或教学主题相关教学资源作结构化的组合，并将教学资源与教学任务、教学活动、教学环境之间建立有意义的关联，形成一个主题突出、资源有序、内容完整的结构化资源应用环境。“微课”同时还具有半结构化框架的开放性优点，具有很强的生成性和动态性，其中的资源要素（包括微课视频、教学设计、素材课件、教学反思、教师点评等）都可以修改、扩展和生成，并随着教学需求和资源应用环境的变化而不断地生长和充实，进行动态更新。

（三）微课的类型

1．按照课堂教学方法来分类[①]

根据李秉德教授对我国中小学教学活动中常用的教学方法的分类总结，同时也为便于一线教师对微课分类的理解和实践开发的可操作性，微课可划分为讲授类、问答类、启发类、讨论类、演示类、练习类、实验类、表演类、自主学习类、合作学习类、探究学习类，见表 5-1。

---

① 胡铁生．“微课”：区域教育信息资源发展的新趋势[J]．电化教育研究，2011（10）．

表 5-1 微课的分类及适用范围

分类依据	常用教学方法	微课类型	适用范围
以语言传递信息为主的方法	讲授法	讲授类	适用于教师运用口头语言向学生传授知识（如描绘情境、叙述事实、解释概念、论证原理和阐明规律），这是中小学最常见、最主要的一种微课类型
	谈话法（问答法）	问答类	适用于教师按一定的教学要求向学生提出问题，要求学生回答，并通过问答的形式来引导学生获取或巩固检查知识
	启发法	启发类	适用于教师在教学过程中根据教学任务和学习的客观规律，从学生的实际出发，采用多种方式，以启发学生的思维为核心，调动学生的学习主动性和积极性，促使他们生动活泼地学习
	讨论法	讨论类	适用于在教师指导下，由全班或小组围绕某一个中心问题通过发表各自的意见和看法，共同研讨，相互启发，集思广益地进行学习
以直接感知为主的方法	演示法	演示类	适用于教师在课堂教学时，把实物或直观教具展示给学生看，或者做示范性的实验，或通过现代教学手段，通过实际观察获得感性知识以说明和印证所传授的知识
以实际训练为主的方法	练习法	练习类	适用于学生在教师的指导下，依靠自觉的控制和校正，反复地完成一定动作或活动方式，借以形成技能、技巧或行为习惯。尤其适合工具性学科（如语文、外语、数学等）和技能性学科（如体育、音乐、美术等）
	实验法	实验类	适用于学生在教师的指导下，使用一定的设备和材料，通过控制条件的操作过程，引起实验对象的某些变化，从观察这些现象的变化中获取新知识或验证知识。在物理、化学、生物、地理和自然常识等学科的教学中，实验类微课较为常见
以欣赏活动为主的教学方法	表演法	表演类	适用于在教师的引导下，组织学生对教学内容进行戏剧化的模仿表演和再现，以达到学习交流和娱乐的目的，促进审美感受和提高学习兴趣。一般分为教师的示范表演和学生的自我表演两种
以引导探究为主的方法	自主学习法	自主学习类	适用于以学生作为学习的主体，通过学生独立的分析、探索、实践、质疑、创造等方法来实现学习目标
	合作学习法	合作学习类	合作学习是一种通过小组或团队的形式组织学生进行学习的策略
	探究学习法	探究学习类	适用于学生在主动参与的前提下，根据自己的猜想或假设，运用科学的方法对问题进行研究，在研究过程中获得创新实践能力、获得思维发展、自主构建知识体系的一种学习方式

值得注意的是，一节微课作品一般只对应于某一种微课类型，但也可以同时属于两种或两种以上的微课类型的组合（如提问讲授类、合作探究类等），其分类不是唯一的，应该保留一定的开放性。同时，由于现代教育教学理论的不断发展，教学方法和手段不断创新，微课类型也不是一成不变的，需要教师在教学实践中不断地发展和完善。

2. 按课堂教学主要环节（进程）来分类

微课可分为课前复习类、新课导入类、知识理解类、练习巩固类、小结拓展类。其他与教育教学相关的微课类型有说课类、班会课类、实践课类、活动类等。

（四）微课的区域实践效应及应用前景展望

2010 年 11 月，佛山市教育局启动了首届中小学新课程优秀微课征集评审活动，各级学校和广大教师对这种新型的资源建设和应用模式表现出极大的热情和兴趣，并积极参与了此项活动。全市共征集到 1700 多节优质规范的教师微课参赛作品，内容覆盖了小学、初中和高中各学科的教学重点、难点和特色内容，教学形式丰富、微课类型多样，充分展示了广大教师课堂教学中先进的教育理念、娴熟的课程整合能力、扎实的教学功底和个性化的教学风采。全市微课平台展播不到两个月，访问量就超过 15 万人次，受到广大师生和家长的热捧，成为第三届（2011 年）“佛山教育博览会”上的一个亮点，佛山日报、南方日报、广州日报、《教育信息技术》杂志等众多媒体和网站纷纷予以了报道和转摘。

在网络 Web2.0 时代，随着信息与通信技术快速发展，与当前广泛应用的众多社会性工具软件（如博客、微博、Facebook、优酷、土豆等）一样，微课也将具有十分广阔的教育应用前景。对教师而言，微课将革新传统的教学与教研方式，突破教师传统的听评课模式，教师的电子备课、课堂教学和课后反思的资源应用将更具有针对性和实效性，基于微课资源库的校本研修、区域网络教研将大有作为，并成为教师专业成长的重要途径之一。对于学生而言，微课能更好地满足学生对不同学科知识点的个性化学习、按需选择学习，既可查缺补漏又能强化巩固知识，是传统课堂学习的一种重要补充和拓展资源。特别是随着手持移动数码产品和无线网络的普及，基于微课的移动学习、远程学习、在线学习、“泛在学习”将会越来越普及，微课必将成为一种新型的教学模式和学习方式，更是一种可以让学生自主学习，进行探究性学习的平台。

二、微课设计与制作流程

微课的实质是微型化的网络课程，而一门完整的网络课程也可以由众多的与知识相关的教学环节紧密联系的系列微课构成。因此，微课的设计与制作可以像网络课程开发那样进行系统的设计、制作，其流程如图 5-3 所示[①]。

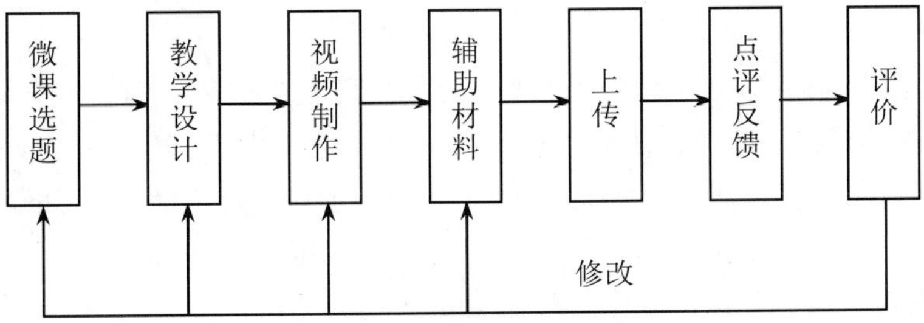

图 5-3　微课的设计与制作流程

① 孟祥增，刘瑞梅，王广新．微课设计与制作的理论与实践[J]．远程教育杂志，2014（6）．

1. 微课选题

微课针对特定的主题，如核心概念、单个知识点、某教学环节、教学活动等，教学目标明确，教学内容清晰，能够在很短的时间内讲解清楚，而且学习者很感兴趣，容易在短时间内掌握。因此，微课的选题要在众多的知识点或教学环节中提炼出重点、难点或兴趣点予以重点解答。微课内容可以是知识讲解、题型精讲、技能演示、总结归纳、知识拓展、教材解读、方法传授、教学经验交流等。

学习一般不像玩游戏那样有趣，在生活碎片时间里利用微课进行移动学习、泛在学习，就要求微课选题实用准确、内容生动有趣、形式短小精炼。就像在微博中不能长篇大论一样，微课不适合对过于复杂而又不能分割论述的学习内容进行讲解。因此，对于无关紧要、主题不明显、没有特色或对学习者没有吸引力的教学内容或活动，没有必要作为微课进行开发，那样起不到微课引导自主学习的效果，还造成微课管理系统的负担和教学内容的冗余。

2. 教学设计

梁乐明在对国内外36门微课进行对比分析的基础上，提出了微课的设计模式。在该模式中，首先做前端分析，对微课的学习者特征、教学任务和学习内容进行分析，然后根据布卢姆的学习目标分类理论确定合适的学习目标，根据教学内容、教学环节、教学活动和方法确定合适的微课类型和组成要素，制订符合学习者特征、学习内容和教学形式的教学策略，设计教学视频的情景、案例、教学过程，以及相关的网络教学支持材料和评价、反馈机制等。

在进行微课视频或多媒体课件设计与制作时，要尽量减少学习者的认知负荷。认知负荷理论认为，影响认知负荷的基本因素是学习材料的组织与呈现方式、学习材料的复杂性和学习者的先验知识。微课主题明确，内容短小，要求在尽可能短的时间内将教学内容组织好、讲清楚，而且要生动、有趣。尽量将复杂问题简单化，避免给学习者有限的工作记忆空间带来太大的压力，要适度安排原生性认知负荷，降低无关性认知负荷，优化相关性认知负荷。

根据掌握学习操作程序中的形成性评价原则，在微课视频学习完成后对学习者的学习效果进行形成性评价，有利于巩固、强化所学知识。所以，在微课视频的支持材料中提供适量的练习题，以巩固学习内容。微课的练习题可以是确定性的选择题，也可以是开放性的思考题，对素质教育类学习内容来说，后者更合适。练习题不宜太多，不要增加学习负担，让学习者有兴趣、有能力主动完成练习。

3. 视频制作

视频是微课的核心内容，大多采用流媒体形式呈现教学过程。微课的教学过程要简短完整，包括教学问题的提出、教学案例或情景导入、教学内容讲解、教学活动安排、引导和启发学生开展协作学习、探究学习等。根据记忆的信息加工理论，只有受到注意的信息才能得到人脑的进一步加工，只有注意到的感觉记忆（瞬时记忆）才能进一步加工成为工作记忆（短时记忆）。因此，在微课中吸引并保持学生的注意力是成功的关键。

根据微课的类型不同，可能有不同的教学主题导入方式，但都要快速、准确，力求新颖、有趣，能够很好地吸引学习者。微课开头应开门见山地进入主题，或采用承上启下的语言引出主题，或设置疑问、悬念等引出主题；也可以从学习者熟悉的与生活相关的现象或很感兴趣的案例引入主题。但从吸引学生注意力和引起学生学习兴趣的角度看，后者效果更好。比如，采用与教学主题密切相关而又有趣的案例、事件等很容易引起学习者的学习兴趣和注意，就像好的电影片头那样一开始就抓住观众的心，吸引观众继续看下去。

微课在讲解教学内容时要清晰、明确，沿着教学主题逐步展开，突出重点，去除繁冗。教师在整个教学过程中，应有意识地采取恰当的措施保持学生对学习内容的注意力，而不为外界噪音等与学习无关的刺激所分心。因此，在微课中呈现的学习内容需要突出显示，引导学习者顺利地将选择性注意转换为工作记忆，不要太多无意义的装饰，避免对主要学习内容造成干扰。

微课的收尾、总结要简洁明了，给留出学生思考、回味的空间。由于微课时间很短，学习内容少，往往都在学习者的短时记忆中，适当而简短的总结可以使学习者对学习内容加深印象，减轻学生的记忆负担，但也不是每个微课教学都需要对学习内容进行小结，给学生留出思考、回味的空间更重要，教学视频外的支持材料更适合学习总结和拓展。

4. 辅助材料

微课除教学视频外还有相关的支持材料，辅助微课的视频教学，通常包括微课教学内容简介、教学设计的教案或学案、多媒体教学素材和课件、教师课后的教学反思、练习测试、学生的反馈及学科专家的点评等。但不是样样都要有，应根据教学目标、教学内容和教学活动等选择必要而又简明的支持材料，避免冗余、过多过乱、不是很紧密的辅助或拓展材料。

值得注意的是，在各类微课比赛的微课评价指标中有不同的要求。比如，文字材料中要求有教师简介、教学内容说明等，在视频片头要求有标题、作者、单位，在教学过程中要求有教师与学生镜头，体现教师风采、师生交互等。但这些在微课的实际教学应用中不是必需的，因此制作微课不应受微课比赛评价指标影响（为比赛而制作的微课另当别论）。

5. 上传与反馈

微课视频和相关材料制作完成后，要上传到相应的网络环境中。如果是参加微课比赛，应上传到指定的网络平台，并且按规定的技术要求和规范调整视频分辨率和速率参数以及填报要求的参赛信息等。如果是为某课程或相关主题、领域的网络教学而制作的微课，应上传到相应的网络平台，并按平台要求对用户点评、疑问等进行答疑、反思、更新等。

目前，有关微课的网络平台还不是很多，有些是为微课竞赛制作并建立的网络平台，带有明显的评比色彩；有些是借助已有的网络学习平台支持微课的网络学习应用，而针对微课教育特点的网络学习环境还需要进一步研究、开发和完善。

6. 评价与修改

我们认为，微课的评价应从教育性、技术性和应用效果三方面通盘考虑。

微课的教育性包括教学目标、教学内容组织、教学策略和教学评价等。教学目标应明确，教学主题突出，针对的学习对象明确。教学内容组织有序，教学环节承接自然，安排合理恰当，知识单元相对完整，课程说明清晰。教学内容表现方式恰当，形式新颖。视频讲解深入浅出，生动有趣，画面美观，语言亲和，节奏恰当。配套的学习资源适量，不宜太多，与教学主题紧密结合，练习和思考题富有趣味性和启发性，能吸引学习者主动完成。

微课的技术性包括微课本身的技术性与艺术性和平台环境的技术性与共享性。视频制作应符合技术规范，如分辨率、码流速度等。视频、课件画面布局美观协调，文字、色彩搭配合理，符合学习者认知风格。微课的支持材料也要符合相应的技术规范，相对完整，形式尽量多样化。微课平台的技术性包括系列微课的有效组织、检索、访问、浏览、上传、评论等，并能提供学习指导、信息提示、学习者之间和师生之间的在线或离线交互以及学习者与媒体之间的交互，能够追踪记录学习者的个人学习过程，提供相关主题资源的推荐和推送等。

微课的应用效果受微课的教育性和技术性影响很大。微课的教育性好、技术性强，微课的应用效果一般会比较好。表现在微课的点击率、点赞率、用户评价、作者与用户互动情况、收藏次数、分享次数、讨论热度等综合评价上。

三、微课视频的制作方法

目前的微课以微视频为核心，因而，微课视频的制作尤为重要，可以说微课视频的制作质量反映了微课的制作水平。下面具体讲述微课视频的主要制作方法。

1. 教学录像型

它将教师的讲课、演示、示范等教学活动利用摄像机或录播系统拍摄下来，制成教学微视频。教师的教学活动可以在教室、实验室、演播室、微格教室、实习场地、室外操场等处进行。可以有学生听课或观摩，也可以没有学生在场。可以使用黑板、白板、投影、触摸屏、演示设备、器械、道具、模型等。出现在视频镜头里的教师要求形象好、口齿伶俐、身体健捷，最好是教学名师或权威专家、示范模特等，否则教学效果会受一定的影响。这种微课视频制作简单，但要求主讲教师备课充分，教学环境安排恰当，学生配合自然，工作量较大。如视频公开课、百家讲坛等教学视频均由国内著名专家、学者讲授主讲，制作精良。

2. 屏幕录制型

它利用 PPT、多媒体课件、计算机软件或工具等教学或辅助教学材料在计算机屏幕上展示，教师对着计算机显示的教学材料讲解教学内容，或者教师直接利用鼠标、手绘板或触摸屏等在计算机显示器中书写教学内容，利用计算机录屏软件将屏幕显示的教学内容、教师的书写和点评、教师讲解的声音录制下来，实现微课教学过程的视频录制。

屏幕录制型微视频制作方法简单、方便，几乎没有技术门槛，很容易在普通教师中推广，但微课质量参差不齐，难以保证。为了提高这类微课视频的制作质量，视频录制最好在学校的录音室、电教室或家中比较安静的房间内，选择合适的时间，避免环境嘈杂。教师的讲解要流畅、亲切、自然，避免咳嗽、过多停顿、读错别字、方言或口音过重、翻书等杂声。最好能写出讲解词，请人或自己在幽静的环境中播读录音，然后在计算机中播放，配合精制的 PPT、多媒体课件或熟练的计算机软件、工具操作等，将计算机屏幕显示的教学内容、教师的书写、点评操作和播放的录音一并录制下来，制成微课视频。

3. 多媒体讲解型

它利用 Authorware、方正奥思、PowerPoint 2010 等多媒体工具将文本、图形、图像、声音、动画、视频等多媒体元素同步讲解、展示教学内容，再直接转换或利用录屏软件录制成多媒体课件自动讲解的微课视频。这类微课视频的质量由多媒体课件的质量决定，通常画面清晰，讲解流畅，声画同步，效果良好。解说词可以事先写好，自己或请人提前录制，再经过编辑去除噪声、错误等，避免实时录像或录音时解说紧张、干咳、不连贯、发音错误等现象。这类微课视频画面清晰、美观，制作上有一定的难度，可用于制作较高质量的微课。

4. 动画讲解型

动画是按时间排列的序列图像。教学的讲解声音就是教学过程的时间轴。根据教师讲解的声音在时间轴上恰当的位置呈现教学内容的文本、图像、表格、数据或连续变化的序列图像，就形成了一段教学动画，可以转换为微课视频。制作知识讲解型微课利用二维动画制作软件就可以制作漂亮的动画型微课视频。事实上，任何有趣、过程性的讲话录音都可以制作成生动有趣的动画片，例如 Flash 动画。同样，将一段有意义的教学讲解录音制作成动画型微课教学视频，配以必要的教学文字，更能生动形象地讲解教学内容，教学效果更好。这类微课视频画而清晰、生动、漂亮，但制作难度较大，需要的绘画素材较多。

5. 视频剪辑型

优秀的微课视频应该像电视教学短片那样综合使用各种影视拍摄技巧与后期编辑手段完成制作。在视频中一般包括教师或主讲人的讲解、示范或演示活动（体现了教师的教学风采）、主持引领性的教学活动，以及师生互动、实验操作、实训实践等教学活动，更多的是显示教学内容的 PPT、多媒体课件、演示动画、计算机操作截屏等，通常添加字幕、特技效果等，综合利用远近景别、多机位拍摄等手段。这类微课视频效果好，但制作难度大、制作成本高，通常需要专业的策划、拍摄、动画制作、后期编辑，甚至配音、配乐等。如果从制作精品微课的角度考虑，不仅需要一流的教学设计，还应有一流的微课视频制作水平。

此外，还可用手机视频拍摄教师在白纸上书写或讲解教学内容、用课堂录播系统录制教师授课与计算机屏幕等方法制作微课视频，但做出来的微课视频质量不高。在微课开始推广阶段不妨推行，但当微课建设达到一定规模、微课制作达到一定水平后，应提倡制作高水平、高质量的微课，以便获得学习者的认可和兴趣。如果海量的微课由于制作水平不高，应用效果不佳，管理不到位，势必造成广大学习者的反感，将丧失微课在网络教育中应有的优势。那样，微课将成为网络资源垃圾。

四、主要微课平台

1. 可汗学院

可汗学院（https://www.khanacademy.org/）是由印度裔美国年轻人萨尔曼・可汗创立的一家教育性非营利组织，旨在向世界各地的网络学习者提供免费的高品质学习服务。目前，可汗在线图书馆的微型教学视频包括数学、历史、金融、物理、化学、生物、天文等科目的内容。可汗学院最大的特色和成功之处在于应用微视频和相应的一整套新型组织管理模式，改变传统课程教学体系，使之更适合于网络课程学习者的特殊性，从而提高学习兴趣和效率。可汗学院由易到难的进阶方式将相应的“微视频课程”衔接起来，并设计和配置了相应的练习。在微视频中，教授者本人不出现在影片中，而是使用电子黑板系统直接演示。

2. TEDEd

TEDEd（https://ed.ted.com/）是 TED 最近在 YouTube 上推出的新频道，此举是 TED 在教育领域的一次新尝试。TEDEd 频道中的短于 18 分钟的微视频已经吸引了五亿多人次的播放量。TEDEd 将课程与视频、字幕、交互式问答系统等融合为一体，这个平台不是要创建一个有完整课程的在线大学，而是通过允许世界各地的优秀教师自由编辑视频，真正激发人们自主学习的热情。

3. 中国微课网

中国微课网（http://www.cnweike.cn/）由中国教育发展战略学会教育管理信息化专业委员会主办，具体负责中国微课大赛。该比赛是由教育部教育管理信息中心指导开展的全国中小学优秀微课征集活动，覆盖 31 个省份 3 万多所学校，累计超 10 多万节优秀微课作品，涵盖中小学全部学科。

【思考与实践】

1．简述数字化学习资源的内涵与特征。
2．简述多媒体课件设计的基本原则与开发过程。
3．简述网络课程的设计原则、组成结构与开发过程。
4．简述微课的概念、特征和设计制作流程。
5．利用 PowerPoint，选择一个知识点设计并开发多媒体课件。
6．选择一个学科知识点，按照所学的知识自行设计制作微课。

第六章　教学系统设计与评价

【学习目标】

1. 理解教学系统设计的基本概念和基本理念。
2. 理解教学系统设计的要素，并掌握各要素的分析方法。
3. 掌握教学系统设计的一般模式。
4. 掌握正确阐明教学目标的方法。
5. 掌握选择和制订教学策略的方法。
6. 掌握编制教学系统设计方案的步骤与方法。
7. 理解教学评价的概念与基本原则。
8. 掌握教学评价方法。
9. 掌握微格教学的概念、基本过程与设计方法。

第一节　教学设计概述

教学既是一门科学，又是一门艺术。如同一个剧本由不同的演员来演绎会产生不同的艺术效果，不同教师对同一教学内容的讲授也会产生不同的教学效果。课堂教学效果与教师对教学内容的理解、教材的把握、学情的分析以及个人教学风格等都有关系。教师要想高效优质地实现预定的教学目标、完成教学任务，就必须对教学进行精心设计。

一、教学设计的概念

教学设计既是教学技术学的主要领域，又是教学科学的重要组成部分。对于什么是教学设计，国内外不同的学者在对其概念的界定上存在着多种不同的观点。分析比较国内外较有影响的几类教学设计定义，归纳起来有以下几种观点：

（1）美国著名教育心理学家加涅在其所著的《教学设计原理》一书中将教学设计界定为“教学设计是一个系统化规划教学系统的过程。教学系统本身是对资源和程序做出有利于学习的安排。任何组织机构，如果其目的旨在开发人的才能均可以被包括在教学系统中。”

（2）乌美娜教授认为“教学系统设计是运用系统方法分析教学问题和确定教学目标，建立解决教学问题的策略方案、试行解决方案、评价试行结果和对方案进行修改的过程。”

（3）皮连生教授认为“教学设计是运用现代学习与教学心理学、传播学、教学媒体论等相关的理论与技术，来分析教学中的问题和需要，设计解决方法、试行解决方法、评价试行结果，并在评价基础上改进教学设计的一个系统过程。它既有设计的一般性质，又必须遵循教学的基本规律。”

（4）何克抗教授认为“教学设计是运用系统方法，将学习理论与教学理论的原理转换成对教学目标（或教学目的）、教学条件、教学方法、教学评价等教学环节进行具体计划的系统化过程。”

从以上定义中我们可以归纳出教学设计的特征：

（1）教学设计的方法论基础是系统科学方法。

（2）教学设计的理论基础是学习理论、教学理论和传播理论。

（3）教学设计的任务是提出解决教学问题的最佳设计方案。

（4）教学设计的内涵共有五个方面：调查、分析教学中的问题和需求；确定目标；建立解决问题的步骤；选择相应的教学活动和教学资源；评价其结果。它包括对象、目标、策略、评价四个基本要素。

（5）教学设计的目的是优化教学过程，提高教学效率和教学质量，促进学习者的学习。

教学设计就是运用系统思维和方法创设合适的教学系统，这一系统中包含了促进学生学习的方法、条件、经验、情景和资源，其根本目的是帮助学习者达到预期的目标，实现学习者知识、经验、能力的增长和精神世界的升华。概括地说，教学设计就是在学习理论、教学理论和传播理论的指导下，运用系统方法创设教学系统的过程，这一过程涉及对教学目标、学习者特征、学习需要的分析和对教学媒体、教学策略、教学评价的选择，其根本目的是促进学习者的学习，实现教学过程的最优化。

教学设计有三个不同的层次：以“产品”为中心的层次；以“课堂”为中心的层次；以“系统”为中心的层次。一般意义下的教学设计是指以“课堂”为中心的层次，即系统地设计课堂教学，本章所讲的教学设计即属于这个层次。

二、教学设计的基本要素

教学设计自产生以来，其理论体系在学习理论、教学理论、传播理论、系统理论等研究的基础上建立并发展起来，并应用到教学实践中，形成了一系列的教学设计过程模式。教学设计需要解决四个基本问题:①学习者的特点是什么？②教学的目标是什么？③教学资源和教学策略是什么？④怎样评价和修改？对这四个基本问题的不同解答形成了多种教学设计过程模式。这些教学设计过程模式虽然包含的步骤有所不同，但一般都包含这四大要素：学习者、教学目标、教学策略和教学评价。这四个基本要素相互联系、相互制约，构成了教学设计的总体框架。

1. 学习者

以谁为中心进行教学系统的设计，是教学设计的根本问题，也是在教学设计之前必须认真考虑和回答的问题。教学设计的一切活动都是为了促进学习者的学习，学习者分析是为了了解学习者的学习准备情况及学习风格，为学习内容的选择和组织、学习目标的确定、教学形式的确定等提供依据。

2. 教学目标

确定教学目标，是教学系统设计的一项基本要求。教学目标主要描述通过教学预期产生的学习者思想、情意和行为的变化。在分析学习需要、学习内容和学习者的基础上，确定教学目标，编写教学行为。

3. 教学策略

教学策略是为实现教学目标而进行的思考、策划和谋略。教学策略的设计包括许多方面，如安排什么样的学习活动、选择什么样的教学媒体、怎样利用现有的教学资源、设计怎样的教学环节和步骤等一系列的问题。在整个教学设计过程中，教学策略的设计具体而详细，发挥着十分重要的作用。教学策略是教师以提高教学效果为目的，以达成教学目标为指向，以教学情境为出发点的有关检查、评价、监督、控制、调节教师的各种教学理念和教学行为的程序性知识系统。

4. 教学评价

教学评价是以教学目标为依据，按照科学的标准，运用一切有效的技术手段，对教学过程和结果进行测量，并给予价值判断的过程。根据评价在教学活动中发挥作用的不同，一般分为诊断性评价、形成性评价和总结性评价三类。

教学评价是指根据教学目标，对学习者在教学活动中所发生的变化进行监测，收集有关资料，并做出价值判断的过程。对教学设计成果的评价，主要有形成性评价和总结性评价两种方式，但一般都以形成性评价为主。这里所说的形成性评价与教学过程的形成性评价在评价对象上不同，但其基本方法是一致的。

三、教学设计的基本理念

教学系统设计不仅需要教学理论、学习理论的具体支撑，也需要一定思想、理念的指引。在教学系统设计过程中，教师和设计者应该秉持下述两个基本理念。

1. 为学习设计教学的理念

任何教育的基本目的都是促进学习。不管所面临的具体教学情境是什么，不管学习者的年龄大小、认知特点是什么，也不管学习者所学的科目是什么，教育的根本目标就是让学习者获得特定的知识、技能以及形成正确的态度和价值观。教学是实现这一根本目标的基本途径。教学系统设计，归根到底就是设计能够促进学习者学习的教学。在传统教学观念的影响下，大多数教师有关教学的思想核心都集中于老师应该做什么、需要做什么，而不是学生应该学什么、应该做什么。在这种理念的支配下，教学就是老师对学生所做的事，不管学生是否愿意、不管学生是否有所准备，教学就是教师把设计好的信息传递给学生的过程。

教学系统设计的第一个理念是以教促学、以学定教，即“为学习而设计教学”，亦即把教学看作他们可以做的任何得以帮助和鼓励学生学习的事情。教学就是让学生参与，就是设计一个适合学生学习的环境。

要贯彻为学习设计教学的理念，教学设计者（通常指教师）必须对以下问题有清晰的认识：学习者的学习是如何发生的；学习者的学习结果如何表征；学习者的学习动机是如何影响学习的；学习发生的内外部条件是什么；学习者可以运用什么策略来提高学习绩效等，这就要求教学设计者系统掌握学习心理学的相关理论，并了解学习科学的发展。

2. 设计有效教学的理念

之所以要对教学进行设计，其基本的出发点就是提高教学的绩效，改变教学中无效操作过多的现状。教学系统设计必须设计有效教学，如果经过系统化的教学设计，实际的教学仍然效果不佳、效率低下，那么这种教学设计也是无效的设计。

有效教学是指在一定的教学投入（时间、精力、努力）内带来最好的教学效果，是卓有成效的教学。通俗地说，有效教学就是有效果的教学、有效益的教学、有效率的教学。有效教学的基本特征主要体现在以下几个方面：体现促进人的发展为根本宗旨的教学目标（一是学科教学的基础目标，二是主体性发展目标）；科学合理的教学内容（一是教师要正确理解和创造性地使用教材，二是认真挖掘教学内容的教育因素，三是关注教学内容的实践性）；教师的教学能力（指课堂教学监控和调节的能力、实践操作能力、良好的语言表达能力）。

教学系统设计要以设计有效教学为目标，教学设计者应该时刻想到如何提高教学的效率和效果，用最小的代价获得最大的效益。

要贯彻设计有效教学的理念，教学设计者必须对以下问题有明确的理解：有效教学的本质是什么；有效教学的过程是什么；有效教学产生的内外部条件是什么；教师如何才能做到有效教学等，这就需要教学设计者系统掌握有效教学的主要理论以及关注教学理论的前沿发展。

四、教学设计的一般模式

教学设计模式是一套程序化的步骤，不同的教学设计模式包含的步骤会有所不同，但一般教学设计模式包含一些基本的要素。学习者、目标、策略和评价构成教学设计的四大基本要素，教学设计过程的一般模式如图 6-1 所示。

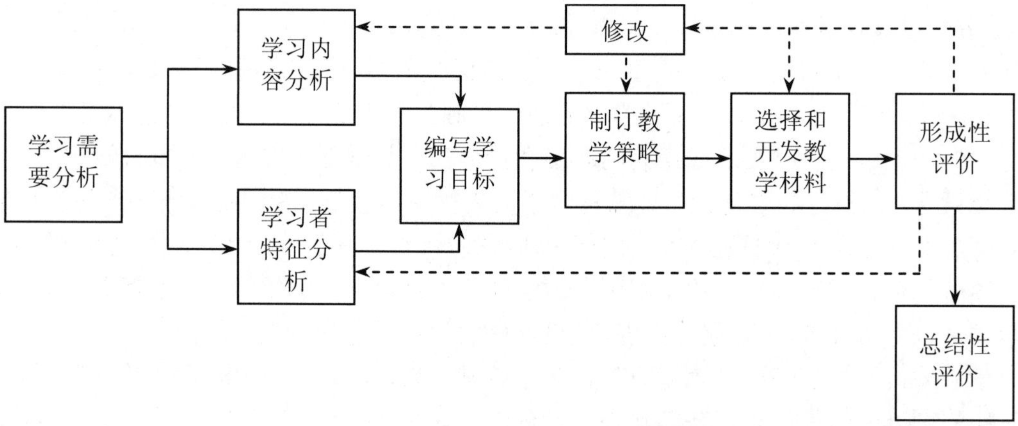

图 6-1 教学设计过程的一般模式

在实际设计工作中，要从教学系统的整体功能出发，保证“学习者、目标、策略、评价”四要素的一致性，四要素间相辅相成，产生整体效应。另外也要清醒地认识到教学系统是开放的，教学过程是个动态过程，涉及的如环境、学习者、教师、信息、媒体等各个因素也都是处于变化之中，因此教学设计工作具有灵活性。

第二节　教学设计的一般过程

教学设计过程可以用一套程序化的步骤来表示。所有的教学设计过程应包括这四个阶段：学习者分析、确定教学目标、制订教学策略、进行教学评价。详细来说，一般要经过如图 6-2 所示的这几个步骤。

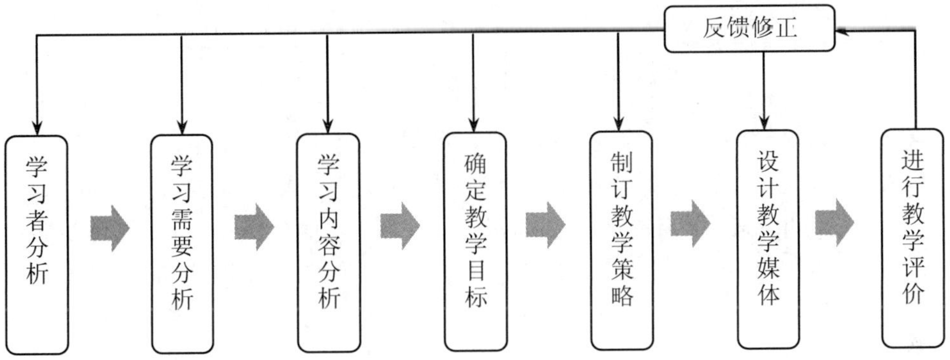

图 6-2　教学设计的一般过程

1. 学习者分析

学生是学习的主体，教学活动能否达到预期效果，建立在学生的认知发展水平和已有的知识经验基础之上，要在学习者自己的认识和发展过程中体现出来。因此，要获得可行的教学设计方案，就必须认真分析、了解学习者的情况，掌握他们的一般特征，评定他们的初始状态，预测他们发展的可能性，这是做好教学设计的基础。学习者分析的主要内容包括学习者初始能力分析、学习者一般特征分析和学习者学习风格分析。

学习者初始能力分析包括对目标技能、预备技能和学习态度三个方面的分析。为了解学习者是否具备了从事新的学习所必须具备的预备技能，可先在教学内容结果分析图上设定一个起点，把起点线以下的知识与技能作为预备技能，以此为依据编写测试题。这一方面可以测试学习者对预备技能的掌握情况，另一方面也可以了解学习者对目标技能的掌握情况。

学习者一般特征指学习者学习有关学科内容时对学习者产生影响的心理和社会特征。它们与具体学科内容虽无直接联系，但影响教学设计对学习内容的选择和组织，影响教学方法、教学媒体和教学组织形式的选择及运用。为获得学习者一般特征，通常采用的方法有访谈、观察、问卷调查、查阅文献等。

学习者学习风格是指学习者感知不同刺激，并对不同刺激作出反应所表现出来的所有心理特征。每个学习者都有自己独特的个性和心理特征，在进行教学设计时，只有充分考虑学习者的学习风格，针对不同的学习者确定不同的学习内容，选取不同的教学媒体，制订不同的教学策略，才能得到更好的教学效果，通常采用学习风格量表测量学习风格。

2. 学习需要分析

学习需要在教学设计中是一个特定的概念，指学习者在学习方面目前的状况与所期望达到的状况之间的差距。目前的状况指学习者在能力素质方面已经达到的水平，期望达到的状况指学习者应当具备什么样的能力素质。有差距，就有学习的需要，就有教学的必要。而教学过程就是缩短差距的过程，如图 6-3 所示。教学设计必须以这个差距为依据，才能做到有的放矢。美国著名教育心理学家奥苏贝尔指出："假如让我把全部教育心理学仅仅归结为一句原理的话，那么，我将以一言蔽之：影响学习唯一最重要的因素，就是学习者已经知道了什么，要探明这一点，并应据此进行教学。"

期望达到的状况 − 目前的状况 = 学习需要（差距）

图 6-3 学习需要的概念

学习需要分析是一个系统化的调查研究的过程，这个过程的目的就是揭示学习需要，从而发现教学中实际存在的问题。教学设计是问题解决的过程，学习需要分析是问题解决过程的第一步，是教学设计的基础。学习需要分析的核心是了解问题以及解决问题的必要性和可能性，重点是研究学习者的学习状况。只有明确问题及其原因，才能找出合适的解决方法。

学习需要分析的方法有内部参照需要分析法和外部参照需要分析法两种。内部参照需要分析法是由学习者所在的组织机构内部，用已经确定的教学目标（期望状态）与学习者的学习现状相比较，找出两者之间存在的差距，从而揭示学习需要的一种分析方法；外部参照需要分析法是根据机构外社会（或职业）的要求来确定对学习者的期望值，以此为标准来衡量学习者学习的现状，找出差距，从而确定学习需要的一种分析方法。

外部参照需要分析法是以社会和未来发展的需要为准则和价值尺度来解释教学中存在的问题，它是对机构内部目标的合理性进行论证的有效方法。对于学校教育来说，学习需要分析必须着眼于学生全面发展和终生发展的需要。因此，必须修改旧的教学模式，修改旧的教学大纲，使学校教育与社会需求接轨，培养与社会实际接轨的应用型人才。

3. *学习内容分析*

学习内容是指为了实现教学目标要求学习者系统学习的知识、技能和行为经验的总和。学习内容分析要解决的核心问题是安排什么样的学习内容，才能实现学习需要分析所确定的教学目标。肯普在《设计有效的教学》一书指出：如果一个设计者无法明确在一个教学中不该包括什么样的教学内容，那就根本没有必要去设计教学策略、制作适当的媒体或进行评价。教学设计过程很大程度上取决于从教学材料中选择哪些东西来教。

确定和选择学习内容时必须遵循适应学生发展、适应各学科发展及适应社会需求的原则，一般可以采用下列步骤：选择单元与组织单元；确定单元目标；评价内容；分析任务；进一步评价内容。

分析学习内容的基本方法有以下 3 种：

（1）归类分析法。归类分析法主要是研究对有关信息进行分类的方法，旨在鉴别为实现教学目标而需要学习的知识点。确定分类方法后，用图示或列提纲把实现目标所需学习的知识归纳成若干方面，从而确定学习内容的范围。

（2）图解分析法。图解分析法是一种用直观形式揭示教学内容要素及其相互联系的内容分析方法。图解分析的结果是一种简明扼要、提纲挈领地从内容和逻辑上高度概括教学内容的一套图表或符号。这种方法的优点是使分析者容易觉察内容的残缺或多余部分以及相互联系中的割裂现象。

（3）层级分析法。层级分析法是用来揭示教学目标所要求掌握的从属技能的一种内容分析方法，这是一个逆向分析的过程，即从已确定的教学目标开始考虑，要求学习者获得教学目标规定的能力，他们必须具有哪些次级的从属能力。

4. 确定教学目标

教学目标是教学设计者对学习者应取得的学习成果和达到的最终行为目标的明确阐述。教学目标是教学活动的出发点、依据和归宿，是实施教学测量和教学评价的依据，它为教学活动的进行指明方向。教学目标的合理设计关系到课堂教学选择、教学策略和教学媒体的合理组合和运用，关系到教学成果的合理评价。

作为教学系统设计的一部分，教学目标的编写应该用可测量或可观察的行为来描述教学目标，它反映的是学习者行为或能力的变化，必须与学习者的行为表现联系起来。

所谓行为，指的是能够观察到的活动或动作。按照行为的观点来陈述教学目标，一般包括对象（Audience）、行为（Behaviour）、条件（Condition）、标准（Degree）四项基本要素，而这种编写教学目标的方法也被称为 ABCD 模式。

A：对象（Audience），阐明教学对象，即学习者。

B：行为（Behaviour），说明通过学习以后，学习者能做什么（行为的变化）。

C：条件（Condition），说明上述行为在什么条件下产生。

D：标准（Degree），规定上述行为应达到的程度或最低标准。

下面的例子就是按照 ABCD 模式编写的，其中括号内的 ABCD 分别代表四个要素。

提供一篇散文（C），初中一年级的学生（A）能够找出（B）文章中的所有（D）的动词，准确率 80%（D）。

在一个教学目标中，条件和对象是两个可选择的部分，而行为的表述和标准是最基本部分，不能省略。行为目标的关键是行为动词，如果没有准确描述学习者行为的动词，那么教学目标就是不具体、不明确的。

5. 制订教学策略

教学策略是指在不同的教学条件下，为完成特定教学目标而采用的教学活动的程序、教学方法、教学组织形式和教学媒体等因素的总体考虑。教学策略是教学设计中最核心的环节，主要解决教师“如何教”和学生“如何学”的问题，它直接反映了设计者的教学思想与观念。

大体上可以把教学策略划分为基于“教”的教学策略和基于“学”的教学策略。前者主要告诉教师如何做，后者主要告诉学生如何做。在教学系统设计的过程中，教师是选择基于“教”的教学策略还是选择基于“学”的教学策略，取决于教学目标、教学内容和已有的教学条件。

（1）基于“教”的教学策略。

基于“教”的教学策略目前影响较大、运用较广的有先行组织者教学策略、五段教学策略、九段教学策略等。

1）先行组织者教学策略。

先行组织者是指安排在学习任务之前呈现给学习者的引导性材料，它比学习任务具有更高一层的抽象性和包摄性。提供先行组织者的目的就在于用先前学过的材料去解释、整合和联系当前学习任务中的材料，帮助学生确立意义学习的心向，在“已经知道的”与“需要知道的”知识之间架起认知桥梁，为新的学习内容提供观念上的固着点。设计适当的“先行组织者”作为影响认知结构的变量，是一种重要的教学策略。

先行组织者教学策略的教学过程主要由三个阶段组成，见表 6-1。

表 6-1 先行组织者教学策略

第一阶段 呈现先行组织者	第二阶段 呈现学习任务和材料	第三阶段 扩充与完善认知结构
1．阐明本课的目的 2．呈现作为先行组织者的概念：确认正在阐明的属性；给出例子；提供上下文 3．促进学习者对相关知识和经验的意识	1．使知识的结构显而易见 2．使学习材料的逻辑顺序外显化 3．保持注意 4．呈示材料 5．演讲、讨论、放电影、做实验和阅读有关的材料	1．使用整合协调的原则 2．促进积极地接受学习 3．提示新、旧概念（或新、旧知识）之间的关联

2）五段教学策略。

五段教学策略是一种接受学习策略，它源于赫尔巴特学派的“五段教学法”，后经苏联的凯洛夫改造后传入我国，至今仍是我国课堂教学的主要教学策略之一。五段教学策略的教学过程分为这几个阶段：激发动机、复习旧课、讲授新课、运用巩固、检查效果。在具体的运用这一策略时不宜过于机械地按此流程的先后次序进行。例如，“激发动机”不一定非得安排在开头进行，也可以安排在“复习旧课”之后或“讲授新课”过程中。

五段教学策略能使学习者在较短时间内掌握较多的系统知识，体现“教学”作为一种简约的认识过程的特性。其缺点是，学习者在这种教学过程中往往处于被动地位，不利于他们学习主动性的发挥，多年来在这方面一直受到批评与指责。然而，正如奥苏贝尔指出的，“接受学习”不一定是机械、被动的，关键是能否转化为“有意义学习”，即能否建立起新旧知识之间的联系。因此，五段教学策略能否扬长避短，继续在教学领域发挥作用，并不取决于策略本身，而是取决于运用这种策略的教师能否做到以下两点：传递新知识时要与学习者原有的认知结构建立有意义的联系；传递新知识时应激发学习者主动地从自身的认知结构中提取出有关的旧知识来同化新知识。

3）九段教学策略。

这是美国著名教育心理学家加涅将认知学习理论应用于教学过程而提出的一种教学策略。加涅认为，教学活动是一种旨在影响学习者内部心理过程的外部刺激，因此教学程序应当与学习活动中学习者的内部心理过程相吻合，即把学习者的学习心理与教师的教学活动一一对应起来。根据这种观点，加涅把学习活动中学习者内部的心理活动分解为九个阶段：激发兴趣与动机、阐明教学目标、刺激回忆、呈现刺激材料、根据学习者特征提供学习指导、诱导反应、提供反馈、评定学生成绩、促进知识保持与迁移。相应地，在教学程序上也应包含上述九个步骤。

“九段教学策略”是建立在科学的认知学习理论基础上的，它不仅发挥教师的主导作用，也能激发学生的学习兴趣，并随时注意调动学生的学习主动性、积极性。在具体的教学过程中，并不一定要按照这九个步骤依次进行，可以根据实际情况进行删减或改变。

（2）基于“学”的教学策略。

基于“学”的教学策略强调以学习者为中心，强调学习者的主动探究过程，强调学习者的自主学习。目前应用比较广泛的有“支架式教学策略”“抛锚式教学策略”和“随机进入式教学策略”。

1）支架式教学策略。

支架式教学应当为学习者建构一种对知识的理解的概念框架，用于促进学习者对问题的进一步理解。因此，事先要把复杂的学习任务加以分解，以便于把学习者的理解逐步引向深入。支架式教学策略由以下几个步骤组成：

①搭脚手架：围绕学习主题，建构概念框架。

②进入支架：呈现一定的问题情境，由此将学习者引入概念框架中的某个节点。

③独立探索：让学习者在支架的帮助下自主寻求问题的答案。探究的内容包括确定与给定概念有关的各种属性，并将各种属性按重要性大小顺序排列。

④合作学习：进行小组协商、讨论。

⑤效果评价：对学习效果的评价，包括学习者个人的自我评价和学习小组对个人的学习评价。

2）抛锚式教学策略。

抛锚式教学有时也称“实例式教学”或“基于问题的教学”，要求建立在有感染力的真实事件或真实问题的基础上。确定这类真实事件或问题被形象地比喻为“抛锚”，因为一旦这类事件或问题被确定了，整个教学内容和教学进程也就被确定了，就像轮船被锚固定一样。

抛锚式教学的主要目的是使学生在一个完整、真实的问题背景中产生学习的需要，并通过合作学习，凭借自己的主动学习、生成性学习，亲身体验从识别目标到提出和达到目标的全过程。抛锚式教学策略由以下几个步骤组成：

①创设情境：创设与现实情况基本一致或相类似的学习情境。

②抛锚：在创设好的情境里，选择与当前学习主题密切相关的真实性事件或问题作为学习的中心内容（锚）。

③自主学习：教师向学习者提供解决该问题的有关线索，发展学习者的“自主学习”能力。

④协作学习：讨论、交流，通过不同观点的交锋、补充、修正，加深每个学生对当前问题的理解。

⑤效果评价。由于抛锚式教学要求学生解决面临的现实问题，学习过程就是解决问题的过程，即由该过程可以直接反映出学生的学习效果。因此对这种教学效果的评价往往不需要进行独立于教学过程的专门测验，只需在学习过程中随时观察并记录学生的表现即可。

3）随机进入式教学策略。

随机进入式教学策略是指学习者可以随意通过不同途径、不同方式进入同样教学内容的学习，从而获得对同一事物或同一问题的多方面的认识与理解。它的基本过程如下：

①呈现基本情境：向学生呈现与当前学习主题内容相关的情境。

②随机进入学习：取决于学生“随机进入”学习所选择的内容，而呈现与当前学习主题的不同侧面特性相关联的情境。在此过程中教师应注意发展学生的自主学习能力，使学生逐步学会自己学习。

③思维发展训练：由于随机进入学习的内容通常比较复杂，所研究的问题往往涉及许多方面，因此，在这类学习中，教师还应特别注意发展学生的思维能力。

④小组协作学习：围绕呈现不同侧面的情境所获得的认识展开小组讨论。在讨论中，每个学生的观点在和其他学生以及教师一起建立的社会协商环境中受到考察、评论，同时每个学生也对别人的观点进行思考并作出反应。

⑤学习效果评价：包括自我评价与小组评价，评价内容与支架式教学中的评价内容相同。

6. 设计教学媒体

媒体是指信息的载体和传递信息的工具。当媒体直接加入教学活动，在教学过程中传输有关的教学信息时，就把它称为教学媒体。从传播学的角度讲，教学媒体是教学内容的传递工具，是沟通教师、学习者以及教学内容的桥梁。现代媒体能够同时获取、处理、编辑、存储并展示文字、图形、声音、动画等不同形态的信息，它进入了课堂，超越了教育、教学的传统视野，丰富了教学内容，增加了教学的密度和容量。实践证明，教学媒体可以提高教学的效果和效率，优化教学过程。

为了达到预期的教学目标，需要在不同形式和不同功能的教学媒体中进行选择。在实际的操作中，有很多因素会影响到媒体的选择，因此在选择教学媒体的时候，一定要把握住问题的关键，从教学目标、教学内容、学习者特点、媒体特性、媒体成本等方面考虑选取最优方案。选择教学媒体还可以参照一些具体的方法、程序或模型。例如，图 6-4 就是一种流程图教学媒体选取法。

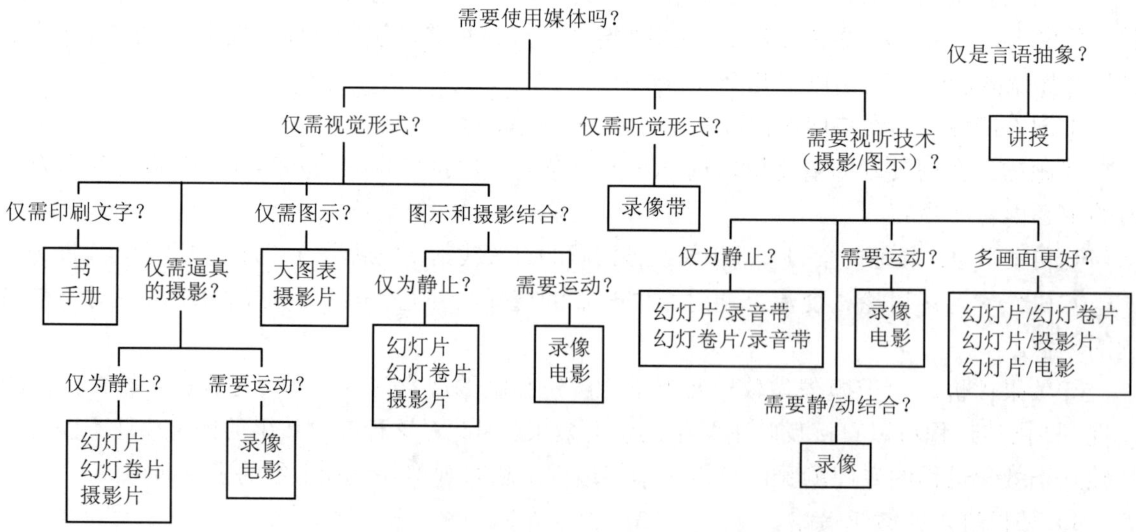

图 6-4 流程图教学媒体选取法

7. 进行教学评价

教学评价是对教学过程与结果进行价值判断的一种活动，指根据教学目标的要求，采取一定的方法和手段对教学效果进行描述和评定的过程。它是教学中的重要一环，也是教学设计不可或缺的组成部分。

根据评价在教学活动中发挥作用的不同，可把教学评价分为诊断性评价、形成性评价和总结性评价三种类型。

诊断性评价是指在教学活动开始前，对评价对象的学习准备程度做出鉴定，以便采取相应措施使教学计划顺利、有效地实施而进行的测定性评价。

形成性评价是在教学过程中，为调节和完善教学活动，保证教学目标得以实现而进行的确定学生学习成果的评价。形成性评价的主要目的是改进、完善教学过程。

总结性评价是以预先设定的教学目标为基准，对评价对象达成目标的程度即教学效果做出评价。

第三节　三种主要教学设计理论

教学设计理论是在 20 世纪 60 年代初期形成并逐步发展起来的，在这个过程中，各个流派的教学设计理论及其相应的教学设计模式不断出现。一般来说，可以从教学设计的理论基础，特别是学习理论的角度将教学设计理论与方法划分为三大类，即“以教为中心”教学设计、“以学为中心”教学设计和“主导—主体结合”教学设计。

一、“以教为中心”的教学设计理论

（一）“以教为中心”教学设计的理论基础

“以教为中心”教学设计的理论基础包括四个组成部分，即系统论、学习理论、教学理论和传播理念。“以教为中心”的教学设计模式的发展已历经两代。第一代以“肯普模式”为代表，在学习理论方面它是以行为主义的联结学习（即刺激反应学习）作为其理论基础。第二代以“史密斯—雷根模型”为代表，在学习理论方面以加涅的“联结认知”学习作为理论基础。“以教为中心”教学设计基本上遵循还原论，具有线性思维特征。

（二）“以教为中心”教学设计的一般模式

“以教为中心”的教学设计，有时又称为基于课堂教学的教学设计。20 世纪 90 年代以前的教学设计基本上都是以教为主，即面向教师的“教”，其主要内容是研究如何帮助教师把课备好、教好，而很少考虑如何促进学生自主地学习。这种以教为主的教学设计是目前的主流，它通常包含以下步骤（如图 6-5 所示）：

（1）确定教学目标（期望学生通过学习应达到的结果）。

（2）分析教学目标并根据分析结果确定教学内容（为达到教学目标所需掌握的知识单元），至于教学顺序（对各知识单元进行教学的顺序）可以通过教学目标的分析来确定，也可以通过其他方法确定。

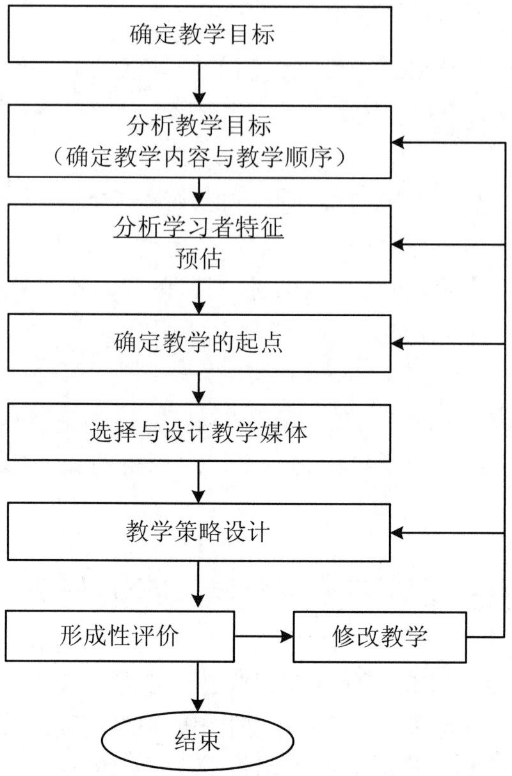

图 6-5 “以教为中心”的教学设计流程

（3）分析学习者的特征（是否具有学习当前内容所需的知识基础，以及具有哪些认识特点和个性特征等）。

（4）根据教学内容和学习者特征的分析确定教学的起点（即确定在哪种难度等级和知识基础上对当前的学习者施教）。

（5）根据教学目标、教学内容和教学对象的要求选择与设计教学媒体。

（6）根据教学内容和学习者特征的分析设计教学策略。

（7）对教学作形成性评价（以确定学生达到教学目标的程序），即根据搜集到的课堂教学信息，对教学内容或教学策略进行修改或调整，并对学生作出适当的反馈。

二、“以学为中心”的教学设计理论

（一）“以学为中心”的教学设计的理论基础

“以学为中心”的教学设计称为第三代教学设计，它是在建构主义学习理论的基础上建立的。这种理论特别重视师生、生生之间的交互设计，学习工具与学习资源的设计，也重视“情景”“协作”在教学中的重要作用，弥补了传统教学设计过分分离与简化教学内容的局限，强调发挥学习者在学习过程中的主动性和建构性，有利于创造性人才的培养，满足信息社会对人才所提出的要求。

（二）“以学为中心”的教学设计的方法与步骤

以学为主的教学设计是进入 20 世纪 90 年代以后随着多媒体和网络技术的日益普及（特

别是基于 Internet 的网络教育的普及）才逐渐发展起来的。其理论基础是建构主义的学习理论与教学理论，所以通常也称为建构主义的教学设计。以学为主教学设计的主要步骤如图 6-6 所示。

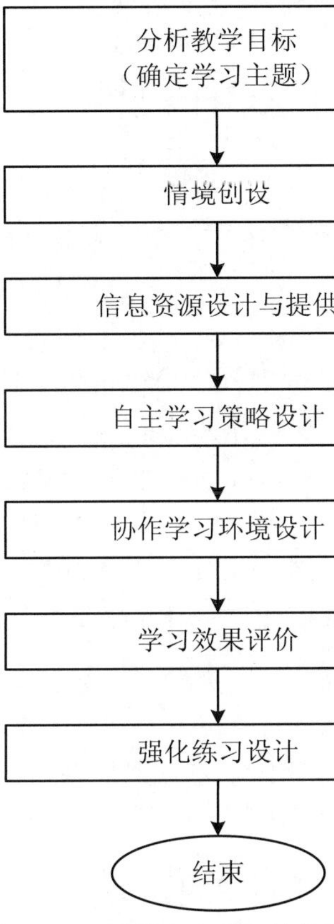

图 6-6　“以学为中心”的教学设计流程

1. 教学目标分析

对整门课程及各教学单元进行教学目标分析，以确定当前所学知识的“主题”（即与基本概念、基本原理、基本方法或基本过程相关的知识内容）。常用的教学目标分析法有归类分析法、层级分析法、信息加工分析法和解释结构模型法等。

2. 情况创设

建构主义认为，学习总是与一定的社会文化背景即“情境”相联系的，在实际情境或通过多媒体创设的接近实际的情境下进行学习，可以利用生动、直观的情境有效地激发联想，唤醒长期记忆有关的知识、经验或表象，从而使学习者能利用自己原有认识结构的有关知识与经验去同化和索引当前学习到的新知识，赋予新知识以某种意义。

情境创设分为两种情况：一种是学科内容有严谨结构的情况（数学、物理、化学等理科皆具有这种结构），这时要求创设有丰富资源的学习环境，其中应包含许多不同情境的应用实例和有关的信息资料，以利于学习者根据自己的兴趣和爱好去主动发现、主动探索；另一种是学科内容结构不具备严谨性的情况（语文、外语、历史等文科内容一般为这种结构），这时应创设接近真实情境的学习环境，在该环境下应能仿真实际情境，从而激发学习者参与交互式学习的积极性，在这个过程中去完成对问题的理解、知识的应用和意义的建构。

3. 信息资源的设计与提供

信息资源的设计是指确定学习本主题所需信息资源的种类和每种资源在学习本主题过程中所起的作用。对于应从何处获取有关的信息资源、如何去获取以及如何有效地利用这些资源等问题，如果学生确实有困难，教师应给予适当的帮助。

4. 自主学习策略的设计

在“以学为中心”的建构主义学习环境中常用的教学方法有“支架式教学法”“抛锚式教学法”和“随机进入式教学法”等。根据所选择的不同的教学方法，对学生的自主学习应作不同的设计。

5. 协作学习环境设计

协作学习是指在个人自主学习的基础上开展小组讨论、协商，以进一步完善和深化对主题的意义建构，整个协作学习过程均由教师组织引导，讨论的问题皆由教师提出。协作学习环境的设计属于第一种情况，但是在第二种情况的教改实践中也会经常遇到。

6. 学习效果评价

学习效果评价内容主要围绕三个方面：①自主学习能力；②协作学习过程中作出的贡献；③是否达到意义建构的要求。应设计出使学生不感到任何压力、乐意去进行，又能客观地、确切地反映出每个学生学习效果的评价方法。

7. 强化练习设计

根据小组评价和自我评价的结果，设计出有针对性的学习材料和强化练习，以纠正原来的错误理解或片面认识，最终达到符合要求的意义建构。

三、“以教师为主导、学生为主体”的教学设计理论

（一）“主导—主体”教学设计的理论基础

建构主义理论的突出优点是有利于具有创新思维和创新能力的创造型人才的培养；其缺点是容易忽视教师主导作用的发挥和情感因素在学习过程中的作用。奥苏贝尔的教学理论的优点是有利于教师主导作用的发挥，并重视情感因素在学习过程中的作用；其缺点是强调“传递—接受”教学模式，否定“发现式”教学模式，在教学过程中把学习者置于被动接受地位，学习者的主动性、创造性难以发挥，因而不利于创新人才的成长。因此，“主导—主体”这种教学理论能兼取两大理论之所长并弃其短，尤其是基于 Web 的“主导—主体”网络教学的设计具有比较科学而全面的理论基础，不仅适用于指导课堂教学，也可适用于指导多媒体辅助教学课件和网上课程的设计与开发。

（二）“主导—主体”教学设计的过程及模式

“主导—主体”教学设计从方法和步骤上来说，是以教为主和以学为主的教学设计方法和步骤的结合，如图 6-7 所示。

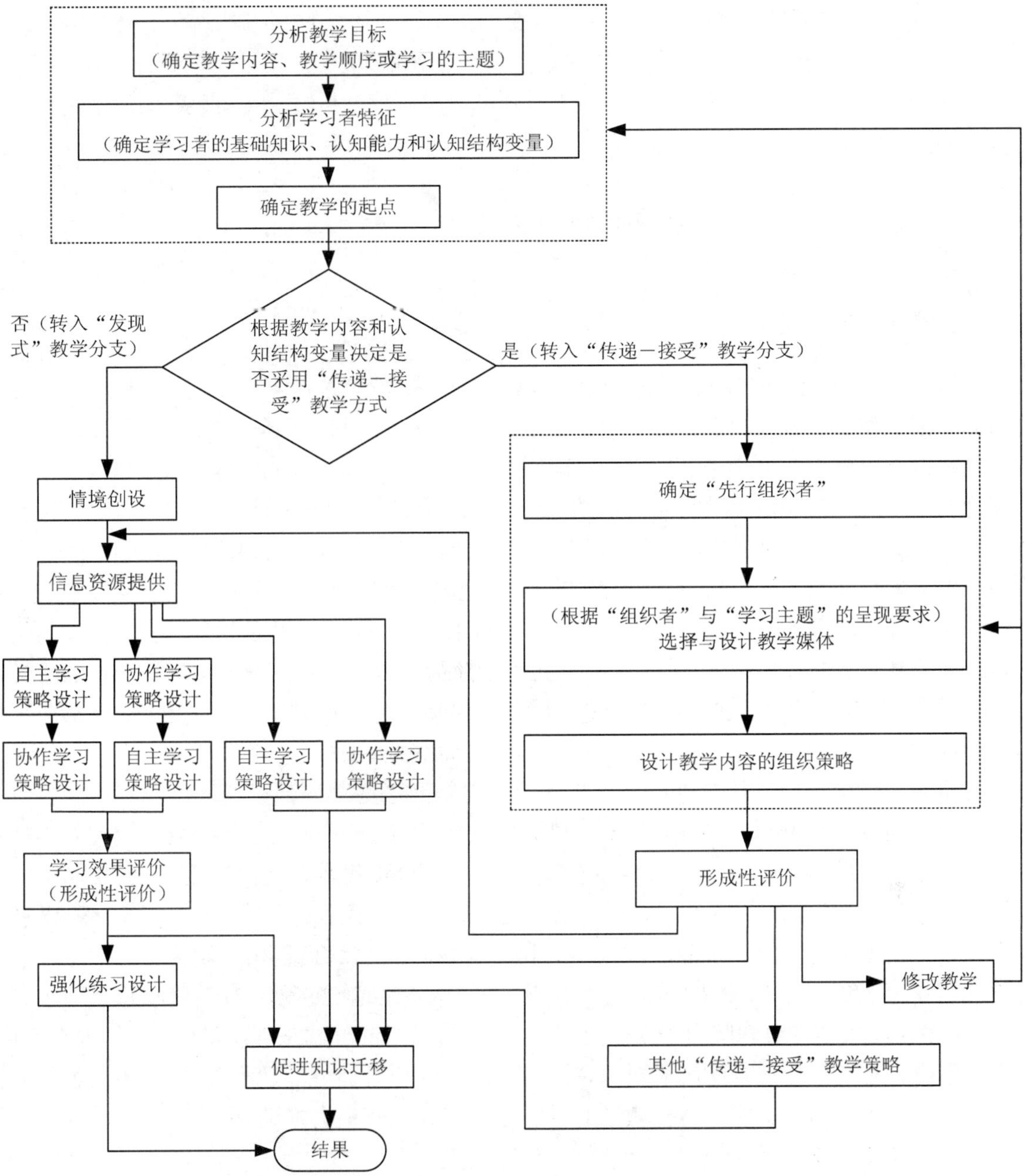

图 6-7　“主导－主体”教学设计流程图

“主导—主体”教学设计流程具有以下 4 个特点：

（1）可根据教学内容和学生的认知结构情况灵活选择“发现式”或“传递—接受”教学分支。

（2）在“传递—接受”教学过程中基本采用“先行组织者”教学策略，同时也可采用其他的“传递—接受”教学策略作为补充，以达到更佳的教学效果。

（3）在“发现式”教学过程中也可充分吸收“传递—接受”教学的长处。

（4）便于考虑情感因素的影响。在“情景创设”框或“选择与设计教学媒体”框中，可以通过适当创设的情境或呈现的媒体来激发学习者的动机；而在“学习效果评价”环节或根据形成性评价结果所做的“教学修改”环节中，则可通过讲评、小结、鼓励和表扬等手段促进学习者三种内驱力的形成与发展。

第四节　微格教学设计

一、微格教学概述

微格教学（Microteaching）又称“微型教学”“微观教学”“录像反馈教学”等，是一种系统训练师范生和在职教师教学技能的培训方法。微格教学起源于美国，1963 年，斯坦福大学的爱伦教授将手提摄像机带进了课堂，进行师资培训的研究，开始了最早的微格教学实践。爱伦和他的同事通过对师范生教育实习前的试讲进行研究，发现这些初上讲台的实习生试讲普遍存在这些问题：试讲时间过长，使得指导教师难以全程集中精力记录和评估；指导教师对实习生的评价大多是印象的、笼统的，学生难以操作和改正；实习生对自己的试讲无直观感受、不能做到自我反馈。于是爱伦和他的同事对试讲进行改造，在采用“角色扮演”教学方法的基础上，提出了由师范生自己选择教学内容，缩短教学时间，利用摄录像设备实录受训者的教学行为，并通过分析和评价来改善和提高受训者的教学素质这一改革方案，后来逐步完善形成了微格教学课程。

微格教学自提出后，很快推广到世界各地。美国及一些欧洲国家的师范教育首先接受了这一新的培训方法。20 世纪 70 年代末，微格教学已经逐步被一些国家作为培训教师教学技能的有效方法而采用。悉尼大学教育系经过了近十年的研究和实践，于 1972 至 1976 年间由国家投资开发了微格教学课程，获得了世界声誉。他们编撰的《悉尼基本教学技能》微格教学教材和示范录像在世界上引起了强烈反响，澳大利亚 80%的师资培训机构以及英国、南非、巴布亚新几内亚、印度尼西亚、泰国、加拿大、美国和中国香港地区的一些师范院校都采用了这套教材。香港中文大学教育学院自 1973 年开始采用微格教学的方法来训练学生，为加强真实性，以真实学生作为角色扮演中的听讲对象，用录像的方法记录训练的过程。1983 年在进修的在职教师中进行了实验，证明了微格教学对在职教师培训也有很大帮助。

（一）微格教学的概念

微格教学是一种小的课型的教学，其目的是培训师范生或在职教师掌握教学技能。每次教学时间控制在 5 至 10 分钟左右，集中训练一至两项教学技能，因此被称为“微”格教学。

微格教学创始人之一的爱伦教授认为，微格教学是一个有控制的实习系统，它使师范生和教师有可能集中解决某一特定的教学行为，或在有控制的条件下进行学习。

北京教育学院微格教学课题组从 1986 年开始着手微格教学的研究，经过 6 年的研究实践，给出如下定义：微格教学是一个有控制的实践系统，它使师范生和教师有可能集中解决某一特定的教学行为，或在有控制的条件下进行学习；它是建筑在教育教学理论、视听理论和技术的基础上，系统训练教师和师范生教学技能的方法。

新时期的微格教学与传统微格教学有了很多不同。微格教学在初期被认为是单一的简化教学过程，但是随着时代的发展、信息化技术水平的提升，微格教学的技术环境得到改善，其适用领域也得到拓展，微格教学定义的外延也在不断变化。但其核心内涵不变，微格教学仍然是一个有控制的实践系统，是将新技术（视听技术）与教学理论相结合，集中解决某一特定行为的训练方法。

（二）微格教学的特点

微格教学是把复杂的教学过程细分为许多容易掌握的单一教学技能，对每项教学技能进行逐一研讨，并借助先的进音像设备、信息技术，对师范生或在职教师进行教学技能系统培训的微型、小步教学。总的来说，微格教学具有如下特点：

（1）训练课题微型化。

微格教学从单项教学技能入手，并规定每一项技能都必须是可描述的、可观察的，具有可操作性。

实训通常采取分组的方式，将受训者分为若干组，每组人数一般3～5人，最多不超过10人，培训内容为1～2个教学技能，每人授课时间控制在5～15分钟。在教学的实施过程中，每位受训者不仅有机会登台讲课，展示自己对某项技能的理解、掌握及运用情况，同时又可以学习其他人的讲课技巧，并参与对教学效果的自评与他评，不断总结经验，提升自身教学水平。

正如英国微格教学专家乔治·布朗所说，“它是一个简化了的、细分的教学，从而使学生易于掌握”。

（2）技能动作规范化。

微格教学将复杂的教学行为细分为容易掌握的单项技能，如导入技能、提问技能、讲解技能、强化技能、变化技能、演示技能、板书技能、结束技能等，整个培训过程是一个受控制的实践系统，重视每一项教学技能的分析研究，使受训者在受控制的条件下朝明确的目标发展，最终提高综合课堂教学能力。

（3）记录过程声像化。

微格教学的形成与声像技术的教学应用是分不开的。利用声像设备把每一位受训者的讲课过程如实地记录下来，为小组讨论及自评提供了直观的现场资料。受培训者能及时看到自己的教学行为，获得自我反馈信息。有些不太注意的教学细节如多余的习惯性动作、口头禅，经细节放大以后一目了然、印象深刻，利于及时修正，收到“旁观者清”的效果，产生“镜像效应”。同时也在一定程度上减轻了指导教师的教学负担，以便腾出更多的时间用来对学生的教学行为进行评价和指导，提高了培训质量和效率。也可利用录音带、录像带的存储功能，经过一定阶段后再次视听音像带，实现延时反馈，对受训人员进行教学技能的再强化，可达到提高教学效果的作用。利用积累的大量教学声像素材，可编辑制作典型的微格教学片，构成微格教学系列教材，用于微格教学实录前的观摩及第二课堂学习。

（4）观摩评价及时化。

评价是教学过程的关键环节之一。传统教师技能培训中的评价主要是凭经验和印象，评价指标不明确、不系统。微格教学制订科学具体的评价指标体系，运用一定的评价技术，对每项技能进行公正评价。评价方式定量评价与定性评价相结合，自我评价与集体评价相结合，评价与议论相结合，构成综合评价系统。

微格教学利用了现代视听设备作为课堂记录手段，真实而准确地记录了教学的全过程。参评人员通过对记录进行分析来对受训者的角色扮演进行主、客观评价和反馈。通过重复播放录像，使得受训者及时地获得反馈信息并对自己的角色扮演过程进行自我评价；评价是对照着声像记录结果，更有针对性、更直观、具体，评价结果更客观、符合实际；参评人员不仅仅是指导教师，而且包括试讲人自己和其他受训教师，使信息反馈更加多元化。

随着计算机技术的发展，计算机大量运用于教学实践。将大量评价数据输入计算机，从而构建评价模型，使评价结果更直观、更可靠。

二、微格教学系统

微格教学系统是为实现微格教学而设置的一种完全真实的教学环境。为了能顺利完成微格教学任务，必须筹建与之配套的微格教学系统。

微格教学系统的构成包括模拟教室和控制室，如图 6-8 所示。为了便于观摩和研讨，通常还可包含观摩室和准备间。

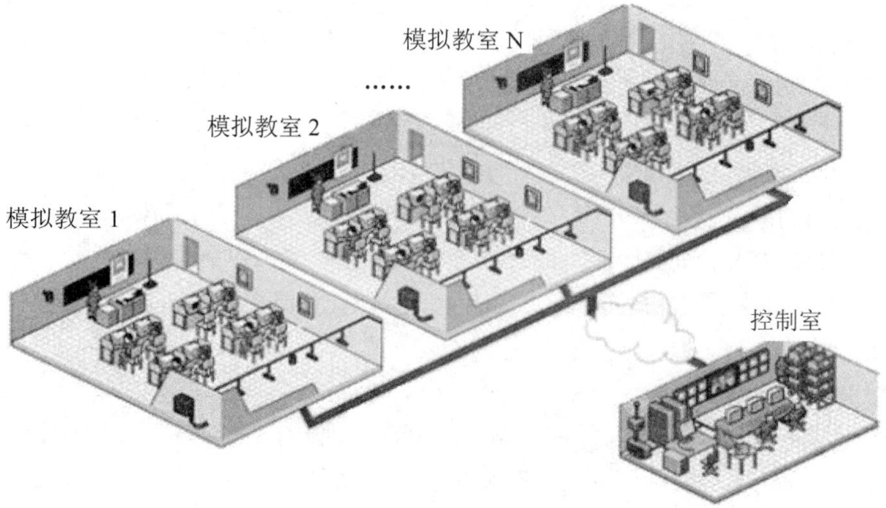

图 6-8 微格教学系统的构成

1. 模拟教室

模拟教室是受训者进行角色扮演和教学实践的场所。为了记录微格教学现场，模拟教室的硬件除了必需的基本设施如黑板（或白板）、讲台、课桌椅等外，还必须包括摄像系统、试音系统及教学辅助设备，例如麦克风、摄像头、云台、多媒体计算机等，来录制教室内的角色扮演情况，以满足技能训练、微格实践及教学评价的需要。图 6-9 所示为一种模拟微格教室设计方案图。模拟微格教室中的设备主要包括分控机、摄像头及其他教学设备。在微格教室中可以呼叫主控室，并与主控室对讲。微格教室中可以控制本室的摄像系统、录制本室的声音和图像，以便对讲课情况进行分析和评估。分控机可以遥控选择主控室内的哪一台录像机、VCD 机等其他影像输出设备并能遥控自己选择的设备的播放、停止、暂停、快进、快退。

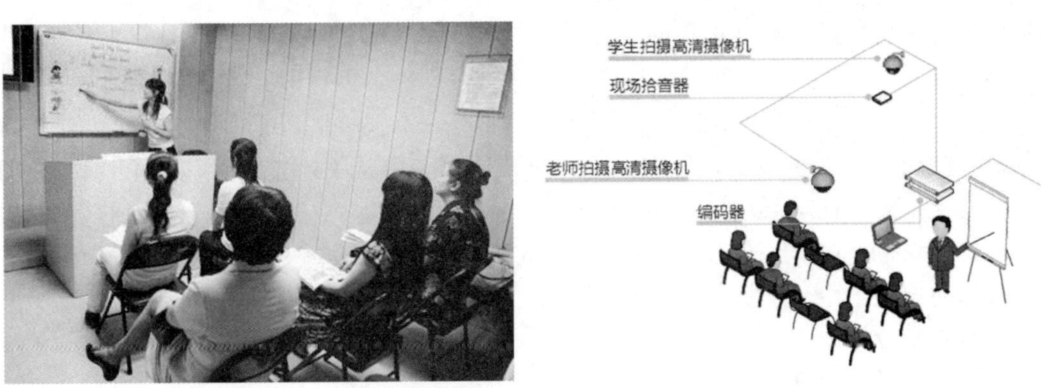

图 6-9　微格模拟教室

模拟教室应尽量安置在安静无干扰的场地，并采用合适的隔音措施，防止受训者角色扮演过程中受到其他因素影响，使摄录设备能准确、完整、无干扰地运行。

2. 控制室

控制室是独立于模拟教室的一个功能室，是微格教学系统的数据交换和监控中心，主要通过仪器设备来控制和监视，通过遥控来录制视频、音频信号，并存放示范教学资料，能够及时、准确、全面地记录受训者的教学行为和过程，环境一定要清洁、干燥。

控制室可以控制任一微格教室中的摄像云台和镜头，可以监视和监听任一模拟教室的图像和声音，并可随时控制暂停某一个微格教室与之进行电视讲话，也可以对模拟教室播放教学录像与电视节目，可以把某个模拟教室的情况转播给其他的微格教室进行示范，可以录制某个模拟教室的教学实况供课后讲评。微格控制室的主要设备包括计算机、主控机、摄像头、录像机、VCD、监视器、监控台等，如图 6-10 所示。

图 6-10　微格控制室

3. 观摩室

观摩室用于微格教学的集体观摩和指导教师对受训者角色扮演过程的分析和评价。为了方便管理，一般设置在模拟教室的隔壁。观摩室需要采用很好的隔音措施，以免影响模拟教室的教学活动。

4. 准备室

准备室是受训者在角色扮演前作短暂的休息和重温讲稿、思考训练的地方，也可以作为指导教师给扮演角色进行临阵指导的地方。

三、微格教学设计

微格教学设计是微格教学过程中的一个重要环节，也是踏入教学实践的第一步。微格教学的教学设计是建立在学习理论、传播理论、系统科学理论基础之上的对教学过程和方法的描述。在准备微型课时，对教学过程中相互联系的各个要素做出计划和安排，建立一个分析研究和解决问题的方法，并对预期的结果进行分析。这种用系统的方法计划微型课的过程，我们把它称为微格教学设计①。

（一）微格教学设计的特点

微格教学是一种小的课型的教学，它既是普通课堂教学的缩影，又是一种特殊的教学形式，因此微格教学设计与一般的大课堂的教学设计并不完全相同，既有联系又有区别。如一般的课堂教学设计对象是一个完整的单元课，教学过程包括导入、讲解、练习、总结评价等完整的教学阶段，见表 6-2。而微格教学通常都是比较简短的，教学内容只是一节课的一部分，便于对某种教学技能进行训练。因此，不能像课堂教学设计那样主要从宏观的结构要素来分析，而是要把一个事实、概念、原理或方法等当作一套过程来具体设计。所以，在微格教学教学技能训练的过程中应有两个教学目标：一是使被培训者掌握教学技能；二是通过技能的运用实现中小学课堂教学目标。教学技能是实现教学目标的方法和措施，而课堂教学目标所达到的程度是对教学技能的检验和体现，二者紧密联系、互相依存。由此，微格教学的教学设计既要遵循课堂教学设计的原理和方法，又要体现微格教学的教学技能训练特点。

表 6-2　微格教学设计与一般教学设计的区别

		微格教学设计	普通课堂的教学设计
相同点		遵循的理论、方法、程序完全一致	
不同点	教学内容	一个教学片段	一个完整的单元课
	教学技能	以一两个教学技能为主	导入、讲解、练习、评价等
	教学目的	训练教学技能 优化教学效果	优化教学效果

微格教学重视教学诊断和诊断后采取的措施。微格教学以培训教师掌握教学技能为目的，它以训练教师的“诊断”教学能力为目标，把课堂教学变得更加实际。从表面上看，进行微格教学的教学设计是让受训者实践所学的教学技能，并逐渐掌握各种教学技能。但实际上，无论是运用导入的技能、讲解的技能、变化的技能还是提问的技能等，都是为了激发学习者的学习动机，推动学习者的认知结构，提高学习者的学习质量。训练教师掌握教学技能，最终作用于学生。学生的表现才能反映教师行为的效果。所以，微格教学设计既要关注教师的行为，还要关注学生的行为。

---

① 孟宪凯．微格教学基本教程[M]．北京：北京师范大学出版社，1992．

（二）微格教学设计的内容

从系统论的角度看，在微格教学设计时，设计者需要考虑到相应的教学目标、教学内容、教学对象和教学媒体等因素。

1. 教学目标

教学目标是预期的教学成果，是组织、设计、评价微格教学的基本出发点和依据，制约着教学设计的方向，对教学活动的设计起着指导作用。在进行微格教学时，应根据学科课程教学论的总教学目标，结合微格教学训练的特点，制订出相应的微型课教学目标，通过微格教学逐一实现微型课教学目标，从而接近和实现教学的总目标。

2. 教学内容

微格教学设计的研究对象是微型的教学传播过程，在进行微格教学技能训练时，虽然只是通过某一特定的教学内容对受训者的教学技能进行训练，但是这一特定的教学内容必须以教材内容为主要依据。受训者应当认真分析和研究教材的科学性、系统性和思想性，分析教材体现出的教学内容的重点、难点以及突出重点、突破难点的关键。通过微格教学设计，使受训者掌握分析、研究教材的方法。

3. 教学对象

教学对象即学习者。不同的学习者具有不同的起始能力、学习风格和个性特征，这些能力和特征直接或间接地影响着学习者的学习效果。教学对象不同，教学起点也不同。因此，受训者在确定教学起点时要充分考虑到学习者的起始状态。总的来说，对学习者进行分析主要包括学习者学习态度的分析、起始能力的分析、背景知识的确定、学习风格的分析等方面。通过对教学对象的分析，获得他们的相关学习基础、认知特点、智力水平、技能水平等各种背景资料，作为微格教学设计安排的依据。

4. 教学媒体

教学媒体是存储和传递教学信息的载体，泛指在教学过程中传递教学信息以及记录、存储、再现信息的各种资源的媒介。教学媒体的选择不但依赖于每种媒体的特性和功能，也有赖于教学系统中各种因素之间的关系。教学内容是选择教学媒体时的重要依据，对于较为抽象的教学内容，教师应尽量选择直观的教学媒体来呈现，而对于直观的教学内容则要选择更能引起学习者兴趣的教学媒体来表现。另外，学习者的兴趣特点、性格特征、认知水平也是选择教学媒体时需要考虑的要素。

（三）微格教学设计的过程

微格教学设计并不仅仅是编写教案，微格教学设计与一般教学设计的步骤大体一致，是在充分理解教材、掌握教学理论的基础上，根据教学设计的原理与方法，结合微格教学的特点，借鉴教学设计的一般过程实施教学设计。教学设计内容主要包括教材分析、教学内容分析、学情分析、阐明教学目标和训练目标、确定教学策略、选择教学媒体、板书设计、编写教案、教学评价等。

1. 教材分析

教材是教学内容的主要载体，是教师教和学生学的主要工具。教材分析必须钻研教学大纲、课程标准，确立教学目标，明确教学要求。微格教学虽然只是通过某一简短的教学内容训练教学技能，但这一教学内容必须以教材内容为客观依据来组织。微格教学设计的优劣，取决于受训者对教材的理解、分析和研究。

2. 教学内容分析

教师应依据课程标准，结合学生的实际情况，钻研教材内容，确定学生掌握的知识结构体系，以便突出教学重点，明确教学难点。微格教学的教学内容虽然只是某个事实、概念、问题或求解过程，但也必须分析这一简短的教学内容的微观结构和内容组织。

3. 学情分析

学情分析是教学设计的重要组成部分，与教学设计中的其他部分有着密切联系，可以说，没有学情分析，一切教学目标的实施都不可能真正实现，只能是空中楼阁。学生是课堂的真正主体，一切教学活动是围绕这一主体的主动参与学习展开的，只有教师充分了解自己的学生，对学生进行学习前的各种情况分析，才能有效地利用学生的最近发展情况去完成各项学习活动，从而做到有的放矢。进行微格教学训练时，要引导受训者从两个方面来进行学情分析：一是学习者的一般特性；二是学习者的原有知识结构与技能基础。

4. 阐明教学目标和训练目标

教学目标是教学过程的依据，同时也是评价教与学活动的依据。确定准确的教学目标是教学活动取得成功的前提。微格教学有教学和技能训练双重目标，因此在制订教学目标时，要把教学目标和训练目标都明确阐述，并且制订的目标必须具有可行性，便于训练操作，便于测量和评价。

5. 确定教学策略

教学策略是实现教学目标的手段，通俗地说是教学方法。但策略又不完全是方法，它具有更高的概括性和智慧性。教学策略主要解决教师“如何教”和学生“如何学”的问题，是教学设计的重点。微格教学的教学策略除了要考虑一般课堂教学设计的策略因素之外，还要具体设计教师的教学行为和学生的学习行为，以及各项教学技能的具体训练方法。

加涅的九段教学程序提出，教学活动可划分为 9 个阶段：①引起学习注意；②交代学习目标；③回忆相关旧知；④呈现教学内容；⑤提供学习指导；⑥引发行为表现；⑦给予信息反馈；⑧评估行为表现；⑨强化保持与迁移。这 9 个阶段为微格教学最重要的综合技能、讲解技能和结束技能的训练提供了有力的理论依据。导入技能的微格教学活动策略一般根据引起注意、告知学生目标、刺激对先前学习的回忆这三个教学阶段规律展开设计；讲解技能的微格教学活动策略则围绕着呈现刺激材料、提供学习指导、诱导行为、提供反馈的教学阶段规律进行教学策略设计；结束技能的微格教学则要进行评定行为、增强记忆与促进迁移的教学活动设计。虽然微格教学分解了完整的课堂教学过程，但在训练各项教学技能时仍依据课堂教学的活动规律进行教学策略的设计，从而保证了教学技能围观训练和课堂教学能力培养的统一。

6. 选择教学媒体

选择教学媒体属于教育技术的运用。每种教学媒体都有不同的特性和功能，各种媒体在色彩、立体感、运动表现、声音表达、可控性、反馈机制等方面都是不同的。因此，教学设计者应考虑教学媒体呈现教学信息的功能和能力，使教学媒体能够发挥最大的教学效益。

在实际的教学过程中，如果选择的教学媒体不能获得，所选用的教学媒体再有效也是不切实际的，故选择教学媒体时还需要考虑到媒体的易获取性。

教学媒体最终都是要在课堂教学中使用的，媒体选择时应该考虑到使用者对该媒体的利用能力。如果使用者对媒体的操控利用能力强，则可选择一些功能较全的、操作较复杂的媒体，否则应选择一些操作简单的媒体。这也要求教学设计者必须掌握常用媒体运用的理论依据和媒体操控技术，熟悉演示操作，精通演示设计。

7. 板书设计

板书是提高教学效果的手段，是教学内容、教学思路的反映，是教师与学生双向信息交流的桥梁。板书是衡量教师教学水平的标志之一。由于计算机辅助教学的运用，教师板书并不局限于手书，也可以是利用课件演示教学思路和内容、与学生进行信息交流互动的。

8. 编写教案

微格教学设计的成果主要体现在教案上，编写教案是教学设计的重要内容。微格教学过程反映在微格教学教案之中，编写微格教学教案是教师把教学技能知识用于教学实践的第一个动态过程，所撰写教案的质量体现出学员对教学技能的理解和运用水平。教案又是学员上角色扮演课的依据，是完成微格教学任务的保证。

9. 教学评价

受训者以角色扮演的方式参与教学训练的实践活动，又通过录像反馈等方式与指导教师和其他受训者进行讨论评价，从而获得反馈信息。受训者根据反馈信息修改教案、反省自身的教学行为，使其教学设计能力和教学技能得以进一步提高。

评价有衡量教学技能水平的终极评价和培训过程中灵活掌握的定量评价两种。微格教学技能训练的教材都提供有教学技能评价项目，用来评价技能训练水平。如果教师是利用微格教学进行教学研究，则微格教学设计者可以根据自己的研究目的自拟课堂评价表进行微格教学的评价。

四、微格教学教案设计

微格教学中，教案的编写是教师的一项重要工作，它是根据教学理论、教学技能、教学手段，并结合学生实际，把知识正确传授给学生的准备过程。

微格教学教案的产生是建立在微格教学教学设计基础之上的，以“设计”作指导，具体编写微格教学的计划。微格教案要体现出教学细节的情境设计，不能过于宽泛，所谓细节决定成败，细节让课堂更精彩。

（一）微格教学教案设计的原则

受训者在设计微格教学教案时，需要遵循以下原则：

（1）目的性原则。

在微格教案设计过程中，学生必须始终明确微格教学的目的，要以技能训练为中心设计教案。微格教学有明确的目的性，即要求学生通过微格教学掌握一种或几种教学技能。因此，学生在设计教案过程中必须充分体现这一原则，要明确每一个实践过程所要达到的目的，这是微格教学设计与一般教学设计的主要区别。

（2）详尽性原则。

在微格教学教案设计过程中，必须全面、详细地设计教学的每一个环节。微格教学实践的时间不长，但其中体现的教学技能却可以是多样的。微格教学要达成训练教学技能的目的，体现学生技能掌握的程度，就必须事先详细地考虑微格教学的每一过程，甚至以时间为单位进行微格教学设计。在设计的时候不仅要标明内容所体现的技能，对教师的行为也需要进行具体的描述，对学生可能的反应行为也要进行预测和描述。

（3）灵活性原则。

在微格教案设计时，学生必须设想到微格教学过程中可能出现的各种情形，并作出灵活的应对。

（4）修正性原则。

在微格教案设计时，学生应当综合各方意见和具体实践，对教案存在的问题及时修正和完善。微格教学的一个重要特点是其诊断性，通过微格教学，学生对未掌握的教学技能评估诊断，达到熟练准确运用的目的。在教案的编写中，学生可以通过摄像回放、小组讨论、教师指导等方式，对原教案中存在的问题加以修正。这正是微格教学特点在教案编写中的体现。

（二）微格教学教案编写的内容

微格教案应包含以下内容：教学目标、技能目标、“教师”教学行为、应用的教学技能、“学生”行为、教学意图/媒体准备、时间分配。教案格式不限，但要求尽量简洁、有层次。

1. 教学目标

这是微格教学教案的首项内容。制订的微格教学目标要细致、具体、明确，紧紧围绕微格教学的内容和要求进行，且具有可操作性。指导教师必须对教学目标的制订予以具体的指导，避免出现目标定得太大或是照抄参考书来定目标的情况，帮助受训者深入地钻研教材，正确使用教学技能。

2. 技能目标

即教师课堂教学技能训练目标，针对不同的学员可以有不同的技能要求。

3. “教师”教学行为

指“教师”扮演者在教学过程中的主要教学行为，包括讲授、板书、演示、提问、列举等若干活动，都需要一一编写在教案内。微格教学课时短，教学内容少，必须把教学过程的每一步写清楚，以便于查阅和使用，更有利于教师扮演者熟记教学细节。

教师的教学行为实现要有周密的预想，与教学实践一栏相对应，与学生行为这一栏相呼应，从而使教案更具有可行性。凡事预则立不预则废，年轻教师由于缺乏经验，在备课时往往对课堂教学没有预见性，缺少应变措施，这需要指导教师帮助他们制订一些应对课堂变化的预案。

4. 教学技能

微格教学的主要目的在于使受训者掌握教学所需的各项教学技能。因此，这些技能在教案中应当得到体现。标明教学技能是微格教学教案编写的最大特点，它要求受训者感知教学技能、识别教学技能、应用教学技能，突出体现微格教学以培训教学技能为中心的宗旨。在实践过程中，哪处应当运用哪种教学技能，在教案中都应予以标明。当有的地方需要运用好几种教学技能时，就要选其针对性最强的主要技能进行标明。

5. “学生”行为

指教师备课中预想的学生行为。在课堂教学设计中，预测学生的行为是非常重要的，这些行为包括观察、回忆、回答、操作、活动等各个方面，应尽量在教案之中注明，它体现了教师引导学生学习的认知策略。

因此，在进行设计教案之前，必须对“学生”进行一番安排和配置。在写教案的过程中，也必须合理考虑“学生”这一角色可能出现的各种行为，以考虑应对的措施。

6. 教学意图/媒体准备

微格教学之初，教案中此栏是为了注明使用的教学媒体，受训者应当对教学每一个环节需要使用的教具、幻灯、录音、图表、标本、实物等各种教学媒体，按照教学流程中出现的顺序一一标注，并注明其以何种方式出现及如何利用这些教学媒体，以便课前做好准备。教师的板书内容也要在此栏注明。

随着微格教学的发展，教师更倾向于在此栏填写教学意图。教学意图栏中可以注明教学体现的教学理念，注明运用教学技能要素的目的，呈现教学策略、教学方法的运用。这样，指导教师在此可对受训者运用教学技能的情况一目了然。

7. 分配教学时间

每个知识点需要分配的时间预先在教案中标注清楚，以便有效地控制教学进程和教学行为的时间分配。微格教学以 0 分 0 秒开始计时，受训者需要合理安排时间，对每一个教学行为标注时间，确定其时间的间隔和跨度。实践证明，经过微格教学训练的教师，对上课时间的把握都比较准确。

（三）微格教学教案的格式

微格教学教案设计的具体格式是多种多样的，但大致包括教学目标、教师的教学行为、学生的行为、应用的教学技能、使用的媒体和时间分配等项目，具体格式见表 6-3。

表 6-3　微格教学教案格式

微格教学教案

科目：　　　　课题：　　　　训练的技能：　　　　教师：

教学目标：

时间分配	教师的教学行为	应用的技能要素	学生的学习行为	教学意图（教学媒体）

受训者编写好教案之后，先由小组进行讨论，再交由指导教师批阅。指导教师通过教案了解受训者对各项教学技能的学习和掌握情况，提出修改意见。受训者总结和反思教案中不够完善的地方，对教案进行修改和完善。

（四）微格教学教案设计的案例

案例 6-1 语文《小壁虎借尾巴》[①]

微格教学教案

科目：语文　　课题：小壁虎借尾巴　　训练的技能：导入技能　　教师：王玉琴

教学目标：

1．知道本课学习目标

2．明确学习思路

时间分配	教师的教学行为	应用的技能要素	学生的学习行为	教学意图（教学媒体）
0 分 0 秒	一、情境导入，激发兴趣 出示“小壁虎”图片：快和它打个招呼。 小壁虎要考考同学们词语掌握得怎么样，你们敢接受挑战吗？	吸引兴趣 回忆	打招呼：小壁虎，你好！ 敢！	以本课的主人公“小壁虎”导入新课，激发学生学习兴趣。
0 分 10 秒	PPT 出示：词语 壁虎　挣断　掌握　借尾巴　告别 泼水　蚊蝇　难看	肯定	读词语	通过因果联想，理解难过、高兴的意思，知道这是两个描写心情的词语。
1 分 30 秒	读读这两个词：难过、高兴。你有“难过”“高兴”的时候吗？课文中说的是谁“难过”、谁“高兴”？	建立联系 确认	结合生活实际说说让自己难过、高兴的事情。	
	二、深入课文，了解内容 （一）质疑导读 板书课题：小壁虎借尾巴		预设：小壁虎为什么要去借尾巴？小壁虎向谁借尾巴？借到了没有？为什么没借到尾巴？	引导学生提出问题，进行预读假设，梳理问题，培养学生的质疑探究能力。
2 分 30 秒	1．想一想，通过读课题，你想知道什么？	引导质疑 形成假设		
4 分	2．我们怎样学习了解这些问题呢？ 3．通过读书你知道了小壁虎遇到了什么难题？	诱导 探究学法 概括	读书、和同学合作交流。 思考问题。 小壁虎的尾巴断了，想去借尾巴。	指导学法，探寻提问，了解学情，明确学习目标。
4 分 30 秒	（二）合作学习，解决问题 小壁虎想去借一条尾巴，怎样借？借到没有？为什么没借到？你和同学一起合作来学习好不好？ 合作学习 3～5 自然段 ……	台阶提问	带着问题读课文 边读边思考。	根据梳理的思路进入阅读环节。
6 分 30 秒		……	……	……

① 王凤桐等．让课堂更精彩——微格教学设计案例选编[M]．北京：首都师范大学出版社，2014．

案例 6-2　数学《千克与克的认识》[①]

微格教学教案

科目：数学　课题：千克与克的认识　　训练的技能：组织教学学习指导技能　教师：都杰

教学目标：

1．知识与技能

（1）初步认识质量单位千克与克。

（2）初步认识各种秤的名称。

2．过程与方法

（1）在实际操作活动中，建立 1 千克和 1 克的质量的观念。

（2）在测量活动中，初步了解用秤称物体质量的方法。

3．情感、态度与价值观：对身边的数学信息有好奇心，能参与数学活动。

时间分配	教师的教学行为	应用的教学技能	学生的学习行为	教学意图（媒体准备）
0 分	一、情景导入，激发兴趣 同学们，看到今天我们的教室里有什么不同？	引起注意	学生：有好多东西，像一个自由市场。	从学生熟悉的生活情境出发、导入，激发学生的学习兴趣。
30 秒	二、体验购物，感受重量		老师扮演小贩，其他同学自由购物。教师指导学生用秤称物品，并介绍秤的名称，同时说出重量。	在教师的指导下经历购物的过程。
	1．体验购物 今天老师就请你们到摊位前自己去买东西。首先请各组派一名代表利用自己已有的经验到老师这里来尝试买一些物品，然后注意听我这个售货员报的重量。	形成期待 安排步骤 促进参与		
3 分 30 秒	2．反馈交流			
	①观察购买包装好的物品，包装上有没有体现重量的标志，说给同学听一听。	反馈矫正 建立联系 指导发言	1 包火腿肠 500 克、1 根火腿肠 45 克、1 包薯片 250 克、1 包饼干 500 克、一根果仁夹心巧克力棒 14 克、1 个面包 1 千克……	学生初步感知以克为计量单位的物品的重量。
4 分 30 秒	②购买的散装物品的重量是多少？分别用哪种秤称的？	反馈矫正 建立联系 交际指导	学生 1：我买了 1 斤苹果，用（台秤）称的。 学生 2：1 千克土豆，用（电子秤）称的。 学生 3：我买了 3 个橙子重 1 斤 3 两，用（台秤）称的。	学生体会散装物品购买时会产生不同的重量。初步感受以千克为单位的物品的重量。
5 分 30 秒	③刚才买物品时，秤是怎么显示的，售货员是怎么跟你说重量的。	记忆指导 指导口语交际	学生 1：我看台秤的指针指向 0 和 1 正中间，售货员告诉我是 1 斤。 学生 2：我买苹果时，电子秤上的显示是 1000，售货员告诉我是 1 千克。	通过交际强化认识。

① 王凤桐等．让课堂更精彩——微格教学设计案例选编[M]．北京：首都师范大学出版社，2014．

续表

7 分	三、深入感悟，促进参与 1．认识生活中的各种秤 ①认识常用的台秤、电子秤 老师：刚才我们称苹果和橙子的是台秤，称土豆的是电子秤。	讲解 促进参与	学生 3：我买橙子时台秤上指针指向 1 和 2 之间，过去 3 个小格，售货员告诉我是 1 斤 3 两。	学生在实际的称重中认识生活中经常使用的几种秤，为学生提供生活经验的积累
	②同学们，你们还知道哪些秤的名称？（课件出示）		盘秤、天平、弹簧秤、磅秤、健康秤	
8 分 30 秒	2.认识千克 ①出示台秤 看看台秤上有一个字母 kg，它就是我们今天要认识的质量单位“千克”。 板书：千克（kg） 表盘中的数字是从 1 到 20，表示从 1 千克到 20 千克。	讲解 确认		
	②出示 1 千克土豆（每组准备一份） 请同学们称一称，再掂一掂，数一数 1 千克土豆共有几个。	指导实践 合作 指导口语交际	学生 1：1 千克的土豆有点重。 学生 2：1 千克的土豆有 6 个。	学生亲身感受 1 千克的重量
	③想一想，什么样的物品的质量可以用“千克”作单位，举个例子。	形成构建	比如人或动物的体重、比较多的水果	体会千克在生活中的应用
13 分 30 秒	3.认识克 ①用手掂一掂刚才同学们买的火腿肠，与刚才掂土豆相比感觉怎样？	提供支架 建立联系	比刚才轻多了。	学生在掂轻物品的过程中体会克与千克的区别，进一步理解克这个质量单位。
	②观察火腿肠的包装上，体现质量的标志，上面写着什么？	促进参与	学生 1：45 克。	
	③谁知道 g 表示什么？ 板书：克（g）	记忆指导	学生 2：g 表示克。	给学生充分的空间让学生对克有进一步的认识。
	④什么样的物品质量可以用“克”作单位？举个例子	提问 形成建构	比较小的、比较轻的东西的质量可以用“克”作单位。比如橡皮、铅笔、一个鸡蛋。	
18 分 30 秒	⑤在老师帮你们准备的物品中找一找，哪个物品的质量大约是 1 克。	猜测 提供支架 指导实践	学生 1：一枚 2 分硬币的质量大约是 1 克。 学生 2：一粒花生米的质量大约是 1 克。	通过体验，让学生进一步认识 1 克的重量。
	⑥1 克的物品的质量大概给你什么感觉？	提问 建立联系	学生 3：1 克的物品拿在手里感觉很轻，就像没拿东西一样。	
20 分	四、总结全课，课后延伸 同学们通过今天这节课的学习，你有哪些收获？跟大家分享一下吧。	强化确认 反思监控		在对本节课知识的回顾中加深理解。
	通过学习，请大家调查身边熟悉的物品或人的质量，下节课我们来交流一下。	实践		把知识延伸到生活中，为课堂知识的学习做一定量的补充。

五、微格教学的实施

微格教学系统的应用需要按照一定的技能训练程序进行，经过多年的研究和实践，已形成一定的程序模式。一般包括以下几个步骤：

（1）确定训练目标。

在实施模拟教学之前，需要让受训者进行教学理论的学习和研究。学习的主要内容包括教学目标分类、教材分析、课堂教学设计、课堂教学观察方法和教学评价等。在这些理论知识的指导下，受训者在教师的指导下，根据自身实际情况和教学目标要求，制订训练计划。

（2）观摩技能示范。

为了增强受训者对训练目标及技能的了解，在正式训练之前，通常需要提供生动、规范的微格教学示范片或者指导教师现场扮演对所需要训练的技能进行示范。示范可以是正面典型，也可利用反面教材，但应以正面示范为主。示范的内容一般是课堂教学内容的一部分，也可以是一节课的全过程。在进行训练之前，为了使被培训者对所培训的技能进行感知，把培训的目标和要求具体化，通常利用文字材料、录像或实际角色扮演的方法对所要训练的技能进行示范，给他们树立鲜明的样板。示范如果采用录像的方法，要对示范的步骤进行说明。

（3）分析技能特点。

在观摩示范片或教师现场示范后，进行微格教学培训的方法是，首先把构成教师课堂教学行为的要素分解为不同的教学技能，然后逐个进行训练。受训者并不一定需要对每项技能都进行训练，要知道受训者需要训练哪一项（或哪几项）技能，就需要根据各项技能特点及受训者的具体情况确定出相应的训练目标。

（4）编写教案。

微格教学教案是实施技能训练的依据，编写好微格教学教案是进行技能训练的一个重要环节。当被培训的教学技能确定和理论学习以后，被培训者就要选择适当的教学内容，根据教学目标进行教学设计，编写出较为详细的教案，运用所确定的教学技能进行教学。微格教学的教案具有不同于一般教案的特点，它不但要详细规定教学过程中教师的教学行为，还要规定学生的学习行为和对提问等的反应，以及教学进度的时间分配等。

（5）角色扮演及微格实践。

角色扮演是实施微格教学的重要环节，是受训者对“教师”的模拟过程。在微格课堂中，受训者们轮流扮演教师角色和学生角色。一次教师角色的扮演时间为5～15分钟，指导教师和其余受训者充当评价人员，需要注意观察整个扮演过程，按照评价指标对“教师”的每一个行为进行评价，记录问题，以便于组织讨论。

角色扮演改变了传统的老师讲、学生听的教学模式，给受训者有充分的实践机会，从而使师资培训工作上了一个新台阶。为了使“角色扮演”的效果更佳，微格教学实践应该注意以下几点：

1）在角色扮演之前，指导教师需要向受训者说明有关角色扮演的规定。

2）除了指导教师和受训者之外，减少模拟课堂上其他无关人员的出入，这样可以缓解受训者面对摄像镜头时的紧张情绪。

3）扮演“教师”角色时，受训者需要把自己当成一个“纯粹”的教师，要把自己置身于课堂教学的真情实境之中，按照备课计划有控制地进行教学实践活动，训练教学技能。

4）扮演“学生”角色的受训者要充分表现学生的特点，自觉进入特定情境。有时也可以让某一受训者扮演常答错题的学生，以培训执教者的应变能力。“学生”角色扮演者最好选择执教者熟悉的朋友，这样可以让初登讲台的执教者获得更多安全感。

5）在角色扮演过程中，任何人不要打断“教学”，让“教师”去处理教学中的“麻烦”，技术人员在拍摄过程中不能对“教师”提出约束条件。

（6）评价反馈。

评价反馈是为了更好地改进。微格教学评价一般包括教师评价、小组讨论评价、自主评价和按照确定的指标量表评价四种方式。量表的形式很多，常用的有：描述性量表、图示量表、数量等级量表。在微格教学中，为了便于计算机处理和统计，常用数量等级量表的形式来制订评价标准。

在评价反馈阶段，首先由受训者介绍课堂设计目标、采用的主要教学技能和方法，再播放微格录像，由全组组员和指导教师共同观摩，并进行评议。可先由受训者自评，再进行小组讨论评议。评议过程由以下 3 个环节构成：

1）自主评价：照“镜子”、找差距。

由教师角色扮演者分析技能应用的方式和效果，检查是否达到预期目标。

2）小组讨论评价。

评议时应以技能理论作指导，分析优、缺点，进行定性评价。可使用量化评价表给出成绩，进行量化评价，并提出改进建议。

3）指导教师评价.

指导教师的评价应尽量客观、全面、准确。对于教师扮演者的成绩和优点、缺点与不足要讲解准确，并给出改进建议。

受训者根据反馈中发现的问题，综合指导教师与其他受训者的建议修改教案，经准备后重复进行微格教学实践，直到达到训练目的。若第一次角色扮演比较成功，则可不进行重教，直接进行其他教学技能的训练。

第五节　教学系统评价

一、教学评价的概念

教学评价是对教学过程与结果进行价值判断的一种活动，具体来说，就是根据教学目标的要求，采取一定的方法和手段对教学效果进行描述和评定的过程，它是教学中的重要一环，也是教学系统设计不可或缺的组成部分。

教学评价不仅需要关注学生知识、技能的掌握情况，更要关注学生掌握知识、技能的过程与方法，以及与之相伴随的情感态度与价值观的形成。教学评价不是为了给学生定等级、贴标签，而是要发挥评价的激励作用，关注学生成长与进步的状况，并通过分析指导提出改进计划来促进学生的发展。

二、教学评价的分类

依据不同的分类标准，教学评价可以分成不同的类型。

（一）按照评价功能分类

根据评价在教学活动中发挥作用的不同，可把教学评价分为诊断性评价、形成性评价和总结性评价 3 种类型。

1. 诊断性评价

诊断性评价是指在教学活动开始前，对评价对象的学习准备程度进行鉴定，以便采取相应措施使教学计划顺利、有效地实施而进行的测定性评价。诊断性评价的实施时间，一般在课程、学期、学年开始或教学过程中需要的时候。其作用主要有两个：一是确定学生的学习准备程度；二是适当安置学生。

2. 形成性评价

形成性评价是在教学过程中，为调节和完善教学活动，保证教学目标得以实现而进行的确定学生学习成果的评价。形成性评价的主要目的是改进、完善教学过程，步骤如下：

（1）确定形成性学习单元的目标和内容，分析其包含的要点和各要点的层次关系。

（2）实施形成性测试。测试包括所测单元的所有重点，测试进行后教师要及时分析结果，同学生一起改进、巩固教学。

（3）实施平行性测试。其目的是对学生所学的知识加以复习巩固，确保掌握并为后期学习奠定基础。

3. 总结性评价

总结性评价是以预先设定的教学目标为基准，对评价对象达成目标的程度即教学效果作出评价。总结性评价注重考察学生掌握某门学科的整体程度，概括水平较高，测验内容范围较广，常在学期中或学期末进行，次数较少。

（二）按照评价所参照的标准分类

根据评价所运用的方法和标准不同，可分为相对性评价和绝对性评价。

1. 相对性评价

相对评价法是从评价对象集合中选取一个或若干对象作为基准，将余者与基准作比较，排出名次、比较优劣的评价法。相对评价法便于学生在相互比较中判断自己的位置，激发竞争意识。

2. 绝对性评价

绝对评价法是在被评价对象的集合以外确定一个客观标准，将评价对象与这一客观标准相比较，以判断其达到程度的评价方法。

绝对评价设定评价对象以外的客观标准，考察教学目标是否达成，可以促使学生有的放矢、主动学习，并根据评价结果及时发现差距、调整自我，具有明显的教育意义。

（三）按照评价主体分类

根据评价的主体不同，可以把教学评价分为外部评价和内部评价。

1. 外部评价

外部评价是指被评价者以外的专业人员进行的评价，评价可以是统计性分析也可以是文字描述。一般来讲，我们经历的大部分评价都是这类。

2. 内部评价

内部评价指自我评价，课程设计者或者使用者自己进行的评价。

（四）按照评价的方法分类

根据评价的方法不同，可以分为定性评价和定量评价。

1. 定性评价

定性评价是用分析综合、比较分类等方法对评价资料进行质的分析，一般不会用到数据分析。

2. 定量评价

定量评价是对评价资料用数理统计、多元分析等数学上的统计方法来进行评价，和定性评价的最大区别就是运用到了数据分析。

三、教学评价设计的原则

设计教学评价着重要解决 3 个问题：谁来评价？评价什么？如何评价？在设计教学评价时，教学设计者应遵循下述 4 个原则来回答这 3 个问题。

（一）统一标准与个体差异相结合的原则

这是教学评价的总则，是设计教学评价时应遵循的基本理念。教学评价不能没有标准，不能没有统一的规范，也就是说教学评价有客观性的一面，它是根据一定的标准实施的。在我国的教育现实中，这种标准通常是成绩，也就是分数，评价的工具就是标准化的试卷。结果，以分数来评价学习成为了教学评价的主要手段，而这种教学评价的弊端也日益凸显出来。分数在一定程度上可以成为教学评价的标准，而且操作起来特别容易，但是这种以学业成绩为标准的评价方式忽略了个体的差异，例如，积极的学习态度、创新精神、分析与解决问题的能力以及正确的人生观、价值观等，这些不是分数所能衡量的，而且每个人都有不同的表现。在教学评价中既要做到坚持一定的标准和规范，但也要做到关注学习者的个体差异，从而对每位学习者的学习效果进行综合的全方位的评价。

（二）他评与自评相结合的原则

该原则是对“谁来评价”以及“评价谁”的回答。一改以往以教师为主的单一评价主体的现象，目前世界各国的教学评价逐步成为由教师、学生、家长、管理者，甚至包括专业研究人员共同参与的交互过程。在传统的教学评价中，学习者是完全的被评价者，教师是掌握教学评价权力的权威。而现在，传统的被评价者成为了评价主体中的一员，评价主体得到了扩展，学习者也成为评价的主体，他们不仅评价自己，也还可以评价同学，甚至教师也是被评价的对象。当然，在教学设计中，还要考虑如何实现评价者与被评价者之间的互动，如何在平等、民主的互动中关注被评价者发展的需要，以便共同承担促进其发展的责任。

（三）量化评价与质性评价相结合的原则

这条原则主要是从评价手段的角度对“如何评价”问题的回答。目前的教学评价主要采取量化的手段，把评价内容细化成评价量表中的各种条款，然后按照既定的标准逐个对这些条款打分，最后给出一个量化的评价结果。但随着评价内容的综合化，以量化的方式描述、评定一个人的发展状况时则表现出僵化、简单化和表面化的特点，学生发展的生动活泼和丰富性、学生的个性特点、学生的努力和进步都被消灭在一组组抽象的数据中。质性评价的方法则具备全面、深入、真实再现评价对象的特点和发展趋势的优点。例如，以激励性的评语促进学生的发展，在教师评价中运用面谈、行为观察和行为记录的方法。采用“成长档案袋”“学习日记”“电子学档”和“情景测验”等质性评价的方法。总之，在教学评价中，既要重视量化评价的方法，也要积极挖掘质性评价的方法，并把它们结合起来，应用多种评价方法，这样就有利于更清晰、更准确地描述学生、教师的发展状况。

（四）总结性评价与形成性评价相结合的原则

这是从评价方式的角度对“如何评价”的回答。传统的评价往往只要求学生提供问题的答案，而对于学生是如何获得这些答案的却漠不关心。只有关注过程，评价才可能深入学生发展的进程，及时了解学生在发展中遇到的问题、所做出的努力以及获得的进步，这样才有可能对学生的持续发展和提高进行有效的指导，评价促进发展的功能才能真正的发挥。与此同时，也只有在关注过程中，才能有效地帮助学生形成积极的学习态度、科学的探究精神，才能注重学生在学习过程中的情感体验、价值观的形成，实现“知识与技能”“过程与方法”以及“情感态度与价值观”的全面发展。质性评价方法的发展为这种过程式的形成性评价提供了可能和条件，注重过程，将总结性评价和形成性评价相结合。微格教学的过程是一个不断修正教学设计与教学方法的实践过程，在微格教学过程中，怎样判断微格教学的作用及价值一直是微格教学过程中一个最重要的环节之一。因此，建立一个科学合理的微格教学评价标准体系有利于受训者了解自身在训练中存在的问题和已掌握的技能，进行经验的总结和失败的反思，有利于学生明确自己需要努力的方向，有利于增强职业责任意识，有利于综合能力及业务素质的整体提高。

四、教学评价设计的方法

教师在进行教学评价时，要结合自己的教学目标、教学内容和学生的学习环境以及学生的个体差异等设计适合自己的教学和学生学习的评价工具，制订切实可行的评价标准。

（一）量规的设计

评价量规（rubric）是一个真实性评价工具，它是对学生的作品、成果、成长记录袋或者表现进行评价或者等级评定的一套标准。同时也是一个有效的教学工具，是连接教学与评价之间的一个重要桥梁。

常见的量规有核查表、分值系统、分析性量规。

核查表是最简单的量规类型，它是一个包含了学生表现的各种特征的简单列表。它们通常用“是”或“否”来判断，或提供一个地方给评价者做记号以表明某种特征的出现。

分值系统很像核查表，但一个重要的区别是，描述的每一条评分指标都分配了具体的分值，评价者能通过给予更多的分值来表明哪一条评分指标更重要。表 6-4 是一个分值系统的教学评价量规①。

---

① 邹霞．现代教育技术[M]．北京：科学出版社，2013．

表 6-4 课堂教学评价量规

项目				教师：王友　得分：85.8	分值	等级系数			
类别	一级指标	二级指标	三级指标	课题：《卖火柴的小女孩》（小语 S 版六年级上册）		A	B	C	D
				评分细则		1.0	0.8	0.6	0.4
定量评价	教学思想			育人为本，注重发展；尊重差异，面向全体；突出主体，引导探究	10		8		
定量评价	教学技能	基本技能		态度自然端庄，仪表大方；普通话规范；板书条理清晰，能体现探究问题的思路，揭示各知识点之间的联系	4	4			
定量评价	教学技能	综合技能		有较强的应变能力和驾驭课堂的能力，根据学情和生成性课堂的动态能及时调整教学；实验操作规范，能自制、改进教具，创设新的实验；能结合生活实际开发课程资源，利用效果较好；具有本学科及相关学科的知识，能从整体上更好地把握教材；教学方法、教学手段有一定的创新意识和创新能力	6		4.8		
定量评价	教学过程	教学设计		目标符合课程标准、教材和学生实际学情，设置具有层次性、可操作性，表达清楚；情境创设能贴近学生的最近发展区，新颖有趣，能促进学生质疑，便于学生提出问题和发现问题，形成自学提纲；提示的方法明确有效，但不影响学生独立思考；问题的设计具有系统性、层次性和探究性，能控制学生学习的方向，引导学生主动参与问题的探究	5	5			
定量评价	教学过程	教学组织		以学生自主、自探、自悟、合作交流为主，将“中心”让位给学生，给他们留足思考、练习、交流的时间，关注全体学生（特别是学困生），适时指导，有效地为学生自主探究服务；教学民主，多鼓励表扬，能实现课堂信息和情感的多项互动交流；能体现“以学定教”的思想，课堂活而有序，反馈及时，坚持教师的“三讲三不讲”	5	5			
定量评价	学习过程	参与状态		学生能全体、全程参与，参与方式多样化；能独立思考，能自觉、积极、主动、平等地参与问题的探究；能自主解决问题，尝试新的做法，有新的发现；能对学习材料、信息资源有所选择，进行概括、分析处理，不是一味机械地接受	20		16		
定量评价	学习过程	交往状态		课堂氛围民主和谐，有利于实现信息和情感的多向交流；学生展现并发展个性，不单纯依赖别人，不盲目向别人看齐；积极进行评价（包括自我评价、评价他人和对师生评价的再评价），敢于发表自己的意见，敢于尝试操作，错了也不怕；能认真倾听别人的意见，吸取他人的长处；能对学习活动进行自我调控，主动寻求合作伙伴，既有竞争又有合作	15	15			
定量评价	学习过程	思维状态		思维积极主动，能发现和提出问题；敢于向课本、教师等“权威”质疑问难，质疑的问题具有挑战性、价值性；有一定的质疑、释疑能力	15		12		
定量评价	学习过程	达成状态		能掌握基础知识，目标达成度高；能从具体问题的探究中初步形成自己的思路和方法；能初步感悟到自主、合作、交流是学习的主要方式，有一定的自学、自悟、自探的意识和创新意识，能联系实际创造性地解决问题	20		16		
定性评价（优、良、中、差）				优	评价者	教师自评（ ）			
						学生评价（ ）			
						课题组评（✓）			

分析性量规与核查表和分值系统量规不同。它要求评价者对描述的每一条评分指标的质量作出判断。分析性量规有两种类型：定量的分析性量规和定性的分析性量规。定量的分析性量规用数量表示所描述的每一条评分指标的呈现程度；定性的分析性量规用言语描述不同的水平。

分析性量规在形成性评价中是非常有价值的，学生能看到它们的表现是怎样被描述成评分指标来评定的。这种描述和定性的分析性量规结合，能提供给学生提高学习水平的机会，让他们看到进入下一个水平必须做什么。因为学生知道评分的标准，他们能进行自我评价，这样通常能激励学生努力学习，进入高一级水平。

（二）学习档案袋的设计

建立促进学生发展的综合性评价体系是非常必要的，档案袋式评价就是一种有益的实践。档案袋式评价，顾名思义，就是在日常教学过程中，以学生个体或小组为单位，将各方面的评价资料收集、整理到一个“袋子”里。在收集的过程中，经常整理，进行科学的分析，从而获得比较全面、准确的评价信息。

随着网络信息技术的发展，电子档案袋成为一种新的评价方法。电子档案袋（E-Portfolio）是按一定目的收集的反映学生学习过程以及最终产品的一整套材料，这些材料借助信息技术可以很好地进行组织和管理。档案袋内可以包含各种形式的学习材料，记录一个人完整的成长过程，包括个人履历、主要作品、评价（课程评价、自我评价、他人的评价）、学习过程记录、反思、评价等。

“电子化”不仅仅是展示信息的技术的简单增加，它更是一种充满活力和潜力的学习方式，其出现的实质是全球化知识经济网络社会背景下教与学变革的一种体现，是一种极具潜力的教师评价方式和学习技术。档案袋的建立是教师和学生共同协作的结果，不但有利于评价学生的学习，也有利于教师的反思和提高。

电子档案袋为信息的收集、呈现、加工和管理提供了强大的技术支持。电子档案袋能真实地记录学生在信息技术学习过程中的成长足迹，督促学生经常自我评价，反思学习方法，培养他们学习的自主性和自信心，促进综合素质的发展。电子档案袋所汇集的是学习者在某一学习阶段或基于任务的学习活动中几乎全部的学习成果和作品，其目的不是鉴别选拔，而是发现每一个学生的独特的智能特点，发展其优势智能并促进优势智能向弱势智能迁移，从而促进学生的全面发展。使用电子档案袋进行评价，学习者可以感受进步、不断反思，在不断回顾作品的过程中获得发展。

电子档案袋是基于信息、技术的一种学生知识、技能、学习过程的数字化表达方式，因此，从评价要求出发，电子学习档案至少应该包括这些内容：①学习目标；②作品选择的原则；③明晰的作品评价标准；④教师反馈与指导；⑤学生自我反思；⑥好作品的范例。

（三）观察法的设计

观察即在自然的教育场景下了解观察对象。观察法指通过感觉器官或借助一定的仪器，有目的、有计划地对自然条件下出现的现象进行考察的一种方法。观察法适用于评价那些在教学中不易被量化的行为表现（如兴趣、爱好、态度、习惯与性格）和技能性的成绩（如唱歌、绘画、体育技巧和手工制作）。

观察一般要在事前确定观察目的、观察范围，并必须明确对将观察的某现象需设置哪些变化的情况或场景，使被观察者在这种特定条件下进行活动，以获得合乎实际目的的材料。

一次完整的观察，应包括以下步骤：确定观察的目的；制订观察计划；做好观察前的准备工作，如准备观察工具、观察记录表等；进行实地观察并做记录；整理观察结果；分析资料并撰写观察报告。

（四）反思笔记的设计

教学反思即教师对自己教育教学实践的再认识、再思考，以此来总结经验教训，并以笔记的形式记录下来，从而进一步提高教育教学水平的一种方式。现代教师多数都会对自己的教育过程和结果进行反思，发现自身存在的缺陷和不足，采取相应的补救或改进策略，以提升个人业务水平，加快教师专业发展的步伐。表 6-5 为反思笔记的一般格式。

表 6-5　反思笔记的一般格式

时间：	记录人：
地点：	
反思对象：	
主要事件：	
事件的内容（反思的问题、事情是什么）：	
分析（事件出现的可能原因是什么）：	
采取的措施（解决问题的办法）：	
采取措施后的成效（采取措施后，具体变化有哪些）：	
自我反思（个人感想和总结）：	
依旧存在的问题（采取措施或策略后，可能存在或产生的问题）：	
今后需要采取的措施（针对还没有解决的问题考虑采取的策略等）：	

反思的内容主要包括以下两个方面：

（1）教学过程。教师反思自己在教学环境下采用了何种教学组织、调控与管理的方法，为什么采用这些方法，教学的效果如何。

（2）信息技术支持学生学习的可能性和方法。结合自己的教学实践，反思信息化教学环境下各种信息技术对教学支持的有效性及更好地利用信息技术开展教学的方法。

教师反思的过程大体经历“具体经验、观察分析、抽象的重新概括、积极的验证”四个过程。

具体经验阶段的任务是使教师意识到问题的存在，并明确问题情境。

观察与分析阶段教师将广泛收集并分析有关的经验，特别是关于自己活动的信息，以批判的眼光反观自身，包括自己的思想、行为，也包括自己的信念、价值观、目的、态度和情感。在获得一定的信息之后，教师要对它们进行分析，看驱动自己的教学活动的各种思想观点到底是什么，它与自己所倡导的理论是否一致，自己的行为与预期结果是否一致等，从而明确问题的根源所在。经过分析，教师会对问题情境形成更为明确的认识。

重新概括阶段在观察分析的基础上，教师反思旧思想，并积极寻找新思想与新策略来解决所面临的问题。

积极的验证阶段要检验上一阶段所形成的概括的行动和假设。在检验的过程中，教师会遇到新的具体经验，从而又进入具体经验的第一阶段，开始新的循环。

在以上四个环节中，反思最集中地体现在观察和分析阶段，但它只有和其他环节结合起来才会更好地发挥作用。在实际的反思活动中，以上四个环节往往前后交错，界限不甚分明。

【思考与实践】

1．结合本章所学的知识，谈谈你对教学设计实际意义的理解。

2．简述什么是学习者特征分析，并说明对学习者特征进行分析的目的。

3．运用教学目标分析的 ABCD 法，制订一个完整的行为目标。

4．论述教学系统设计的一般过程。

5．简要分析三种类型教学评价方式的优点与缺点。

6．结合自己的认识，谈谈如何开展教学评价。

7．自由选择你所学学科的一节内容，按照教学设计方案编写的要求，编写一个规范详细的教学设计方案。

8．简述微格教学设计的基本内容与一般过程。

第七章　信息技术与课程整合

【学习目标】

1. 理解信息技术与课程整合的内涵和目标。
2. 掌握信息技术与课程整合的核心领域和具体方式。
3. 理解信息技术与课程整合的层次。
4. 掌握信息技术与课程整合的基本原则。
5. 能够将信息技术与课程整合的理论应用到教学实践中。

信息化是当今世界经济和社会发展的大趋势，以多媒体和网络技术为核心的信息技术已成为拓展人类能力的创造性工具。“信息技术与学科课程整合”是我国当前实施信息化教育中的一个热点问题。随着教育改革的深入，国家对信息技术与课程整合也越来越重视。教育部在《基础教育课程改革纲要（试行）》中就明确提出：“大力推进信息技术在教学过程中的普遍应用，促进信息技术与学科课程的整合，逐步实现教学内容的呈现方式、学生的学习方式、教师的教学方式和师生互动方式的变革，充分发挥信息技术的优势，为学生的学习和发展提供丰富多彩的教育环境和有力的学习工具。

第一节　信息技术与课程整合的概念

整合指的是一个系统内各要素的整体协调、相互渗透，并使系统中的各个要素能够发挥最大效益。信息技术与课程整合（Information Technology Curriculum Integration）是指通过将信息技术有效地融合于各学科的教学过程来营造一种信息化教学环境，实现一种既能发挥教师主导作用又能充分体现学生主体地位的以“自主、探究、合作”为特征的教与学方式，从而把学生的主动性、积极性、创造性较充分地发挥出来，使传统的以教师为中心的课堂教学结构发生根本性变革，从而达到培养学生创新精神与实践能力的目标①。

从上述界定中我们可以看出，信息技术与课程整合包含三种基本属性，分别是营造信息化教学环境、实现新型教与学方式、变革传统教学结构。这三种属性并非平行并列，而是逐步递进的关系。其中，信息化教学环境的营造（这是“整合”的基本内容）是为了支持新型教与学方式；新型教与学方式是为了变革传统教学结构；变革传统教学结构则是为了最终达到创新精神与实践能力培养（即创新人才培养）的目标。可见，“整合”的实质与落脚点是要变革传统的教学结构。只有从这三种基本属性，特别是从变革传统教学结构这一属性去理解“整合”

① 何克抗．对国内外信息技术与课程整合途径与方法的比较分析[J]．中国电化教育，2009（9）．

的内涵，才能真正把握信息技术与课程整合的实质。

在理解信息技术与课程整合的深刻内涵时，我们还要注意以下几点①：

（1）信息技术与课程整合强调信息技术要服务于课程，强调信息技术应用于教育，其出发点应当是课程，而不是信息技术。应设法找出信息技术在哪些地方能增强学生学习的效果，能使学生完成那些用其他方法做不到的事，或培养学生一些重要的学习和生活技能，以便更好地实现课程的目标。

（2）信息技术与课程整合不是简单地将信息技术应用于教学，而是高层次的融合与主动适应。我们必须改变传统的单一辅助教学的观点，从课程的整体观考虑信息技术的功能与作用。创建数字化的学习环境，创设主动学习的情境，创造条件让教师和学生最大限度地接触信息技术，让信息技术成为教师和学生强大的认知工具，最终达到改善教师的教学和学生的学习的目的。

（3）信息技术与课程整合的主体是课程而非信息技术，切勿为使用技术而使用技术，甚至不惜以牺牲课程目标的实现为代价。应以课程目标为最根本的出发点，选用合适的技术。避免在使用传统教学手段能够取得良好效果的时候，生硬地使用信息技术。

（4）信息技术与课程整合并不意味着排斥传统的教学形式和技术。正如联合国教科文组织在其报告《教育——财富蕴藏其中》中所指出的："尤其应把技术与传统的教育形式结合起来加以使用，而不应将其看作是一种取代传统形式的独立的手段。"因而在信息技术与课程整合的过程中，我们必须将信息技术与传统的教育形式结合起来使用，不能认为信息技术将取代任何传统的东西。

（5）信息技术与课程整合不是简单的"课堂电子化""教案电子化"和"课本电子化"。信息技术与课程整合是手段不是目的。信息技术应用于教育不是为教育增加一个研究领域，而是要解决教育、教学中的问题。

（6）在教学中教会学生在学习过程中应用信息技术，正如传统教育在课程教学中教会学生学会使用铅笔一样，因而教会学生使用信息技术只是信息技术课程的任务，而不应该像有些人说的那样信息技术课程是信息技术与课程整合的一种模式。信息技术课程并不是真正意义上的信息技术与课程整合，而只是为了提高学生的信息素养的一种手段，是实施信息技术与课程整合的基础之一。

（7）只有当信息技术真正统一到整个教育体系中去的时候，只有当信息技术促使我们重新考虑和革新这个教育体系的时候，信息技术才有价值。

（8）信息技术与课程整合，不是被动地纳入，而是主动地适应和变革课程的过程。信息技术与课程的整合，将对课程的各个组成部分产生变革影响和作用。确切地说，信息技术本身不能自然而然地引发课程的变革，但却是课程改革的有利促进条件。正是由于信息技术的快速发展，产生了学习革命，诞生了知识经济，才使人类迈入信息化社会。基于信息技术的现代教育技术与课程的整合本身就要求变革人的传统的课程观、教育观、教学观、学习观等，应该尊重人的独立性、主动性、首创性、反思性、合作性。信息技术与课程整合将有利于营造新型的学习型社会，营造全方位的学习环境。

---

① 曾祥霖，张绍文．论信息技术与课程整合的内涵、层次和基础[J]．电化教育研究，2016（1）．

第二节 信息技术与课程整合的目标

信息技术与课程整合的目标是多元化的，其总体目标是：建设数字化教育环境，推进教育的信息化进程，促进学校教学方式的根本性变革，培养学生的创新精神和实践能力，实现信息技术环境下的素质教育与创新教育，具体可以概述为以下 4 个方面①：

（1）培养学生获取、分析、加工和利用信息的知识与能力，为学生打好全面、扎实的信息文化基础，培养学生的信息素养与文化，其内涵包括信息获取、信息分析、信息加工、信息利用、信息意识等。其中，信息获取包括信息发现、信息采集与信息优选；信息分析包括包括信息分类、信息综合、信息查错与信息评价；信息加工包括信息的排序与检索、信息的组织与表达、信息的存储与变换、信息的控制与传输等；信息利用包括如何有效地利用信息来解决学习、工作和生活中的各种问题。例如能不断地自我更新知识、能用新信息提出解决问题的新方案、能适应网络时代的新生活等；信息意识包括对信息的深度感知，如对信息内容的批判与理解能力、运用信息能力，具有融入信息社会的态度和能力。

（2）培养学生具有终身学习的态度和能力。具有主动吸取知识的愿望并能付诸日常生活实践，要将学习视为享受而不是负担；要能够独立自主地学习，能够自我组织、制订并执行学习计划，并能控制整个学习过程，对学习进行自我评价。

（3）培养学生掌握信息时代的学习方式。信息技术的飞速发展，对于人类的学习方式产生了深刻的变革作用，学习者将从传统的接受式学习转变为主动学习、探究学习和研究性学习，学习者必须学会利用资源进行学习，学会在数字化情境中进行自主发现的学习，学会利用网络通信工具进行协商交流、合作讨论式的学习，学会利用信息加工工具和创作平台进行实践创造的学习。

（4）培养学生的适应能力、应变能力与解决实际问题的能力。在信息时代，知识量巨增，知识成为社会生产力、经济竞争力的关键因素；知识的更新率加快，陈旧率加大，有效期缩短。另外，知识的高度综合性和各学科间相互渗透，出现更多的新兴学科、交叉学科，由此带给人们难以想象的社会生活、经济生活、政治生活和人类一切领域内深刻而广泛的冲击波和影响力。在这种科学技术、社会结构发生剧变的大背景下，适应能力、应变能力与解决实际问题的能力，将变得至关重要。

第三节 信息技术与课程整合的核心领域

信息技术与学科课程整合的特殊性何在？在教学实践中，信息技术与学科课程整合的含义已经远远超过了一般课程之间的整合，它的目标是多方位的，工作具有多样性，总结起来可以分为三大核心领域②：

---

① 余胜泉．信息技术与课程整合的目标与策略[J]．人民教育，2002（2）．

② 李芒．论信息技术与课程整合的含义、意义及原则[J]．电化教育研究，2004（5）．

（1）信息技术作为学生必须掌握的一类学习内容——信息技术课程。可以把整合理解为信息技术课程的目的、任务与学科课程教学的目的、任务整合在同一教学过程之中，在这里，信息技术本身就是学生的学习对象和目标。然而，信息技术作为学习内容，无论是从教材形式设计还是教学方式都应该有一个新视角，应该在与其他课程整合的过程中学习信息技术，学生也可以通过完成一项综合任务来学习信息技术，很显然，这种学习方式使学生不仅学习了信息技术，提高了信息素养，而且还促进了其他学科的学习。可以说，信息技术的角色既是学习目标又是学习工具，学生是通过信息技术来学习信息技术。

（2）教师可以利用信息技术进行教学——教学工具。信息技术与学科课程相整合，可以将信息技术作为教学工具和手段融合到学科课程中，这是信息技术用于学科教学的最初形式。信息技术在学科教学中可以改善教学手段，提高教学效果。信息技术为教师的教学提供了一条超时空的隧道，把网络上和光盘里丰富多彩的信息资源呈现给学生，为学生的学习创造了广阔天地，提供了学习环境，增强了对学生思维兴奋点的刺激。

（3）学生也可以利用信息技术进行学习——认知工具。教师作为主体可以运用信息技术，学生同样也可以作为主体运用信息技术。学生掌握了必要的工具软件，就可以利用这些工具软件进行自主学习，以便更好地丰富原有的认知结构。

第四节　信息技术与课程整合的具体方式

信息技术与课程整合的关键是，如何有效地应用信息技术的优势来更好地达到课程学习的目标，培养学生的信息素养、创新精神与实践能力，因此要培养学生把信息技术作为获取信息、探索问题、协作讨论、解决问题和构建知识的认知工具，下面讲述具体的表现形式①。

1. 信息技术作为演示工具

这是信息技术用于学科教学的最初表现形式，是信息技术和课程整合的最低层次，目前大多数基础教育和高等教育都采用这种方式。教师可以使用现成的计算机辅助教学软件或多媒体素材库，选择其中合适的部分用在自己的讲解中；也可以利用 PowerPoint 或者一些多媒体制作工具，综合利用各种教学素材，编写自己的演示文稿或多媒体课件，清楚地说明讲解的结构，形象地演示其中某些难以理解的教学内容，或者用图表、动画等展示动态的变化过程和理论模型等。另外，教师也可以利用模拟软件或者计算机外接传感器来演示某些实验现象，帮助学生理解所学知识。这样，通过整合设计与选择，计算机代替了幻灯、投影、粉笔与黑板等传统媒体，实现了它们无法实现的教育功能。

2. 信息技术作为交流工具

这是指将信息技术以辅助教学交流的方式引入教学，主要完成师生之间情感与信息交流的作用。要实现上述目的，只需在有互联网或局域网的硬件环境下，采用简单的 BBS、聊天室等工具即可。教师可根据教学的需要或学生的兴趣开设一些专题或聊天室，并赋予学生自由开辟专题和聊天室的权力，使他们在课后有机会对课程形式与教师的优缺点、无法解决的问题

---

① 余胜泉．信息技术与课程整合的目标与策略[J]．人民教育，2002（2）．

等进行交流，另外教师和学生还可通过这些通讯工具与外界交流来获取知识。

3. 信息技术作为个别辅导工具

目前有大量的操作练习型软件和计算机辅助测验软件让学生在练习和测验中巩固、熟练所学的知识，决定下一步学习的方向，实现了个别辅导式教学。个别辅导中计算机软件实现了教师职能的部分代替，如出题、评定等。此外，教学还能在一定程度上注意学生的个别差异，提高学生学习的投入性。根据不同的学习内容和学习目标，个别辅导软件提供的交互方式也有所不同，体现了不同的教学或学习方法，包括操作和练习、对话、游戏、模拟、测试、问题解答等。

4. 信息技术提供资源环境

用信息技术提供资源环境就是要突破书本是知识主要来源的限制，用各种相关资源来丰富封闭的、孤立的课堂教学，极大地扩充教学知识量，使学生不再只是学习课本上的内容，而是能开阔思路，接触到百家思想。在丰富的资源环境下学习，可以培养学生获取信息、分析信息的能力，让学生在对大量信息进行筛选的过程中实现对事物的多层面了解。教师可以在课前将所需的资源整理好，保存在某一特定文件夹下或做成内部网站，让学生访问该文件夹来选择有用信息；也可以为学生提供适当的参考信息，如网址、搜索引擎、相关人物等，由学生自己去 Internet 或资源库中去搜集素材。相比较来说，后者比前者更能培养学生获取信息与分析信息的能力。

5. 作为情境探究和发现学习工具

社会行为总是伴随行为发生所依赖的情境。如果要求学习者理解这种社会行为，最好的方法是创设同样的情境，让学生具有真实的情境体验，在特定的情境中理解事物本身。根据特定的课程学习内容，利用多媒体集成工具或网页开发工具将需要呈现的课程学习内容以多媒体、超文本、友好交互等方式进行集成、加工处理转化为数字化学习资源，根据教学的需要创设一定的情境，并让学习者在这些情境中进行探究、发现，有助于加强学习者对学习内容的理解和学习能力的提高。

6. 作为信息加工与知识构建工具

主要培养学生的信息加工、信息分析能力和思维的流畅表达能力，强调学生在对大量信息进行快速提取的过程中，对信息进行重整、加工和再应用，将信息技术作为知识构建工具以达到对大量知识的内化。通常可以采用任务式教学策略，而且适用于小学高年级以上的所有年级，如让小学六年级的学生写一篇“你最向往的地方”的作文，学生可以在网上自由遨游，选择祖国山河的壮丽一景，然后将文本、图形等进行重新加工，并用 Word 写出一篇精美、感人的作文。在教学过程中，教师要密切注意学生整个的信息加工处理过程，在其遇到困难的时候给予及时的辅导和帮助。

7. 信息技术作为协作工具

计算机网络技术为信息技术和课程整合、实现协作式学习提供了良好的技术基础和支持环境。计算机网络环境大大扩充了协作的范围，减少了协作的非必要性精力支出，学生可以借助 MUD、E-mail、BBS 等网络通讯工具实现相互之间的交流，参加各种类型的对话与协商、讨论活动，培养独立思考、求异思维、创新能力和团队合作精神。在基于 Internet 的网络协作学习过程中，基本的协作模式有四种，即竞争、协同、伙伴和角色扮演。不同类型的协作学习对技术的要求程度不同。

8. 信息技术作为研发工具

虽然我们强调对信息的加工、处理，以及协作能力的培养，但最重要的还是要培养学生的探索能力、发现问题和解决问题的能力，以及创造性思维能力，这才是教育的最终目标。在实现这种目标的教学中，信息技术扮演着“研发工具”的角色。

很多工具型教学软件都可以为研究性的教学提供很好的支持。如在数学教学中，几何画板为学生提供自我动手、探索问题的机会．当面对问题时，学生可以通过思考和协作提出自己的假设和推理，然后用几何画板进行验证；此外，学生还可以使用几何画板自己做实验来发现、总结一些数学规律和数学现象。又如在经济学课程中，虚拟现实技术可以模拟真实的商业情境，让学生在各种真实、复杂的条件下做出决策和选择，提高学生对真实问题的解决能力。探索式教学和问题解决式教学都是将信息技术作为研发工具的典型教学模式。

第五节　信息技术与课程整合的层次

关于信息技术与课程整合的层次已有很多学者进行了多方面的研究。其中，北京师范大学的马宁、余胜泉根据信息技术与课程整合的不同程度和深度，将整合的进程大致分为两个阶段：封闭式的、以知识为中心的课程整合阶段；开放式的、以资源为中心的课程整合阶段以及全方位的课程整合阶段。他们又将信息技术与课程整合的两个阶段细化为十个层次。根据信息技术与课程整合的程度以及在整合过程中信息技术的定位不同，我们可以将整合划分为浅层次整合和深层次整合两个层次①。

1. 浅层次整合

该层次的整合是将信息技术作为一种工具应用于学科教学之中，目的是促进教师的教和学生的学。这一层次整合是基于将信息技术作为教学手段、作为学习工具的视角来探讨，整合定位于方法论的范畴，研究信息技术对教学信息再现的作用，对教学质量的影响，对发展学生思维能力、分析问题解决问题的能力等作用上。它主要依据的是建构主义学习理论，通过信息技术手段营造一定的学习环境，从而研究学生的个别化学习、网络学习、协作学习、讨论学习、研究性学习等内容。该层次的整合使信息技术融合到教学过程中的教学目标、媒体信息、教学对象、学习方法、学生能力发展等各个要素之中。

此层次整合的目的在于提高教师的教学效率和改善学生的学习，从而在一定程度上提高教育教学的质量。在这个层次上，实践者主要是教师和学生。因此要实现这一目标，要求教师和学生能熟悉信息技术，并能够有意识、合理、熟练地运用信息技术去解决教育教学中的相关问题。教师能够根据教学的需要，依据建构主义的有关理论，运用信息技术手段营造合适的教学环境，为教师的教和学生的学提供帮助。学生能够按照教师的要求，运用适当的信息技术去探索与解决问题，最终完成学业任务，发展相关技能。

---

① 曾祥霖，张绍文．论信息技术与课程整合的内涵、层次和基础[J]．电化教育研究，2006（1）．

2. 深层次整合

这一层次的整合，强调要将信息技术融入到不同的学科课程的结构、内容、资源和方法之中去，从课程整体的角度去思考信息技术的地位和作用。在课程开发的一系列过程中，必须把信息技术作为课程结构、内容、资源和方法的不可或缺的部分进行考虑，通过课程开发把信息技术融入到课程之中，使信息技术成为课程的一个有机组成部分，化“有形”为“无形”。经过这一层次的整合之后，信息技术不再像当前在中小学开设的信息技术课程一样作为一种简单的学习对象，而是使信息技术与学科课程结构、课程内容、课程资源、课程实施等融合为一体，成为与课程内容和课程实施高度和谐自然的有机部分，以便更好地完成课程目标，并提高学生的信息获取、分析、加工、交流、创新、利用的能力，培养协作的意识和能力，促使学生掌握在信息社会中的思维方法和解决问题的方法。

第六节　信息技术与课程整合的基本原则

课程整合将信息技术看作是各类学习的一个有机组成部分，它主要在已有课程（或其他学科）的学习活动中有机结合使用信息技术，以便更好地完成课程目标。但整合不等于混合，它强调在利用信息技术前，教师要清楚信息技术的优势和不足，以及学科教学需求，设法找出信息技术在哪些地方能提高学习效果，使学生完成那些用其他方法做不到或效果不好的事。对于学生来说，信息技术则是一种终生受用的学习知识和提高技能的认知工具。课程整合的最基本特征就是它的学科交叉性和立足于能力的培养。它承认事物之间联系的整体性和能力培养的重要性，并具有下述基本要求。

1. 任务驱动式的教学过程

课程整合以各种各样的主题任务进行驱动教学，有意识地开展信息技术与其他学科，甚至多学科相联系的横向综合的教学。这些任务可以是具体学科的任务，也可以是真实的问题情景，使学生置身于提出问题、思考问题、解决问题的动态过程中进行学习。通过一个或几个任务，把相关的各学科知识和能力要求作为一个整体，有机地结合在一起。学生在完成任务的同时，也就完成了对所需要掌握的学习目标的学习。

2. 信息技术作为学生的基本认知工具

在课程整合中，强调信息技术服务于具体的任务。学生把信息技术作为获取信息、探索问题与协作解决问题的认知工具，并对工具的使用要像铅笔、橡皮那样顺手与自然。

3. 能力培养和知识学习相结合的教学目标

课程整合要求学生学习的重心不再仅仅放在学会知识上，而是转到学会学习、掌握方法和培养能力上，包括培养学生的“信息素养”。学生利用信息技术解决问题的过程，是一个充满想象、不断创新的过程，同时又是一个科学严谨、有计划的动手实践过程，它有助于培养学生的创新精神和实践能力，并且通过这种“任务驱动式”的不断训练，学生可以把这种解决问题的技能逐渐迁移到其他领域。

4. “教师为主导、学生为主体”的教学结构

在课程整合的教学模式中，强调学生的主体性，要求充分发挥学生在学习过程中的主动

性、积极性和创造性。学生被看成知识建构过程的积极参与者，学习的许多目标和任务都要学生主动、有目的地获取材料来实现。同时，在课程整合中，教师是教学过程的组织者、指导者、促进者和咨询者，教师的主导作用可以使教学过程更加优化。

5. 个别化学习和协作学习的和谐统一

信息技术给我们提供了一个开放性的实践平台，利用它实现相同的目标，我们可以采用多种不同的方法。同时，课程整合强调“具体问题具体分析”，教学目标固定后，可以整合不同的任务来实现，每一位学生也可以采用不同的方法、工具来完成同一任务。这种个别化教学策略对于发挥学生的主动性和进行因人而异的学习是很有帮助的。但社会化大生产的发展，要求人们具有协同工作的精神。同样，在现代学习中，尤其是一些高级认知场合（例如复杂问题的解决、作品评价等）要求多个学生能对同一问题发表不同的观点，并在综合评价的基础上协作完成任务。而网络环境正为这种协作学习提供了很好的平台。

【思考与实践】

1. 谈谈你对信息技术与课程整合的概念的理解。
2. 简述信息技术与课程整合的目标。
3. 举例说明信息技术与课程整合的具体方式。
4. 信息技术与课程整合有哪些层次，每个层次的整合有哪些特点？
5. 信息技术与课程整合要遵守哪些基本原则？
6. 结合自己的认识，谈谈如何实施信息技术与课堂教学整合。

第八章　教育信息化促进教育模式变革

【学习目标】

1. 理解教学模式的概念与特征。
2. 掌握信息化教育的概念、特征与模式。
3. 掌握网络教育的特征、优势与理念。
4. 理解慕课的概念、特征。
5. 理解慕课发展对教育与教师发展带来的机遇和挑战。

第一节　教育模式概述

教育模式是教育结构的标准式样，是在一定的社会历史条件下，在一定的教育思想与教育理论的指导下建立起来的较为稳定的教育活动的结构框架和活动程序。教育模式具有以下 4 个方面的特征：

（1）教育模式的独特性。教育模式作为教育的不同变式是相比较而存在的。一种模式的形成与发展及其利弊，总是以其独特性为依据，而这种独特性只有在与其他模式的比较中才能显现出来。如苏联教育模式是同欧美教育模式相比较的，中国传统教育模式是同外国或西方传统教育模式相比较的。因此，教育模式的研究不应孤立地进行，必须从中外、古今与新旧之中确立一个比较的坐标进行深入的比较研究，才能够对原有教育模式作出准确的划分，也才能作出具有独特性的新教育模式的设计。

（2）教育模式的多样性。由于教育变式的多样性而决定了教育模式的多样性。就环境因素而言，由于历史条件与民族传统不同、时代不同、社会发展水平与社会需求不同，势必要求以多样化的教育模式适应多样化的环境与社会多样化的需求。就教育自身而言，教育是一个非常复杂的系统，包括各级各类教育及各级各类教育中发展水平不同、个性各异的受教育者，只有以多样化的教育模式才能实现多样化的教育任务。在教育系统中，任何一种模式都是有局限的，试图用某种单一的教育模式来应对社会多样化的需求与教育多样化的任务，是不可能达到预期效果的。

（3）教育模式的中介性。教育模式研究作为一种研究方法，是理论研究与教育实践之间的中介环节。《国际教育百科全书》中指出："模式可以被建立和被检验，并且如果需要的话，还可以根据探究进行重建。"它们同理论有关，可以从理论中派生，但从概念上说，它们又不同于理论。也就是说，教育模式不是纯理论的形态，但却需要理论的指导，或以某种理论的假说为依据，而具有理论性。同时，它也不是直接的教育实践，但却必须能直接指导和规范教育实践，并直接接受教育实践的检验，而具有很强的实践性。

（4）教育模式的稳定性与发展性。某种教育模式一旦建立起来，并广泛进入教育实践领域，尤其被形成为一种教育传统的时候，便具有很强的稳定性。但随着社会的进步和教育的发展，又必将推动教育模式的变革。万古不变的教育模式是不存在的，任何一种教育模式若被僵化或绝对化，都会阻碍教育事业的发展。因此，辩证地认识和把握教育模式的稳定性与发展性的关系，是教育模式研究与教育改革必须解决的一个重要问题。

第二节　信息化教育

一、信息化教育的内涵

关于什么是信息化教育的问题，国内很多学者都对其进行了界定，其中以南国农教授的界定最具权威性。在《信息化教育概论》一书中，南国农教授指出："信息化教育是指在现代教育思想和理论指导下，运用现代信息技术，开发教育资源，优化教育过程，以提高学生信息素养为重要目标的一种新型的教育形态或方式"①。其本质是现代信息技术与教育整合后的表现形态。在南国农教授的定义中，另一个值得我们关注的是他特别强调了现代教育思想与现代信息技术对实现信息化教育的重要作用。他认为，信息技术整合到教育教学之中极大地加快了教育信息化进程，没有现代信息技术，也就没有信息化教育；同样的道理，没有现代教育思想理论，也就没有信息化教育。因此信息化教育是现代教育思想理论与现代信息技术相结合的产物。他用公式"现代教育思想理论×现代信息技术=信息化教育"来说明这两个因素对于信息化教育是缺一不可的。在上述公式当中，现代教育思想主要包括素质教育观、终身教育观、双主体教育观、创新教育观、情商为主教育观；现代教育理论包括四种学习理论和四种教学理论。四种学习理论是新行为主义、建构主义、人本主义和折中主义学习理论。四种教学理论是赞可夫的发展教学理论、布鲁纳的结构－发现教学理论、巴班斯基的教学最优化理论和加德纳的多元智能理论；而现代信息技术包括现代媒体技术、现代媒传技术和教学系统设计技术三种形式技术。现代媒体技术是物化技术，包括硬件技术和软件技术；现代媒传技术和教学系统设计技术都是智能形态技术。现代媒传技术是将现代教育媒体应用于教育教学中的方法。教学系统设计是运用系统方法分析教学问题和确定教学目标，建立解决教学问题的策略方案、试行解决方案、评价试行结果和对方案进行修改的过程。

除南国农教授以外，包括祝智庭、黎加厚、李龙等在内的众多知名学者也都提出了各自对信息化教育概念的理解。祝智庭教授认为"教育信息化是指在教育领域全面深入地运用现代信息技术来促进教育改革和教育发展的过程，其结果必然是形成一种全新的教育形态，即信息化教育"②。黎加厚教授认为"信息化教育是以现代信息技术为基础的新教育体系，包括教育观念、教育组织、教育内容、教育模式、教育技术、教育评价、教育环境等一系列的改革和变

① 南国农．信息化教育概论[M]．北京：高等教育出版社，2004．

② 祝智庭．现代教育技术——走向信息化教育[M]．北京：教育科学出版社，2002．

化”[①]。李龙教授认为“信息化教育是指在教育技术理论的指导下，有效地运用信息技术所进行的教育、教学活动”[②]。

从上述概念界定的分析中可以看出，尽管这些定义在表述上存在一些不同，但我们还是可以找到一些共同之处。他们都是从教育形态的视角来认识信息化教育，认为教育信息化是信息技术与教育整合的过程，而信息化教育则是教育信息化发展到一定阶段后所形成的一种全新的、现代化的教育形态。在这种教育形态中，信息技术与教育教学已经深度融合，学校的教育教学、科学研究、管理与服务都建立在信息化基础上，信息技术作为教学、科研、管理与服务的重要工具和支撑环境，已成为教育中不可或缺的要素。联合国教科文组织把信息技术应用于教育的过程分为起步、应用、融合与创新四个阶段。著名学者杨宗凯认为，当前我国教育信息化处在从“应用”走向“融合”阶段，2020年将进入融合、创新阶段[③]。我们认为，联合国教科文组织所说的信息技术应用于教育的“融合”与“创新”阶段，即信息技术与教育达到深度融合时，就会形成一种全新的教育形态，这就是信息化教育。

二、信息化教育的特征

从内涵界定可以看出，信息化教育以现代信息技术应用为核心，是教育信息化不断向纵深方向发展，并与教育教学深度、有效融合而形成的一种新型的教育形态。因此信息化教育具有信息化时代所特有的一些特征，包括教材多媒体化、资源全球化、教学个性化、学习自主化、任务合作化、环境虚拟化、管理自动化等[④]。

1. 教材多媒体化

传统的教学内容是以纸质材料为载体的。随着教育信息化的发展，当前的教学内容除了可以用纸质材料来呈现以外，包括图形、声音、视频、动画等多媒体技术也成为了表现的重要媒介。因此教材多媒体化，是指利用包括图形、声音、视频、动画等在内的多种媒体技术来表现教学内容。与传统的纸质教材相比较，多媒体形式的教材具有便利性、形象化、立体化等特征。便利性特征是指多媒体教材以二进制的数字信号来表示，方便教师与学生对其进行存储、传输、携带和使用；形象化特征是指多媒体教材借助于图形、声音等媒体手段使得原本非常抽象的知识更加形象，有利于学生对知识的理解和吸收；立体化特征是指多媒体教学借助于动画、视频等手段来让教学内容可视化，使得学生可以通过视觉、听觉等渠道来获取知识。多媒体化教材在当前的教育教学中获得了广泛应用。其在教育教学中的应用效果也是相当明显的。例如，历史教师在讲授某段历史或某个历史事件时，可以通过播放与该段历史相关的视频材料或教学视频让该段历史重现，这样能够加深学生的理解。

2. 资源全球化

教育信息化的发展打破了时空对教育发展的限制。我们可以利用计算机网络把全世界的教育资源连成一个巨大的信息海洋，提供给广大教育用户来使用。资源全球化使得教育资源打

---

① 刘德亮．黎加厚博士谈教育信息化[J]．中国电化教育，2002（1）．

② 李龙．信息化教育：教育技术发展的新阶段[J]．电化教育研究，2004（5）．

③ 杨宗凯，杨浩，吴砥．论信息技术与当代教育的深度融合[J]．教育研究，2014（3）．

④ 祝智庭．教育信息化：教育技术的新高地[J]．中国电化教育，2001（2）．

破国界限制，世界上任何一个连接上互联网的地方都可以通过网络来获取其他国家与地区所提供的各种教育资源，使得教育资源能够在全球范围内共享。例如，我们可以在足不出户的情况下利用其他国家或地区的教育机构与科研院所提供的教育资源来开展学习，我们也可以通过网络参与其他国家或地区的教育资源平台建设。当前网络上的教育资源种类非常多，包括教育网站、电子期刊、数字图书馆、虚拟软件库、教育资源平台等。

3. 教学个性化

不同学习者在已有知识积累与认知能力、认知风格等方面存在较大差距。理想的教育教学过程应该要根据学习者的这些个性化特征来开展。但当前的学校教育主要是以课堂教学为主。在这种课堂教学环境下，所有的学生学习同样的教学内容，学习的步调也是一致的，很难满足不同学习者的这种个性化需求。教育信息化的发展为这种个性化教学的开展提供了良好的条件。在信息化教学环境下，学习者可以根据自己的实际需要，选择适合自己的教学资源，制订符合自己认知能力的学习步调，设计符合自己认知风格的学习计划，从而使得个性化学习成为一种可能。特别是在最近几年来，不断发展的人工智能技术与教育大数据技术使得学习者个性化学习更加丰富与多元化。例如，通过大数据技术分析可以总结出学习者的学习风格，通过智能导师系统能够为学习者的个性化学习提供指导，通过学习资源自适应推送系统能够为学习者提供有针对性的学习资源。

4. 学习自主化

学习者是具有主观能动性的个体，有效的学习应该是学习者积极、主动地参与，让学习者成为自己学习过程的主宰者。其实这也是建构主义学习理论所提倡的一种教育理念。不过从当前教育的实际情况来看，尽管这种教育理念已经获得广泛的认同，但由于传统教育理念在人们的思想中根深蒂固，以讲授为主的灌输式教学依然是我国中小学主要的教学形式。这种教学形式使得学习者的主体性地位缺失，被动地参与教学过程。教育信息化的不断发展，一方面能够对人们的教育观念进行结构与重构，另一方面也能够促进学习者自主化学习活动的开展。就目前情况来说，网络环境下的自主学习成为人们关注的焦点，已有很多学习者正在进行网络自主学习。我们可以预见到，随着以学习者为主体的教育思想日益得到认同，利用信息技术支持自主学习必然成为信息化教育阶段必然的发展趋势。

5. 任务合作化

任务合作化要求学生通过合作方式来完成学习任务，也是当前教育改革与发展的方向。在传统的教育形态下，学生的合作学习由于受到时空的限制，往往是在面对面的情形下进行。教育信息化的发展与应用打破了这种限制，使得信息技术在支持合作学习方面可以起到重要作用，进而使得信息化教育形态下的学生合作学习出现了一些新的形式。学生可以在计算机的支持下进行面对面的合作学习，也可以在计算机网络的支持下进行网上的合作学习。另外，学生还可以让计算机扮演同伴角色，与计算机进行合作学习。

6. 环境虚拟化

学校的教育环境包括学校的教室、实验室与图书馆等设施和场所。教育信息化的不断发展使得学校的这些设备与场所出现虚拟化的变化。学校教育环境的虚拟化意味着我们的学校教育教学活动可以在很大程度上摆脱物理空间与时间的限制，这是信息化时代下信息化教育形态的重要特征。从教育教学实际情况来看，当前在中小学已经出现了很多这种虚拟化的教学环境，并在教育中获得广泛使用。这些虚拟化的环境包括虚拟教室、虚拟实验室、虚拟校园、虚拟图书馆等。近期使用的增强型虚拟现实技术使得虚拟化出现了新特征。

7. 管理自动化

教育信息化的不断发展使得学校层面的教育管理与教师层面的教学管理都呈现出了自动化的特征。从学校对教育管理的层面来看，当前各中小学都建立了教务管理系统、教师人事信息管理系统、学生学籍管理系统、设备管理系统、财务管理系统等；从教师对教学管理的层面来看，教师可以借助于信息化手段来进行学习任务分配、学习问题诊断、学习结果测试与评分等。信息化教育形态所出现的上述这些管理自动化特征极大地提高了学校对教育管理与教师对课堂教学管理的效率。

三、信息化教育的模式

课堂教学过程一般包含教师、学生、教科书、教学媒体四个基本因素。这四个基本要素相互联系、相互作用所形成的稳定的结构形式就是教学模式。在传统的教育形态下，教师是整个教学活动的中心，教师以讲授法为教学方法，以教学媒体作为教学手段，将教科书中的课程知识直接向学生传授，而学生则像海绵吸水般被动地接受教师传递的知识。在这种教学模式中，教师是知识的传播者与灌输者，处在教学活动的中心；学生是被动的接受者与灌输对象，处在被支配的被动地位；教学媒体则是教师向学生传授与灌输教科书中的教学内容的方法与手段。从整个教学过程与结果来看，教学媒体技术在这种类型课堂教学中的应用并没有真正引起课堂教学模式的重大变革，只是将“书灌”变成了“电灌”罢了。

那么信息化教育的教学模式是怎样的呢？建构主义学习理论认为，教师是学生学习的引导者与促进者，而不是知识的传输者与灌输者；相对应地，学生是信息加工的主体，是认知结构的主动建构者，而不是外部刺激的被动接受者和被灌输对象；学生所在的教学环境对其学习有重大影响。因此学习者的学习应该是在一定的教学情境中发生，并以学生的学习为中心，以教师的指导为前提。依据建构主义理论的上述观点，我们可以把学生、教师、教学信息与学习环境看成是信息化教育教学模式的四个要素。这四个要素相互作用、相互联系，就构成了稳定的信息化教育的教学模式结构[①]，具体如图 8-1 所示。

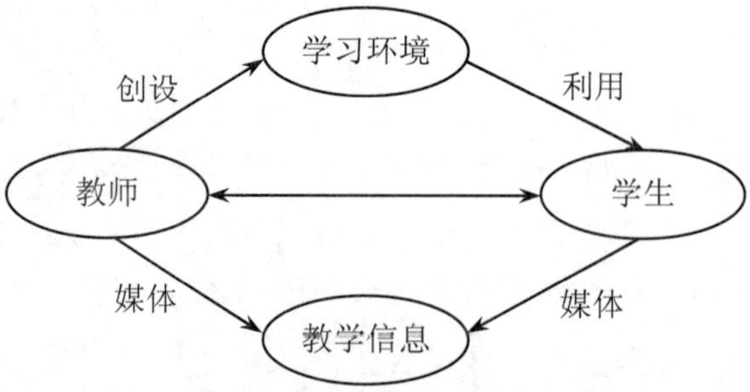

图 8-1 信息化教育的教学模式

① 张屹，祝智庭．建构主义理论指导下的信息化教育[J]．电化教育研究，2002（1）．

从图中我们可以看出，信息化教育的教学模式具有以下 5 方面特征：

（1）教学过程是以学生为中心的。学生是知识的主动建构者和运用者，即学生在教师创设的情境、协作与会话等学习环境中充分发挥自身的主动性和积极性，对当前所学的知识进行意义建构并用其所学解决实际问题。

（2）教师是学生学习的指导者与组织者，是学生意义建构的促进者和帮助者。

（3）教学信息所携带的知识不再是教师传授的内容，而是学生主动建构意义的对象。

（4）学习环境包括"情境""协作""会话"等要素。其中，情境必须有利于学生对所学内容的意义建构；协作发生在学习过程的始终；学习小组的成员之间必须通过会话协商共同完成学习任务。

（5）教学媒体不仅用来帮助教师进行辅助教学（如呈现教学信息），而且用来帮助学生查询资料、搜索信息、进行协作学习和会话交流，即作为学生主动学习、协作式探索、意义建构、解决实际问题的认知工具。

第三节　网络教育

信息技术是当前我国教育改革和发展的重要推动力，网络教育作为信息技术融入教育的主要形式，目前已成为信息社会中人们在学校或工作内外获得教育的重要途径。与传统的教育模式相比，网络教育灵活的学习时空极大地方便了各种学习者，他们可以根据自己的学习情况来确定学习时间、内容及进度。另外，网络教育丰富的学习资源大大方便了学习者，使学习由被动接受变为主动探索。

一、我国网络教育的发展过程

1. 基础教育

我国自 1996 年由北京 101 中学开办第一个网上教育项目后，基础教育领域先后有近 3000 所中小学组建了校园网，上万所学校组建了网络化电子教室。发展比较迅速的是中小学的网校，如著名的 101 网校、北京四中网校、人大附中附小网校等，它以提供学校课程同步教育和中小学生课外补习为主，受到欢迎，使普通学校的学生也能够接受到名校优秀教师的辅导。如北京 101 网校推出的"网上名师面授"和班主任全程跟踪服务、成都七中东方闻道网校的卫星同步课堂、北大附中网校提出的"天、地、人"三网合一办校理念，已成为国内网校教育的代表。2002 年 11 月，经国务院批准，教育部、国家发展和改革委员会、财政部共同启动了农村现代远程教育工程试点示范项目，中央和地方一共投入了 111 亿元，2007 年底全面完成建设任务。其中模式三是基于网络媒体学习的，是一种以学习者为中心的基于网络媒体学习的方式，可以以网络为信息传输工具来开展实时或非实时的讲授型教学活动，达到资源共享的目的；也可以基于网络进行协作式学习，开展自主探究型、交流协作型的教学方式和全新的学习方式。目的是缩小城乡之间和东西部之间的差距，让农村的孩子也可享受网络中的丰富资源。

2. 高等教育

高等教育领域从 1999 年到 2003 年，共有 68 所高校经教育部批准为现代远程教育（即网络教育）试点高校。除中央广播电视大学外，其余67所为普通高校，这些学校建立了遍布全国的校外学习中心服务体系，注册学习学员近400万人。教育部已将大力推进网络教学列为高校工作的重点。在网络教育应用开发上，投资4000万元支持高校网络教材和网络教育师资队伍建设，用两年的时间建立200门左右网络课程，包括网上学习、师生交流、辅导答疑、网上作业和网上测试等。

试点高校的网络教育主要是本专科层次的网络高等教育，而其他层次的学历教育（如专业硕士教育）和非学历教育在网络教育中所占的份额很少。根据《中国教育统计年鉴 2006》数据显示，网络教育在毕业生数、招生数方面均占到普通、成人、网络三种类型本专科层次学历教育总量的13%以上，在校生数方面占11%左右。这样的规模是在不增加高校数量的基础上实现的。所以，网络教育已成为我国高等教育的重要组成部分，为我国高等教育大众化作出了重要贡献。

中央广播电视大学是试点高校中唯一一所专门的远程教育机构，其在校生规模占到全部网络高等教育总量的60%以上，是网络教育的主要部分。而普通高校凭借其在师资、学科上的优势，以及专业门类的多样性，网络教育办学特色逐步显现。

3. 社会教育

民间的考试辅导类、技能培训类、职业认证类网络教育层出不穷。由于我国是一个人口大国，考学难、就业难等诸多问题导致大量的考试辅导类网校应运而生，如职称考试、出国考试、研究生入学考试、会计考试、司法考试等，几乎每种考试都能找到与之对应的网校。如中华会计网校是国内最大的教育类网站之一，它在全球网络流量排名中是我国教育类网站中最高的。另外，近几年在就业中颇为热门的各类资格证的考试培训在网络教育中同样很火爆，如环球职业教育在线是目前国内学科齐全且内容权威的职业远程教育网站之一，该网校现拥有外语、工程、经贸、财会四大类，包括职称英语、造价工程师、监理工程师、咨询工程师、经济师等在内的几十个学科上百门课程，涵盖了当今最热门的职业教育培训。该类网校完全针对市场需求随机变动，商业模式简单，易于操作，一般高薪外请名师或权威资源，比较容易取得商业成功。

二、网络教育的概念

网络教育的定义有广义与狭义之分。广义的网络教育是指通过因特网实施的、一切影响人的发展的人类社会活动的总称。狭义的网络教育是指根据社会的需求与可能和人的需求与可能，在一定的教育思想、教育理论指导下，借助于因特网实施的，有目的、有计划、有组织的，旨在促进网络学生与网络教师等人的健康、快速、持续发展的教育①。

网络教育实际上就是一种基于计算机网络技术的现代远程教育。网络教育是现代信息技术应用于教育后产生的新的教育形态，也就是一种运用网络技术与环境开展的教育，是传统学校教育的一种补充。网络教育的应用包括以下3个层次：

（1）利用网络向校园内全日制在校生开设课程取得单科学分。

---

① 马治国．网络教育再认识[J]．教育科学，2004（6）．

（2）利用网络教学的方式，实现校际互开课程，互认学分。

（3）利用网络技术平台面向社会招生，开展学历、非学历教育，实施现代远程教育。

三、网络教育的特征

1. 学习内容的开放性

在网络环境下，传统的学校在概念和存在意义上将有一个质的变革，代之以储备大量信息源的各种教育信息资源提供者，以适应网络时代培养高素质创新人才的需求。网络时代的教育信息提供者是将数字化的教育资源按统一标准进行选择、加工并链接在互联网上。这样受教育者通过网络所得到的信息就是有序的，任何学习者在终端上输入检索密码，链接在网络上的终端就会自动检索，学习者很方便地获取分布在世界各地的全部信息。

2. 学习方式的超时空性

网络教育克服了传统教育时间性差、空间性差的弊端，意味养受教育者无论在何时、何地，只要有一台与网络相联的终端设备，就能到相应的教育网站上在线学习或下载某一学科的学习资料，这样就能和坐在课堂里的受教育者一样受到同样的教育。

3. 学习进度的可操作性

传统教学中，受教育者必须紧跟教师的教学进度学习，结果造成在教育过程中接受能力比较差的学生跟不上进度，不断地受到打击，直至最后被“放弃”。信息技术的发展，将改变学校教育单一的班级制大课堂的集体授课模式，将从根本上改变传统学校的标准化、同步化和集中化的特点。网络教学是充分考虑到学生的具体情况，在受教育者掌握知识和培养能力的过程中，教学过程可无限地重复，受教育者可随自己掌握知识的快慢及时调整学习课程的进度，可以充分调动每一个受教育者的积极性。

4. 学习过程的交互性

传统教育模式是一种以单向传授为主的知识传播模式。教育者始终是传播模式的主体，决定教学的内容、方法、速度，而受教育者的主动性是极其有限的，他们的主要任务是“听课”。虽然学生也可以和教师讨论，但必须先听完教师讲授的基本内容，然后根据教师的讲授内容来讨论，而且这种讨论也是非常浅显的，遇到问题时也不可能去辩论和深究。而在网络教育中，教育者和受教育者是以一种双向互动的教育模式探究问题。实际上，网络时代教育者对问题不一定比受教育者了解得多、了解得深刻是一个不争的事实，教育者与受教育者的角色的转换是迅捷的、不定的，是一种相互讨论式的、交流式的教育模式。在这种模式下，教育者与受教育者以各自的知识经验、情感、个性投入到这种新型的教育活动中去，在相互交往中权威趋于模糊，交往关系更趋平等。

四、网络教育的优势

现代社会的发展要求教育在自身发展的过程中实现两大转变：一是应试教育向素质教育的转变；二是学校教育向自我教育、终身教育的转变。显然，传统的课堂教学难以适应这样的转变。传统课堂教学，表现手法单一，填鸭式灌输约束了学生的主观思维活动；对客观事物的平面表现和单纯的语言解释往往使学生的想象出现偏差。网络教育采用多元化教学形式，通过多媒体手段来传递文本、图形、声音、动画及视频信息，将真实世界与虚拟现实相结合，加速了对学习内容的理解，手眼耳协调动作，刺激大脑兴奋，不断强化记忆。从教育心理学的角度来看，网络教育体现出以下 4 个方面的优势：

（1）网络教育使教育资源共享变为现实。

教育资源不仅与国家的经济水平、教育体制、文化水平等密切相关，而且受到政府和国民对教育的重视程度的影响。因此，从整个世界来看，国家之间、地区之间的教育资源分布是不均衡的。借助于互联网，把各国的教育资源联系起来，供全球分享，这样就可以使生活在教育资源贫乏国家的人们也能够学到更多的知识。

（2）网络教育为学习者提供个性化学习的条件。

传统的学校教学总是围绕着教师、课堂、教科书进行，从而使得学生自主性的培养与发挥受到限制。教师在同时面对数十个学生、教学时间有限的情况下，很难进行有针对性的学习指导，致使因材施教和个性化学习难以实现。互联网的建立为教育教学改革开辟了新的途径，提供了一个汇集世界各地先进学校、研究所、图书馆等各种信息资源的庞大的信息资料库。这便于学习者学习、了解当前社会发展和科技进步的最新知识，同时还可以得到专家们提供的个性化的教学指导。在网上，教学内容、教材、教学手段和辅助教学手段以及考试等都可以因人、因需而异，自主选择性强，学习者的主观能动性和个性潜能可以得到充分发挥，从而实现个性化学习。

（3）网络教育有助于实现交互式学习。

互联网把文字、图形、影像、声音、动画和其他多媒体教学软件的先进技术有机地融合在一起，可以模拟现实环境，其效果是任何单一方式所无法比拟的，有利于学习者对知识的获取与保持；师生无须见面，利用网络讲座、网络辅导与答疑、E-mail 和 BBS 等信息技术便能进行课程教学；学习者在网络课堂上可随时发表见解而不影响他人听课，同一时间内还可接受两门或多门学科的教育，以达到学习的目的。

（4）网络教育有利于促进教育社会化和学习社会化。

在现代社会中，科学技术正以前所未有的速度迅猛发展，仅靠学校教育提供的知识供学习者终身享用的传统教育模式显然不能适应社会发展的需要，人们必须从一次性的学校学习走向终身学习。网络教育的发展，一方面可将教育由学校扩展到家庭、社区、农村和任何信息技术普及的地域，提高教育社会化的程度；另一方面，人们还可根据自身在不同时期的不同需要，通过上网有目的、有计划地进行学习。这种学习不仅可以存在于学校或类似机构中，而且可以出现在办公室、娱乐场所、家庭和社会活动中，从而促使学习即“生活”的理想变为现实，帮助人们把生活的学习化作为一种生活状态，最终达成学习社会化。

五、网络教育的理念

1. 教学理念的转变

网络教育应改变传统的以教师为主体、以课堂为中心单纯传授知识的教学思想，建立以学生为主、以学生为中心，培养学生创新能力的新教学观。也就是说，网络教育的教学观念应该是建立在以学生为主体的现代学习理论的基础上，以学生为主体，以学生为中心，教师和外界环境都要为学生服务，为帮助学生对知识意义的建构进行创新学习而发挥作用。

2. 教师角色的转变

网络教育使教师和学生的传统地位受到了挑战，教师和学生的角色也相应出现了一些重大的变化。网络教育中，网络教师已从原来的直接传授知识的施教者变为学生学习的幕后的组织者、指导者和引导者，教师的主要职责是根据培养目标，确定教学内容，编制网络课程的课件以及网上答疑。除此之外，教师还从原来是唯一的知识传授者、教学过程的主宰者向学生的学习伙伴转变，即网络教学以学生的个别化学习为主，教师为学生的独立自主学习创造条件，并经常与学生结为伙伴，共同讨论学习。

3. 教学方法的转变

在网络教育中，教师的教学方法应从以下两个方面加以转变：在教学形式上，网络上课应从知识讲演型向引导指导型转变，启发引导学生自主探索学习，建构知识意义；在媒体的运用上，应从演播教学内容辅助教学向运用媒体组织引导学习过程转变。

4. 学生观念的转变

网络教育中学生的角色地位已从原来的被动接受知识灌输的对象转变为主动自主学习的主体，成为教学过程的主体和中心，学生应当确立以下的新理念：

（1）自主独立学习的理念。网络环境中学生进行的是个别化的自主学习和协同学习，学生对以下几方面的问题应当具有很强的意识：学生可以按自己的知识结构和需要选择相关的知识内容进行学习；学生要在很大程度上支配自己的学习时间、过程和空间；学生要强化对自己所学的知识和所掌握的技能进行及时的测试并得到及时反馈的意识；在学习过程中学生要培养和加强适时地与教师和学习同伴进行交流、开展协作学习的能力。

（2）创造性学习的理念。在网络环境中学习，学生的学习不再由教师统一控制，不再像课堂教学那样强调集中思维、求同思维、正向思维，学生具有很大的自由度，在学习中能进行主动的学习和独立的思维，除了消化和吸收前人的知识与经验外，还更加注重应用。

六、网络教育的技术

目前网络教育的技术平台很多，常见的有以下几种：

（1）视频会议。

这是一种具有双向、实时、交互式（或广播式）课堂教学效果的网络教育平台。通常是一个主教室讲授，多个分教室听课。它能传递上课的视频、声音和电子讲稿，比较接近于传统的授课方式，因而容易被网上的师生所接受。目前我国校园内部或本地区的远程教育系统大都采用这种方式。视频会议能实现双向传输，不同教学点之间及异地师生之间可以进行双向交流。它具有高容量的带宽，可以同时传输视频、音频和数据信息，使学生感受到较强的现场感。但学生必须在规定的时间到规定的地点学习。

（2）卫星教育网。

由于卫星双向传输的费用比较昂贵，常见的是只具有单向实时广播教学功能的网络教育平台。它的最大优点是比较经济，同时由于卫星广播的覆盖面广，教学信息可同时传播到几十个至几百个教学点上。它的最大缺点是交互性差，现在常采用外交互，即使用地面网络线路作为回传链路来实现整个系统的交互性。目前我国跨地区的远程教育系统大都采用这种方式。卫星教育网一般只能单向传输，缺乏教学应有的交互性。

（3）教育网站。

这是一种基于网络（局域网、广域网、互联网）的完全自主式网络教育方式，将教学资源（包括教学内容、课后练习、答疑材料）以文件或网页形式存放在 Web 服务器上，学生通过终端上的浏览器进行整个学习过程，网站同时具有学生管理、教师管理、教务管理等功能，构成一个虚拟化的教学环境。这种教育方式能实现按需学习的条件，即任何人在任何时候任何地点，采用任何方式进行教和学的活动。

教育网站的最大特点是广泛性、即时性和学习的个性化。通过因特网接入网络，学生能真正坐在家里学习，而不必考虑空间和时间的限制。但缺乏互动性是它的最大缺点。优秀的教学资源和自适应的教学方法是教育网站成功的关键。目前因特网的带宽问题和网上优秀教学资源的缺乏是发展远程教育网站的瓶颈。

（4）移动教育网。

移动教育是指依托目前比较成熟的无线移动网络以及国际互联网，学生和教师通过使用移动设备（如手机、便携式计算机）来更加方便、灵活地实现交互式教学活动。

第四节 慕课（MOOC）

自从加拿大学者戴夫·科米尔和布莱恩·亚历山大在 2008 年提出 MOOC 概念以来，MOOC 引起了学术、技术与商业等各界人士的密切关注，并在国际范围内掀起一阵 MOOC 的浪潮。尤其是 2012 年以来，MOOC 取得了迅速的发展，出现了一些具有代表性的 MOOC 平台，例如 Coursera、Udacity、edX 三大 MOOC 提供机构。斯坦福大学校长约翰·亨尼斯将其比作教育史上的“一场数字海啸”。《纽约时报》将 2012 年称为 MOOC 年。2013 年也成为国内各界关注 MOOC 本土化的元年。2013 年的世界高等教育报告提到，MOOC 是预测未来五年对学习产生重大影响的关键六项新兴技术之一。当前，MOOC 的影响范围已经触及传统学校与网络学校，从大学到中小学以及社区学校。

一、MOOC 的概念

MOOC 是 Massive Open Online Course 的首字母缩写，中文翻译为“大规模在线开放课程”，也有人根据 MOOC 的发音称其为“慕课”，维基百科将 MOOC 定义为“一种针对于大众人群的在线课堂，人们可以通过网络来学习在线课程”。MOOC 的概念最早由戴夫·科米尔和布莱恩·亚历山大在 2008 年提出，用于描述他们与 Stephen Downes 和 George Siemens 合作开设的关于联结主义的课程。当时这个开放免费课程吸引了 25 名在校生和 2300 名免费在线参与的学生。科米尔等人的 MOOC 课程基于联结主义，被称为 cMOOC（Connectivist MOOC），其特点是强调联结、合作学习，课程是建立在一群有相似观点的、从教学的约束中解放出来的个体之上的。cMOOC 提供了一个超越传统的课堂环境，探究新教学法的平台。随后，研究者基于 MOOC 的特征和应用情况，把 MOOC 定义为基于开放教育形式基础之上的拥有大量参与者的巨型在线课程，并且其必须拥有自由选择的平台或工具和完整课程结构的生成式课程。2011年，Sebastian Thrun 和他的同事在斯坦福大学开放了他们所教授的课程“人工智能导论”，吸引了来自 190 个国家的 160000 名学生。从那时起，MOOC 就成为了许多教育机构、个人和商业组织的在线课程创新举措的标签。与基于联结主义的 cMOOC 不同，近两年的开放课程更多地遵循了行为主义取向，以课程内容为基础，被称为 xMOOC（Content-based MOOC）。

MOOC 本质上是一种新型的大规模开放网络课程，是网络教育发展的一种新形态，具有大规模（Massive）、开放性（Open）和在线（Online）等特点。“大规模”意味着对同时参与学习的学习者数量不设限制，一门课程的学习者可以成百上千；“开放性”不仅体现在授权开放（免费注册学习）、课程结构开放、学习目标开放、课程注册和退出自由上，还体现在信息、知识、观点和思想的自由共享等方面；“网络”意味着教与学的活动主要发生在网络环境下，即通过网络的形式进行课程学习以及知识的交互和共享。

二、MOOC 的特征

MOOC 除具有开放性、大规模、网络化等特点外，还具有以下特点：

（1）自主性。

与传统课程学习相比，MOOC 更能充分实现学习者的个性化学习。首先，学习者自选学习内容和自定学习步调。学习者根据学习兴趣和学习需要选修课程和确定学习的路径，根据自己的知识基础自定课程学习的步骤。其次，课程学习方案与资源的个性化推荐服务。MOOC 平台根据学习者的个人档案和学习行为，使用协同过滤推荐技术向学习者推荐其可能感兴趣的课程，支持学习者创建个性化的课程学习方案，同时从海量学习资源中提取和推荐符合学习者认知需求的学习资源。最后，MOOC 内嵌学习者的个性化学习情景。学习者使用移动学习终端设备，摆脱了传统物理教室和实验室的限制，将课程学习灵活地与学习者所处的特定学习情境融合，支持学习者开展基于情景的个性化学习。

（2）参与性。

参与性是 MOOC 与视频公开课、网络精品课和精品资源共享课的重要区别。MOOC 与以上三类课程的相同之处在于通过网络来共享课程的优质资源，包括课程大纲、作业、讲义、题库、课件和教学录像；不同之处在于学习者和教学者通过在线参与课程教学活动实现课程教学的全部过程。首先，MOOC 拥有特定的教学方法和教学活动，包括课堂讲解、随堂测试、虚拟实验、师生对话、学生研讨、作业互评、分组协作、单元测试、期末考试和证书申请等，学习者除了观看教学视频，还需要积极参与课程教学活动。其次，课程评价将学习者在教学活动中的参与度作为主要的评价维度。MOOC 学习环境利用互联网的自动跟踪和记录功能记录并保存学习者在课程学习活动中的学习行为，利用学习行为分析算法挖掘学习大数据背后的信息和规律，将形成性评价结果及时反馈给学习者和教学者，为学习者提供个性化的学习指导，帮助教学者了解课程教学效果，改进教学策略和方法，科学、全面地提高课程教学质量。

（3）普适性。

MOOC 授课模式不同于传统课堂的授课模式，传统课堂的知识传授是一个教师面向一小群学生，所以教师可以有针对性地根据学生不同的情况教学。而 MOOC 是面向大规模的不确定的学习者而设计的，面对规模庞大复杂的学习者，对于 MOOC 的知识传授者来说，做到因材施教、有针对性地教学是不现实的。

（4）互动性。

互动是课程教学中重要的环节之一，MOOC 充分利用 Web2.0 社交软件为师生提供大量的互动途径。如 Coursera 通过建立 Course Wiki 向学习者呈现教学内容、笔记、练习、问题以及相关资源，并开放协同编辑功能；针对相应课程开设论坛，学习者可以就学习中遇到的问题和学习心得与教师和其他学习者在论坛中分享和讨论。

（5）多样性。

多样性主要体现在学习者群体。任何一个能够连上 Internet 的人——没有年龄、国别与性别、文化背景的限制——都有可能成为 MOOC 的学习者，这可能会出现规模化的 MOOC 学习群体，例如斯坦福大学的机器人专家 Sebastian Thrun 和合作教授 Peter Norvig 的“人工智能导论”课程注册人数达 16 万人，学生遍布世界各地。

三、MOOC 与视频公开课和其他在线开放课程的区别

MOOC 与视频公开课和其他在线开放课程的区别主要有以下 5 点：

（1）MOOC 具有时效性。MOOC 一般持续 12 周左右，每周学习负荷为 6～8 小时，课程结束后未注册者无权访问课程资源，而其他课程均为永久课程，并无时效性。

（2）MOOC 每周均有作业，且实施同伴互评。学习者如果完成不了作业，则无法评价同伴作业。每一份按时提交的作业均会得到多名同伴的评价反馈，课程对互评有较严格要求，通常要求评价者回答多个特定问题来评价同伴的作业，部分作业会得到授课教师评阅。

（3）MOOC 全程有师生互动。多方位师生互动是 MOOC 取得成功的关键因素之一。首先是工作坊互动。许多 MOOC 授课教师会在特定时间组织在线工作坊，与学习者通过 Google Hangout 等进行视频互动、评阅作业或者答疑。其次是论坛互动。MOOC 任课教师参与论坛讨论与答疑。部分课程教师会通过课程 Tweeter 与学习者互动，解答学习者提出的问题。而其他在线课程授课教师与学习者完全无互动。开放式课程论坛为全球不同背景的 MOOC 学习者提供了交流的平台，教师的全程参与使 MOOC 的论坛功能得到充分的发挥。论坛一般会按主题进行分类，提供开放式问题供学员讨论，学员也可以自发主题。最后是教学视频互动。MOOC 教学视频在播放当中会根据教学内容需要自动暂停，呈现问题启发学生思考，并提供参考答案及相关解释。

（4）MOOC 提供学员学习档案。只要学员提交作业，系统会记录其学习轨迹供其查询，其他免费在线课程无此功能。但 MOOC 仅对注册学员开放学习档案/课程资源查询功能。

（5）MOOC 提供“课程合格证书”。如果学习者完成全部作业，成绩达到一定要求，可以拿到开课院校教师签名的课程学习完成证书（A Statement of Accomplishment），签名追踪注册学员（Signature Track Enrollment）的证书可以通过平台验证真伪。

四、世界三大 MOOC 平台

自 2012 年以来，MOOC 浪潮持续发酵，各国高校和学习者热情不减，各国政府和教育机

构也逐步将其列入战略发展规划中，陆续推出有地域特色的自建平台和课程，如英国的 Futurelearn、德国的 Iversity、欧盟的 OpenupEd、澳大利亚的 Open2Study 等。但国际上有一定规模和影响力的 MOOC 平台仍然是 Coursera、edX 和 Udacity 三大巨头，截至目前，三大平台参与高校和机构近 150 所，提供课程 848 门，注册学习者近千万。

1. Udacity

Udacity（http://www.udacity.com）是由斯坦福大学教授于 2012 年 2 月创办的盈利性机构。Udacity 旨在重塑 21 世纪教育，通过 Udacity 平台给各阶层想学、乐学的人带来可获取的、低廉的、高参与的高等教育，来缩小学生技能与就业所需素质之间的差距。Udacity 已经发布 24 门课程，分为初级、中级和高级三个水平，仅限于商学、计算机科学、数学、物理学和心理学五个学科领域。在教师选择上，Udacity 在选择教师时依据的并不是他们的学术研究能力，而是他们的教学水平。Udacity 的课程一部分是由教师自行设计，一部分是与 Google 或者微软等公司共同设计推出。其特色在于：高度交互性、基于项目练习的做中学与基于微视频学习的寓教于乐。基于真实情境的学习，高度参与的学习社区。Udacity 目前已经和圣何塞州立大学合作提供 5 门在线课程，能够成功完成这些课程的学生将获得圣荷塞州立大学的学分，并可在加州州立大学系统内和美国大多数的高校中进行学分互换。Udacity 网站主页如图 8-2 所示。

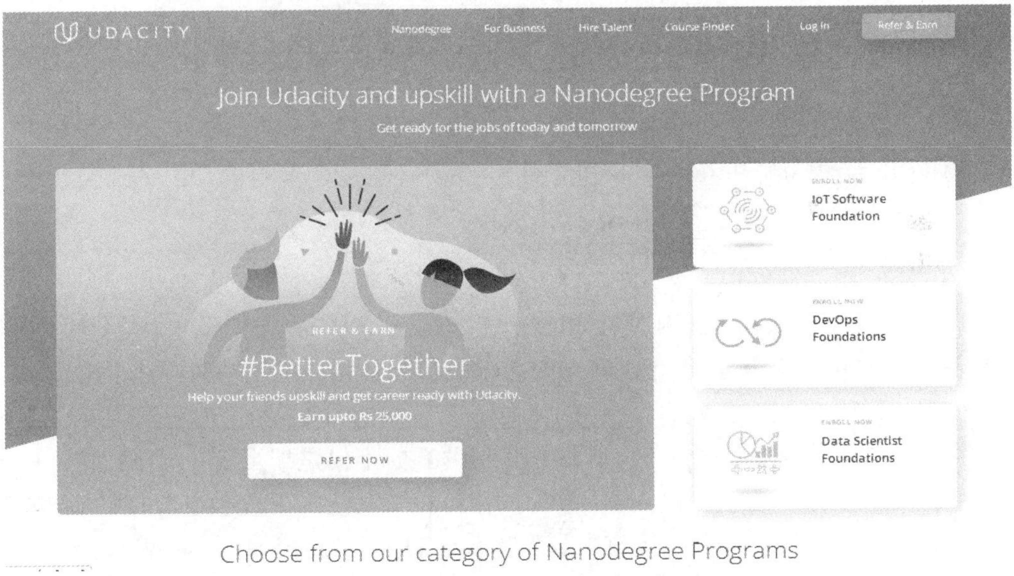

图 8-2　Udacity 主页

2. Coursera

Coursera（http: //www. coursera.org）于 2012 年 4 月创办，旨在与世界顶尖大学合作提供网络课程，为世界各地的学生提供免费的优质学习机会。Coursera 的首批合作院校为斯坦福大学、密歇根大学、普林斯顿大学和宾夕法尼亚大学 4 所名校，截至 2013 年 3 月，已经发展到与 62 所高校进行合作，其中香港科技大学、台湾大学也加入了 Coursera。Coursera 与高校的合作模式是在双方签订协议达成共识的基础上，Coursera 提供技术开发和支持，各高校授课教师或团队开发和设计网络课程，共同为来自世界各地的学生提供学习服务和支持。目前，Coursera 已经发展至 313 门课程，280 万名学生注册。其课程组织形式主要是授课视频、在线测试和线上线下讨论等，充分体现以学生学习需求为中心的设计。2013 年 2 月 8 日，Coursera 旗下的 5 门网络课程的学分获得了美国教育委员会（ACE CREDIT）的官方认可。学生必须要在 Coursera 上注册完成该课程的教学计划、参加其线上考试并且完成签名流程，才能有机会获得相应学分。Coursera 网站主页如图 8-3 所示。

图 8-3　Coursera 主页

3. edX

edX（http://www.edx.org）是由 MIT 和哈佛在 2012 年 5 月联合推出的非盈利性教育网站，两所学校各投入 3000 万美元，旨在以突出的教学设计为学生提供互动式在线学习。edX 希望继承 MITOC W 开放、共享优质教育资源的使命，创建一个反映学科广度和深度并且为学生提供新的在线学习体验的网络课程平台。开展本项目的目的不仅是配合校内教学，提高教学质量和推广在线教育，而且通过学生学习过程数据的分析和研究技术在教学中的应用，可探索混合式教学模式的学习效果。目前，已经有来自世界各地的 12 所高校加入了 edX，并提供了横跨 15 个学科领域的 32 门课程。edX 为通过课程学习的学生颁发签有 X University 的证书。目前，已经吸引了超过 67.5 万的学生。其课程的形式主要由在线视频、网页插入式测试和协作论坛组成。edX 平台以交互式学习设计为特色，平台特征包括自定步调的学习、在线讨论小组、基于 Wiki 的协作学习、针对学生的学习进程进行及时的评价、在线实验室和其他的学习交互工具。此平台不仅作为收集和分析学生学习过程数据的实验室，而且旨在为学生创设一个世界范围内的学习共同体。edX 的网站主页如图 8-4 所示。

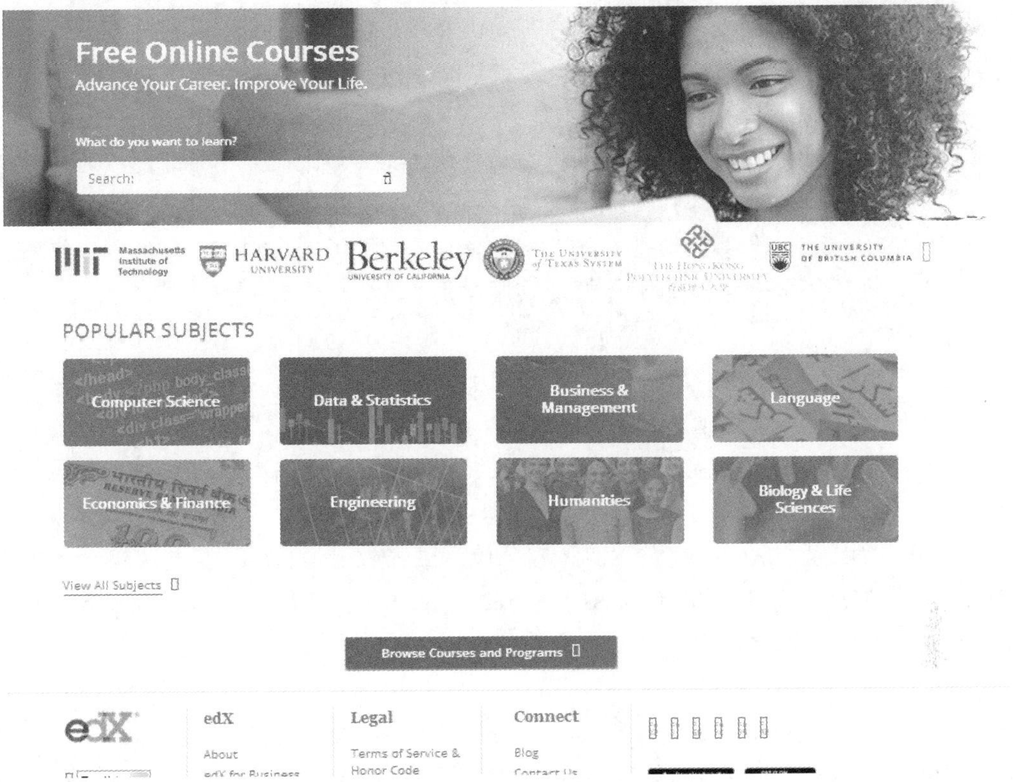

图 8-4　edX 主页

五、我国 MOOC 的发展

2013 年被视为中国 MOOC 发展的元年，在这一年，中国知名大学纷纷加入国际 MOOC 平台。2013 年 5 月，edX 宣布新增多所高校的在线课程项目，其中就包括了北京大学、清华大学在内的 6 所亚洲名校。7 月，上海交通大学宣布加盟 Coursera，成为加入 Coursera 的第一所中国内地高校。随后，复旦大学与 Coursera 达成合作意向，向 Coursera 免费提供中文或英文教学的在线课程。根据 Coursera 的网站显示，北京大学已成为其合作伙伴。在全球知名大学纷纷加入 MOOC 平台的影响下，中国高校也以参与者的身份加入其中来扩展中国高校的国际影响力，提供中文课程，同时也借此机会观察和反思 MOOC 的教学模式。值得关注的是，中文 MOOC 平台雏形始现。目前国内在线教育平台有中国大学 MOOC、网易云课堂、MOOC 中国、MOOC 学院、学堂在线、慕课网、酷学习等。

1. 中国大学 MOOC

中国大学 MOOC（https://www.icourse163.org）是由网易公司与高等教育出版社“爱课程网”合作推出的大型开放式在线课程学习平台，上线于 2014 年 5 月，它联合北京大学、复旦大学、浙江大学、新加坡国立大学、微软亚洲研究院等 211 所知名高校和机构推出上千门精品大学课程，让每一个有提升愿望的用户都能在此学习到中国最好的大学课程并获得认证证书。

2. 网易云课堂

网易云课堂（https://study.163.com）是网易公司倾力打造的在线实用技能学习平台，该平台于 2012 年 12 月底正式上线，主要为学习者提供海量、优质的课程，课程结构严谨，用户可以根据自身的学习程度自主安排学习进度。云课堂的宗旨是，为每一位想真真正正学到些实用知识、技能的学习者提供贴心的一站式学习服务。立足于实用性的要求，云课堂精选各类课程，与多家权威教育、培训机构建立合作，课程数量已达 10000 种以上，课时总数超过 100000 小时，涵盖实用软件、IT 与互联网、外语学习、生活家居、兴趣爱好、职场技能、金融管理、考试认证、中小学、亲子教育等十余大门类，其中不乏数量可观、制作精良的独家课程。从用户生活、职业、娱乐等多个维度为用户打造实用学习平台。

3. 学堂在线

学堂在线（xuetangx.com）是清华大学于 2013 年 10 月发起建立的精品中文慕课平台，是清华大学面向未来的战略部署。2014 年 3 月，清华控股所属慕华教育公司出资设立北京慕华信息科技有限公司，负责学堂在线的开发和运营。截至 2017 年 11 月，学堂在线注册用户超过 900 万，平台课程 1300 门，来自清华大学、北京大学、复旦大学、中国科技大学，以及麻省理工学院、斯坦福大学、加州大学伯克利分校等国内外一流大学，全面覆盖十二大学科门类。根据美国第三方在线教育机构 Class Central 于 2016 年 12 月发布的报告，学堂在线的课程数量和注册用户数位居全球第三。

4. 慕课网

慕课网（https://www.imooc.com/）是垂直的互联网 IT 技能免费学习网站。以独家视频教程、在线编程工具、学习计划、问答社区为核心特色。在这里，你可以找到最好的互联网技术牛人，也可以通过免费的在线公开视频课程学习国内领先的互联网 IT 技术。慕课网课程涵盖前端开发、PHP、HTML5、Android、iOS、Swift 等 IT 前沿技术语言，包括基础课程与实用案例、高级分享三大类型，适合不同阶段的学习人群。以纯干货、短视频的形式为平台特点，为在校学生、职场白领提供了一个迅速提升技能、共同分享进步的学习平台。

5. MOOC 学院

MOOC 学院（https://mooc.guokr.com/）是果壳网旗下的一个讨论 MOOC 课程的学习社区。MOOC 学院收录了主流的三大课程提供商 Coursera、Udacity、edX 的所有课程，并将大部分课程的简介翻译成中文。用户可以在 MOOC 学院给上过的 MOOC 课程点评打分，在学习的过程中和同学讨论课程问题，记录自己的上课笔记。

六、MOOC 发展对高等教育带来的机遇

MOOC 的兴起与发展，给传统大学带来的冲击是巨大的。我们可以想象到，一个人，无论是谁，通过一台计算机或其他上网设备和网络就能学习和授课，而且可以与全世界的人们一起学习，通过学习把世界各地的人们联结起来，这是过去人们难以想象的。不过 MOOC 对高等教育的影响是双重的，我们在看到挑战的同时也要关注其对高等教育带来的机遇。

（1）MOOC 可以使更多的人接受高等教育，而且是优质高等教育。迄今为止，在美国开设的绝大多数 MOOC 是免费的，这样可以使更多的人能够接受高等教育，特别是对那些来自家境贫困的人群更是如此。而且开设 MOOC 的大多数是美国乃至世界著名的高校，或企业与名校进行合作开设的，这就保证了 MOOC 的教育质量。所以，MOOC 的兴起与发展使更多的

人能够接受优质的高等教育。

（2）MOOC 是高校教学方法的一次大变革。经济的发展、科技的进步带来了教学方法的进步。当今使用教育技术手段于社会化媒介和移动设备中逐渐变得更主流。通过新技术来提升学习效率和教学过程是目前教育研究的一个趋势。MOOC 是其中一个新兴的形式。与传统硬性的课程计划不同，MOOC 让人们能够按自己的时间安排来进行学习，这让许多因为时间、金钱、地区等问题无法深造的人有了进一步学习的机会；而课程开发者也针对人们在线学习的习惯进行了优化，包括 Coursera、Udacity 在内的众多 MOOC 项目都将课程切分为 20 分钟内的完整独立模块（包括授课、测试等环节），教授者往往通过社交网络、邮件列表等社区工具与学生进行互动和问答，相比过去在线教育公司提供的单纯课程录像观看，现在的在线教育模式已经有了很大的改进。

（3）MOOC 有助于扩大高等教育的国际化。高等教育国际化是经济全球化的必然要求，现代经济是以知识为基础的经济，全球经济的一体化已是一个不可逆转的趋势。以美国为例，美国的大学十分强调学生的国际流动，既从全世界招募国际学生，也输送本国学生到国外进行长短期学习。美国耶鲁大学、杜克大学和加州大学伯克利分校的国际学生比例分别达到 17.7%、13.6%和 9.3%。MOOC 的兴起，有助于扩大高等教育的国际化。据统计，截至 2012 年 8 月 10 日，上线不过才四个月的 Coursera 就已有超过 100 万的注册学生，遍及全球 119 个国家，占比分别为美国 38.5%、巴西 5.9%、印度 5.2%、中国 4.2%。这意味着，热衷在 Coursera 求学的中国人已超过 4 万。

七、MOOC 发展对教师提出的挑战

作为一种全新的知识传播模式和学习方式，MOOC 课程引发了全球教育的一场重大变革。本西尼认为，由 MOOC 提供的免费、高质量的在线教育作为一种新的教育范式，它威胁并冲击着很多教育部门。这场重大变革与以往的网络教学有着本质区别，教师的角色、教学能力、信息素养和教学方式等面临着一系列变化和挑战。

1. 教学方式面临挑战

在传统的课堂中，教学方式主要是教师讲授知识，学生接受知识。而 MOOC 彻底颠覆了教与学的主从关系，学生首先观看相关的视频和材料，提出疑难问题并在 MOOC 上贴出，教师根据学生提出的问题，针对不同的问题安排教学活动。这种教学方式充分体现为学生主体、教师和网络共同主导这样一种全新的“双主”关系，得到了很多人的接受和推崇，它是解决了整体学习和个体学习兼顾性问题的教学形式，在保证了整体教学质量的同时，最大限度地促进了个性化学习。这种教学形式要求教师必须改变原来的工作流程，备课的重点从研究教学内容转移到研究学生及其提出的问题并着重解决问题上来，同时需要对网上、课堂的学习内容与组织都要熟悉，否则将很难突破课堂时空的困境。

2. 教师角色面临挑战

传统的教育方式多为知识传授型，教师作为知识的权威主要的角色就是充当知识的传授者。在 MOOC 背景下，传统教师教育体系面临着冲击与系统重构的外在压力，庞大的教师群体将会出现分流。北京大学的尚俊杰教授认为，大规模开放在线课程（MOOC）会影响高等教

育的流程再造，具体表现为教师的角色更加多元化、专业化。优秀的教师可以集中精力于优质网络教学视频资源的录制与更新工作，而大部分教师则变为学生学习的陪伴者、个别学生的辅导者、课堂交流的组织者、实验教学以及实践教学活动的组织者角色，而基本不再承担传统课堂讲授活动。

3. 教师地位和作用面临挑战

随着信息技术的发展，技术越来越有替代教师部分教育功能的作用，教师在教学中的地位和作用面临着一些挑战。例如，在教学评价方面，传统教师很难针对学生做出个性化的评价。而在MOOC技术的支持下，我们能够以丰富多样的大数据记录学习者的学习过程与轨迹，教师通过平台提供的分析报告和研究数据全面跟踪、掌握学生的学习行为、学习过程和学习特点，从而进行有针对性的教学、评价，并满足学生个性化的学习需求，学生在学习过程中也获得更好的个性化学习体验，这是人力难以企及的。而且与教师人力工作相比，在MOOC课程里学生可以多次参加测验，这样可以更加全面地了解学生对课程的掌握程度。

4. 信息素养有待提升

MOOC 的到来对教师的信息素养提出了更高的要求。学生一出生便生活在互联网与手机已然存在的时代，天生就对数字化设备好奇、敏感，敢于尝试、乐于接受信息。而教师生长的年代经历了数字技术从无到有的进程，俨然是从“无互联网或手机的世界”迁入“有互联网和手机的世界”的新居民，他们接受的教育多为传统教育。当数字移民遇到原住民，传统教育方式较之以往已然受到挑战。MOOC 时代，身为数字移民的教师自身比学生更加需要提高信息素养，一旦数字移民的教师具备了足够的信息素养，完全可以在深度分析及加工数据、审视及理解他人想法、获取多维观点等方面超越学生，成为数字时代的教育智者。

5. 教学能力需与时俱进

MOOC学习的多样性、开放性和个性化等特征，使得MOOC的设计和发展必须要满足学习者的个别化需求，支持学习者的个别化学习路径，支持和促进学习者的自主性、开放性、反思性、创造性和个性化学习，这就要求教师除了具备高超的教学设计能力之外，还需具有恰当地使用混合式、颠倒式的课堂教学模式的能力。MOOC的教学模式不同于传统的授课。MOOC的视频课程往往被切割成10分钟甚至更短的“微课程”，它具体讲述一个主题、指向一个目标、解决一个问题。MOOC 增强了教与学的互动，注重知识传授过程的信息反馈，这在无形中也增加了教师教学的难度，有些教师无法适应这种教学方式，例如Coursera的Microeconomics for Managers，是由加州大学Irvine分校的Richard McKenzie教授主讲，这位教授在教学中途宣布退出教学。原因是他发觉学生太多，难以掌控学生的学习品质，讨论区的发言太多，会使学生分心，影响好学生学习，而且学生抱怨作业太多，使他无法确认学生能达到他心目中的标准。因此，在这种教学方式下，教师不仅要合理地安排时间，精心设计问题与答案，及时通过信息反馈进一步改善教学质量，还需要教师树立以学生为中心的服务理念，潜心于教学方法的研究，不断提高传授知识的能力和水平。

八、从MOOC到SPOC的发展

伴随着MOOC平台、上线课程和学生注册数的巨量增长，数量的急剧增长引发了MOOC

的质量危机。近两年的研究与实践表明，无论对于在线课程的提供者大学而言，还是对接受者学生来讲，MOOC 都存在着一些亟待解决的问题。香港大学的苏德毅比较了 MOOC 的优势和不足，认为“没有先修条件”和“没有规模限制”对于学生和大学而言，既是 MOOC 的优势又是其局限性所在。由于不设先修条件，导致学生的知识基础参差不齐，不仅损害了学生学习的自信心，也影响了教师教学的积极性，成为 MOOC 注册率高、完成率低的重要原因。批评家们认为 5%的课程完成率，也没有那么巨大，因为注册者多是那些有着较好的在线社交技能的学习者，并未普及到每个人。针对存在的问题，哈佛大学与加州大学伯克利分校等全球顶尖名校开始跨越 MOOC，尝试一种小而精的课程类型 SPOC。

SPOC 是 Small Private Online Course 的缩写，中文意思是“小众私密在线课程”。在这里，Small、Private 与 MOOC 中的 Massive、Open 相对。“小众”是指学生人数一般在数十人到数百人之间。“小众”（Small）有助于提升学习参与度、互动性及完课率。“私密”（Private）是指只对“小规模”满足准入条件的申请者完全开放课程，而对旁听者仅限于部分开放，故具有一定的私密性。因此，祝智庭教授将 SPOC 译为“私播课”。SPOC 的受众主要包括两类学习者：第一类是围墙内的大学生，因此维基百科上将 SPOC 解释为在校学生在本地使用的 MOOC 版本。第二类是根据准入条件从全球范围内选取的在线学生。因此有人将 SPOC 注解为“SPOC 就是注册人数固定的 MOOC”。

【思考与实践】

1．简述信息化教育的内涵与特征。
2．简要分析信息化教育教学模式的组成结构与特征。
3．网络教育相对于传统学校教育来说，其优势主要体现在哪些方面？
4．慕课与视频公开课以及在线课程的区别主要体现在哪些方面？
5．简要分析慕课的发展对高等教育带来了哪些方面的影响？
6．作为一位教师，你认为应该如何面对慕课发展所带来的挑战与机遇？

第九章　教育信息化促进教学模式变革

【学习目标】

1. 理解教学模式的概念、特征、组成结构、功能与发展趋势。
2. 掌握案例教学模式的概念、特征与过程模式。
3. 掌握问题教学模式的内涵、特征与实施过程。
4. 掌握项目教学模式的内涵、特征与实施过程。
5. 理解翻转课堂教学模式的概念与结构。

新技术的涌现正以前所未有的方式塑造着教育、学习情境的结构、学习的本质、教师以及学习者的角色等。这些技术为新的教学模式的出现奠定了基础，它在一定程度上颠覆了传统的以教师为中心的教学模式，将学习者置于学习过程的核心地位，支持学习者主动性的发挥及个性化学习路径的选择等。

第一节　教学模式概述

一、教学模式的内涵

“模式”一词是英文单词 model 的汉译名词。我们还可以将该单词翻译为“模型”“范式”“典型”等。一般来讲，模式是指被研究对象在理论上的逻辑框架，是介于经验与理论之间的一种可操作性的知识系统，是再现现实的一种理论性简化结构。首次将这一名词引入到教学领域，提出教学模式，并加以研究的人是来自美国的乔伊斯和韦尔。

乔伊斯和韦尔在《教学模式》一书当中，将教学模式界定为“构成课程和作业、选择教材与提示教师活动的一种范式或计划”。实际教学模式并不是一种计划，因为计划往往显得太具体，从而没有了理论色彩。将“模式”一词引入到教学理论中，是想以此来说明在一定的教学思想或教学理论指导下建立起来的各种类型的教学活动的基本结构或框架，表现教学过程的程序性的策略体系。因此教学模式可以定义为是在一定教学思想或教学理论指导下建立起来的较为稳定的教学活动结构框架和活动程序。作为结构框架，突出了教学模式从宏观上把握教学活动整体及各要素之间内部的关系和功能；作为活动程序则突出了教学模式的有序性和可操作性。

关于什么是教学模式的问题，还有很多较有影响力的界定。比如，美国课程与教学专家 Marker 认为，教学模式是一种结构化的组织架构，用以发展特殊学习活动和教育环境。也有学者指出，教学模式是指为了更好地研究教学活动，对各种以理论为指导思想的教学活动的基本结构或框架所作的一种概括。还有学者认为，教学模式是在一定的教育思想、理论指导下，为完成特定的教学目标和内容而围绕某一主题形成的、比较稳定且简明的教学结构理论框架及其可操作的教学活动方式。国内学者通常把教学模式界定为“是教学理论与教学实践的中介，是在一定教学理论指导下，为实现特定的教学目标，用来设计课程，选择教材，提示教师活动的基本范型”。

二、教学模式的特征

通常情况下，教学模式具有指向性、操作性、完整性、稳定性和灵活性等特征。

1. 教学模式的指向性

由于任何一种教学模式都是围绕着一定的教学目标设计的，而且每种教学模式的有效运用也需要一定的条件，因此不存在对任何教学过程都适用的普适性模式，也谈不上哪一种教学模式是最好的。评价最好教学模式的标准是在一定的情况下达到特定目标的最有效的教学模式。我们在具体教学过程中选择教学模式的时候，必须注意不同教学模式的特点、性能和实施条件等，即要注意教学模式的指向性。

2. 教学模式的操作性

教学模式是一种具体化、操作化的教学思想或理论，它把某种教学理论或活动方式中最核心的部分用简化的形式反映出来，为人们提供了一个比较抽象的理论具体得多的教学行为框架，具体地规定了教师在具体教学活动中的教学行为，使得教师在课堂上有章可循，便于教师在课堂教学过程中理解、把握和运用。

3. 教学模式的完整性

从定义中我们就可以看出，教学模式是由教学理论过渡到实践的中间层次。教学模式不仅要体现一定的教学思想或教学理论，同时也要指导教育教学实践，因此教学模式本身是一个完整的整体。另外，教学模式是教学现实和教学理论构想的统一，所以它有一套完整的结构和一系列的运行要求，体现着理论上的自圆其说和过程上的有始有终。

4. 教学模式的稳定性

教学模式是大量教学时间活动的理论概括，在一定程度上揭示了教学活动带有的普遍性规律。一般情况下，教学模式并不涉及具体的学科内容，所提供的程序对教学起着普遍的参考作用，具有一定的稳定性。但是教学模式是依据一定的理论或教学思想提出来的，而一定的教学理论和教学思想又是一定社会的产物，因此教学模式总是与一定历史时期的社会政治经济、科学、文化、教育的水平等方面相联系，要受到教育方针和教育目的等的制约。因此教学模式的这种稳定性特征又是相对的。

5. 教学模式的灵活性

作为并非针对特定的教学内容教学，体现某种理论或思想，又要在具体的教学过程中进行操作的教学模式，在运用的过程中必须考虑到学科的特点、教学的内容、现有的教学条件和师生的具体情况，进行细微的方法上的调整，以体现对学科特点的主动适应。

三、教学模式的功能

1. 教学模式的中介作用

教学模式的中介作用是指教学模式能为各科教学提供一定理论依据的模式化的教学法体系，使教师摆脱只凭经验和感觉，在实践中从头摸索进行教学的状况，搭起了一座理论与实践之间的桥梁。教学模式的这种中介作用，是和它既来源于实践，又是某种理论的简化形式的特点分不开的。

一方面，教学模式来源于实践，是对一定的具体教学活动方式进行优选、概括、加工的结果，是为某一类教学及其所涉及的各种因素和它们之间的关系提供一种相对稳定的操作框架，这种框架有着内在的逻辑关系的理论依据，已经具备了理论层面的意义。另一方面，教学模式又是某种理论的简化表现方式，它可以通过简明扼要的象征性的符号、图式和关系的解释来反映它所依据的教学理论的基本特征，使人们在头脑中形成一个比抽象理论具体得多的教学程序性的实施程序。便于人们对某一教学理论的理解，也是抽象理论得以发挥其实践功能的中间环节，是教学理论得以具体指导教学，并在实践中运用的中介。

2. 教学模式的方法论意义

教学模式的研究是教学研究方法论上的一种革新。长期以来人们在教学研究上习惯于采取单一刻板的思维方式，比较重视用分析的方法对教学的各个部分进行研究，而忽视各部分之间的联系或关系；或习惯于停留在对各部分关系的抽象的辨证理解上，而缺乏作为教学活动的特色和可操作性。教学模式的研究指导人们从整体上去综合地探讨教学过程中各因素之间的互相作用和其多样化的表现形态，以动态的观点去把握教学过程的本质和规律，同时对加强教学设计、研究教学过程的优化组合也有一定的促进作用。

四、教学模式的发展演变

系统完整的教学模式是从近代教育学形成独立体系开始的，“教学模式”这一概念与理论在 20 世纪 50 年代以后才出现。不过在中外教学实践和教学思想中，很早就有了教学模式的雏形。古代教学的典型模式就是传授式，其结构是“讲－听－读－记－练”。其特点是教师灌输知识，学生被动机械地接受知识，书中文字与教师的讲解几乎完全一致，学生对答与书本或教师的讲解一致，学生是靠机械地重复进行学习。

到了 17 世纪，随着学校教学中自然科学内容和直观教学法的引入、班级授课制度的实施，夸美纽斯提出应当把讲解、质疑、问答、练习统一于课堂教学中，并把观察等直观活动纳入教学活动体系之中，首次提出了以“感知－记忆－理解－判断”为程序结构的教学模式。19 世纪是一个科学实验兴旺繁荣的时期。赫尔巴特的理论在相当程度上反映了当时科学发展的趋势，他从统觉论出发，研究人的心理活动，认为学生在学习的过程中，只有当新经验已经构成心理的统觉团中的概念发生联系时才能真正掌握知识。所以教师的任务就是选择正确的材料，以适当的程序提示学生，形成他们的学习背景（或称统觉团）。从这一理论出发，他提出了“明了－联合－系统－方法”的四阶段教学模式。以后他的学生莱因又将其改造为“预备－提示－联合－总结－应用”的五阶段教学模式。

以上这些教学模式都有一个共性，它们都忽视了学生在学习中的主体性，片面强调灌输方式，在不同程度上压抑和阻碍了学生的个性发展。所以在19世纪20年代，随着资本主义大工业的发展、强调个性发展的思想的普遍深入与流行，以赫尔巴特为代表的传统的教学模式受到了挑战，应运而生的杜威的实用主义的教育理论得到了社会的推崇，同时也促进了教学模式向前推进了一步。

杜威提出了“以儿童为中心”的“做中学”为基础的实用主义教学模式。这一模式的基本程序是“创设情境－确定问题－占有资料－提出假设－检验假设”。这种教学模式打破了以往教学模式单一化的倾向，弥补了赫尔巴特教学模式的不足，强调学生的主体作用，强调活动教学，促进学生发现探索的技能，获得探究问题和解决问题的能力，开辟了现代教学模式的新路。当然，实用主义教学模式也有其缺陷。它把教学过程和科学研究过程等同起来，贬低了教师在教学过程中的指导作用，片面强调直接经验的重要性，忽视知识系统性的学习，影响了教学质量，因此在20世纪50年代受到了社会的强烈批评。

20世纪50年代以来，随着科学技术的发展，教育面临着新的科技革命的挑战，促进人们利用新的理论和技术去研究学校教育和教学问题。现代心理学和思维科学对人脑活动机制的揭示，发生认识论对个体认识过程的概括，认知心理学对人脑接受和选择信息活动是研究，特别是系统论、控制论、信息加工理论等的产生，对教学实践产生了深刻的影响，也给教学模式提出了许多新的课题。因此这一阶段在教育领域出现了许多的教学思想和理论，与此同时也产生了许多新的教学模式。

五、教学模式的发展趋势

1. 从单一教学模式向多样化教学模式发展

自从赫尔巴特提出“四段论”教学模式以来，经过其学生的实践和发展逐渐以“传统教学模式”的名称成为20世纪教学模式的主导。后来杜威打着反传统的旗号，提出了实用主义教学模式，20世纪50年代以来一直在“传统”与“反传统”之间来回摆动。20世纪50年代以后，由于新的教学思想层出不穷，再加上新的科学技术革命使教学产生了很大的变化，教学模式出现了“百花齐放、百家争鸣”的繁荣局面。据乔伊斯和韦尔1980年的统计，教学模式有23种之多，其中我国提出的教学模式就有10多种。

2. 由归纳型向演绎型教学模式发展

归纳型教学模式重视从经验中总结、归纳，它的起点是经验，形成思维的过程是归纳。演绎型教学模式指的是从一种科学理论假设出发，推演出一种教学模式，然后用严密的实验来验证其效用。它的起点是理论假设，形成思维的过程是演绎。归纳型教学模式来自于教学实践的总结，不免有些不确定性，有些地方还不能自圆其说。而演绎型教学模式有一定的理论基础，能够自圆其说，有自己完备的体系。

3. 由以“教”为主向重“学”为主的教学模式发展

传统教学模式都是从教师如何去教这个角度来进行阐述，忽视了学生如何学这个问题。杜威的“反传统”教学模式，使人们认识到学生应当是学习的主体，由此开始了以“学”为主的教学模式的研究。现代教学模式的发展趋势是重视教学活动中学生的主体性，重视学生对教学的参与，根据教学的需要合理设计“教”与“学”的活动。

4. 教学模式的日益现代化

在当代教学模式的研究中，越来越重视引进现代科学技术的新理论、新成果。有些教学模式已经开始注意利用计算机等先进科学技术的成果，教学条件的科学含量越来越高，充分利用可提供的教学条件设计教学模式。

六、教学模式的基本结构

教学模式是一个将教学思想、教学方法、教学组织形式等融合为一体的综合体系。教学模式通常包括理论依据、教学目标、操作程序、师生交往、实现条件和教学评价这 6 个方面的因素，这 6 个因素之间有规律的联系就是教学模式的结构，如图 9-1 所示：

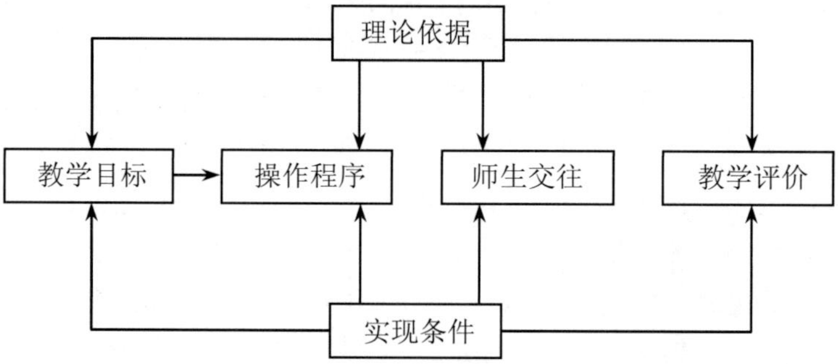

图 9-1 教学模式组成结构

1. 理论依据

教学模式是一定的教学理论或教学思想的反映，是一定理论指导下的教学行为规范。不同的教育观往往提出不同的教学模式。比如，概念获得模式和先行组织模式的理论依据是认知心理学的学习理论，而情境陶冶模式的理论依据则是人的有意识的心理活动与无意识的心理活动、理智与情感活动在认知中的统一。

2. 教学目标

任何教学模式都指向和完成一定的教学目标，在教学模式的结构中教学目标处于核心地位，并对构成教学模式的其他因素起着制约作用，它决定着教学模式的操作程序和师生在教学活动中的组合关系，也是教学评价的标准和尺度。正是由于教学模式与教学目标的这种极强的内在统一性，决定了不同教学模式的个性。不同教学模式是为一定教学目标服务的。

3. 操作程序

操作程序是指教学按时间展开的逻辑活动步骤以及每一步骤的主要做法等，是教学模式基本结构的突出特点，稳定的操作程序指出了教师在教学中先做什么、后做什么等问题。

4. 师生交往

师生交往是指教师与学生在教学过程中的交流与互动方式。

5. 实现条件

实现条件是指能使教学模式发挥效力的各种条件因素，如教师、学生、教学内容、教学手段、教学环境、教学时间等。

6. 教学评价

教学评价是指各种教学模式所特有的完成教学任务、达到教学目标的评价方法和标准等。由于不同教学模式所要完成的教学任务和达到的教学目的不同、使用的程序和条件不同，当然其评价的方法和标准也有所不同。截至目前，除了一些比较成熟的教学模式已经形成了一套相应的评价方法和标准外，有不少教学模式还没有形成自己独特的评价方法和标准。

第二节　基于案例的课堂教学模式

案例教学起源于 20 世纪 20 年代，是由美国哈佛商学院所倡导的，当时是采取一种很独特的案例形式的教学，这些案例都是来自于商业管理的真实情境或事件，通过此种方式，培养和促进学生主动参与课堂讨论，自 20 世纪 20 年代以来，一直被作为商业、法律和医学领域职业培训的基本教学模式，尤其是被广泛地运用于 MBA 教学之中。有人进行过统计，美国 500 家最大财团的决策经理中，三分之二是哈佛商学院毕业生，而该学院最为人称道的便是它独具特色的案例教学。到了 20 世纪 80 年代，这种教学模式才受到师资培育的重视，尤其是 1986 年美国卡内基小组提出的《准备就绪的国家：21 世纪的教师》报告书中，特别推荐案例教学在师资培育课程中的价值，并将其视为一种相当有效的教学模式。进入 20 世纪 80 年代以后，案例教学模式开始引入我国。当前，案例教学已经在学科教学与教师教育等领域获得广泛应用。实践证明，案例教学对推进教学改革、实现素质教育等具有深远意义。

一、案例教学的定义

案例教学一个突出的特征就是案例的运用，因此只有明确了什么是案例才能进一步讨论和实施案例教学。案例译自英语 case 一词，原意为状态、情形、事例等，此词用在医学上译成“病例”，用在法学上译成“案例”或“判例”，用在商业或企业管理教学中译成“个案”“实例”“案例”等，目前国内以译作“案例”居多。在给案例教学下一个比较确切的定义之前，我们有必要先明确案例的含义。

关于什么是案例的问题，不同的学者从不同的观点、立场出发会有不同的看法。从总体情况来看，存在几种不同的观点。一是特定情景说。这种观点认为，案例就是关于特定情景的描述。如中国案例研究会会长余凯成教授认为：“所谓案例，就是为了一定的教学目的，围绕选定的问题，以事实作素材，而编写成的某一特定情景的描述”。二是事务记录说。持这种观点的人认为，案例就是关于商业事务的记录。如格柯说：“案例就是一个商业事务的记录；管理者实际面对的困境，以及作出决策所依赖的事实、认识和偏见等都在其中有所显现。通过向学生展示这些真正的和具体的事例，促使他们对问题进行深入分析和讨论，并考虑最后应采取什么样的行动。”三是故事说。持这种观点的人认为，案例是包含多种因素在内的故事。如理查特认为：“教学案例描述的是教学实践。它以丰富的叙述形式，向人们展示了一些包含有教师和学生的典型行为、思想、感情在内的故事。”四是多重含义说。持这种观点的人认为，案例具有多重含义。

从上述的几种观点可以看出，虽然不同的学者从不同的角度、用不同的词汇对案例的本质加以界定，但有一点是共同的，即案例所描述的是实际情境。综合各位学者的意见，我们认为，所谓案例就是为了一定的教学目的，围绕选定的一个或几个问题，以事实为素材而编写成的对某一实际情境的客观描述。案例是包含有问题或者疑难情境在内的真实发生的典型性事件。一个案例就是一个实际情境的描述，在这个情境中含有一个或多个疑难问题，同时也可能包含有解决这些问题的方法。

在明确了什么是案例之后，再来解释一下何为案例教学。所谓案例教学，就是在教师的指导下，根据教学目的的要求，组织学生通过对案例的调查、阅读、思考、分析、讨论和交流等活动，教给他们分析问题和解决问题的方法或道理，进而提高他们分析问题和解决问题的能力，加深他们对基本原理和概念的理解的一种特定的教学模式。案例教学可分为两种类型：第一种是“从例到理”型，即引导学生运用案例，经过自主合作，群体思维撞击，寻找知识的形成规律，发现基本概念并运用掌握的规律和概念去解决实际问题；第二种是“从理到例”型，即教师在给出基本概念后，启发学生运用基本概念，发散思维，以例释理，以例证理，从而获得解决实际问题所需的能力。

二、案例教学的特征

案例及案例教学之所以能在世界范围内产生如此巨大的影响和作用，是因为案例和案例教学自身所具有的特点充分发挥作用的结果。下面是这些特征的具体表现。

1. 案例教学的目的性

在案例教学中，无论是案例的编写与选择，还是案例教学中每一环节的设计，都是围绕着一定的教学目标和实现一定的教学任务来进行的。一般来讲，案例教学中，主要通过一个或几个独特而又具有代表性的典型事件，让学生在案例的阅读、思考、分析、讨论中建立起一套适合自己的完整而又严密的逻辑思维方法和思考问题的方式，以提高学生分析问题与解决问题的能力，进而提高学生的素质。

2. 案例教学的启发性

案例具有开发人的智能的功效。在任何一个案例中都包含有供学生思考、分析和探寻的许多问题，这些问题中有的可能是外露的，有的可能是隐晦的，有的甚至可能是零乱的、不完全的。实施案例教学就是要迫使学生透过众多的、看来又好似互不相关的案例所描述的情景去观察、去分析、去体验，从而形成自己的概念。并以此为起点，作出判断、推理和论证，提升学生的智能水平。

3. 案例教学的客观性

案例是已发生的典型事件的真实写照，具有高度的客观性。这种客观性包括两个方面的内涵。一是案例所描述的事件是完全真实的，虽然有时为了某种需要会虚拟一些情节，但其基本事实都是完全真实的，结构是合理的、符合逻辑的；二是案例描述一般都不加入编写者的评论性和分析性语言，编写者只是原原本本地描述了事实发生的情节和过程。

4. 案例教学的情境性

情境性也叫案例性，是与其他教学模式的最大区别。卡根教授说过，“案例是对真实的情境的一种描述，这种情境包括与所要澄清的和要解决的目标问题有关的事实。”教师根据不同的目的来选材设计各种教学情境，学生在教师的指导下，“身临”各种实际教学中可能发生的、具有挑战性的问题情境中，对生活、生产实际进行探索学习，澄清和解决问题，从而形成学习者自主学习的空间，感受知识及科学方法的实际价值，提高学习兴趣及内在动力，使学生的创造性得到充分的发挥，实现教与学的沟通和融合。

5. 案例教学的实践性

这里的实践性主要包含两个方面。一是案例的实践性。教学案例是一个个从教育实践中提取出来的鲜活的事例，较之一般的举例内涵更丰富，具有生动性、趣味性和实践性，完全不同于那些事先组织好的知识和经验体系。二是学习过程的实践性。案例教学重视学习者的能动性和实践性。案例的分析、解决过程较为复杂，学生不仅需要具备基本的理论知识，而且应具有审时度势、权衡应变、果断决策的能力。案例教学的实施需要学生综合运用各种知识和灵活的技巧来处理。

6. 案例教学的主体性

案例教学鼓励学生进行独立思考，学习过程中学生不是被动地学习知识，而是主动参与，自由、主动、积极地解决案例中的问题，自己去思考、创造，独立自主地搜集、分析和理解资料，获取信息，提炼观点。在鲜活的案例分析中，学生通过辩论和教师的指导学到知识、锻炼才干，使其学习的积极性、主动性和创造性得到充分而有效的发挥。这种在一定的环境中自主学习的过程更有助于促进学生自学习惯的形成和自学能力的提高。

三、案例教学与举例教学及传统教学的区别

作为一种教学模式，案例教学与举例教学和传统教学的区别在哪里呢？对案例教学与举例教学和传统教学的关系加以澄清，有助于我们进一步把握案例教学的本质。

1. 案例教学与举例教学的联系和区别

案例教学与举例教学既有联系又有区别。二者的联系在于：二者都要通过一定的事例来说明一定的道理，都是为一定的教学目的服务的。二者的区别有四个。一是二者在教学中的地位不同。案例在案例教学中占中心地位，诸如运用知识、培养能力、进行品德教育等教学任务，很多都是借助案例来完成的；而举例在一般教学活动中则居次要地位。二是二者的进行主体不同。案例教学是组织学生进行自我学习、锻炼能力的一种手段，学生在整个教学活动中居于主要地位；而举例则是辅助教师说明问题的一种手段，教师在整个活动中居于主要地位。三是二者的目的不同。案例教学是把学生放在实际的环境中，让其通过对周围环境和事件本身的分析、讨论、交流，在理论指导下，运用科学的方法，作出正确的判断和决策，从而提高学生分析问题和解决问题的能力；而举例教学则往往是在讲清原理的前提下举出例子，让学生知道如何运用此原理或加深对某一问题的理解，或者通过举例子，使一个较难理解的理论通俗易懂。四是二者涵盖的范围不同。案例教学中的案例比举例教学中的例子的涵盖面更广泛，更为精致，案例教学中的案例要求具有真实性、完整性、典型性和启发性；而举例教学中的举例则不一定必须具有这些特点。

2. 案例教学与传统教学的区别

案例教学与传统教学有着很大的不同，二者的区别主要表现在以下几个方面：

（1）教学目的。传统教学尤其是传统的课堂教学，主要侧重于传授知识，让学生掌握人类几千年来沉淀下来的人类文化遗产；而案例教学主要强调培养学生发现问题、分析问题以及解决问题的能力，进而提高他们的素质。

（2）教学载体。传统教学使用的是多年一贯制的固定的教科书；而案例教学使用的是对某一实际情境进行客观描述的案例。

（3）教学方式。传统教学主要是讲授式；而案例教学则强调启发式，强调学生的亲自参与。

（4）沟通渠道。在传统教学中，主要是教师向学生传授知识，因而沟通渠道主要是单向流动；在案例教学中，则不仅有老师与学生之间的沟通，还有学生与学生之间的沟通，因而沟通渠道是多向的。

（5）教师在教学活动中的地位。在传统教学中，由于主要采用讲授的方式，教师的任务是把自己知道的书本知识传授给学生，教师在整个教学活动中居于主要地位；在案例教学中，教师所扮演的角色是指导者和推动者，学生在教学活动中一般居于主要地位，教师对整个教学活动加以指导，也可以说教师在教学活动中居于从属地位。

（6）学生在教学活动中的地位。在传统的教学活动中，学生的角色主要是听讲者和知识的接受者，学生在整个教学活动中基本处于被动的地位。在案例教学中，学生所扮演的则是一个积极的参与者的角色。学生必须认真阅读老师所提供的案例材料，认真进行分析和思考，得出自己的结论。在讨论的时候，积极发言，讲出自己的思考和判断，并与他人展开争辩。学生在整个教学活动中基本上一直处于主动的地位。

（7）学生的学习积极性。在传统教学中，学生由于处于被动地位，学习的积极性较低；而在案例教学中，由于学生在教学活动中处于主动地位，他们积极参与案例教学中各个环节的活动，积极性较高。

（8）学习结果。在传统教学中，学生获得的是教师经过筛选、过滤等加工程序后的“第二手”的知识；而在案例教学中，学生通过自己分析、思考、讨论、交流，获得的是“第一手”的知识。

（9）教学效果。在传统教学中，虽然能够传授比较系统的知识，但在能力培养方面效果明显不足；而在案例教学中，它虽然能有效地培养学生分析问题、解决问题的能力，但在传授系统知识方面效率较低，这不能不说是案例教学的一大缺陷，对于这一点，我们必须认识清楚。

案例教学与传统教学二者之间的区别可用表 9-1 来说明①。

表 9-1　案例教学与传统教学的区别

类别	传统教学	案例教学
教学目的	传授知识	培养能力
教学载体	教科书	案例
教学方式	讲授式	启发式

① 张家军，靳玉乐．论案例教学的本质与特点[J]．中国教育学刊，2004（1）．

续表

类别	传统教学	案例教学
沟通渠道	单向流动	多向流动
教师地位	主要地位	从属地位
学生地位	被动地位	主动地位
学习积极性	积极性较低	积极性较高
学习效果	“第二手”的知识	“第一手”的知识
教学效果	学习系统知识效率高，能力培养效果差	能力培养效果好，学习系统知识效率低

四、案例教学的实施过程

案例教学既有优势，同时又给教学过程带来了新的挑战，要使案例教学收到良好效果，就必须抓住案例选择、案例呈现、问题提出、课堂讨论、总结评价等几个关键环节①。

1. 选择案例

案例教学中的案例是含有问题或疑难情景的、真实发生的典型事件，往往是现实中常见而又复杂的问题。因此，选出真正具有典型性、代表性、能说明问题、能引出主要知识点并可进行拓展的案例是案例教学成功与否的关键所在。教师在选择案例时要注意以下几点：

（1）案例要具有相关性。

案例必须与教学内容相关，与教学目标一致，这才有利于吸引学生学习课程教学中的相关知识，并运用所学知识对案例展开深入研究。忽略相关性的案例教学会脱离课程本身，学生学习与探讨的积极性再高，学到的也不是课程要求学习的内容。

（2）案例要具有真实性。

教师所选案例要来源于生活、工作实际，或是对生活、工作实际的筛选和提炼，要让学生有真实感。脱离实际而胡编乱造的案例让人感觉虚假，难以激发学生学习、研究、讨论和探索的积极性，也就难以产生好的教学效果。

（3）案例要具有典型性。

教师要对知识的重点和应用的关键提出问题，兼顾对重点、难点的理解，分析问题的途径和方法，注重知识间的内在联系。案例的典型性要求紧密围绕所要传授的核心内容和基本理论选编真正具有代表性的案例，以达到通过案例教学使学生加深理解基本理论的目的。

（4）案例要具有启发性。

教学案例要能启发学生积极开动脑筋，运用所学的专业理论知识去发现、分析和解决问题。忽略启发性的案例教学使得研究和探讨的空间狭小，难以激发学生探索的热情，限制其学习能力和研究能力的培养。

2. 呈现案例

案例准备好以后，就要呈现给学生。案例可以通过教师讲述的方式陈述给学生，可以以

① 张建育．案例教学在教育心理学教学中的运用[J]．现代教育科学．普教研究，2010（5）．

书面方式发给学生，也可通过多媒体呈现给学生。案例的呈现应适时，视学习目标而定。为帮助学生学习和掌握理论应在讲解内容前呈现；为帮助学生对有关理论知识的运用应将案例放在学生学习过相关理论知识之后再呈现给学生。总之，教师应将案例教学放在课程结构的一个合适位置，这样才能让学生感到案例学习对掌握知识和培养能力确实有效。

3. 提出问题

对于所呈现的案例，学生并不一定能够把握住案例中所蕴含的知识，这时需要教师对学生进行课堂讨论前的指导，即提出需要解决的问题。一般而言，采用启发式提问方式，运用更多的开放性问题对所呈现的案例进行设疑，以便更好地实现课堂的学习目标。教师应创设引导学生主动参与教学的情境，促进学生主动地、富有个性地学习。

4. 课堂讨论

课堂讨论是案例教学的主要环节，是对学生理解案例、掌握理论知识水平的检验，是锻炼学生分析问题、解决问题，促进表达能力提高的有效手段。课堂讨论一般采取分组讨论形式，在分组讨论过程中让学生自己确定由谁作为小组代表在全班进行发言，同时可以与自由发言相结合以作为代表发言的补充，这样的讨论氛围会更热烈。课堂讨论的过程即是合作学习的过程，学生在案例讨论中吸纳或批判他人的观点，共同确定应如何组织回答，由谁来陈述。在讨论过程中，需要教师创设引导学生主动参与教学的情境，促进学生积极主动富有个性地学习。教师要善于驾驭课堂，根据发言情况及时引导，使学生始终围绕案例进行分析，使讨论向深度和广度发展。教师还要能容纳不同的观点，不要过早表露自己的观点，以更好地培养学生独立分析问题的能力。

5. 课堂总结与评价

案例讨论后，教师要及时给予总结。即对学生讨论的结果进行分析，分析理论在案例中的运用，分析案例中的重点与难点，分析课堂讨论如何才能向深度和广度发展。教师在总结中要明确指出学生值得肯定的地方，也要指出存在的问题。为提高教学效果，还可以将学生的参与程度及其质量纳入到其相应的成绩考核中去。这样，使学生在学习过程中，既有压力又有动力，也有利于调动学生参与案例教学的积极性。

五、网络环境下的案例教学

1. 基于网络环境开展案例教学的优势

与传统面授环境下的案例教学相比，基于网络的案例教学有以下几点优势①：

（1）学习的灵活性强。

传统案例教学普遍采用集中讨论的方式，由于受到课堂教学时间的限制，学生难以在较短的时间内同时进入角色，从多个角度对案例展开分析。而网络案例教学则不受时间和空间的限制，学生可以自由讨论，并且讨论的内容都会保留在网上，供学生反复观摩，对案例感兴趣的学生还可以继续深入讨论。

（2）互动性好。

在利用网络平台进行案例教学时，教师和学生、学生和学生之间可以在网络上进行实时

---

① 车娇，刘志敏．网络环境下的案例教学初探[J]．中国远程教育，2005（3）．

或非实时交流，交流会更充分。教师不仅可以回答每位学生的问题，而且能得到学生对案例课效果的及时反馈，不断改进教学，由此，学生的满意度将大大提高。

（3）对教学资源的共享性大。

基于网络的案例教学增大了传统案例教学的最佳学生规模。一般的案例教学，由于资源的限制，最佳规模只能在 30～40 个学生之间，超过 40 人教学效果则难以保证。但利用网络进行案例教学，学生与教师以及学生间的交流在一定程度上突破了时空限制，案例教学规模可扩大到约 100 名学生。

2. 设计网络案例教学的指导思想

基于建构主义学习理论的网络案例教学在设计时，应坚持以能力发展为主、知识传授为辅的原则，突出学生的认知主体地位，提高学生的主体参与程度，加强对学生进行引导和帮助，促进学生主动进行意义建构。其设计必须体现以下 3 个原则：

（1）情景性原则。案例源于丰富多彩的现实社会，因此创设的网络案例教学环境能让学生有身临其境的感觉。

（2）互助原则。网络案例教学是以虚拟社会活动为媒体、建立在与他人互动的基础上的，因此网络案例教学环境应该有鼓励互助的机制。

（3）基础结构原则。案例教学通过基本活动、责任性和相应的支持机制来推进，因此网络案例教学环境应该具有促导结构与责任机制。

3. 基于网络的案例教学流程

网络环境下的案例教学模式可以表述为“发布案例、创设情境、提出问题、自主探索或网上协作、案例小结、评价”6 个环节。基于网络的案例教学模式流程图如图 9-2 所示①。

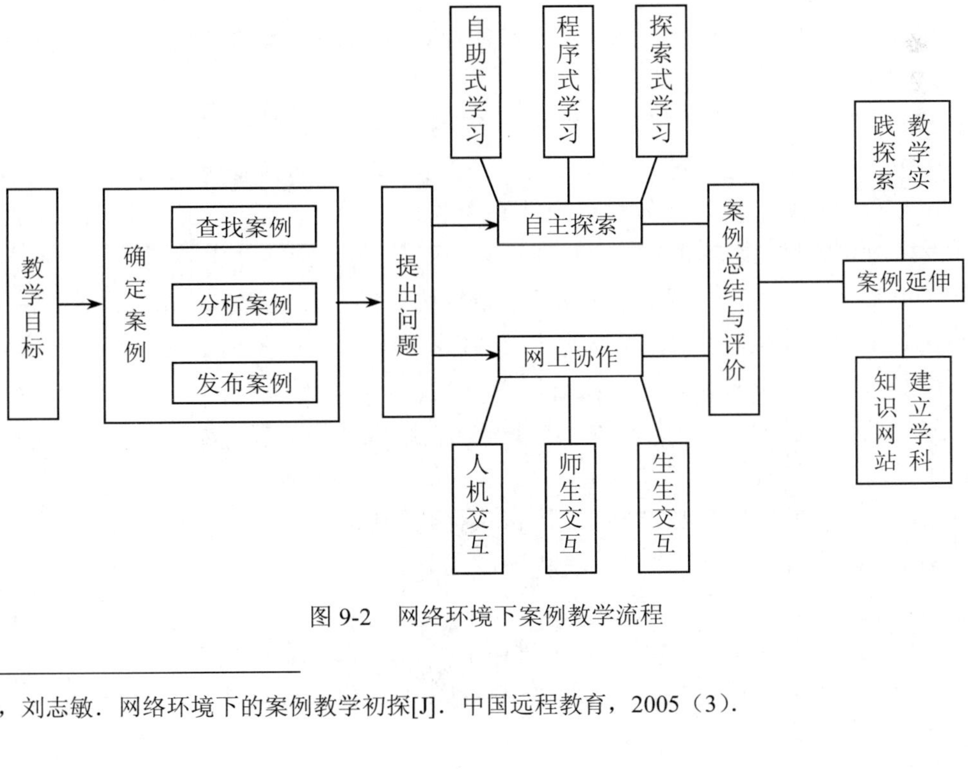

图 9-2　网络环境下案例教学流程

① 车娇，刘志敏．网络环境下的案例教学初探[J]．中国远程教育，2005（3）．

（1）确定案例

在案例教学中，确定案例是一个非常关键的阶段，这个阶段又分为查找案例、分析案例和发布案例三个阶段。首先，根据教学目标要求，以教师查找案例为主，教师和学生共同查找案例。然后，教师对收集的案例进行整理、分析，根据教学需要和学生的兴趣，选择适合课堂教学的案例，或者根据实际情况对案例进行进一步的改编。选择好的案例要具有典型性、启发性，对学生能起到举一反三、触类旁通的作用。最后，将选择好的案例发布在网络上。网络环境的案例教学，需要事先建立好案例教学网站。网站设有案例上传区、教学讨论区、答疑室、案例资源库等功能区，学生能根据教师的安排认真阅读案例，利用案例资源库中的资料参与讨论与案例分析。

（2）创设情境与提出问题。

案例发布之后，根据授课的进展程度，教师要引导学生对案例进行讨论。教师利用多媒体技术与网络技术收集各种与案例分析有关的资料素材，并在网上设立教师资料区、留言板、公共讨论区、小组专用讨论区、答疑室等不同形式的交互区，以此设计学习情境。教师既要考虑案例的生动、有趣、符合教学需要和教学目标，又要考虑案例媒体类型的合理组织和正常显示。学生在教师指导下，通过网络进行自主学习。学生应根据教师的安排认真阅读案例，进入教师资料库，查阅一些必要的参考资料，对相应的思考题进行分析，要把自己放到案例的情境中去，根据情境提出相关的问题。

（3）在线讨论与互动。

1）师生交流。学生通过阅读理解教师所提供的案例材料后对案例会有一个整体印象，经过独立思考之后会对案例有一个具体的认识，并且也会有一些疑问，学生可以利用教师在讨论区所提供的相关参考资料进行深入考虑。在这一过程中，学生可利用网络教师答疑室直接向教师提出疑问，或在公共讨论区上发言，获得教师和其他学生的帮助，开拓自己的思维视野，为下一步小组讨论做好充分准备。

2）小组交流。为培养学生的合作精神，可在学生中成立若干小组，在网上设立小组讨论区，对案例进行广泛深入的讨论。小组人数不宜太多，以 6 人为佳。小组讨论较之个人独立分析案例具有集体的优势；而较之教学班的讨论，由于有人数少且联系密切、灵活机动等特点，因此，在发挥组织的聚焦、有序和调节功能上有独到之处。讨论时要求每个小组成员都要说出自己所作的分析及对问题的看法。为使讨论充满活力、更好地激发小组成员的创造性思维，可以允许意见、见解有冲突、纷争，无须非达成共识不可。小组成员利用活动区展开讨论的情况由组长和组员共同修改整理后形成小组总报告。

3）总结交流。小组讨论完成之后，各小组上传给教师主报告，教师把各小组的报告挂在网上，让组与组之间进行交流，以提高学生分析问题、评判他人活动成果的能力。组间讨论之后，教师组织一次实时案例教学，对整个案例进行归纳总结，对一些有深度、有创新的思想进行肯定，对积极参加案例讨论的学生进行表扬。

（4）案例总结与评价。

当集体讨论结束后，教师和学生共同对各小组的汇报进行总结与评价。各小组把汇报材料上传，并由一名代表进行汇报。最后，教师要对整个案例进行总结，对一些表现突出的同学和小组进行表扬，对各小组的观点进行评价并给出建议。另外，对于每个学习者，教师还要根据参与者发帖的质量、数量和案例分析报告的情况给予评分。

六、开展案例教学应注意的问题

1. 案例教学不能完全替代系统的基础理论教学

案例教学对理论联系实际、提高实际运作能力确实有很大作用，但它毕竟是通过一个个具体的典型事件来实现的，离开基本理论和专业知识的指导与支持，案例教学活动就无法进行。因此案例教学绝不能完全替代系统的基本理论教学，而对于每一具体课程的内容，仍然需要通过教师的课堂理论讲授、做作业等教学活动使学生得到系统的学习和掌握。

2. 案例教学必须以学生为主体，教师只起引导作用

案例教学具有很大的实践性和客观性，实施案例教学是为了加速学生理论联系实际的进程，提高学生的实际运作能力。因此，只有在教师的引导下，学生独立自主地深入案例，充分体验角色，才能真正实现案例情境“再现”，达到案例教学的预期目标。

3. 案例教学的关键是精心策划

案例教学一般都要花费较多的时间，教师必须根据案例教学的要求进行精心策划，包括选择好的案例、把握住学生基本理论知识的具备程度、教学环节的安排组织等。如果案例教学策划不周，就会使案例教学达不到预期的效果。

4. 关于对案例教学的评价问题

案例教学评价就是对学生案例讨论结果的评价。一般来说，评价一个案例的讨论结果是需要遵循一定的答案标准来进行的。但是，由于案例本身往往具有多种可行的答案，因此答案标准也只能用作参考，决不能把讨论结果框得太死，否则就会使学生热衷于死记硬背书本上的知识，成为“死读书、读死书”的书呆子，不利于开发学生的智能。

第三节　基于问题的课堂教学模式

基于问题的学习（Problem-Based Learning，PBL）是一种与建构主义学习理论和教学原则相吻合的教学模式，而且与我国当前基础教育课程改革的趋势比较一致。目前正越来越多地被许多教育和培训领域所采用和重视，对革新教学改革思路具有重要的借鉴意义。

一、PBL 教学模式的提出与发展

PBL 教学模式最初是 20 世纪 60 年代在加拿大 McMaster 大学发展起来的“一种课程建构的方法”，目的是帮助医学院学生为将来正式行医做好实战准备。该大学医学院神经病学教授 Barrows 等人在教学中发现，课堂上给学生们灌输了太多的知识，学生在学习过程中处于被动的地位，既没有兴趣也没有乐趣，而所学知识与医学的实践关系也不大。该教授同时也发现，学生参加了临床实习以后，这种被动的学习状况立刻改变。在临床实习时，学生们直接接触病人，解决他们的问题，表现出极大的热情和主动性。医学院的教师们认为，应该让学生从开始进入医学院就处于这样的状态，让学生从一开始就接触到实际的医学问题，让学生们分小组工

作，教师只充当辅助学习的角色。这些教师没有任何有关心理学或认知科学的教育背景，只是希望通过改变教学方式来激发学生的学习动力，培养学生解决实际问题的能力。根据 McMaster 大学最初的实施方案，PBL 具有以下 6 个特点：

（1）学习是以学生为中心进行的。

（2）学习是以小组为单位进行组织的。

（3）教师的作用是促进者和引导者。

（4）真实问题的提出是 PBL 学习的起点。

（5）问题是学生获得知识、形成解决问题能力的方法和途径。

（6）学生的新知识是通过自主学习而获得的。

作为一种新型的教学模式，因其直指知识的应用和未来职业技能的培养，并充分体现了建构主义的思想，因此很快在医学教育领域得到广泛应用。20 世纪 90 年代以来，包括加拿大、美国、澳大利亚、巴西、埃及、英国、印度尼西亚、荷兰、尼日利亚、瑞典等国的大学先后开始将 PBL 应用于建筑、法律、经济、商业管理、地质学、心理学等其他多种学科的教学。另外，也有大量国家逐渐将这种教学模式引入到中小学教育中去，并发展成为备受重视的一种教学模式。当前，该教学模式已风靡全球，对各办学层次、各学科的教学与培训产生革命性影响。我国教育研究工作者从 20 世纪 90 年代开始大量介绍国外在该领域的研究，并尝试探索如何将 PBL 引入到我国的教学实践之中。实践证明，PBL 教学模式在提高学生的理解能力与终身学习技能以及批判性思维能力方面有着十分明显的优势。

二、PBL 教学模式的概念与内涵

基于问题的学习（PBL）又被译为“问题式学习”“问题本位的学习”“以问题为基础的学习”等。作为一种全新的教学模式和学习模式，基于问题的学习是指围绕真实世界中问题的解决而建立起来的学习行为，它特别强调学习过程要以问题为向导，即把学习设置到复杂的、有意义的问题情境中，通过让学习者以小组合作的形式解决真实性问题来学习隐含于问题背后的科学知识，培养学习者解决问题的能力和实践能力，发展自主学习和终身学习的能力①。由此可见，PBL 的特征是在解决具有现实世界情境的问题过程中，完成新知识和技能的学习。而且重要的是学习的内容是解决问题所需要的，因而这些新知识和技能也能够方便地迁移到真实的问题解决任务中。所以，PBL 进行的是有意义的学习。

作为一种问题取向的教学思路，PBL 与以往的教育理论具有密切的传承关系。这其中包括杜威的“做中学”以及后来的发现学习等，同时，它也与当前的建构主义学习理论有着密切的联系，它在很大程度上体现了建构主义的思想，比如将学习与更大的任务或问题挂钩；使学习者投入到问题中；设计真实性任务；鼓励学生自主探索；激发和支持学习者的高水平思维；鼓励争论；鼓励对学习内容和过程的反思等。与“做中学”及发现学习相比，PBL 有新的特点，比如，它强调以问题解决为中心、多种学习途径相整合，而不只是纯粹的探索和发现，同时它强调学习者之间的交流合作，强调外部支持与引导在探索学习中的作用等。

---

① 姜美玲．基于问题的学习：一种可资借鉴的教学模式[J]．全球教育展望，2003（3）．

PBL 模式包含 5 个关键要素，各个要素相互关联、缺一不可①。

（1）问题或项目。PBL 的问题是整个教学环节的焦点，教师对问题设计的好坏直接影响到 PBL 中学生学习的效果。

（2）解决问题所需要的技能和知识。在解决问题过程中，学生必须具备一定的学习技巧与能力，而教师在设计问题过程中也应根据学生所具备的认知结构设计适合学生水平的问题，或在解决问题过程中为学生适当提供学习所需的技巧与知识。

（3）学习小组。PBL 中的学习小组一般以 4～6 人为宜，小组各成员应能充分发挥个人的智力水平，共同协作提出解决问题的最佳方案。

（4）问题解决的程序。学生在进行 PBL 前应精心策划好解决问题的程序，并以分工合作的方式共同推动方案的向前发展。

（5）学生自主学习的精神。在 PBL 中，学生应充分发挥自主学习的精神，积极参与学习的整个过程，因此，教师在设计问题时就应考虑到如何调动学生学习积极性的各个因素。

三、PBL 教学模式的特征

基于问题的学习强调的是学习方式的改变，即改变那种偏重机械记忆、浅层理解和简单应用的学习方式，帮助学生主动探求知识，并重视学习的过程和解决实际问题的能力和方法的培养以及思维水平的提高。它的特点如下：

（1）以学生为主体。

PBL 中学习者要为自己的学习负责，自行开展解决问题的探索，在学习中逐渐减弱对教师的依赖。教师成了课程的设计者，学习活动的支持者、帮助者、评价者，为学习者创设相应的学习环境，提供相应教学资源与引导和帮助，对学习者的学习作出必要的评价。

（2）以问题为线索。

教师从学生的认知基础和生活经验出发，依照教学内容设计出问题，创设与学生的生活经验密切联系、富有挑战性的情境，引导学生参与，发现并提出问题，在解决问题的过程中使学生获得最基本的知识、技能和方法。

（3）以合作学习为主要组织形式。

基于问题学习的组织形式是自主学习与合作学习的结合，其中合作学习占重要地位。由于是基于问题的学习，学习者面临着复杂的综合性问题，因此需要学习伙伴的集体智慧和分工协作。合作既是学习的手段，也是学习的目的。通过合作学习，学习者既能取长补短，取得高质量的成果，又能学会互相交流合作，包括彼此尊重、理解、宽容的态度，表达、倾听与说服别人的方式方法，制订并执行合作研究方案的能力等。

四、PBL 教学模式与传统教学模式比较

在 PBL 教学模式中，教师并不以演讲者身份站在讲台上、出现在学生面前，学生以小组的形式合作进行学习，在共同学习过程中，学生在教师的指导下通过图书馆、计算机、网络等

① 姜美玲．基于问题的学习：一种可资借鉴的教学模式[J]．全球教育展望，2003（3）．

各种学习途径收集和处理可以解决问题的资料。PBL 中学生以一个主动参与者的身份进行学习，以自己的个性和特征学习，充分展现自己的学习兴趣，提高多方面的能力和素质，如解决问题的技能、思维能力、团队合作能力、组织利用时间的技能、获取和评价信息的能力、传播信息的技能等。总而言之，PBL 教学模式与传统教学模式相比较，在教学目标、教学内容与师生角色等方面都发生了深刻的变化，具体如表 9-2 所示①。

表 9-2 一般课堂教学与基于问题解决的研究性学习的比较

比较项目	传统课堂教学模式	基于问题的课堂教学模式
教学目标	强调学生对现成知识的记忆及理解，在短时间内进行基本知识及技能的获取	强调学生对习得知识及技能的应用；培养学生的自学能力，并在实际问题解决的过程中锻炼学生综合、分析、判断等高层次思维技能
教学内容	主要是教科书上的知识，来自别人间接经验的总结，问题的假设与结果都已经在学习内容中标明	学习如何收集、处理和提取信息；运用有关的知识来解决实际问题；学会在研究的过程中与人交流和合作；表述或展示研究成果等
教师角色	教师处于“主体”地位，通过教导、要求学生来控制学习的过程	教师处于辅助地位，是学生学习的引导者、帮助者、鼓励者，在学习过程中建议或提示学生发现问题，并完成学习进展的记录和评估
学生角色	学生通常作为知识的被动接受者，处于从属地位	从问题的提出到学习小组的组合、研究内容的实施和成果的展示，都由学生自己做主，突出学生的主体性和全员性
评价方式	以测验、考试等“量”的评价方法对学生进行阶段性或总结性评价，重视学习的结果	诊断性评价、形成性评价、总结性评价贯穿研究过程的始终，注重组内评价、组间评价、教师评价三者有机结合的多元评价方式，重视学习的过程
教学过程	通常是采用课堂讲授型的方式集中教学，向学生“灌输”知识	在教师引导下，学生围绕特定问题，采用研究性的学习方式解决问题，强调学生的主动探究和协作学习，其主要特征是通过高水平的思维来学习，基于问题解决来建构知识
教学媒体	主要为教师在讲授过程中向学生传播演示知识服务	主要作为学生获取、处理信息和解决学习问题的认知工具

五、PBL 教学模式的实施过程

PBL 教学模式就是要把知识的学习与真实问题情境联系起来，使学生在解决实际问题的教学实践活动中探索知识，创造性地解决问题。也就是说，建构知识的过程本身就是一个问题解决的过程、一个学会学习的过程。Barrows 和 Tamblyn（1980 年）把基于问题的学习过程总结为 6 个环节，具体包括：

（1）在学习开始前，先让学习者了解需要解决的问题。

（2）同时将接近现实生活的问题情境呈现给学习者。

（3）学生在理解问题及问题情境的基础上，对问题展开相应的分析和解决，允许学习者运用与现有知识水平相符的能力进行推理，并尝试解决问题。

① 周红春，等. 大学生基于问题解决的研究性学习模式的研究与实践[J]. 电化教育研究，2005（6）.

（4）在问题解决过程中，进一步明确解决问题所需的学习内容，可能不同的学习者需要补充的知识内容不同，因此这将作为个别学习的依据。

（5）在学习中所获得的新技能和知识被重新应用于问题，同时评价学习的有效性和加强学习。

（6）问题解决完成后，总结问题解决过程中发生的学习和探究，并将它们整合到学习者先前的知识技能中。

根据 Barrows 和 Tamblyn 所提出的模型，PBL 教学模式在实施过程中大致包括图 9-3 所示的 6 个环节[①]。

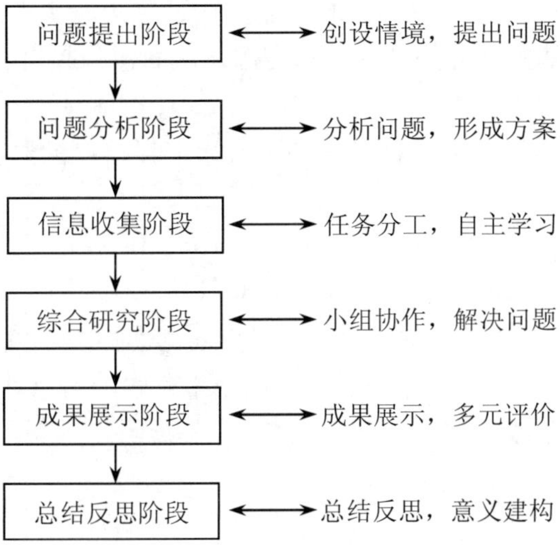

图 9-3　PBL 教学模式实施过程

1. 问题提出阶段

问题的提出是 PBL 的核心和起点。在 PBL 教学中，学生要面对许多实际存在的问题。在解决问题的过程中，他们会发现哪些是已经掌握的知识，哪些是需要做进一步研究的，而在这已有知识和新内容之间的空间正是 PBL 学习和高级思维，尤其是创造性思维的切入点。PBL 问题的作用就在于刺激这类高级思维能力的发展。因此教学中，教师通常以学生原有的知识结构为基础，提出问题以促进新旧知识结构之间的沟通与联系，激发学生主动构建新的知识体系。PBL 强调问题的真实性，这是由于真实的问题具有结构不良、没有固定的解决方法等特点，学生可以根据自己的认知水平，用不同的方法，从不同的角度入手，最大程度地激发内在的学习动力和创造性思维活动。

2. 问题分析阶段

首先，按兴趣或特长将学生分成多个学习小组，小组规模适中，一般 3～4 人为宜，小组及小组个体之间开展讨论，发现问题并提出所要解决的问题。学生则在原有知识的基础之上提出解决问题的一些初步想法，然后确定围绕解决问题所要进行学习的内容，形成一个解决问题的行动方案。

---

① 周红春，等．大学生基于问题解决的研究性学习模式的研究与实践[J]．电化教育研究，2005（6）．

3. 信息收集阶段

学生开始收集与解决问题相关的信息，教师提供给学生必要的帮助和指导，如获取资料信息的基本方法、如何筛选资料信息等。学生可以通过网络、教科书、图书目录、统计年鉴与专题报刊等查找他们想知道的信息，逐步建构起自己的关于该领域知识结构的原形，并形成自主思维的能力与习惯，体现自主学习的特点。

4. 综合研究阶段

经过信息收集的自主学习阶段之后，学生重新回到学习小组中，利用他们所学到的新知识重新对问题作出评估。学生通过设疑、质疑、交流、合作、研讨等来解决问题。在这个阶段学生要应用所学到的新知识来解决现实中的问题。通过解决现实中的问题将所学知识进行外化，新知识在原有知识的基础之上得到巩固与应用，从而建构起自己的知识体系。

5. 成果展示阶段

在成果展示阶段，各小组利用各种不同的形式来汇报自己的结论，如网页、小论文、图表、模型、影像展示等。

6. 总结反思阶段

学生一旦觉得问题得到解决之后，为了提炼和升华，需要讨论其他相关的问题，对解决问题的方法进行归纳与总结。学生开始有意识地反思问题的解决过程，并对自己或他人的表现作出评价，辅导教师适当作一些关键的点评，帮助学生作归纳与总结。学生对新学到知识的反思有助于发展学生的元认知技能。

六、PBL 教学模式的制约条件

在实际执行 PBL 过程中，问题的设计、教师的促进作用、小组的合作以及学习者的反思与信息技术手段应用等是制约 PBL 效果的主要条件①。

1. 问题的设计

在 PBL 教学模式中，“问题”设计的优劣是非常重要的，它直接关系到 PBL 课堂教学模式实施的效果。那么在 PBL 教学中应该采用什么样的问题？如何设计、形成这样的问题呢？从有关文献来看，问题的设计应体现以下特征：

（1）问题必须能引出与所学领域相关的概念原理。在设计问题时，首先要确定学生需要获得的基本概念和原理，由此出发设计要解决的问题。

（2）问题应该是结构不良的（ill-structured）、开放的（open -ended）、真实的，比如真实的病例、实际的经营管理问题等。问题应该具有足够的复杂性，包括许多相互联系部分，而每部分又是很重要的。问题应该是实际（real-world）问题，从而能够在学习者的经验世界中产生共鸣。

（3）这种问题需要能够激发学生的动机，鼓励他们去探索、学习。

（4）一个好的问题能够随着问题解决的进行自然地给学生提供反馈，让他们能够很好地对知识、推理和学习策略的有效性进行评价，并促进他们的预测和判断；从整个 PBL 的课程

① 张建伟．基于问题式学习[J]．教育研究与实验，2000（3）．

来看，各个概念应在几个问题中多次涉及，以便使学习者建构起更灵活的知识，且避免重要概念的可能遗漏。另外，问题的选择要具体考虑教学目标以及学习者的知识、技能水平和学习动机与学习态度等多方面的因素。

在呈现问题时有两个值得注意的问题：一是使学生卷入到问题当中，把问题看成是自己的而不是别人的；二是确保所呈现的条件（data）没有把问题的关键因素暴露出来。不要使用所给条件与所需条件完全对应的问题。当然，到底应该设计什么样的问题，研究者们在这个点上也有争议，比如是否一定要使用情境性的真实问题等。

2. 教师的促进作用

在 PBL 教学模式当中，学生是积极主动的学习者，而这并不意味着忽视教师的作用。教师能否运用促进性的教学技能，这对 PBL 的效果来说具有决定性意义。Wilkerson 的研究发现，教师的作用主要涉及以下两类：

（1）引导小组的工作具体包括提供反馈，就学生的推理过程进行提问和启发，鼓励他们对信息的批判性评价，帮助学生在问题讨论中协调、整合基本知识和实际技能等。

（2）支持小组的积极互动，具体包括鼓励学生对学习过程的控制调节，建立良好的小组成员关系。教师要引导学生逐步走过 PBL 教学的各个环节，监视小组活动，以确保所有的学生都参与到活动中，要鼓励学生外化他们的思维过程，并鼓励他们相互评价。教师要起到示范专家的思维过程的支架（Scaffolding）作用和教练（Coach）作用。教师通过提出能激发学生深层理解的问题来示范高水平的思维技能。另外，教师还要示范如何对自己的推理和理解进行自我评价的技能。

3. 小组的合作

小组合作解决问题是 PBL 的重要特征。小组成员通过讨论来分析问题、解决问题，同时又有所分工，分别就某个子问题进行更多的钻研，而后再汇总各方面的信息，运用到问题解决中。这种合作具有以下几点意义：首先，学生围绕问题进行讨论可以激活学生有关的先前知识，在原有知识背景与当前信息之间生成更多的联系；其次，讨论可以使学生的思维过程外显化，学生会经常感受到观点的冲突，从而可以更好地进行反思和评判。另外，通过小组合作，可以把解决问题所带来的认知负担（Cognitive Load）分散到各个小组成员的身上，学生分别负责某个学习要点，他可以变成某个主题上的“专家”。通过合作，他们可以解决单个学生无法解决的问题。由于问题本身具有较为丰富的内涵，这使所有的学生都有参与探索的机会，而且需要对问题生成深层的理解，而后再将各个方面的见解集合起来，这实际上是共同建构知识的过程。每个成员都在贡献思想，而不只是借用思想。

4. 学习者的反思

在 PBL 实施的过程中以及 PBL 实施的结尾，学生需要对自己以及他人的思维过程和结果进行反思。比如，在 PBL 的最后，学生要反思一下自己学到了什么，自己在小组活动中做了些什么，自己是怎样调节自己学习的，如果自我评价是否定的，那就要考虑以后如何改进等。反思具有以下 3 个方面的意义：

（1）将新知识与原有的理解联系起来，有意识地提炼出概括性的知识，防止出现知识变成惰性的、过于受情境的限制的情况。

（2）理解如何把具体策略应用到新的任务中。

（3）理解他们使用过的思维和学习策略。

通过反思，将相关概念、具体技能、策略与当前的问题类别联系起来，学习者可以对这一问题形成更协调一致的理解，这对知识的迁移来说是至关重要的。

七、信息化环境下的 PBL 教学模式

1. 信息技术对 PBL 教学的支持

网络的发展与应用已对传统教与学的方式产生了革命性的影响，网络的资源丰富性与不受时空局限、交互性以及超媒体等特性为 PBL 的发展提供了新的思维方向。网络环境下开展的 PBL 所具有的优势主要有：

（1）网络能够为学习者提供逼真的问题情境和丰富的指导材料。

（2）网络为学习者的交流互动提供方便有效的同步和异步平台。

（3）网络拓宽了学习社群，网络伙伴可跨越地域的限制，学习者可在共同学习过程中接触和了解与自己的民族和文化完全不同的人群，极大地促进多元化学习。

（4）网络环境中学习资源获取途径多样化，资源内容生动丰富。

（5）网络能汇聚群体教师共同参与 PBL，有利于教学的交互。

2. 网络环境下 PBL 的设计

网络环境下的 PBL，从其共时态的角度来看，其要素主要有问题、学生、教师以及学习资源和学习工具等，属于学习环境的范畴；从其历时态的角度看，网络环境下的 PBL 就是问题的提出、问题的分析、问题的解决以及问题方案的评价；同时也是制订学习计划、列出学习要点、获取新知识的过程，属于学习活动的范畴。综合运用建构主义的教学设计理论，网络环境下 PBL 的教学设计应该从学习环境、学习活动和学习评价的设计入手①。

（1）网络环境下基于问题学习环境（PBLE）的要素及其设计。

通过对学习环境及其要素的分析，学习环境的设计应该关注的内容有：目标的设计、情境的设计、资源的设计、工具的设计、策略的设计等。结合网络环境下 PBL 的要素、特点的分析，提出了网络环境下 PBLE 的设计模型，如图 9-4 所示。

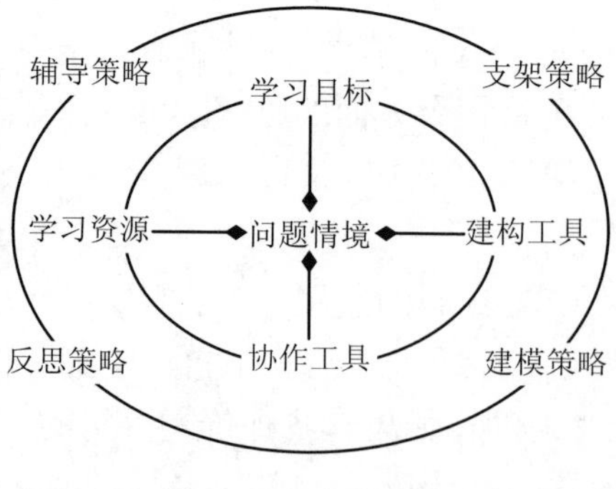

图 9-4　网络环境下 PBLE 的设计模型

① 高瑞利，孔维宏．网络环境下基于问题的学习[J]．中国电化教育，2004（8）．

该模型中各个要素的设计方法如下：

1）问题情境的设计。

PBL 中的问题一般都是结构不良的、开放的问题，是在一个社会情境中展开的，问题和问题情境的设计是 PBL 教学设计的核心。在传统 PBL 中问题情境通常用文字来描述，比较单一和抽象；在网络环境中，我们可以利用信息技术，设计一个尽可能与真实世界相似的问题情境，问题表征方式可以是文字、视频或动画，问题的呈现可以通过案例小品、角色扮演、计算机模拟、播放录像等多种形式，尽可能给学生营造一个“可信”的学习环境。

基于问题的学习是问题驱动的，基于问题的网络教材不提倡课本的电子化，注重基于课本的内容的问题设计和呈现。问题的设计一定要恰当，重视学生智力的开发，设计者应该意识到原初的问题情境，确认其中哪些客体是要被利用的以及怎样描述情境以发现解决方案。如果该问题情境包括若干子问题，就必须对问题进行分析以发现相关的问题范畴。

2）学习目标的设计。

在 PBL 中学习目标可以分解为两方面：知识目标和技能目标。

知识目标方面，在基于问题的学习中，知识不是直接由教师讲授给学生的，学生是在架构问题框架、探求解决方案并做出有效决策中获取和运用知识并达成对新知识的建构。因此知识目标的设计非常重要也有一定的难度，教师要对整门课程及各教学单元的教学目标进行分析，运用行为目标分析方法如归类分析法、层级分析法、解释结构模型法等，得出总目标与子目标的形成关系图，确定要学单元知识的“主题”，编写成问题情境。在设计的时候要依据教材考虑如何将知识的学习与问题情境、学习任务密切联系，注意协调好知识的广度与深度、多样性与专一性、运用与理解等关系。

技能目标方面，在 PBL 中主要培养的技能目标是解决问题能力、思维能力、合作能力、社会交往能力、获取和评价信息的能力、传播信息的能力、计算机应用能力等，这些目标的设计不适合行为目标的设计方法，而要用到艾斯纳提出的表现性目标和问题解决目标的分析方法。设计重点在于描述学生的问题情境和相应的活动；目标陈述不是针对特定行为，允许问题解决途径的多样性和层次性；目标陈述重点在于认知灵活性、理智的探索和较高层次的心理过程。

3）学习资源的设计。

为了解决问题，学生需要掌握一些新的知识和额外的信息，为此我们要通过网络建立多样化的、问题解决所必需的知识资源库和相关案例给学生，他们按照各自的问题列表去检索和定位要解决相关问题的信息，让学生能在一个宽广的学习资源中学习解决问题所需的基础知识并收集相关案例，找到问题解决的策略。资源提供的要求是，形式要多样化；有利于问题解决和成果开发；多学科的而非单一学科的。

4）问题解决工具的设计。

对于一些问题，例如数学问题、策略制订问题或设计问题，还可以开发一些软件或信息化学科工具，通过不同变量的输入，产生不同的结果等措施，模拟不同问题解决方案或不同策略对问题的解决产生的影响和作用。学生则可以在反复的模拟试验中获取知识和经验，从而找出问题解决的最佳方案。

5）协作交流空间的设计。

在问题解决过程中，小组成员及其小组之间、学生和教师之间都要就问题的解决进行探讨和交流。因此要设计一个协作交流的空间，在这个空间里有以下几方面的交流工具：

- 交流工具：这是网络环境下学生与学生、学生与教师、教师与教师之间合作交流的必备工具，可以划分为小组内讨论区、小组间讨论区和教师讨论区。通过同步和异步的交流工具，小组成员对于问题的解决建议和方法能够及时交流，能够共享分布的资源和认知。
- 上传工具：用于上传学生的观测数据、研究报告表单、小组间的互相评价、制订的解决方案等，多以 E-mail 和 FTP 的形式传送。
- 专家咨询：针对每个学习活动和学习任务，聘请该领域的专家担任咨询顾问，学生可以向专家询问相关问题，同时也可以定期整理问题与解答放置于网页里供使用者浏览和学习。

6）指导策略的设计。

在 PBL 中教师是引导者，教师的职责以指导学生获取解决问题的策略为主，担当学科专家与资源引导者和任务咨询者等多重角色。PBL 中的指导策略应该关注以下策略的设计：

- 辅导策略：辅导介入了整个活动过程，从问题的诊断、小组的建立、任务分配、给学生提供反馈、挑战和奖励以及做事的程序等。我们要通过网络去监测学生的行为以便在他们遇到困难的时候帮助他们，但也不能过于详尽，应该随着学生知识的掌握而消退。
- 支架策略：支架是在学生解决问题的时候提供一种支持性的作用，引导学生在未知的知识空间逐步攀升，寻求问题解决所需的知识和技能。在 PBL 中，教师应该事先把一些复杂的问题细化，把复杂的学习任务加以分解，以便于把学生的理解逐步引向深入。
- 建模策略：建模可以增加学生的理解力，有两种不同类型的建模：显性的行为建模和隐性的认知过程建模。在问题解决的过程中，通过对同类问题多个实例的研究，总结出解决某一类问题的固定程序和步骤，形成一个问题解决模型。模型的功能在于详尽囊括了各项离散的学习行为，通过建模，学习者观察到了正式教育中无法看到的过程，开始将发生的事情同其原因联系在一起。
- 反思策略：反思是学生反省学习过程的一种策略，包括对任务业绩的回顾和与他人关于相似任务业绩的比较，该策略可以使学生能有机会看到他们自己的学习过程，并将他们自己做事的方式与其他人相比较，从而可以发展他们的行为方式。在 PBL 中教师应该组织学生不断反思，深化认知和问题理解，寻找问题解决的最佳方案。

（2）网络环境下基于问题学习活动（PBLA）的设计。

我们把 PBLA 分解为共时态的教师活动和学生活动，正是这两种不同主体的不同活动推动着整个 PBL 的教学进程。

1）学生活动的设计。

学生的学习活动贯穿着两条线索：问题解决和获取新知，如图 9-5 所示。

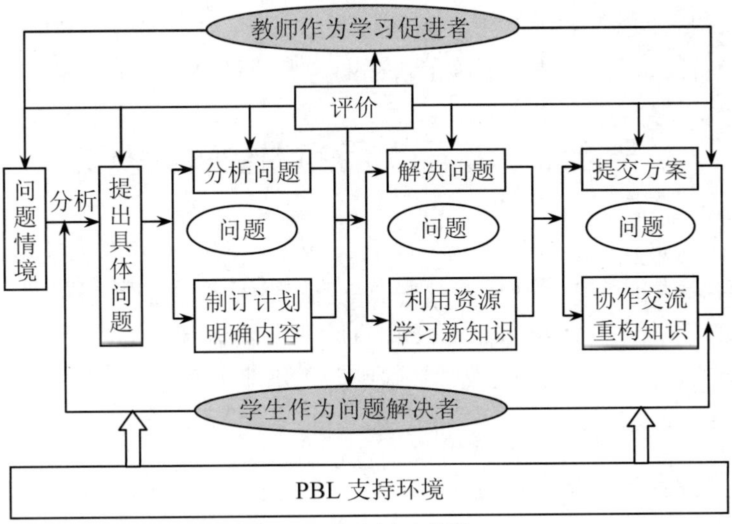

图 9-5　学生活动设计

①感知问题情境，提出具体问题：学生面对教师给出的问题情境，认真研究文本、视频与动画等各种相关资料，明确自己面临的问题，自己或在教师帮助下提出一些具体的问题。

②分析问题，制订学习计划：学生通过分析要解决的主要问题提出一个问题列表，产生想法，形成对问题解决方案的假设。同时他们在组内进行任务分工，制订详细的学习计划，明确要学习的内容。

③确定学习主题，搜集信息：学生为了解决问题，必须学习新的知识，在网络环境下，学生自主搜集各种网上资源，或者利用教师提供的资源，通过分析和鉴别，整理出对问题解决有用的信息。

④协作交流，产生方案：学生通过协作学习平台共享资源和见解，为问题的解决寻找出最佳的方案。

⑤评价反思，自我提高：学生综合运用所学的知识解决问题，并对问题解决方案和各种作品进行展示、自评和互评，对学习活动中的表现进行反思和评价，通过这些活动锻炼和提高学习目标中提出的各种能力。

2）教师活动的设计。

在网络环境下，教师的活动由以下几个步骤组成：

①展示问题情境：教师将事先已经设计好的问题情境在 PBL 支持环境中给学生展示，并引导学生关注问题情境所包含的核心要素。

②提供支架策略：教师针对学生的反应，将事先设计好的支架策略提供给学生，集中学生的注意力。

③引导学生学习：在学生分析问题、探究问题的过程中，教师根据学生的需求，如有必要可以给学生提供建模策略、辅导策略等，引导学生充分利用网站或网上资源和各种工具进行问题的分析和探究。

④提供反馈和帮助：在学生协作学习、解决问题的过程中教师要给学生各种帮助并协调好各个小组之间的关系，给学生的问题提供及时反馈，通过网络及时监控和维持学生的学习活动。

⑤组织学生评价反思：对于学生的问题解决方案和各种作品，教师组织学生进行评价、反思，并在学生自评、互评的基础上给出自己的意见或做总结性的评价，给学生以鼓励。

第四节　基于项目的课堂教学模式

教育的目标不仅仅在于传授给学习者知识与技能，同时还要发展和培养学习者解决实际问题的能力，使学习者能够成为独立、自主、高效的学习者。基于这样的认识，许多强调培养学习者实践能力的教学模式应运而生，基于项目的课堂教学模式是其中颇为流行的一种教学模式。近年来，基于项目的教学模式在教学实践中表现出来的显著效果使之受到教育学界和心理学界越来越多的关注。

一、基于项目课堂教学模式的内涵

基于项目的学习是由美国教育学家克伯屈于1981年在其所撰写的文章 *The Project Method* 中首次提出。他表示："我采用'项目'这个术语，就是专为表明有目的的行动，并且特别要注重'目的'这个名词。"

基于项目的教学模式，是指学习者在学习过程中围绕某个具体的学习项目，充分选择并利用最优化的学习资源，在实践体验、消化吸收和探索创新中获得比较完整和具体的知识，形成专门技能的教学过程。这种教学模式更加强调从真实世界中的基本问题出发，运用学科的基本概念或原理，通过组建学习小组并让学习者扮演特定的角色，巧妙利用多种资源开展探究活动，在一定时间内解决一系列相互关联着的问题，并将最终研究结果以作品形式呈现出来。我们可以从以下几个方面来理解其内涵：首先，这种教学模式的突出特点在于学习过程中实践和研究活动相融合，旨在让学生在更加积极地、有目的地、自主地完成项目的过程中达到知识的构建；其次，这种教学模式以行动为导向，学生在教师的指导下，围绕着"项目"这个核心，以团队的形式共同创作、分工合作，最终完成任务；再次，这种教学模式传授给学生理论知识和技能的同时，更注重培养他们的综合能力；最后，这种教学模式以培养实用型专业技能人才为目的，充分调动学生学习的主动性、积极性、参与性，建立和谐的师生关系，以项目和工作任务为核心，实现在做中学，边做边学，学以致用。

在这种教学模式当中，"项目是教学的目标，是激发学生学习内动力的要素，项目将贯穿在教学的全过程中。在教学的前期，项目表现为具体的目标帮助学生明确知识体系，清楚自己将要学到什么，所学的知识有什么用途，能形成怎样的学习成果，因此项目能激发学生的学习欲望；在教学的过程中，项目表现为必须完成的任务，完成项目成为终极目标，学生的态度由遵从命令转变为自我导向学习、由倾听和反应转变为交流和承担责任，即由"要我学"变为"我要学"；在教学的后期，项目表现为具体的学习成果，通过评价能实现对知识的再回顾，以完成作品为标志的项目能使学生获得学习成功的体验，并激发为完善项目对知识的进一步追求。

二、基于项目课堂教学模式的特征

基于项目的课堂教学作为一种新型的教学模式，具有以下特征：

（1）有一个特定的项目主题，学生围绕该主题展开实践探究。在活动中建构起新的知识体系，掌握一定的技能。

（2）项目主题来源于现实生活，体现了多学科交叉的思想。在活动过程中需要运用多门学科的知识，单纯地依靠某一门学科知识则无法完成活动任务。

（3）强调活动的实践性。基于项目的课堂教学模式不注重对学生进行纯学术性的书本知识的传授，而是让学生自己动手实践，学生在实践中体验、学习，在实践中提高获取信息与加工信息和处理信息的能力。

（4）活动过程中强调协作，相关学科教师、学生、有关部门机构组成学习共同体，为完成任务而共同努力，成员之间是一种密切合作的关系。

（5）在具体的学习活动过程中，学生使用各种认知工具、信息技术手段和信息资源来陈述他们的观点，支持他们的学习。

（6）强调在活动过程和活动结束之际产生一个或一系列作品，这是基于项目的学习与基于问题的学习的最大区别。

（7）运用信息技术工具（例如多媒体资源、电子通信等工具），以获取信息、处理信息和分享信息。

三、基于项目课堂教学模式的实施过程

基于项目的课堂教学既是一种新型教学模式，也是一种革新传统教学的新理念。这种模式强调的是以学生为中心，强调小组合作学习，要求学生对现实生活中的真实性问题进行探究。通常其流程或者实施步骤分为选择项目、制订计划、活动探究、作品制作、成果交流和活动评价 6 个基本步骤，如图 9-6 所示①。

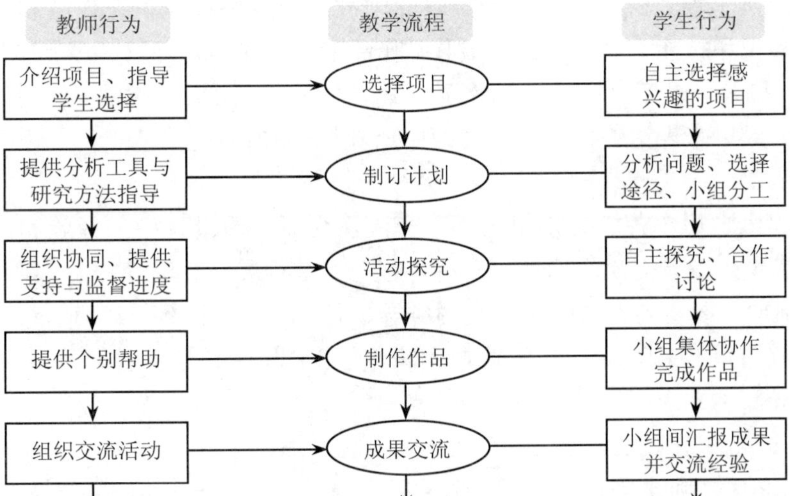

图 9-6　项目教学的实施过程

① 刘景福，钟志贤．基于项目的学习（PBL）模式研究[J]．外国教育研究，2002（11）．

1. 选择项目

在基于项目的学习中，项目的选择很重要，应该由学生根据自己的兴趣来选择，教师在此过程中只能作为指导者的角色，也就是说教师不能把某个项目强加给学生，教师所起的作用是对学生选定的主题进行评价。首先，所选择的项目是否和学生日常的生活相关。其次，应该考虑学生是否有能力开展该项目的学习，并且项目应能融合多门学科，如自然、数学和语文等。再次，项目应该丰富，值得学生进行至少长达一周时间的探究。最后，学校有能力对该项目学习进行检测。总之，在基于项目的学习中，教师应该充分考虑学生所选择的项目是否具有研究价值，以及学生是否有能力对该项目进行研究。根据评价的情况，如果有必要的话，可对学生选择的项目进行适当的调整，或建议学生对项目进行重新选择。

2. 制订计划

计划的内容有学习时间的详细安排和活动计划。时间安排是学生对项目学习所需的时间作一个总体规划，做出一个详细的时间流程安排。活动设计是指对基于项目的学习中所涉及的活动预先进行计划，如采访哪些专家、人员的具体分工、从什么地方获取资料等。

3. 活动探究

这一阶段是基于项目的学习的主体，学生大部分知识内容的获得和技能、技巧的掌握都是在此过程中完成。它是学习小组直接深入实地进行调查研究。它通常是到野外旅行，对必要的地点、对象或事件进行调查研究。在调查研究的过程中，学生对活动内容以及自身对活动的看法或感想进行必要的记录，提出解决问题的假设，然后借助一定的研究方法和信息技术工具来收集信息；其次对收集到的信息进行处理和加工，对开始提出的假设进行验证或推翻开始的假设；最终得出问题解决的方案或结果。

4. 作品制作

作品制作是基于项目的学习区别于一般活动教学的重要特征。在作品制作过程中，学生运用所获得的知识和技能来完成作品的制作。作品的形式不定，可以是多种多样的，如研究报告、实物模型、图片、录音片段、录像片段、电子幻灯片、网页和戏剧表演等。学习小组通过展示他们的研究成果来表达他们在项目学习中所获得的知识和技能。

5. 成果交流

作品制作出来之后，各学习小组要相互交流，交流学习过程中的经验和体会，分享作品制作的成功和喜悦。成果交流的形式可多种多样，如举行展览会、报告会、辩论会、小型比赛等。在成果交流中，参与的人员除了本校的领导、老师和学生以外，还可有校外来宾，如家长或其他学校的教师和学生以及上级教育主管部门的领导和专家等。

6. 活动评价

基于项目的学习与传统教学模式的一个重要区别还在于学习评价。这种教学模式的评价要求由专家、学者、老师、同伴以及学习者自己共同来完成。它不但要求对结果的评价，同时也强调对学习过程的评价，真正做到定量评价和定性评价、形成性评价和终结性评价、对个人的评价和对小组的评价、自我评价和他人评价之间的良好结合。

评价的内容有课题的选择、学生在小组学习中的表现、计划、时间安排、结果表达和成果展示等方面。对结果的评价强调学生对知识和技能的掌握程度，对过程的评价强调对实验记录、各种原始数据、活动记录表、调查表、访谈表、学习体会等的评价。

四、基于项目课堂教学模式的设计

美国项目管理专家约翰·宾认为："项目是要在一定时间里，在预算规定范围内需要达到预定质量水平的一项一次性任务。"在教学中我们要对每个项目反复推敲，从培养学生的什么技能、提升哪些能力、掌屋哪些知识、学生具体完成的时间和过程等方面来科学合理地制订项目教学的具体设计方案。项目教学设计可包含以下几个方面：

（1）项目任务分析。分析教学项目的重要知识点、技能要求以及在课程中的地位。

（2）完成任务的条件分析。主要对教学对象的知识和能力、教学场地和教学设备能否保障项目顺利完成进行分析。

（3）教学前准备。教师提供学习资料或提示获取资料的途径，以补充课本上知识的不足和拓展学生的思路同时准备好项目指导书使学生在完成项目的过程中有清晰的指引。

（4）教学目标分析。通过教学项目应使学生达到怎样的能力目标、迁移目标和情感目标。

（5）教学组织过程。确定每一个教学步骤的具体做法和时间，分析学生在学习过程中可能会出现的问题并，制订调控和解决办法。

五、教学应用中需要注意的几个问题

相对于传统教学模式来说，基于项目的课堂教学模式在教学活动过程、教学要素要求与教学目标等方面都发生了变化，这要求我们在具体的教学应用过程当中要紧密结合这种教学模式的特点与要求，具体来说在应用中要注意以下几个问题：

（1）合理选择项目主题。

在项目学习中，教师设计的项目是学生进行项目学习的关键。设计项目一般应遵循以下几个原则：

1）目的性原则。

设计的项目和任务应紧紧围绕着教学目标，既含有学生已有的知识和技能，又涵盖将要学习的新知识和技能，更重要的是培养学生的自主学习能力和协作能力。设计项目时要求在讨论中能突破课程中的某些重点和难点，使学生对课程的一些问题有较深的理解从而使学生分析问题和解决问题的能力有较大的提高。

2）可行性原则。

设计项目时要依据学生的实际情况，把握难度，保证学生在有限的时间内经过自主和协作学习能够完成任务。教师进行项目设计时，要充分考虑学生现有的文化知识、认知能力以及年龄、兴趣与学习风格等特点。

3）实践性原则。

项目的内容可以以学科为依托，也可以跨学科设计。但是，更多的是从实际生活、社会实践中选择问题或项目作为学习和研究的内容，不能随意主观臆造脱离实际的项目。选择实践性强的项目有助于学生更好地实现由理论学习到实践的飞跃。

4）启发性原则。

兴趣是最好的老师，设计的项目如果能引起学生的兴趣，将会激起学生的求知欲望。同时设计的项目应有一定的启发性，蕴涵一定的问题，能启发人们思考。在项目设计中提供一些没有固定答案的问题，可以活跃学生思路。实践证明，学生在完成一个与他们的实际生活或学习密切相关而且比较有趣的项目时，他们会非常专心致志、乐此不疲。

5）典型性原则。

设计的项目和任务要给学生留白，即给学生充分发挥创造力和想象的空间。同时设计的项目要能反映同类事物的一般特性，使学生能举一反三、触类旁通。

（2）适度确定项目研究目标。

我国教育领域十分重视课程内容与课程教学形式的变化，以培养和激发学生的研究与创新能力为目标的课堂教学形式并不少见。但这些课堂形式的普及性明显不够，部分教师更是相当谨慎地表示，这些方式的课堂是生动的，效果是明显的，学生也是欢迎的，但教学时间根本不允许我们这样做。

（3）教师角色要发生改变。

项目式教学以“项目”为导向，围绕“项目”开展系列教学活动，通过教师精心设计与合理引导以及学生的动手实践、自主探索和合作交流来完成教学。其中教师的“适时”“适度”“适法”的引导十分关键。教师要改变过去那种“片面”的知识传授方式，在教学过程中充当顾问和协调者，引导学生自主学习和操作，帮助学生按确定的计划完成任务，从而使学生在教学过程中体会职业行为，全面提高项目操作能力。

（4）提供多元化的教学支持与服务。

一般情况下，教学的支持与服务包括一切有利于影响和促进学生学习的内外部条件。在人们习惯的教育形式中，对学生学习的支持与服务主要来自于教师或教材，学生学习活动的资源主要是教师根据教材提供的。在基于项目的课堂教学活动中，项目的主题除了来源于教师与教材外，还包括来自真实生活的、与课程标准相关联的内容。这些内容本身是不确定的，解决方法亦是不确定的，学生在寻求问题解决策略的过程中，需要通过多种渠道来获取所需资源，因而为学生提供多元和畅通的教学支持与服务渠道显得特别重要。

六、信息化环境下的基于项目教学模式

1. 网络环境对项目学习的支持

项目学习强调学习者要在一种真实的项目或任务情境中进行自主探究活动。但是，在传统的课堂教学中，由于受学习条件和学习时间的限制，要让学生在真实的情境下进行项目学习有一定的困难。信息技术的发展，特别是多媒体网络技术的发展以其特有的优势为开展项目学习提供了多方面的便利条件，因此，项目学习常常是以网络为活动平台而展开的探究活动。多媒体网络环境对项目学习所提供的支持主要体现在以下几个方面①：

① 冯秀琪，朱玉莲．基于网络的项目学习的探讨[J]．外语电化教学，2003（10）．

（1）资源性支持。

这里的资源包括支持项目学习的人力资源和非人力资源。前者是指学习者通过网络与之实现有效交互的所有人员的总和，如教师、学习者和学科专家；后者是指由网络提供的为了验证假设和解释结论所需的有关信息和工具等。

（2）技术性支持。

技术性支持包含对信息交互及情境创设两方面的支持。首先，网络的实时和非实时交互技术使异地学习者之间的交流变得方便快捷；其次，虚拟现实技术可以为学习者提供比较真实的情境体验，为学习者创造一个理想的学习环境。

（3）管理性支持。

计算机网络技术可以实现对学习过程诸要素的管理，包括对网络资源、学生档案、学科专家档案的管理以及对学习过程的控制和评价。

可见，计算机网络技术为开展项目学习提供了课堂教学所不具备的全面、丰富的学习资源和先进的技术支持，提供了良好的学习环境。基于网络环境开展项目学习，就是在网络平台上实现探究性的项目学习方式。充分发挥网络技术的优势，探索网络环境下的项目学习，对提高课堂教学质量、实施素质教育有非常重要的意义。

2. 基于网络的项目学习应注意的几个问题

要进行基于网络的项目学习，需要注意不同于传统课堂学习的特殊问题，如要有专门的项目学习计划、学习者分组交流、技术支持等。为了使项目学习取得预期的效果，国外学者认为要注意处理好以下几个问题：

（1）课程内容。

项目学习只有针对一定的课程内容，才能将教师和学生融合到一起进行教学。如英语写作教学中，教师让学生根据要求为企业写一篇介绍产品的文章等，说明这不是普通的学习作业，而是有明确的“用户”要求和比较严格的“产品”（学习成果）标准的项目学习任务。

（2）多媒体技术。

多媒体技术为学习者提供运用多种技术进行项目计划、实施和成果展示的机会。在基于网络的项目学习中，尽管技术的支持很容易成为既定项目学习的主要关注点，但是项目学习中多媒体技术的真正作用还在于它与项目任务的整合，以及在学习过程中作为工具的使用。

（3）教师的指导。

从项目主题的选择、设计到项目成果形成和展示的整个过程都离不开教师的指导。如教师要创设语言学习的环境、提供学习资源并进行教学评价。教师给予学习者的指导要能最大限度地发挥学习者的自主和创新精神。

（4）学习者之间的协作。

基于网络的项目学习要注意有效地促进学习者之间以及学习者和教师之间的协作，理想的情况是它还能够促使学习者和其他社会成员之间的协作，通过 Internet，学习者还可以与其他国家的学习者交流。

（5）与实际生活的联系。

项目学习要与实际生活保持紧密的联系。首先，学生探究的每一个项目主题要与他们的实际生活及其环境相关；其次，学习者要在实践中运用探究方法，并在与专业人士进行交流的基础上完成项目学习，例如在英语写作中，要选择与学习者的生活或专业相关的项目主题。

（6）充分的时间。

项目学习要为学习者提供探究活动的时间保证，以便他们做项目计划、探究问题或制作产品，并对计划和探究过程进行修改与反思。一般项目主题的范围较大，因此学习者需要充足的时间、足够的背景知识和相关的信息资料来支持他们进行有意义的探究活动。

（7）创新的评价方法。

正如学习是一个不间断的、连续的过程，学习评价也应该是一个连续的过程。基于网络的项目学习要求运用多主体评价，包括教师评价、同伴评价、自我评价和社会反映。评价的过程应该是开放性的，给予学习者参与评价的机会，评价的结果能为学习者所理解。

第五节　翻转课堂教学模式

纵观教学改革与发展的近百年历程我们可以看出，教学模式和教学方法的探索与革新始终是各级各类教育所关注的核心问题，如何将学生的兴趣与教学的内容相结合，如何将教学的重点由“教”向“学”转化，以探索以学生为中心的教学模式，已成为教学实践中必须面对和解决的问题。进入新世纪以来，新一代信息技术、建构主义和宏观社会教育系统理论、国际开放教育资源运动三股力量为信息化环境中的教育教学改革提供了技术环境、变革理念和开放资源。起源于美国科罗拉多州落基山“林地公园”高中的“翻转课堂”教学模式就是在这样的背景和环境下产生并迅速得到发展的。

一、翻转课堂教学模式的提出与发展

翻转课堂（Flipping Classroom，也译作颠倒课堂或颠倒教室）是一种新出现的课堂教学组织形式，近年来成为全球教育界关注的热点，2011 年还被加拿大《环球邮报》评为“影响课堂教学的重大技术变革”。从文献分析情况来看，翻转课堂的理念最早出现在 19 世纪早期。当时西点军校的 General Sylvanus Thayer 提出了一种全新的教学方法。在该方法中，他首先在课前向学生发放资料，并要求学生对教学内容进行提前学习。而在课堂内，他要求学生利用课堂时间来进行批判性思考和开展小组间协作解决问题。这种教学形式已经具备翻转课堂的基本理念，因此被认为是翻转课堂思想的起源。

1991 年，哈佛大学物理学教授埃里克·马祖尔认为计算机在未来的教学中会起到巨大的作用，可以取代教师的部分工作。他由此还创立了一种他认为能使教学更有活力的教学方法，即 PI（Peer Instruction）教学法。他认为这种教学方法的应用要有两个步骤：首先是知识的传递，然后才是知识的内化。他的这一观点成为了解释翻转课堂教学模式的重要理论基础，即翻转课堂的核心思想是将知识传递与知识内化的颠倒。

美国的 Maureen Lage、Glenn Platt 和 Michael Treglia 三位学者 2000 年在迈阿密大学讲授“经济学入门”课程时采用了一种新的教学形式。他们首先利用万维网和多媒体让学生在家或者在实验室观看讲解视频，然后在课堂上以小组形式完成家庭作业。从课堂结构上看，这种教

学模式已经具备了翻转课堂的基本形式，但是，他们没有提出 Flipped Classroom 或 Inverted Classroom 的相关名词或概念。

2007 年，美国科罗拉多州“林地公园”高中的化学老师乔纳森・伯尔曼和亚伦・萨姆斯开始使用录屏软件录制演示文稿的播放和授课录音，并将视频上传到互联网，以此帮助缺席的学生补课。后来这两位老师让学生在家看教学视频，在课堂上完成作业，并对学习中遇到困难的学生进行解答。意想不到的是，没有旷课的学生也会通过这些在线资源去重温课程。后来，两位教师就尝试颠倒传统的教学模式，课前让学生在家观看教师提前录制的视频，课堂时间用来完成作业，这就是我们现在所说的“翻转课堂”模式。两位教师实施这一模式后，教学效果超出了人们的预想，从而翻转课堂在美国的各个学校得到大力推广。现在很多人称“林地公园”高中为翻转课堂的起源地。

在 2007 年以后，“翻转课堂”这种全新的教学模式已在美国科罗拉多州的部分地区逐渐流行，但是尚未能在更大范围内推广。其原因是，很多教师虽然认可翻转课堂，愿意参与这种形式的教学试验，而要真正实施这种教学模式，还需要克服一个重要障碍，即制作教学视频（并非每一位教师都能制作出具有较高质量的教学视频）。正是在这个关口，美国出现“可汗学院”，并快速发展，从而使上述障碍得到了较好的解决。2004 年，孟加拉裔美国人萨尔曼・可汗将辅导资料制作成视频并放到 YouTube 网站上，结果他的教学视频受到了许多人的喜爱，萨尔曼・可汗收到来自世界各地的反馈信息，两年后，萨尔曼・可汗创建了 Khan 研究所。全球视频公开课、可汗学院的盛行，成为了翻转课堂得以迅速发展的关键性推动因素。

2012 年 1 月 30 日，在“林地公园”高中举办了翻转课堂“开放日”，让更多的教育工作者来观看翻转课堂的运作情况和学生的学习状态。这充分说明，翻转课堂在某种程度上已经得到国外众多学校认可。

二、翻转课堂教学模式的内涵

传统教学过程通常包括知识传授和知识内化两个阶段。知识传授是通过教师在课堂中的讲授来完成，知识内化则需要学生在课后通过作业、操作或者实践来完成。在翻转课堂教学模式中，这种形式受到了颠覆，知识传授通过信息技术的辅助在课后完成，知识内化则在课堂中经过老师的帮助和同学的协助来完成，从而形成了翻转课堂。实际做法就是教师将课堂讲授的内容转变成自制视频，让学生在课外（通常在家里）先行观看，而将有限的课堂时间用于练习、完成作业以及教学交流与合作互动等。从这个概念中我们可以看出，教学视频并非翻转课堂的核心，对传统课堂教学流程的颠覆和基于“以学生为中心”的思考才是翻转课堂教学模式的真正含义。正如乔纳森・伯尔曼和亚伦・萨姆斯所言：“翻转课堂教学就是要帮助教师从直接教学这一主要的教学工具（方法）转向一个更加以学生为中心的方法。”我们应该承认，翻转课堂是更有利于学生主体性实现的一种新的教学模式，是一百多年来美国教育对个性化不断探求的最新成果。

三、翻转课堂教学模式的结构

从定义中可以看出，翻转课堂教学模式实现了知识传授与知识内化的颠倒。利用翻转课堂教学模式，我们可以将传统课堂中知识的传授过程移至课前来完成，而将知识的内化过程由原先课后做作业的活动转移至课堂中的学习活动。美国富兰克林学院数学与计算科学专业的Robert Talbert 教授在很多课程中实践了翻转课堂模式，经过多年实践研究总结出翻转课堂的结构模型，具体如图 9-7 所示。

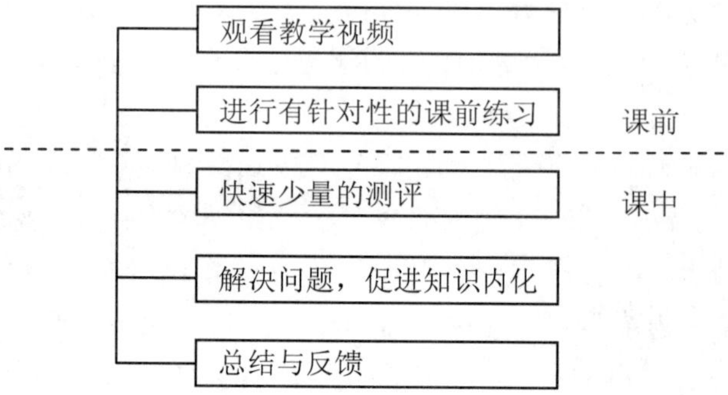

图 9-7 翻转课堂结构模型

该模型简要地描述了翻转课堂实施过程中的两个主要环节，分别是课前与课中。课前主要完成一定基本概念的理解以及导向性的针对练习。课堂上教师不再大篇幅地讲课，而是先进行小测试，然后解决学生的疑难问题，促进知识内化。

根据翻转课堂教学模式的内涵及建构主义学习理论与系统化教学设计理论，国内部分学者在 Robert Talbert 教授的翻转课堂模型基础上构建了更加完善，并且能够符合我国教育教学需求的翻转课堂教学模型，具体如图 9-8 所示①。该模型主要由课前学习和课堂学习两部分组成。在这两个过程之中，信息技术和学习活动是翻转课堂学习环境创设的两个有力杠杆，信息技术的支持和学习活动的顺利开展保证了个性化协作式学习环境的构建与生成。该模型相对于Robert Talbert 教授所构建的模型提出了更为明确的实践方式，也表明了信息技术与学习活动在翻转课堂中的工具作用。

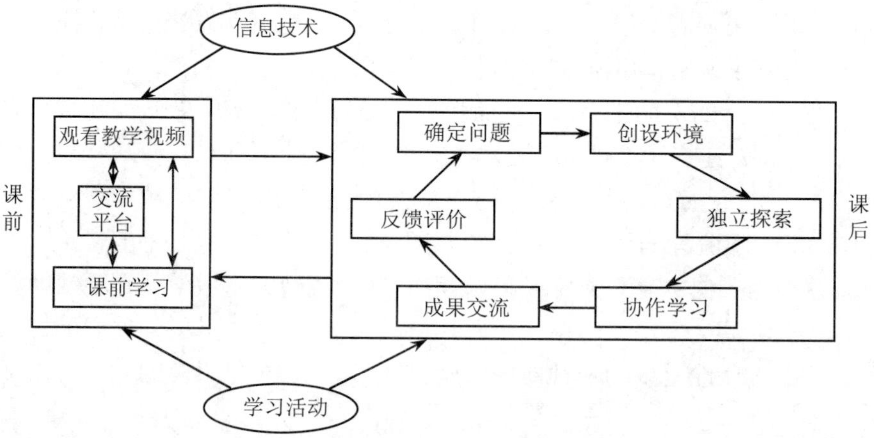

图 9-8 翻转课堂实施过程结构图

① 张金磊，王颖，张宝辉．翻转课堂教学模式研究[J]．远程教育杂志，2012（4）．

1. 课前设计模块

在翻转课堂教学模式中，知识的传授一般由教师提供的教学视频来完成。这一阶段的主要目标是初步完成知识、技能等的接受、理解，也就是说学生通过自行观看教师事先录制好的教学视频学习知识点和操作技巧，并通过完成技能巩固类实践活动任务来检查学习中存在的问题或不足。如果在学习过程中遇到问题，学生可以通过面对面交谈、网络交流等方式向教师请教或与同学讨论来解决。另外，对于那些暂时解决不了的问题，学生可通过交流平台提交给教师，以便教师在课堂上进行专题讲解或组织讨论。

（1）教学视频的制作。

教学视频的来源主要有两种：一种是可选取网络上优秀的开放教育资源；另一种是任课教师自行创建教学视频。对于前面的一种情况，其优势在于教师可以在优质开放教育资源中寻找与自己教学内容相符的视频资源作为教学内容，提高了资源的利用率，节省了人力、物力，也使学生接触到国际性优秀教师的最新教学内容。其不足之处在于网络上的开放教育资源可能会与课程目标、课程内容不完全相符。对于后面一种情况，教师自行录制教学视频能够完全与教师设定的教学目标和教学内容相吻合，同时教师也可以根据学生的实际情况对教学内容进行针对性讲解，并可根据不同班级学生的差异性多版本地录制教学视频。不过这种自行录制教学视频也对教师的教学技术和时间提出了挑战。

在此过程中应注意的细节问题如下：教师自行录制教学视频的内容要和教学目标及教学内容相吻合，同时要针对学生的实际情况来制订；教学视频的形式采用声音加板书，每段教学视频的时间应控制在10分钟之内，因为学生的视觉驻留时间一般在5～8分钟，这样能使学生的注意力更集中；教师在自行创建教学视频时应考虑如何引导学生积极地参与到教学视频的学习中，这就涉及了教学视频的视觉效果、主题要点强调和互动性等元素的设计。

（2）教师针对视频制订课前练习题。

教师根据“最近发展区理论”制订课前针对性练习时，必须要充分考虑到学生已有的认知结构，合理设计练习题的数量和难度，练习题的数量不应过多，难度要恰当，应该让学生感觉到一定的挑战性，以便激发学生的学习兴致。

（3）学生自主观看教学视频。

学生在家观看教学视频的时间和节奏完全由自己来掌握，学生可选择某一时刻去观看教学视频，以提高学习效率。学生可对教学视频进行快进或者倒退，可暂停立刻记下自己的疑惑并进行思考，同时也可以将自己的收获记录下来，以便和同伴进行分享交流。

（4）学生进行课前针对性练习。

学生在观看教学视频之后，要完成教师提前布置好的课前针对性练习，以加强对学习内容的巩固。在做练习的过程中发现疑惑加以思考，如果解决不了就立刻记下来。

（5）利用社交媒体进行交流。

这种教学模式中存在同伴交流和与师生交流两种。学生在家可以通过聊天室、留言板等社交媒体与同伴进行互动交流，分享各自的学习收获，探讨在观看视频过程及针对性课前练习过程中遇到的疑惑，互相解答。对于同伴之间解决不了的问题可以远程反馈给教师，进行师生交流，教师对学生进行个别指导并帮助学生解决有困难的问题。在利用社交媒体进行交流的过程中，要注意充分发挥社会临场感的作用，即增强在线学习者的归属感与凝聚力，使学习者感到快乐、不孤单地学习。

2. 课堂活动设计模块

翻转课堂教学模式的特点之一就是在最大化地开展课前预习的基础上，不断延长课堂学习时间、提高学习效率，关键就在于如何通过课堂活动设计完成知识内化的最大化。建构主义者认为，知识的获得是学习者在一定的情境下通过人际协作活动实现意义建构的过程。教师要依据建构主义的四要素来设计课堂活动的各个细节，充分考虑发挥学生的主动性，让学生有机会在具体环境中应用所学内容，从而真正实现知识内化。从教师的角度，确定问题、独立探索、协作学习、成果交流、评价反馈。

（1）确定问题。

课堂探究的问题需要师生共同确定。从教师的角度看，教师需要根据课程内容和学生观看教学视频、课前练习中提出的疑问总结出一些有探究价值的问题；从学生的角度看，学生根据自己在课前观看教学视频、进行课前针对性练习时发现的疑问及同伴交流中未解决的困难提出一些问题。综合两方面来确定用于课堂探究的问题。

（2）独立探索。

独立学习能力是学习者应该具备的重要素质之一，从个体的发展角度来说，学生的学习是从依赖走向独立的过程。著名教学论专家江山野认为，每个学生都有独立的要求，整个学习过程就是一个争取独立和日益独立的过程。在翻转课堂的活动设计中，教师应该注重培养学生的独立学习能力，让学生根据自己的兴趣自主选择相应的探究题目进行独立解决。只有当学生独立地去思考探究，才能将知识内化，从而系统地构建出自己的知识体系。

（3）协作学习。

协作学习是个体之间采用对话、商讨、争论等形式充分论证所研究的问题，以获取达到学习目标的途径。学习协作活动有利于发展学生个体的思维能力、增强学生个体之间的沟通能力及学生相互之间的包容能力。此外，协作学习对形成学生的批判性思维与创新性思维，提高学生的交流沟通能力、自尊心与形成个体间相互尊重的关系，都有明显的积极作用。因此在翻转课堂中应该加强协作交互学习的设计。在此过程中教师需要随时捕捉各小组的探究动态并及时加以指导，并根据实际情况选择小组学习策略，如头脑风暴、小组讨论等。

（4）成果交流。

学生经过独立探索、协作学习之后，完成个人或者小组的学习成果。学生需要在课堂上进行汇报与展示，以交流学习体验，分享作品制作的成功和喜悦。成果交流的形式可多种多样，如举行展览会、报告会、辩论会、小型比赛等。在成果交流中，参与的人员除了本班师生以外，还可有家长、其他学校师生等校外来宾。

（5）评价反馈。

翻转课堂教学模式中的评价体制与传统课堂的评价完全不同。在这种教学模式中，评价应该由专家、学者、老师、同伴以及学习者自己共同完成。翻转课堂不但要注重对学习结果的评价，还通过建立学生的学习档案注重对学习过程的评价，真正做到定量评价和定性评价、形成性评价和总结性评价、对个人的评价和对小组的评价、自我评价和他人评价之间的良好结合。

评价的内容涉及问题的选择、独立学习过程中的表现、在小组学习中的表现、学习计划安排、时间安排、结果表达和成果展示等方面。对结果的评价强调学生对知识和技能的掌握程度，对过程的评价强调学生在实验记录、各种原始数据、活动记录表、调查表、访谈表、学习体会、反思日记等内容中的表现。

【思考与实践】

1．教学模式的发展趋势主要体现在哪些方面？
2．案例教学与传统的课堂教学存在哪些方面的区别？
3．网络环境下的案例教学流程是怎样的？
4．简要分析基于问题的教学模式的实施过程。
5．基于网络的项目教学要注意哪些方面的问题？
6．简要分析慕课（MOOC）与 SPOC 的联系和区别。
7．简要分析案例学习、问题学习与项目学习之间的区别。

第十章　教育信息化促进学习方式变革

【学习目标】

1. 掌握学习方式的概念、特征与类型。
2. 理解信息化学习方式的内涵与特征。
3. 掌握网络学习的概念、设计与评价方法。
4. 掌握混合学习的概念、设计与评价方法。
5. 掌握移动学习的概念、特征、过程模式与活动设计。

随着信息技术在教育教学领域的应用不断深化，一场新的“学习革命”正在全球范围内悄然兴起。人们愈加清楚地认识到，信息技术的发展为我们的学习提供很多便利，在信息化时代学习多少知识并不重要，重要的是学会如何掌握知识。“学会学习”由此成为了信息化社会公民所必须具备的最基本的素质。也正因为如此，转变学生传统的学习方式成为我国在信息化时代基础教育课程改革中的一大目标和重点。

第一节　学习方式概述

一、学习方式的内涵

学习方式（Learning Style，又译为学习风格）这一术语最早是由美国学者赫伯特·西伦在1954 年提出的。现在通常认为，学生的学习方式是指学生在完成学习任务过程中经常的或偏爱的基本行为与认知取向。其本质是一个学生为完成学习任务而采取的策略、手段与方法，是学生连续一贯表现出来的学习策略和学习倾向的总和。我们可以从以下 3 个方面来对学习方式的内涵进行理解：

（1）学习方式是教学过程中的基本变量。学习作为一项活动，有其自身特定的活动要素与活动过程。其中活动要素包括学习主体、学习客体与学习目标等。很显然，学习方式是反映学习活动过程状态的变量，它与学习主体、学习对象与学习目标等活动过程因素相关联，关涉的是学习过程开展的具体路径问题。因此我们不能脱离具体学习主体、学习目标与学习内容而孤立地去理解学习方式的深刻内涵。

（2）学习方式是一个组合的概念。学习方式包括学习策略与学习倾向等多个维度。学习策略是指学习者完成学习任务或实现学习目的而采取的一系列步骤，其中某一特定步骤称为学习方法；学习倾向包括学习情绪、态度、动机、坚持性以及对学习环境、学习内容与习惯等方面的偏爱。学生学习方式的改变，意味着要改变学生的上述这些因素。

（3）学习方式反映了学生在完成认知任务时的思维水平。不同学生在完成认知任务时具有不同的认知水平。这些思维水平是与认知任务的要求密切相关的。我们通常可以将教学内容的认知活动和实际教学活动分为三大类。第一类是记忆操作类的学习，如操练简单计算等；第二类是理解性的学习，如学生听教师讲授，理解一个公式；第三类是探索性学习，如学生经过自己的探究，自己得出结论。

二、学习方式的特征

从上述概念与内涵分析来看，学习方式具有多样性、适应性、稳定性、独特性、综合性、可变性 6 个基本特征。

（1）学习方式的多样性。多样性是指在人类学习史上形成了各种各样的学习方式。我们所说的转变学习方式，其核心就是要实现学习方式从单一化走向多样化。如果学习方式只有一种或少数几种，也就失去了“转变”的可能性。

（2）学习方式的适应性。适应性是指学习方式因人而异，因学习内容而异。不同的学习者往往会采用不同的学习方式，即使是同一学习者在学习不同的内容时也会采用不同的学习方式。另外，特定的学习方式总是与特定的发展目标、特定的学习内容相适应的。当学习活动的目标、内容等方面发生变化时，都会引起学习方式的相应变化。

（3）学习方式的稳定性。稳定性是指学习方式不易随着学习者、学习内容和学习环境的改变而改变，转换或变革学习方式并非易事。也就是说，学习方式是一个思维方式和生活方式的体现，是在长期的学习过程中逐渐形成的习惯，很难发生改变。

（4）学习方式的独特性。学习方式是学生个体的一种独特的知识获取方式，贯穿学生个体学习生活的全过程。

（5）学习方式的综合性。尽管学习方式被人为地区分为若干种，但实际上，每个学习者在具体运用时往往是综合地运用几种学习方式。换言之，不同学习者学习方式之间的差异，主要体现在他们所拥有的学习方式的数量及其综合方式和程度的不同。另外，学习方式不仅仅属于认知的范畴，也涉及情感、态度、行为等多个方面，是一种综合体。

（6）学习方式的可变性。学习方式受到社会、家庭、学校教育方式等诸多因素的影响，所以它不是固定僵化、一成不变的，而是可以改变的，即它可以随学习情境变化而改变。如果学习方式没有办法被改变，也就失去了“转变”的可行性。

三、学习方式的类型

对于学习方式类型的把握，应该要在分析学习方式内涵与实质的基础上，以分析影响学习方式的变量为基本依据，并遵循科学分类应有的明确标准和从多个维度划分事物类别的原则。据此，我们可以基于下述 3 个维度对学习方式进行分类①。

1. 从学习者参与学习活动的方式来看

学习者参与学习活动的方式是指学习者以什么样的身份或方式接触学习对象或与学习对

① 陈佑清．关于学习方式类型划分的思考[J]．课程．教材．教法，2010（2）．

象建立联系。依据学习者参与学习活动方式的不同，存在以下3种学习方式：

（1）个体性学习——合作性学习。从学习者参与学习活动的社会组织形式来看，学习者的学习活动可以是单独进行的，也可以是与他人一起合作展开进行的。由此可以形成个体性学习与合作性学习两种不同的学习方式。个体性学习是指个体独自进行的学习，也称为个别化的学习；合作学习是指在教学中运用小组，使学生共同开展学习活动，以最大限度地促进他们自己以及他人的学习的一种学习方式。

（2）他控性学习——自主性学习。从学习者参与学习过程的独立性的程度不同来看，学习的过程既可能是在他人的支配下展开的，也可能是由学习者独立支配的。相应地可以形成他控性学习与自主性学习两种不同的学习方式。他控性学习是指在外界的各种压力和要求下被动地从事学习活动，或需要外界来管理的学习活动；自主性学习一般是指个体自觉确定学习目标、制订学习计划、选择学习方法、监控学习过程、评价学习结果的过程或能力。

（3）间接性学习——参与性学习。从学习者与学习对象之间的联系是直接的还是间接的角度来看，我们可以把学习方式分为间接性学习与参与性学习两种。在间接性学习中，学生的学习是间接性的，即学习者不直接接触实际事物或不进入现场，而主要通过文字、图像与多媒体等符号来间接了解和学习事物；而在参与性学习中，学习者进入现场，接触实际事物与真实情境或动手操作，以获得直接经验、真实体验或现场感受。

2. 从学习者对信息进行加工的方式来看

学习者对信息的加工方式，是指学习者在头脑中加工信息时所采用的内部活动方式。从信息加工方式的角度观察学习方式的维度主要有以下两个方面：

（1）接受性学习——探究性学习。从学习活动的探究性程度的高低来看，学习既可能是对问题结论的直接接受，如通过建立新旧知识之间联系的方式，也可以是通过对问题展开探究而获得结论。因此我们可以把学习方式分为接受性学习与探究性学习两种。

（2）机械性学习——有意义性学习。从学习内容与学习者已有心理结构是否建立有意义的联系来看，学习既可以是有意义的，也可能是机械的。所谓有意义学习，是指符号表达的新观念与学习者认知结构中的有关观念建立起实质性的、非人为的联系。反之，如果学习者无法把新学习的内容与认知结构中的已有知识建立实质性的联系，其学习就是机械的。

3. 从学习者在学习中使用的信息媒体不同来看

使用不同的媒体存储和呈现信息，会使学习的方式和效果出现比较大的差异。历史上教学所使用的信息媒体大体经历了3次重要的变革，相应地存在3种不同的学习方式。

（1）基于传统教学媒体的学习。传统教学媒体大约兴盛于17世纪班级授课制兴起至19世纪末，以黑板、粉笔、书本、直观教具等为信息载体，以教师的言传口授为主要的信息传递方式。对应地，学生以看、听、记语言和文字符号的方式接受教师传递的知识信息。

（2）基于电化媒体的学习。从19世纪末到20世纪50年代，出现了以幻灯机、录放机与投影仪、电视、电影等为主要代表的电化教学媒体，它丰富了传统的以印刷媒体为主要代表的信息呈现的方式。学生接受信息的方式除了语言文字以外，还有图像、声音等。

（3）基于现代媒体的学习。20世纪50年代以后，随着计算机、多媒体、互联网等现代信息技术的兴起及其在教学中的应用，推动了教学媒体的大变革，形成了以自动化为主要特征的现代教学信息媒体。接受多媒体信息和交互式学习成为新的学习方式的主要特点。

四、信息化学习方式

信息技术在教育领域中的深入应用，使得学习者的学习方式发生变化，出现了“信息化学习方式”。所谓信息化学习方式，可以简单理解为学生借助于信息技术进行的学习。其本质含义在于：在一定的现代信息意识指导下，学生在完成学习任务的过程中，利用信息技术进行有效学习的行为和认知取向，是以学生有效利用信息技术获得主体发展为目的，以现代信息技术为基础的学习方式①。信息化学习方式是现代信息技术与学习活动整合后的表现形态和必然结果，带有明显的信息化特征，具体表现为：目标信息化、内容信息化、工具信息化、空间环境信息化、资源信息化、评价信息化等。

如果从学习信息化程度来看，与信息化学习方式相对应的是传统学习方式。如果把学习过程解释为学习者对知识进行加工的过程，则信息化学习方式与传统学习方式最根本的区别在于人们对知识加工理解的差异。传统学习方式长期以知识精加工学习为主。所谓知识精加工型学习，就是学习者在规定的时间内，按照统一要求和预设的知识单元顺序，逐个达到规定测试要求，对所学内容进行全面掌握的过程。信息化学习方式以知识贯通式学习为主。所谓知识贯通式学习，就是学习者在规定的时间内，在同一学习目标下从了解知识来源和知识结构出发，逐步掌握关键性知识内容，对所学内容进行整体掌握的过程。

第二节　网络学习

信息技术的快速发展不仅改变了人们的工作与生活，同时也为人类的学习提供了越来越多的便利条件，促使人们更加主动、高效地开展学习来发展自我，从而应对知识经济社会所带来的各种机遇与挑战，于是一种基于网络环境开展的全新学习方式便随之而产生，这种学习方式就是网络学习（E-learning）。相对于传统的面对面课堂教学来说，网络学习具有不受学习时空局限、更好支持个性化学习、更充分体现学习者的主体性、更好实现学习的建构性与学习的社会性等诸多特性，成为众多教育改革者的美好期待并被广泛实践和研究，逐渐成为信息时代的一种重要的学习方式。

一、网络学习的内涵

网络学习也称为“在线学习”或“数字化学习”。我们可以简单地将它理解成是基于网络环境来开展的学习活动，即学习者运用网络环境所提供的各种信息工具与各类网络信息资源，在相关信息与教师的引导下，主要采取自主学习或协作学习形式所进行的学习活动。我们可以从以下几个方面来理解网络学习的深刻内涵②：

（1）网络作为学习的工具。网络学习是通过网络进行的学习过程。在这一过程中，网络

① 李芒．信息化学习方式[M]．北京：北京师范大学出版社，2006:36．

② 王松涛．论网络学习[J]．教育研究，2000（3）．

是作为知识与信息的载体而存在，可视之为书籍、视听媒介等学习媒体的自然延伸。所不同的是网络具有更高的信息容量，使用起来也集成了那些传统学习媒介的特点，不但可代替传统学习媒介而存在，功能与效率方面也更强。在这个意义上使用网络学习这一概念，网络是被视为一种学习者开展学习过程中所用的工具或媒体。

（2）网络作为学习的对象。网络学习也是学习网络本身的过程。由于网络本身涉及诸多的技术，如计算机软硬件、通信、电子等，而这些技术的发展又非常快，所以我们要想通过网络进行学习，前提是必须能够驾驭和使用网络。

（3）网络作为学习的资源。网络学习是开发和利用网络知识与信息资源的过程。从这个层次的意义看，网络成为学习的资源，网络学习则是对此资源的开发与利用。

（4）网络作为学习的环境。网络学习还意味着把网络作为学习的一种环境。正如传统的学习发生在教室之内，网络学习则视网络为一个大的教室，不过这个教室已经超越了时空的界限，大得能够覆盖全球，没有教师与学生的区分，没有区域与时间的差距。事实上，只要你愿意，你可以在任何时间、任何地点，向任何人去进行学习。

二、网络学习活动设计

网络学习活动是指在网络环境支持下完成的，与达成学习目标有关的所有活动。它在网络环境下运行，是学生自主学习、教师在线安排学习活动的过程，以个人或小组的形式来完成。网络学习活动可以采用的形式有讨论、阅读文字材料、点播音视频等①。

1. 网络学习活动的构成要素

从设计的角度来看，网络学习活动主要由学习任务、学习过程、监测规则、学习支持、评价规则、学习资源 6 个方面的要素构成。

（1）学习任务：学习活动理论认为，学习任务是学习活动中最重要的组成部分，是学生应该完成的具体事务或者主题。学习任务除了要将新知识和技能与学习者原有的知识和技能联系起来，还要在新的知识技能与学习者生活经验、实践领域以及学习者的兴趣点之间建立联系，以此促进学习者高级思维能力的养成。

（2）学习过程：活动的过程是一种对活动的宏观控制。它的设计通常包括确定活动所包含的任务或操作的顺序。

（3）监管规则：活动的监管是对学习活动的微观控制，活动监管设计集中在监管规则的设计上，主要包括活动时间进度的安排、规定对学习者学习状况的反馈、对学习时间和时机的建议以及规定应奖励和惩罚的行为。

（4）学习支持：学习支持的设计主要是考虑在设计的学习活动中何时以何种方式提供信息、资源、人员和设施等学习支持。

（5）评价规则：任何活动都应该有具体的评价规则，这里的活动评价是指对学习者完成学习活动情况的评价。学习活动的评价是一种整体性的评价，具体包括形成性评价和总结性评价。活动评价规则的设计包括：规定各阶段的活动成果形式；规定评价学习者学习过程的表现；

① 李松，张进宝，徐琤．在线学习活动设计研究[J]．现代远程教育研究，2010（4）．

规定评价的参照物；规定明确的评价标准，包括对学习成果的评价标准、对学习过程中各种学习行为表现的评价标准等。

（6）学习资源：学习资源是用于支持学习者完成该学习活动的相关材料，其呈现形式包括文字、音视频、动画、图表、虚拟实验与相关链接等。

2. 网络学习活动类型

学习活动的类型在很大程度上与教学策略或教学方式相关。从对国家网络教育精品课程在线学习活动的分析来看，当前在线学习活动主要有自学、听讲、体验、探究、问题解决这5种学习方式[①]。依据上述在线学习活动的方式，我们可以将在线学习活动分为自学型在线学习、听讲型在线学习、体验型在线学习、探究型在线学习和问题解决型在线学习。

（1）自主型在线学习活动。

以学习者阅读文字教材或电子书为主要方式的学习活动，通过Web网页（含文本、图像和动画等）形式呈现课程内容。学生按照自己的时间来安排学习进度，根据自己掌握知识的情况选择学习的内容。学习成果包括作业和测试题。通常按教材章节顺序组织内容。

（2）听讲型在线学习活动。

以观看教师讲解的音频或视频为主要方式的学习活动。这种方式通常将教师的讲授过程录制成音视频，以三分屏（讲授的音视频、PPT课件、与之有关的导航目录）“课件”的形式呈现，也有音频加文字或只有音视频的形式。学生以在线观看、点播等方式进行学习。学习成果包括作业和测试题。通常按章节顺序组织内容。

（3）体验型在线学习活动。

以学习者为中心的、通过实践与反思相结合来获得知识、技能和态度的学习活动。它强调直接的个体经验在学习中的作用及意义，要求学习者从深刻的反思和总结中获得经验的提升、知识的掌握和持久性的发展。通常是在辅导教师或相关材料的引导和支持下，以个人或小组的形式，学习者主动体验、应用知识，促进知识技能的迁移。

（4）探究型在线学习活动。

由教师创设一种类似科学研究的情境或途径，引导学生从学习活动或社会生活中选择和确定研究专题，用类似科学研究的方式，主动地探索问题、发现规律的学习活动。通常是在辅导老师的引导和支持下，从生活和工作中选择、确定与课程相关的研究专题。以个人或小组的形式主动获取知识，应用知识对专题进行深入研究。学习成果主要包括调研报告、小论文等，通常按照专题的形式进行组织。

（5）问题解决型在线学习活动。

围绕现实生活中一些结构不良的问题寻求解决方法的学习活动。它强调把学习设置到有意义的问题情境中，通过让学生以个人或小组协作的方式解决问题，使学习者提高解决问题的能力。通常向学生提供生活、工作中与课程相关的真实问题或任务，让学生综合运用所学的知识，以个人或小组的形式在辅导老师的帮助下解决问题。

---

① 李乾．以活动为中心的网络课程开发和重用研究[D]．北京：北京师范大学，2010．

3. 网络学习活动的设计策略

（1）学习活动单元的划分。

学习活动应该以何种规模为宜？学习活动和整门课程的关系是什么？如何将一门课程设计成一系列的学习活动？以上问题是每个学习活动设计者都需要解决的问题。一门课程通常由系列的学习单元或章节构成，我们可以将网络学习活动按照学习中的单元来划分，一个学习单元对应一个学习活动，一个学习活动由一个或多个学习任务构成。以学习单元为单位设计学习活动，这种划分方法回避了学习活动大小的问题，也回避了学科教师和教学设计人员为确定学习活动而困惑的问题。

（2）学习任务的设计。

学习活动设计的关键是学习任务，任务可以认为是学生在学习活动中需要完成的具体事务或主题。调研发现，媒体类型丰富的资源并不能给学生带来好的学习效果。学习者往往会因为面对太多的资源而不知所措。网上的资源就像汽车的一个个零部件，学习的过程就像是组装一台汽车的过程。组装者面对大量的零件，如何将其组装成为一辆汽车是一件非常困难的事。组装者需要有一个安装引导，说明汽车的每一部分需要哪些零件、到哪里取零件以及取来的零件需要安装到什么位置等。也就是说，学习活动设计时要提供完成活动需要的详细任务，每个任务要详细、具体、具有可操作性。

（3）学习过程设计。

从教师或教学设计者角度来看，一个完整意义上的学习活动具体过程包括 4 个环节，即活动导入、活动组织、活动评价和学习支持，如图 10-1 所示。

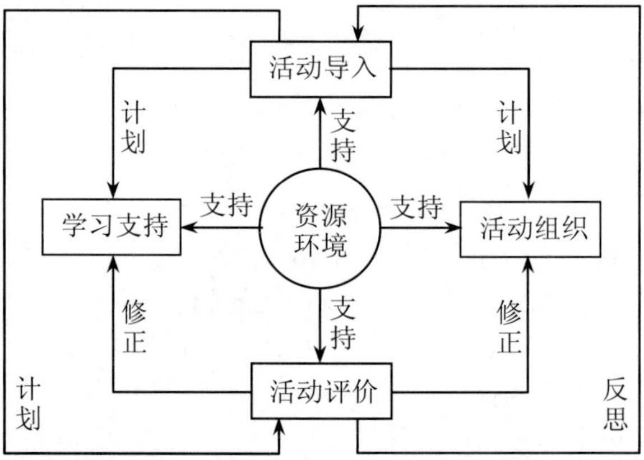

图 10-1　教师设计学习活动的 4 个环节

活动导入是学习活动的起始阶段，主要对学习目标、教学组织和考试方法进行说明，帮助学习者明确学习活动目标、任务、学习方式、学习支持与考核评价方法；活动组织通过设计活动的过程告诉学习者如何完成学习活动，提供学习的过程与任务，包括具体的方法；学习支持是指在学习过程中，为解决学习者学习技能的不足或帮助学习者克服在学习中遇到的困难，给他们提供学术性或非学术性的帮助。这种帮助可以来自教师，也可以来自小组内部或其他小组的同学，目的是让学习者顺利完成学习任务，学习支持服务贯穿整个教学过程；活动评价是检查和评定预期的教学效果，主要是对学习者进行形成性评价与总结性评价，也包括对学习者、辅导教师、学习活动设计以及学习内容的评价。

4. 网络学习活动设计的原则

进行学习活动具体设计时，应把握如下原则：

（1）媒体的选择要考虑“五适”原则。第一，适量。媒体在学习过程中出现的频率、使用时间的长短以及选择单一还是多种媒体组合使用，要恰如其分。第二，适序。对教学过程中何时使用媒体（即媒体的切入点），媒体使用的先后顺序，媒体与媒体如何衔接、组合等应作整体考虑，合理安排。第三，适度。教学过程中媒体的使用应考虑学生的文化程度，要符合学生的知识水平和思维特征。第四，适势。运用媒体一定要构成一种情境、一种氛围。第五，适时。指媒体在教学过程中的运用效果与媒体的使用时机有关。

（2）在网络教学中，教师与学习者、学习者与学习者面对面交流的机会很少，要充分设计基于网络教学平台师生之间的交互，并适时设计适量的面授。

（3）活动设计时必须考虑师生、生生之间同步、异步的交互，让学习者感到自己的学习活动并不是孤立的，并非只有计算机和自己对话，而是始终有人一起参与的学习活动。

（4）设计时要考虑在学习步骤中提供必要的学习支持。学生在学习活动的过程中，主讲教师或辅导老师应该适时地给予帮助，如针对学生的具体问题做出反馈、在辅导过程中给出评语等，以提高学习者学习的热情。

（5）网络教学平台上的测试不仅应给出答案，对于有一定难度的题目，还应该提供适当的分析步骤。

三、网络学习的评价

网络教育中的师生处于时空分离的状态，如何建立合理有效的学习评价体系用以保证学习质量，已成为国内外学者的研究热点。网络学习评价则是依据网络学习的目标对学生的整个学习过程、学习效果做出价值判断的过程，其目的不仅限于鉴别，也包括发展。网络学习的个别化、协作化、非结构化以及通过媒介而学习的特点决定了网络学习评价必须要以形成性评价为重点，强调评价标准、主体与内容要多元化。这要求网络学习的评价在评价方法与评价技术上与传统学习的评价要有所区别。

1. 电子学档的概念

学生的学习档案（Portfolio）是以个人的方式长期、有目的、有计划地对自己学习过程和成果的信息、资料累积起来的集聚物，被普遍认为能够反映学生的学习过程，在学校评价体系中的作用日益得到重视。学习档案的建立过程体现了收集、选择和反思的过程。信息收集的过程是学生体验学习的过程，信息选择的过程是学生展示自己能力的过程，反思过程是学生自我了解的过程。这个过程全面反映了学生学习的过程和表现。这样的过程如果持续下去，就会变成一个全校范围内的知识管理体系和新型评价体系。教师能够根据学生完整的学习过程与学生共同看到一个更大的学习全景，对学生做出更加综合和全面的评价。在学习过程中，这样的学习档案也非常有助于进行“形成式评价”，更及时地帮助学生改进学习方法与学习态度，或者由教师做出一些方向性的引导。

电子学档（E-Portfolio）是随着信息技术（特别是网络和多媒体技术）的发展和应用而出

现的，是以数字化的形式记录的学生学习档案。以 Internet 为基础的网络化学习环境，以其强大的交互性、广泛的传播性、数据收集整理的即时性和方便性，以及快捷的数据统计分析功能，为电子学档的构建及使用提供了强劲的技术支持：借助计算机数据库技术能够进行自动化的数据收集处理和档案管理；借助计算机网络技术能够完成学生学习行为的跟踪和记录；借助计算机的智能性可以实现自适应的学习反馈，给学生以个性化的学习指导。

2. 电子学档的设计理念

诚如黎加厚教授所指出的，电子学档不是为辅助教师的教学活动而设计开发，它是为了表达教师与学生的创新思想、问题解决的结果或者某个想法而设计和制作的。从这个角度来看，电子学档是以学习为中心的教学活动的产物，是创新教育思想在教学中的体现。因此利用电子学档来评价学生的网络学习必须要体现以下一些理念①：

（1）体现学生的网络学习主体与评价主体地位。

网络学习在时间、空间上与传统教学的最大区别就是赋予学生充分的学习自主性，使学生成为真正的学习主人。但是，传统的网络学习评价只是单纯的网络测试，仅仅是课堂试卷考试的翻版，学生仍然处于被动的地位，并不能真实地反映学生自己的学习进步。电子学档为了克服网络评价的这种弊端，通过学生自己收集、提交作品，浏览同学、教师、专家给自己的评价信息，对自己的评价有一个过程性的发展。同时，学生有权力对自己电子学档中的作品进行管理，通过对增加、删除、修改、共享（赋予不同人不同的浏览范围）等功能的管理，学生成为评价资料的管理者，同时管理过程也是学习反思的过程。

（2）实现评价与学习过程融为一体。

我国基础教育评价改革明确提出：要重视学生学习的过程性评价，以评促学，评价融于学习过程。评价不应是学习结束后的总结性判断，而应贯穿整个学习过程，可以随时随地发生。评价的过程就是学习的过程、成长的过程。评价和学习密不可分并融为一体，着重审视逐渐发展变化的学习状况。

（3）评价的标准注重体现自主协商性。

学习目标与评价的标准是学生自主协商的成果。我们不但要突出学生的学习与评价的主体地位，而且要使评价标准能体现个性化教学的特点，发展学生的多种智能，让学生尽情地发挥天赋。我们要帮助学生选择适合自己的评价尺度与达成目标，然后以学习契约（Leaning Contract）的形式确定下来，以促进他们完成自己的目标。

（4）实现资料收集的全程性、全面性、真实性。

我们要收集的数据必须反映较广范围的认知过程和能力，而不是集中于言语信息和规则的操练记忆层次。在有意义的实际情境中获得某项任务和技能而表现出来的数据才更能反映学生的发展，所以我们引入网络日志工具可以实现跟踪学生全程、全面的真实的表现。

（5）互评的全面性和真实性。

评价主体的多元性是新型评价改革所倡导的，同学评价是其中重要的组成部分。同学之间长期接触，共同学习、生活、讨论问题，因此对彼此都有比较全面的了解，这样就能提高评

① 赵蔚，姜强．基于电子学档的网络学习评价系统设计与开发[J]．开放教育研究，2004（4）．

价的范围，使评价信息更真实有效。所以，互评的信息是很有价值的。

3. 电子学档的设计与开发

电子学档没有一定制式的内容和格式。基于上述电子学档设计理念，我们可以设计出适用于网络学习评价的电子学档。其内容主要包括 5 个部分，具体如图 10-2 所示①。

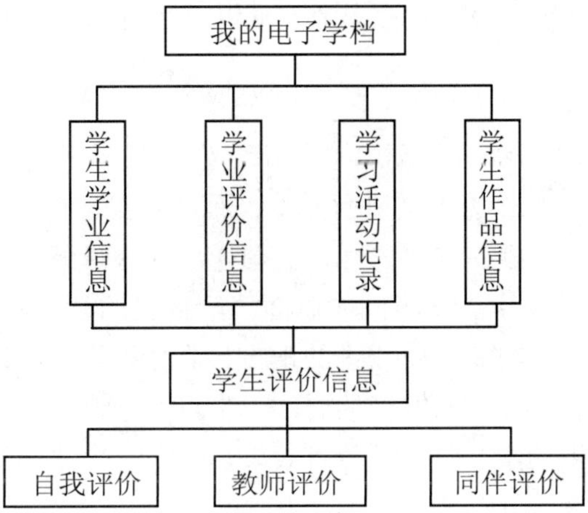

图 10-2　电子学档评价模块结构

（1）学生个人信息。

个人信息主要包括学生的姓名、电话、通讯地址、个人档案（如国籍、民族、籍贯、出生地、出生日期、性别、身份证号码、政治面貌、语言能力、健康状态等）、扩展信息（包括和学生个人相关的其他信息，如注册日期、自我介绍、专长、个人爱好、学习风格）。个人信息是与学生绩效的量度和记录没有直接联系，主要与管理有关的个人信息。

（2）学业信息。

学业信息是与学生的学习相关的一些信息，主要包括四部分内容，分别是学习任务、学习计划、学习进度、学习绩效。学习任务是和课程相联系的，是规定要求学生完成的学习内容，是教学计划的反映。学习计划是学生根据教学计划的要求和自己实际的学习能力、工作安排等制订的学习计划。学习进度是指系统通过跟踪学生的学习活动判断学生当前学习任务完成的状态。可以让学生通过学习进度知道自己和班级整体的学习进度之间的差距，与此同时，如果差距太大的话，教师、教学管理人员或系统可以给予相应的提示，以帮助学生跟上整体学习进度。学习绩效记录学生的作业与测试成绩以及奖励、惩罚等信息。

（3）学习活动记录。

学习活动记录主要是利用计算机技术和网络技术，跟踪并记录学生的学习活动，收集与学生学习行为相关的信息。根据学习评价的需要，我们可以从学习者与学习者、学习者与教师、学习者与学习材料三个方面进行内容的记录。如学生在讨论区中发表的文章（发言）篇数（次数）及数据总量，在聊天室的发言次数及发言数据量；学习者请教的问题数、浏览问题解决的次数以及提供解决方案的次数；学生对课程页面的学习，包括学习日期、在网页上的停留时间、

① 孙晓梅．基于电子学档的网络学习智能评价系统设计[J]．中国远程教育，2003（15）．

学习路径等；学习者对教师或互联网提供的资源（问题资源、电子图书馆、搜索引擎等）及学生在学习过程中对所上载数据利用的情况。

（4）作品集。

作品集信息是指学生的代表性作品及相关证明的集合，用于描述和证明学生学习的能力和成就。主要是完成的由教师布置的作业和完成的电子作品、自己写的学习心得与学习体会以及所提交的课程论文等。

（5）评价信息。

评价信息是有关学生学习评价的汇总，包括学生对自己学习档案的反思及自我评价、学习同伴的评价和教师的评价三个方面的评价信息。通过自我评价，学生对自己的学习态度和学习效果、合作态度、交互程度等各方面进行自我衡量，将这些衡量信息与学习同伴和教师的评价信息进行对比可以很容易使学生从不同的侧面了解自己的学习状况、自我认识与他人评价之间的差距，明白自己努力的方向和需要改进的地方；学习同伴的评价是学习伙伴对该学生在学习活动中的行为、方法与效果等方面发表的看法；教师的评价则是在学生的自我评价与学习伙伴评价的基础上，根据学生的学习行为、学习效果，对照学习评价指标体系得出的综合评价结论，是最有说服力和指导意义的。

第三节　混合学习

20 世纪 90 年代末以来，网络学习（E-learning）在教育领域得到迅速应用与发展，由此推动了教育变革，并产生了很多新的教育思想与理念。不过人们在应用网络学习的过程中逐渐体会到，尽管网络学习具有学习者的自主性、教学资源的多样性、教学环境的开放性以及教学过程的交互性等方面的优势，这些方面都是传统面授课堂所无法比拟的，但网络学习完全依靠学生的自主性，诸如强烈的学习动机、明确的目标、自我督导、资源管理策略、在线学习策略等这样的一些学生在线学习能力并不是自然具备的，这些技能的形成需要在教师有计划的指导和反馈下逐步形成。所以传统课堂教学面对面沟通的优势仍具有其不可替代性，缺乏了教师的深度参与，学习效果并不像预期的那么理想。如何充分体现网络学习的主动参与性，又能充分发挥教师的引导作用、人格影响、学习和研究方法的渗透的优势，已经成为大家共同关注的问题。混合学习正是在这样的背景下被提出来的。

一、混合学习的内涵

混合学习可以翻译为 Blended learning 或 Hybrid learning。关于混合学习概念的界定，美国印第安纳大学的柯蒂斯·邦克教授在 2006 年出版的《混合学习手册：全球化视野、本地化设计》一书中，将混合学习界定为面对面教学和计算机辅助在线学习的结合[①]；美国宾州大学校长认为，混合学习是在线学习和面对面教学融合，被广泛地应用于学校教育中，单一的面对面

① 詹泽慧，李晓华．混合学习：定义、策略、现状与发展趋势——与美国印第安纳大学柯蒂斯·邦克教授的对话[J]．中国电化教育，2009（12）．

课堂讲授或网上个别化在线学习都不能达到预期的教学效果[①]；黄荣怀等人在《混合式学习的理论与实践》一书中，将国际上比较典型的混合学习的定义翻译为：混合学习的核心是在"合适的"时间为"合适的"人采用"合适的"学习技术和为适应"合适的"学习风格而传递"合适的"技能，来优化与学习目标对应的学业成就[②]；李克东教授认为，"混合学习是人们对网络学习进行反思后，出现在教育领域尤其是教育技术领域较为流行的一个术语，其主要思想是把面对面教学和在线学习两种学习模式进行整合，以达到降低成本、提高效益的一种学习方法。"[③]何克抗教授指出，"所谓混合学习就是把传统学习方式的优势和网络学习的优势结合起来。也就是说，既要发挥教师引导、启发、监控教学过程的主导作用，又要体现学生作为主体的主动性、积极性与创造性。只有将这两者结合起来，使两者的优势互补，这样才能获得最佳的学习效果。"[④]

从上述界定中可以看出，当前普遍认为混合学习是将面对面课堂教学（C-learning）与在线学习（E-learning）有机结合，让它们优势互补，以达到最佳学习效果的目的。不过准确理解混合学习的内涵还需要注意三点：第一，混合学习针对面对面课堂教学与在线学习这两种学习方式的弊端，将两种学习方式的优势结合，既避免了它们的缺点又吸取了各自的长处；第二，混合学习不仅发挥教师在教学过程中的主导作用，而且也调动学生进行自主学习的积极性和创造性；第三，混合学习在形式上是两种不同学习方式的混合，但更深层次上包括了基于不同教学理论的教学模式的混合、教师主导活动和学生主体参与的混合、课堂教学与在线学习不同学习环境的混合、不同教学媒体的混合等。

二、混合学习的设计

Josh Bersin 认为混合学习过程主要包括图 10-3 所示的 4 个基本环节。[⑤]

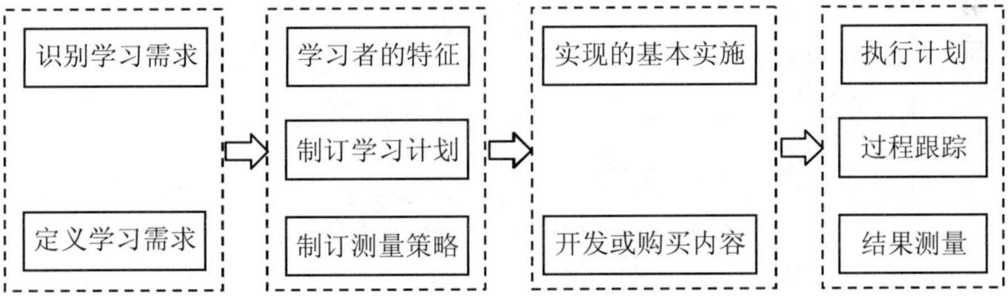

图 10-3　混合学习的基本过程

（1）识别与定义学习需求。

不同学生在生活环境、性格特征、认知水平与能力等方面存在较大的差异，因此他们对于学习内容、学习方式与步骤等方面体现出多样性的特征。这要求我们在设计混合学习过程时

① 黄荣怀，周跃良，王迎．混合式学习的理论与实践[M]．北京：高等教育出版社．2006（6）．
② 黄荣怀，周跃良，王迎．混合式学习的理论与实践[M]．北京：高等教育出版社．2006（6）．
③ 李克东，赵建华．混合学习的原理与应用模式[J]．电化教育研究，2004（7）．
④ 何克抗．从 Blending Learning 看教育技术理论的新发展[J]．电化教育研究，2004（3）．
⑤ Josh Bersin. Blended learning: what works?[DB/OL]. www. bersin. com.

首先需要对学生的这种学习需求进行识别与定义。

（2）根据学习者的特征制订学习计划和测量策略。

学习者的特征包括多方面的内容，如学习风格是场依存型还是场独立型、原有的知识与技能结构、现有的智力发展水平等。混合学习要想获得好的效果，必须要依据学习者的这些特征制订与其相适应的学习计划和确定的测量策略。

（3）根据实施混合学习的设施（环境）确定开发或选择学习内容。

混合学习的基本形式是面对面课堂教学与在线学习的混合。因此混合学习环境包括课堂教学环境和网络教学环境两部分。这里所讲的混合学习环境侧重于网络学习环境。在设计混合学习环境时要考虑网络宽带的速度、学习终端的配置、学习管理系统的限制与主要功能以及度量学习质量的标准等。

（4）执行计划，跟踪过程并对结果进行测量。

该过程是混合学习的最后阶段，主要是执行学习计划，跟踪学习过程，并对学习结果进行测量，以确定是否达到预期的目的。

依据教学设计的基本原理与混合学习的基本过程，可以把混合学习的教学设计过程分为需求与学生特征分析、学习环境与内容的设计、教学实施与评价 4 个阶段。据此我们可以构建混合学习的教学设计过程模式，具体如图 10-4 所示①。

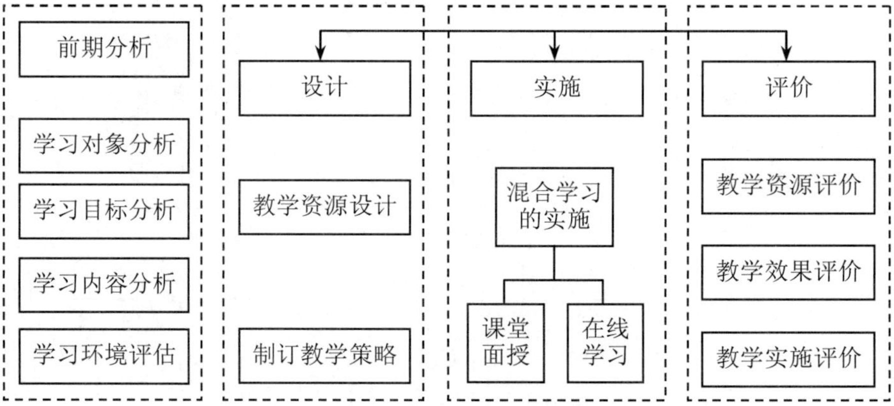

图 10-4　混合学习教学设计模式框架图

1）前期分析。

前期分析阶段主要是对学习对象、学习目标、学习内容、设备环境等方面进行分析。对学习对象进行的分析，是指对参与混合式学习的学生的基本情况进行分析，具体的分析内容包括学习者已有的知识水平、学习能力、学习风格、学习需求、计算机网络操作的相关知识等。对学习目标的分析，是指根据课程目标，从学习者的知识、技能、情感、态度等方面分析该知识点教学应该要达到的目标。学习内容分析，是指要结合教学目标，确定哪些课程内容适合通过网络学习方式进行，哪些课程内容适合在面对面的课堂教学中进行，哪些内容需要实践操作。对设备环境进行分析，是指对混合学习将要使用到的设备环境进行调查，了解学校是否具备相

① 吴东醒．网络环境中面向混合学习的教学模式研究[J]．中国电化教育，2008（6）．

应的条件。

2）设计。

设计阶段主要包括学习资源设计和教学策略制订两项任务。学习资源设计要根据教学内容和教学目标分析的结果，将适合网络学习的教学内容制作成网络学习资源；教学策略的制订，要针对不同的教学环境设计不同的教学策略，主要有网络学习的教学策略和面对面课堂教学的教学策略。

3）实施。

按照既得的教学设计方案，应用设计好的教学资源，合理分配面对面课堂学习与网络学习的时间，确定课堂面授与在线学习方法，实施混合式教学，使学习达到最佳效果。

4）评价。

设计评价量表，分别从学生和教师的角度对学习成果、教学效果和教学环境进行评价。

三、混合学习的评价

混合学习评价从认知、理解、应用、分析和综合 5 个方面反映学习者在经过混合学习之后的发展情况，可以为师生提供改善学习所需的信息。相对于传统课堂教学来说，混合学习在学习环境、学习方式与学习媒介等方面都发生了很大的变化，因此如何建立科学合理的评价方法与体系是保证混合学习可持续开展的重要保障。借助于对传统学习评价的理解，我们可以认为，混合学习评价是指依据学习目标，收集学习者在参与混合学习过程中所形成的各种客观资料、信息和数据，从学习态度、学习行为和学习结果等方面对学习者的混合学习过程进行科学的量化分析，并做出价值判断的过程①。

1. 混合学习评价设计的原则

正是由于混合学习在学习原理、技术手段、学习环境、学习内容和学习方式等方面与传统学习存在显著差别，因此混合学习的评价在评价方法、评价信息的获取方式等方面比传统学习的评价提出了更高的要求。具体来说，混合学习评价的设计要遵循以下几点：

（1）多样化的评价方式：由于混合学习是综合运用不同的学习理论、不同的技术手段和学习方式，因此在设计学习评价时，要有多元化的思想，与混合式学习的宗旨一致。

（2）形成性评价与终结性评价相结合，强调形成性评价：形成性评价的策略可以为教师和学生提供改善学习所需的信息，采用包括加强形成性评价在内的教学实践的创新将能够促进显著和真正的学习进步。

（3）传统评价与基于网络技术的评价相结合，强调技术评价手段的应用：由于网络学习在混合学习中占有相当大的比例，如何应用教学平台的技术手段，为学习者的学习行为、学习历程、学习结果等进行分析评价是进行混合学习效果评价成功与否的关键。

（4）强调作品评价：通过最终作品评价，可以检视学习者掌握的基本知识、技能与相应的知识迁移水平。

① 柯清超．混合学习的评价方法——以中小学教师教育技术能力培训课程为例[J]．中国电化教育，2008（8）．

2. 混合学习评价的要素与模型

混合学习强调以学习者为中心，因此其评价的目的是评价学习者的进步情况，为混合学习的有效开展提供反馈信息。混合学习评价的基本要素包括评价目的、评价主体、评价内容、评价标准等，评价的主体包括教师与学习者，评价方式有教师评价、学习者评价、学习者互评，评价的内容包括教师的教学、课程与混合学习环境、学习者的学习效果等。对于学习者学习效果的评价，可以借助克伯屈提出的四层评价模型，从学习者反应、知识迁移、行为改变和组织影响四个维度进行。其中，学习者反应评价的是学习者的态度，可以通过观察、问卷、研究小组行为和面谈等方法评价学习者对教学的反应；知识迁移评价的是测量参与学习的人实际已经学习到的知识，既有认知领域的知识也有技能领域的知识，知识迁移评价细目可以采用布卢姆的“记忆、理解、运用、分析、评价、创造”六层次认知目标分类；行为改变的评价针对的是学习者被观察到的和可测量的行为改变；组织影响的评价主要从组织层面上考虑，对于混合学习而言，这一层次的评价主要是指实施混合学习以后对学校系统、教育系统的影响。基于上述的评价要素分析，我们可以构建与其相适应的混合学习评价分析模型，见表 10-1。

表 10-1　混合学习评价模板

教学活动	评价目标	混合维度	评价工具
1．面授－课堂讲解 2．面授－操作演示 3．面授－小组讨论 4．面授－设计活动参与 5．在线－自主学习 6．在线－单元测试 7．在线－协作交流 8．在线－作品创作 9．在线－作品展示	1．学习者反应（目标、态度、课程内容） 2．知识迁移（记忆、理解、运用、分析、评价、创造） 3．行为迁移 4．组织影响	1．在线单元测试（在线） 2．学习历程分析（在线） 3．学习行为（在线） 4．学习反思报告（在线） 5．作品评价（在线） 6．态度调查（在线、面授） 7．作品汇报（面授） 8．访谈（面授）	1．网络测试 2．学习历程数据 3．学习论坛 4．结构化电子档案袋 5．开放式电子档案袋 6．调查问卷 7．结构化观察表 8．评价量规

第四节　移动学习

近年来，随着移动互联网技术的发展、通信资费的下调以及手持移动设备计算性能与存储能力的不断增强，包括智能手机、平板电脑与 PDA（掌上电脑）等在内的各种手持式移动设备不仅能让我们在任何时间或地点获取、处理和发送信息，使得交流无处不在、信息无处不在，同时也让我们能够借助这些手持式移动设备和无线网络开展教育活动、传递教育信息，为人类终身学习的实现提供了可能。也正因为如此，如何利用移动终端设备更好地开展教育、教学交互活动，成为了本世纪国内外教育界探讨的前沿热点。

一、移动学习的内涵

移动学习研究始于 1994 年美国卡耐基·梅隆大学的 Wireless Andrew 研究项目，该项目历时 3 年，最终通过无线基础设施建设为校园内为师生和管理者等提供覆盖整个校园的无线高速连接。此项目是全球范围内第一个移动学习研究项目，随后全球性的移动学习研究就此展开，如2001年欧洲“下一代学习”项目、2002年非洲农村移动学习研究项目等。爱尔兰远程教育学家戴斯蒙德·基更2000年在上海电视大学建校40周年学术会议上做了题为《从远程学习到电子学习再到移动学习》的报告，首次将移动学习的概念引入我国，随之国内学者掀起了研究并应用移动学习的热潮。

作为一个新兴发展中的研究领域，移动学习的概念目前还没有形成统一的认识。关于移动学习的定义也是众说纷纭，有人从技术设备角度界定移动学习，也有人从学习活动、传播学等角度定义移动学习。所谓移动学习（M-learning）是指学习者在自己需要学习的任何时间、任何地点通过移动设备（如智能手机、具有无线通信模块的PDA等）和无线通信网络获取学习资源，与他人进行交流和协作，进而实现个人与社会知识建构的过程①。从该界定可以看出，移动学习的内涵主要体现在以下几个方面：

（1）移动学习是在数字化学习（E-learning）的基础上发展而来的，是数字化学习在移动通信时代的演化形式。

（2）移动学习除了具备数字化学习的所有特征以外，其自身还具有一些独一无二的特征。具体表现在：学习是因时、因地、随需要而发生的。学习者可以灵活支配时间，把握时空，在最需要的时候获取知识信息，满足当时当地的需求，可以利用零碎时间，在工作与生活或社交等非正式学习时间或地点进行学习。

（3）移动学习实现的技术基础是移动计算技术和互联网技术，即移动互联技术，实现的工具是小型化的移动终端设备。

（4）尽管移动学习的基础是移动技术与移动设备，但其本质却是学习。移动学习不在于技术有多先进，不在于使用的是手机还是移动电脑，最重要的是对学习的变革。

（5）“移动”不仅仅是指移动技术和移动设备，也含有移动的教学情境、移动的教学资源和移动的教学过程等意义。

（6）移动学习是一种非正式学习。移动学习能够使非正式学习更容易发生，由于移动设备和无线网络的便利性，移动学习形式能够使学习者真正做到在任何时候和任何地点进行非正式学习。另外，移动学习能够为非正式学习提供更丰富的学习资源。

二、移动学习与数字化学习的关系

移动学习可以被视为数字化学习的子集，它进一步扩展了数字化学习的体系框架，丰富了数字化学习的学习手段。同时，数字化学习也在学习资源、技术平台等方面为移动学习的发展奠定了基础。但在另一个方面，移动学习在学习行为和学习内容等学习的关键要素上与数字化学习存在明显差异。表10-2总结了数字化学习和移动学习在网络环境、终端工具、对学习者的要求、学习内容、学习目标、学习时间、学习地点这7个方面的区别②。

---

① 余胜泉．从知识传递到认知建构、再到情境认知——三代移动学习的发展与展望[J]．中国电化教育，2007（6）．
② 郑凯，许骏．高校移动学习体系的构建与发展研究[J]．中国电化教育，2011（9）．

表 10-2 移动学习和数字化学习的主要区别

项目	数字化学习	移动学习
网络环境	有线校园网及因特网	无线宽带、4G、GSM
终端工具	桌面计算机、笔记本电脑	智能手机、PDA、笔记本电脑
对学习者的要求	强调学习互动与协作	强调学习的自发性与主动性
学习内容	以文字+图片为主要载体的多媒体课件，内容尽量要求丰富	以声音+图片+动画为载体的学习对象，内容要求简明、生动
学习目标	预先设定，一般不作调整	按需设定，可以自作调整
学习时间	基于计划的、连续整块的时间	具有偶然性、片状分散的时间
学习地点	从课堂延伸到图书馆、宿舍等具有计算机终端的地点	可以在任何地点进行学习

三、移动学习的特征

从上述内涵分析中我们可以看出，移动学习在学习形式上是移动的，在实现方式上是数字的，在学习内容上是互动的。它除了数字化学习的多媒体性、协作性与自主性等特征以外，同时还具有学习泛在性、适时性、个性化、交互性、情境性等特征[①]。

1. 泛在性

泛在性是移动学习区别于数字化学习的一个根本特征。移动学习的泛在性具体是指任何人（Anyone）在任意时间（Anytime）、随意地点（Anywhere）学习任何信息（Anystyle）的原则。移动学习的这一独特特征是其他类型学习方式所无法比拟的，它极大地满足了人们随时随地的学习需求。其学习内容可以是和工作相关的，也可以是和提高自己的能力有关的。学习既可以是休闲的，也可以是深度感知的，这极大地迎合了终身教育的要求，这也奠定了移动学习在未来学习中的重要地位。

2. 适时性

由于在移动数字环境下，学习时间和空间不受限制，学习者一旦产生学习需要就能得以满足，即满足即时学习的需要，同时教师也可以通过移动互联网，借助移动终端及时地进行交互学习，随时随地都可能发生在身边，也需要随时记录下自己的思维因素，因此移动学习也可以被认为是一种适时的学习。

3. 个性化

移动学习可以进行一对一的教学，也可以根据学习者的特点和需求进行专有的、个性化的教育服务，更好地实现学习自助。在学习过程中，学习者可以自我识别、自我指导、自我强化、自我调整、自我监控，具有很强的自主性。并且移动技术提供的情境化学习状态，可以培养学习者学习的能力和积极性，主动设计自己的学习，使学习更赋个性意味。学习者按所学专业、从事业务和职务的不同选择自己所需的课程。

---

① 陈媛．基于情境认知的移动学习变革[J]．现代远距离教育，2008（6）．

4. 交互性

移动学习的一大优势在于交互的快捷性，学生与学生之间、学生与教师之间、学生与内容之间的良好交流和互动都能予以满足，可以分享彼此的意见和观点，学习通过者社会交流和学习互动表达情感，协作完成学习任务。

5. 情境性

移动技术的动态使用产生了许多不同的情境，设备的便捷性使学习者能从不同的环境中提取信息支持学习活动。知识是在特定情境下的信息，而移动设备能够传递特定情境的信息，也使学习和知识建构的顺利进行成为可能。

四、移动学习的过程模式

从传播学的角度来看，我们可以把移动学习看成是学习者与教学者利用移动设备和移动平台进行信息资源的传递与接受，并加以反馈的传播过程。因此我们可以依据传播学的基本理论与移动学习的主要特征，将移动学习的传播系统分为五个基本要素，分别是传播者（教学者）、信息资源、媒介与通道（终端设备及移动通信技术）、接受者（学习者）、学习环境。移动学习的五个要素及其相互关系如图 10-5 所示①。

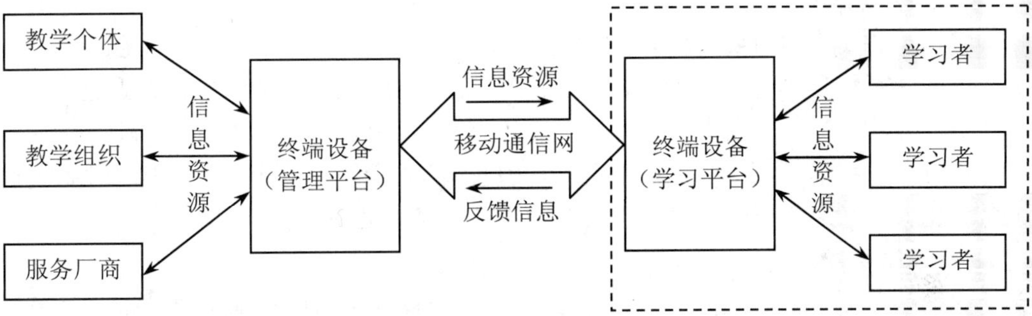

图 10-5　基于要素分析的移动学习过程模式

传播者是传播系统中信息与资源的策划者和提供者，是整个链条的第一个环节。从移动学习系统中传播者的构成来看，主要有三类：移动学习系统中的教师（个体）、移动学习系统的管理机构（组织）、致力于移动学习研究与实践的企业等服务厂商（社会）。从三类传播者来看，教师在移动学习传播系统中是最主要的传播者，决定着信息内容的质量。而相对于传统学习和数字化学习来说，移动学习中教师的角色又面临着重大的转变。首先，在这种新的教育环境中，教师由台前转向幕后，而学生采取基于资源的自主学习方式，教师“导”的作用将更加突出。移动学习彻底改变了教师在传统教育中主宰者的角色，使其作用体现在主导性的发挥上，具体表现在有选择性地开发移动学习课程、设计丰富多样的信息资源、组织协作学习等。其次，教师的工作重心将发生巨大的转变。教师的主要任务将不再是把大量的时间放在组织教案和讲解上，而是放在为学生提供学习所需要的各种资源上，把精力集中在简化学生在利用资源时必

① 刘斌，张文兰，焦伟婷．传播学视角下移动学习探究——基于要素分析的移动学习过程模型构建与解析[J]．现代教育技术，2009（6）．

须经历的实际步骤上。教师的重心放在把关学生的学习资源、激发学生的学习动机和兴趣、指导和启发学生学习、组织管理、设计评价等方面[①]。

五、移动学习的资源设计

移动学习资源是指支持开展移动学习的各种信息资源。移动学习资源的构建是开展移动学习的基础。移动学习系统是技术支撑，而移动学习资源是移动学习系统的实体，学习者真正需要获取的是学习资源。

1．*移动学习资源的设计原则*

由于移动设备显示屏的局限性、内存速度的限制，以及移动学习者学习专注度的分散性与学习时间的片断性，移动学习资源的设计要基于以下原则[②]：

（1）内容适合性原则。

与传统学习方式相比，移动学习发生在复杂的学习环境中，学习者无时无刻不遭受着外界因素的影响，设计符合学习者随时随地需求的学习内容，才能维持其强烈的学习动机，使学习者能持续地学习。因此，移动学习内容的设计应坚持实用原则，如语言短训、职业技能与轻松百科、生活保健、家庭理财、文化涵养等方面的内容。

（2）知识点微型化原则。

移动学习来源于学习者随时随地的学习需求，学习时间和学习场所不固定。学习者的学习可能发生在回家乘车途中，也可能发生在工作休息片刻，也有可能发生在逛街过程中。由于学习者处于复杂的学习环境当中，时刻遭受着外界因素的影响，注意力处于高度分散的状态，无法进行长时间系统学习。因此，以知识点作为基本的知识组织单元，设计学习时间较短的片段式、微型化移动学习资源成为移动学习资源设计的基本要求。

（3）呈现简单性原则。

移动终端如智能手机或PDA的数据处理能力和存储能力有限，加上移动学习者学习时间的零碎性，并且容易受到外界因素的影响，这就决定了学习资源设计与开发必须坚持简洁原则，即界面简洁明快、少图像、少视频、操作简单、文字说明言简意赅、色彩搭配合理、突出重点内容。

（4）输入方便性原则。

与普通计算机相比，移动设备的基本配置较低、交互条件有限，大量的信息内容输入是不合适的。因此，在设计与开发移动学习资源的过程中，在交互设计方面要尽量减少文字输入，按键设计上也要求简单统一。

（5）短文本多级联原则。

移动设备小巧便于携带的同时也显露了它的一个弱点，就是屏幕较小，加上无线网络宽带也是有限的。因此，在设计与开发移动学习资源时应采取短文本为主，充分利用知识点内在的级联关系，实现在有限设备资源和有限学习时间内提供尽可能多的学习内容。

---

① 刘珍芳．移动学习是现代教育技术发展的新方向[J]．中国电化教育，2005（9）.

② 李浩君，项静，吴亮亮．概念图理论在移动学习资源设计中的应用研究[J]．中国远程教育，2013（7）.

（6）实现跨平台兼容原则。

手机访问 Internet 资源，需要 WAP 网关这个中介，因为手机无法直接获得 TCP/IP 协议的网络资源。由于设备性能上的差异，会造成界面呈现上的混乱、内容理解上的偏差。因此，要做好资源的兼容，让学习内容在不同的移动学习终端上都能正常显示。

2. *移动学习资源的设计框架*

移动学习资源的设计分为教学设计、内容设计、人机交互设计、界面设计和视觉设计 5 个层次，其设计框架如图 10-6 所示[①]。

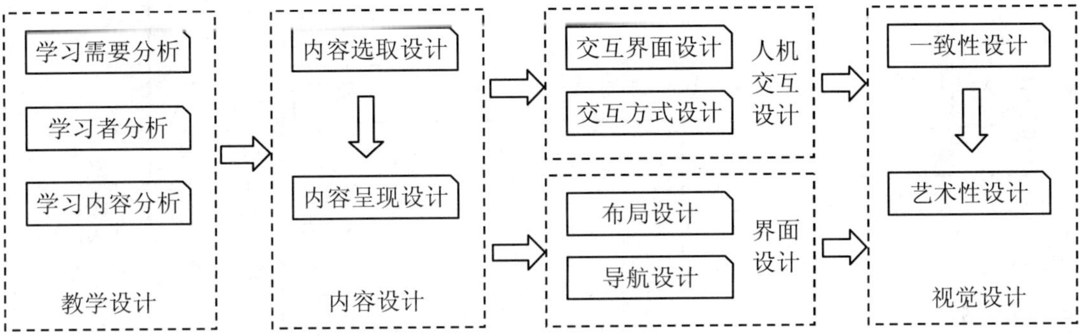

图 10-6　移动学习资源设计框架

六、移动学习的活动设计

学习活动是教学设计过程中最佳的分析单元，对于保证学习的最终质量起到了至关重要的作用。正如学者杨开城所认为的那样，学习是活动的内化，学习者正是通过完成系列的有教学意义的活动任务达到预期的学习目标。移动学习本质上是一种通过移动终端传递学习资源的学习活动。因此，我们必须特别重视移动学习的活动设计。

移动学习的活动设计过程不仅要遵循传统教学设计的思想与方法，同时还要发挥移动技术的优势，重视学习者的移动学习体验。综合教学设计的一般模式以及项目产品设计的关键环节，移动学习的活动设计应包括学习需求分析、聚焦学习者、学习场景设计、技术环境部署、约束条件分析、学习支持服务设计、学习评价设计 7 个环节。上述移动学习活动设计的 7 个基本环节相辅相成，在不断的循环设计中共同建构了移动学习活动设计模型，如图 10-7 所示[②]。

并不是所有的学习活动都适用于移动学习形式，因此，学习需求分析是移动学习活动设计的首要步骤，目的在于判断特定的学习任务是否需要以移动学习的形式开展。另外，作为一名设计者或教师，移动学习设计必须要满足学习者的实际特点和特殊需求。移动学习场景包括背景、用户、目标、事件、活动等要素，试图从单一维度来分类移动学习场景是片面的。迷你活动由一个或多个子活动组成，旨在提高学习者的知识和技能。在学习者一步步完成学习任务的过程中，这些迷你活动的完成效果可以根据学习者在其中的表现予以评估。学习场景设计和迷你活动设计是环环相扣的，不同类型的活动需要不同的学习场景进行支持和配合。社会性约

① 杨叶，陈琳董，启标. 基于 PhoneGap 的跨平台移动学习资源设计与开发探究[J]. 现代教育技术，2014（2）.
② 黄荣怀，王晓晨，李玉顺. 面向移动学习的学习活动设计框架[J]. 远程教育杂志，2009（1）.

束主要指那些对交互和协作产生影响的障碍，而技术性约束主要指缺乏必要的技术性支持系统和工具，或欠缺使用技能。从图 10-7 中我们也可以看出，移动学习活动设计模型较之其他资源设计模型的关键特征，在于特别关注了迷你活动和情境创设过程中的学习支持设计和约束条件分析。如何能够针对学习支持设计的需求和约束条件分析的结果提供符合学习者期望的移动学习服务是要关注的核心问题。

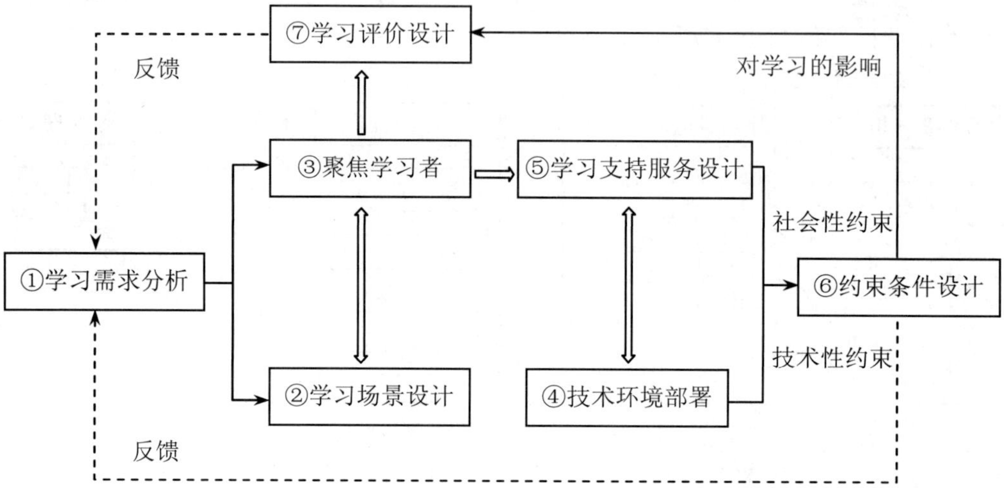

图 10-7　移动学习活动设计模型

【思考与实践】

1. 什么是学习方式？存在哪几种类型的学习方式？
2. 结合你的认识，谈谈如何开展网络学习活动设计。
3. 如何利用电子学档来评价学生的网络学习过程？
4. 如何对混合学习进行教学设计？
5. 试分析移动活动设计包括哪些步骤？
6. 简要分析网络学习、混合学习与移动学习三者之间的区别。

参考文献

[1] 陈丽，李芒，陈青．论网络时代教师新的能力结构[J]．中国电化教育，2003（4）.
[2] 陈琦，刘儒德．当代教育心理学[M]．北京：北京师范大学出版社，2002.
[3] 陈佑清．关于学习方式类型划分的思考[J]．课程.教材.教法，2010（2）.
[4] 崔允漷．学校本位教师专业发展框架及其意义[J]．教育发展研究，2011（18）.
[5] 何克抗．对国内外信息技术与课程整合途径与方法的比较分析[J]．中国电化教育，2009（9）.
[6] 胡铁生．"微课"：区域教育信息资源发展的新趋势[J]．电化教育研究，2011（10）.
[7] 胡小勇，祝智庭．信息化视野中的教师教育[J]．中国电化教育，2003（6）.
[8] 黄荣怀，周跃良，王迎．混合式学习的理论与实践[M]．北京：高等教育出版社，2006（6）.
[9] 柯清超．现代教育技术应用[M]．北京：高等教育出版社，2016.
[10] 李芳，叶谷平．新编现代教育技术学[M]．广州：广东高等教育出版社，2013.
[11] 李克东．新编现代教育技术学[M]．上海：华东师范大学出版社，2011.
[12] 李龙．信息化教育：教育技术发展的新阶段[J]．电化教育研究，2004（5）.
[13] 李芒．信息化学习方式[M]．北京：北京师范大学出版社，2006.
[14] 李松，张进宝，徐琤．在线学习活动设计研究[J]．现代远程教育研究，2010（4）.
[15] 刘景福，钟志贤．基于项目的学习（PBL）模式研究[J]．外国教育研究，2002（11）.
[16] 刘梅．现代教育技术应用[M]．北京：北京师范大学出版社，2016.
[17] 柳长友，等．教育心理学[M]．北京：北京师范大学出版社，2015.
[18] 卢乃桂，钟亚妮．国际视野中的教师专业发展[J]．比较教育研究，2006（2）.
[19] 孟宪凯．微格教学基本教程[M]．北京：北京师范大学出版社，1992.
[20] 南国农．信息化教育概论[M]．北京：高等教育出版社，2004.
[21] 彭立．有效教学——信息化教学中的问题与对策[M]．长春：东北师范大学出版社，2007.
[22] 唐玉光．教师专业发展与教师教育[M]．合肥：安徽教育出版社，2008.
[23] 王凤桐，等．让课堂更精彩——微格教学设计案例选编[M]．北京：首都师范大学出版社，2014.
[24] 杨宗凯，杨浩，吴砥．论信息技术与当代教育的深度融合[J]．教育研究，2014（3）.
[25] 姚巧红，等．现代教育技术[M]．北京：科学出版社，2016.
[26] 叶澜，白益民等．教师角色与教师发展新探[M]．北京：教育科学出版社，2001.
[27] 余胜泉．信息技术与课程整合的目标与策略[J]．人民教育，2002（2）.
[28] 张春苏，等．现代教育技术基础[M]．北京：科学出版社，2016.
[29] 张屹，祝智庭．建构主义理论指导下的信息化教育[J]．电化教育研究，2002（1）.
[30] 张有录．大学现代教育技术教程[M]．北京：中国铁道出版社，2009.

[31] 赵蔚，姜强．基于电子学档的网络学习评价系统设计与开发[J]．开放教育研究，2004（4）．
[32] 钟启泉．我国教师教育制度创新的课题[J]．北京大学教育评论，2008（3）．
[33] 朱宁波．中小学教师专业发展的理论与实践[M]．长春：吉林人民出版社，2002．
[34] 祝智庭．现代教育技术——走向信息化教育[M]．北京：教育科学出版社，2002．
[35] 邹霞．现代教育技术[M]．北京：科学出版社，2013．